陇上学人文存

LONGSHANG XUEREN WENCUN

陇上学人文存

刘建丽　卷

刘建丽　著　强文学　编选

甘肃人民出版社

甘肃·兰州

图书在版编目（CIP）数据

陇上学人文存. 刘建丽卷 / 李兴文总主编；刘建丽著；强文学编选. -- 兰州：甘肃人民出版社，2024. 9. -- ISBN 978-7-226-06171-8

Ⅰ. C53

中国国家版本馆CIP数据核字第2024PG3584号

责任编辑：原彦平

封面设计：王林强

陇上学人文存·刘建丽卷

LONGSHANG XUEREN WENCUN LIU JIANLI JUAN

李兴文　总主编

董积生　景志锋　副总主编

刘建丽　著　强文学　编选

甘肃人民出版社出版发行

（730030　兰州市读者大道 568 号）

兰州新华印刷厂印刷

开本 890 毫米 × 1240 毫米　1/32　印张 12.25　插页 7　字数 320 千

2024 年 9 月第 1 版　2024 年 9 月第 1 次印刷

印数：1~1000

ISBN 978-7-226-06171-8　定价：60.00 元

总　序

　　陇者甘肃，历史悠久，文化醇厚。陇上学人，或生于斯长于斯的本地学者，或外来而其学术成就多产于甘肃者。学人是学术活动的主体，就《陇上学人文存》（以下简称《文存》）的选编范围而言，我们这里所说的学术主要指人文社会科学研究。《文存》精选中华人民共和国成立以来，甘肃人文社会科学领域成就卓著的专家学者的代表性著作，每人辑为一卷，或标时代之识，或为学问之精，或开风气之先，或补学科之白，均编者以为足以存当代而传后世之作。《文存》力求以此丛集荟萃的方式，全面立体地展示新中国为甘肃学术文化发展提供的良好环境和陇上学人不负新时代期望而为我国人文社会科学事业做出的新贡献，也力求呈现陇上学人所接续的先秦以来颇具地域特色的学根文脉。

　　陇原乃中华文明发祥地之一，人文学脉悠远隆盛，纯朴百姓崇文达理，文化氛围日渐浓厚，学术土壤积久而沃，在科学文化特别是人文学术领域的探索可远溯至伏羲时代，大地湾文化遗存、举世无双的甘肃彩陶、陇东早期周文化对农耕文明的贡献、秦先祖扫六合以统一中国，奠定了甘肃在中国文化史上始源性和奠基性的重要地位；汉唐盛世，甘肃作为中西交通的要道，内承中华主体文化熏陶，外接经中亚而来的异域文明，风云际会，相摩相荡，得天独厚而人才辈出，学术思想繁荣发达，为中华文明做出了重要贡献。

　　近代以来，甘肃相对于逐渐开放的东南沿海而言成为偏远之地,反而少受战乱影响,学术得以继续繁荣。抗日战争期间作为大后方,接纳了不少内地著名学府和学者,使陇上学术空前活跃。新中国成立之后,人文社会科学领域的专家学者更是为国家民族的新生而欢欣鼓舞,全力投入到祖国新的学术事业之中,取得了一大批重要的研究成果,涌现出众多知名专家,在历史、文献、文学、民族、考古、美学、宗教等领域的研究均居全国前列,影响广泛而深远。新中国成立之后,人文社会科学几次对当代学术具有重大影响的争鸣,不仅都有甘肃学者的声音,而且在美学三大学派(客观派、主观派、关系派)、史学"五朵金花"(史学在新中国成立之后重点研究的历史分期、土地制度史、农民战争史等五个方面的重点问题)等领域,陇上学人成为十分引人注目的代表性人物。改革开放以来,甘肃学者更是如鱼得水,继承并发扬了关陇学人既注重学理求索又崇尚经世致用的优良传统,形成了甘肃学者新的风范。宋代西北学者张载有言:"为天地立心,为生民立命,为往圣继绝学,为万世开太平",此乃中华学人贯通古今、一脉相承的文化使命,其本质正是发源于陇原的《易》之生生不已的刚健精神,《文存》乃此一精神在现代陇上得到了大力弘扬与传承的最佳证明。

《文存》启动于中华人民共和国成立六十周年之际,在选择入编对象时,我们首先注重了两个代表性:一是代表性的学者,二是代表性的成果,欲以此构成一部个案式的甘肃当代学术史,亦以此传先贤学术命脉,为后进立治学标杆。此议为我甘肃省社会科学院首倡,随之得到政界主要领导、学界精英与社会各界广泛认同与政府大力支持,此宏愿因此而得以付诸实施。

为保证选编的权威性,编委会专门成立了由十几位省内人文社会科学领域著名学者组成的专家指导委员会,并通过召开专题会议研讨、发放推荐表格和学术机构、个人举荐等多种方式确定入选者。为使读者对作者的学术成就、治学特色和重要贡献有比较准确和全面的了解,在出版社选配业务精良的责任编辑的同时,编委会为每一卷配备了一位学术编辑,负责选编并撰写前言。由于我院已经完成《甘肃省志·社会科学志》（古代至 1990 年卷，1990 至 2000 年卷）的编辑出版工作，为《文存》的选编提供了坚实的基础和基本依据，加之同行专家对这一时期甘肃人文社会科学发展的研究，使《文存》能够比较充分地反映同期内甘肃人文社会科学的基本状况。

　　《文存》自 2009 年启动，截至 2023 年，用 15 年时间编辑出版 10 辑共 100 卷，圆满完成了《文存》启动时制定的宏伟计划。如此长卷宏图实为中华人民共和国成立七十周年以来甘肃人文社会科学全部成果的一个缩影，亦为此期间甘肃人文社会科学学术业绩的一次全面检阅，堪作后辈学者学习先贤之范本，是陇上学人献给祖国母亲的一份厚礼。百卷巨著蔚为大观，《文存》和它所承载的学术精神必可存于当代，传之后世，陇上学人和学术亦可因此而无愧于我们所处的伟大时代，并有所报于生养我们的淳厚故土。有鉴于此，我们赓续前贤雅范，接续选编《文存》第十一辑，将《文存》编选工作延续下去，将陇上学人精神传承下去。

　　因我们眼界和学术水平的局限，选编过程中必定会出现未曾意料的问题，我们衷心期望读者能够及时教正，以使《文存》的后续选编工作日臻完善。

　　是为序。

李兴文

2024 年 9 月 19 日

目　录

编选前言

《陇上学人文存》是甘肃省社会科学院主持的一项重大项目，精选中华人民共和国成立以来，甘肃省人文社会科学的优秀成果，这是对甘肃人文社会科学学术业绩的一次全面检阅与总结。刘建丽老师的研究成果被选入《陇上学人文存》第十一辑，这是对老师多年从事宋代西北民族史研究的总结与肯定。反复阅读老师的论著目录和编选文章，为老师撰写《编选前言》，对我而言，既是分享老师的治学路径与方法，感悟老师学史研史的心得与体会，领略老师笃实、执着的学术品格与风采，更是自己受到濡染、熏陶，获得学习与提高的良好机遇。

刘建丽老师祖籍河北雄县，1947 年阴历五月二十四日生于河南开封，后随父母迁居甘肃兰州，初、高中皆在兰州第一中学就读。1978年 3 月进入甘肃师范大学（今西北师范大学）历史系学习，1982 年 1月毕业，留校任教，一直耕耘在教书育人的园地，坚守在教学一线，致力于宋代西北少数民族史的教学与研究，直至 2009 年 8 月退休。老师曾为本科生讲授"中国古代史""西北民族史""宋元史"等课程，又承担"宋代文献导读""宋代历史与民族文化""宋代西北民族关系""宋代专题研究"等研究生课程。老师治学严谨、勤奋刻苦、执着踏实、思维敏捷，这些优秀的人格品质与学术素养，对我以及曾受教诲的众多学生，都有深刻的影响。

一

"历史"是指对世界和人类社会变化的叙述与记载，是人类在不同时期、不同地域所从事的一切实践活动。我国地域广阔，历史悠久，人口众多，民风习俗各异，各族人民在广阔的地域中为了生存与发展，进行着各种实践活动，形成了丰富的客观史实。老师常说："从事文史研究，必须占有丰富的资料。一篇上乘的历史论文，或一部学术著作，首先必须拥有翔实而准确的资料，史料有误，便是硬伤，决不允许，其次才是体例、思路、布局、叙述等等。史料就像建筑中的沙石水泥等基本建筑元素，缺少这些，即便再完美的设计蓝图，也只是纸上高楼、空中楼阁。史料有误的文章、著作即学术上的豆腐渣工程，有损于价值。"史料的重要性及其意义，不言而喻。

刘老师的学术之路，起始于对古籍文献的搜集与整理，以及发自内心对史料的尊崇与敬畏，而执着是刘老师的人格特色与学术品质。1979年读大二时，一个偶然的机遇，老师获得了许多有关历史的英文资料，其中一篇美国学者宽登关于吐蕃唃厮啰的英语论文，引起了老师的关注。老师原报考的是外语系英语专业，具有良好的英语基础，虽能阅读英文报刊书籍，但将历史论文译成汉语，也历经艰难，终将此文译成。在大学四年级时，此译文《北宋的吐蕃盟友——唃厮啰》在《西北史地》1981年第2期刊载。从此，西北吐蕃便成为老师四十余年孜孜不倦的探究领域，数十年来未曾偏离，为这一领域的开拓做出贡献。这种执着融为老师几十年矢志不移的追求，将毕生心血倾注于此，这也是老师能够有所作为的重要因素之一。

自留校任教后，刘老师便开始认真研习史籍、整理文献，用数年的时间，查阅了《续资治通鉴长编》《续资治通鉴长编拾补》《宋会要辑稿》以及宋代各种别史、杂史、政书、类书、奏议、诏令、文集、笔记、地方志等诸多文献,通过爬梳整理相关史料,合著出版了《宋代吐蕃史料集》(一)和《宋代吐蕃史料集》(二)。数年的文献搜集与整理工作,使老师有了扎实的史料功底,为以后的深入研究夯实了基础,而对宋代"西北吐蕃"的研究,亦使老师学术研究具有鲜明特点。在熟悉与掌握史料的基础上,老师陆续撰写了《宋代吐蕃风俗述略》《宋夏战争中的秦州吐蕃》《北宋的秦州蕃部与堡寨》《宋代吐蕃地区的交通》《北宋对西北吐蕃的文化措施》《宋代对吐蕃居地的土地开发》《宋代西北吐蕃的民风习俗》①等系列论文。老师探究宋代西北吐蕃的形成,在《唐代吐蕃的民族统治与民族融合》一文中,指出"吐蕃王朝是在开疆拓土、征服邻近民族与部落的基础上,建立的强大帝国,它的发展就是对周边民族部落征服、统治及融合的过程。而自身也在这种与其他民族的融合中,获得发展、壮大"②。《唐代吐蕃与汉民族的融合》一文,通过对"入蕃与亡蕃汉人""陷蕃汉人""吐蕃对汉人的统治与奴役""陷蕃汉人吐蕃化"的论述,表明"大批汉人融入吐蕃,对吐蕃的发展、强盛具有重要意义",揭示民族融合的进程中,吐蕃与汉民族的融合,是以吐蕃对汉人的征服与奴役这种曲折的表现方式予以展示,但却"反映出隐藏在这种历史表象之下的实质,即汉族人民与吐蕃民族水乳交融、相互依存"③。

---

①刘建丽:《宋代吐蕃风俗述略》,《西北民族研究》1988 年第 2 期;《宋夏战争中的秦州吐蕃》,《宁夏社会科学》1996 年第 4 期;《北宋的秦州蕃部与堡寨》,《西北史地》1995 年第 1 期;《宋代吐蕃地区的交通》,《史学论丛》第 8 集,兰州大学出版社,1998 年;《北宋对西北吐蕃的文化措施》,《中原文化研究》2018 年第 6 期;《宋代对吐蕃居地的土地开发》,《甘肃社会科学》1991 年第 4 期;《宋代西北吐蕃的民风习俗》,《中原文化研究》2023 年第 5 期。

②刘建丽:《唐代吐蕃的民族统治与民族融合》,《甘肃社会科学》2001 年第 3 期。

③刘建丽:《唐代吐蕃与汉族的融合》,《西北师大学报》2001 年第 4 期。

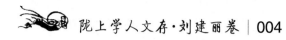

上述两文对宋代西北吐蕃的形成、发展，予以溯源性的系统阐述，明确指出：两宋时期，散居在今青海、甘肃等地的许多吐蕃部族，"既与青藏高原的吐蕃人有割不断的渊源关系，又与当地汉族或其他民族错居杂处，有千丝万缕的联系，西北吐蕃成为特定历史时期、特定地域的藏民族群体"①。正是在诸多文章的基础上，老师著成《宋代西北吐蕃研究》一书（甘肃文化出版社，1998 年 4 月），在此基础上，又继续探讨、发掘，《宋代西北吐蕃研究》（修订版）亦于 2023 年 10 月由甘肃文化出版社出版。

2006 年，中国社会科学院经济所魏明孔教授主持的国家出版基金项目《中华大典·工业典》启动，老师受邀担任《食品工业分典》的编纂工作，实质上这又是大规模文献整理项目，老师以个人之力，耗十年之功，查阅、收集、整理、校阅了上千万字的文献资料，经削删裁定，最终定稿 360 余万字。这部著作自出版后获得好评，学者称赞"选取的史料多达数千种，编纂者在资料的收集方面可谓竭泽而渔，且编排科学，取舍有度，体例完备，系质量上乘的大型类书"②。在这近十年搜集整理文献的岁月中，老师对史料的辨识有进一步的提高，对史料的敏感度增强。并于 2009 年申报并获批高校古籍整理委员会《康輶纪行》整理项目，后改"整理"为"校笺"，由上海古籍出版社于 2017 年出版。在此基础上，又撰写了《清代道光年间国人对川藏地区的认识——兼论〈康輶纪行〉的史料价值》③一文，从"入藏道路里程""边徼地图与图说""佛教文化的兴盛""风土人情习俗""汉文化的传播与影

①刘建丽：《宋代西北吐蕃研究》，甘肃文化出版社，1998 年，第 1 页。
②《中国经济史研究》"书讯"，2017 年 3 月 24 日。
③刘建丽：《清代道光年间国人对川藏地区的认识——兼论《康輶纪行》史料价值》，刘进宝主编：《丝路文明》第三辑，上海古籍出版社，2018 年。

响"五方面,详细而全面地阐述清朝道光时期川藏地区的状况,也是川藏地区汉藏文化密切交流的印证。

二

"存在决定意识",要把史实变成史籍,还须由人来记载叙述,这就体现出史学工作者的价值与作用。刘老师对史料发自内心的尊崇与敬畏,是出自"史德"即"实事求是",这是史学工作者的灵魂。刘老师对史料一丝不苟,所有观点、分析、结论皆源自文献史料的记载,不空想臆测,言之有据,言之有物,一切以史料为基础,得出合理的解释与分析,且有发明与创新。《北宋对西北自然资源的开发与利用》[①]一文,就是充分搜集发掘稀少且零散的资料,在广泛掌握资料的基础上,阐述宋代时期引洮水、宗哥水(湟水)以及架桥、造船、通航等诸多对自然资源开发与利用的历史事实,显示了宋代甘青地区的辉煌。《凉州会晤与河西崇佛》[②]一文,在充分掌握、分析史料的基础上,对阔端与萨班的会晤做出科学且细致详尽的阐释,观点新颖独特。指出"凉州会晤"前后,正是蒙古朝政紊乱之际,从1240年至1250年的十年间,蒙古王室内部争夺汗位异常激烈,阔端与乃马贞皇后矛盾尖锐。"凉州会晤"是在蒙古中央政权无力干预的情况下,地方蒙古皇室与西藏宗教领袖所进行的会谈,是元朝统一前,蒙古王室与地方宗教领袖的第一次接触,也是西藏归附蒙古王室的管辖,其深远意义早已超越了当时会晤所蕴含的价值,时至今日,"凉州会晤"仍具有重大的历史作用与现实意义。

在哲学史界,诸多学者依据北宋陕西沿边形势,皆认为"取洮西

①刘建丽:《北宋对西北自然资源的开发与利用》,《开发研究》1991年第1期。
②刘建丽:《凉州会晤与河西崇佛》,《西藏民院学报》1997年第1期。

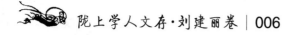

之地"，即为收复"被西夏占领的洮西之地"①，但这是一个误解。老师撰写的《张载"取洮西之地"辨析》一文，从"有关文献记载与洮西之地""洮西位置与战略地位""张载对西界的认识"等三方面，对此问题予以辨析，指出"北宋时的洮西之地与河湟地区毗邻，位于西夏的西南侧，是北宋从西南侧面夹击西夏的西线战场。居于陕西眉县的张载，熟悉陕西沿边形势、地理，对西夏所处方位有明确认识，张载不可能将属于熙河路辖区的'洮西之地'误以为是西夏地，而是今人理解有误"②。用翔实的文献与历史地理资料，澄清了哲学史界对"洮西之地"的错误认识。

《北宋御边政策的调整》一文，剖析了北宋前期军事形势及其军事策略变化。立国于中原地区的北宋王朝与辽、西夏鼎足而立，其边防线从北至西，绵延数千里。为巩固封建政权，维护统治秩序，北宋政府的御边政策受政治、经济、军事等因素的制约，在不同时期有所变化，具有阶段性的特点，"初期重北边轻西鄙，到中期防御重心从北边移到西北，自熙宁变法后，又以攻为守兼制西夏"。这种政策的不断变化与调整，"主要受北宋国内政治、经济、军事等因素的影响，也与周边邻国辽、西夏、吐蕃等少数民族政权的兴衰密切相关。它是北宋、辽、西夏、吐蕃等势力相互消长与制衡的产物，也是北宋民族关系的另一种表现"③。

三

两宋虽是中国历史上又一个统一时期，但与汉唐不同，只是局部

---

①侯外庐、邱汉生、张岂之主编：《宋明理学史》上卷，人民出版社，1984年，第86页。

②刘建丽：《张载取"洮西之地"辨析》，《宁夏社会科学》2009年第1期。

③刘建丽：《北宋御边政策的调整》，《甘肃社会科学》2000年第3期。

的统一。在宋政权的周边,有沙陀、回鹘、契丹、党项、吐蕃、女真等诸多民族活动,且相继建立政权,因而两宋时期是中国民族史上的一个重要发展阶段。老师深刻理解并接受漆侠先生"大宋史"的学术理念,关注与宋同时并存的周边民族政权,将宋史研究的视野转移到宋代民族关系领域,并界定到"西北地区",这是老师在学术领域中的"另辟蹊径",并在这一领域坚持不懈,耕耘四十余年,形成了自己的研究范畴与学术特色。

自唐末五代以来,西北民族关系发生了新的变化,"回鹘分裂,吐蕃衰弱,党项兴起,契丹西迁"①,这四种变化,总体上构成了西北民族关系发展中的四根主线,西北民族关系进入一个大交往、大融合的新阶段。面对新局势与新变化,老师撰写了《宋代西北民族关系的新格局》一文,从宏观着眼,从纷繁杂芜、错综多变的诸民族势态中,梳理出清晰的民族关系发展脉络,指出"西北民族关系中,存在着六方、一核心、一焦点、一主线"②。参与西北地区争夺的宋、辽、金、西夏、吐蕃、回鹘六方势力中,宋王朝以政治、经济、军事实力而成为六方之中的"核心"。党项崛起与建国,在自身求生存、发展中向周边扩张,势必与其他民族或政权,在争夺西北地区中矛盾激化,成为"矛盾焦点"。在各种矛盾与斗争中,宋夏战争是主要矛盾,始终处于主导与支配地位,影响和制约着其他诸多矛盾,宋夏矛盾是西北民族关系发展的"主线"。《宋代西北民族发展的新特点》③一文中,老师指出两宋时期,"西北各民族及其政权在政治制度上的继承与变异,经济上的全面发展,合成式文明的诞生,佛教的传播发展与伊斯兰教的东渐,是这一

---

① 杨建新、马曼丽:《西北民族关系史》,民族出版社,1990 年,第 271、272 页。
② 刘建丽:《宋代西北吐蕃研究》,甘肃文化出版社,1998 年,第 196 页。
③ 刘建丽:《宋代西北民族文献与研究》,甘肃人民出版社,2004 年,第 11 页。

时期西北少数民族历史发展的特点"。

两宋时期,居住在西北地区的吐蕃部落处于分散与不统一的状况,为了生存与发展的需要,他们不仅与北宋有相互依存关系,还与周边民族政权西夏、辽、金之间,在政治、经济、军事、宗教、文化等方面,有频繁的交往与联系,这都成为老师关注与探究的重点。老师撰写的《略论西北吐蕃与北宋的关系》,指出西北吐蕃在"经济、政治、军事上对北宋的依附以及文化心理上对中原王朝的认同,是宋朝经制吐蕃而吐蕃也愿意归属的深层原因"①。《略论宋代西北吐蕃与周边政权的关系》一文,从"凉州吐蕃抵御党项的武力征服""河湟吐蕃与西夏矛盾的激化""河湟吐蕃与西夏关系的调整""河湟吐蕃与辽、金朝的政治、经济联系"等五方面,论述宋朝时期,凉州吐蕃六谷联盟、河湟唃厮啰政权与西夏、辽、金政权的政治、军事、经济联系,此时"西北吐蕃与西夏、辽、金的关系是生存与发展的需要。他们之间的关系均受宋朝关系的制约,充分反映了两宋时期西北民族关系的错综复杂"②。

《略论西夏与金朝的关系》,则从"夏金初期的争斗""夏金友好""使臣交聘""夏金关系破裂"等方面,对夏金之间长达百余年的交往过程进行较全面的考察。指出"北宋、辽灭亡后,西夏与金朝关系密切,相互交往频繁,这对夏金双方政治、经济、文化等方面均产生了重大影响"③。而《夏金使臣交聘述论》④以西夏与金朝使臣交聘活动为重

①刘建丽:《略论西北吐蕃与北宋的关系》,《兰州大学学报》2002年第6期。

②刘建丽:《略论宋代西北吐蕃与周边政权的关系》,《西藏研究》2004年第4期。

③刘建丽:《略论西夏与金朝的关系》,《宁夏社会科学》2005年第3期。

④刘建丽:《夏金使臣交聘述论》,《国家图书馆学刊》西夏研究专刊,2002年增刊。

点,正是通过这些往来,加强了夏金双方政治、经济文化上的联系,确定了夏金两国的政治地位,维护了西夏的统一;促进贡赐贸易发展,加强了经济文化的交流;设立榷场,开展互市,双方经济得以互补,展示了夏金使臣交聘活动的作用与意义。《西夏与辽朝关系述论》^①从"夏辽结盟""毁盟与战争""夏辽复盟"三个阶段,论述了契丹辽国与党项西夏的关系。由于夏州拓跋政权内部矛盾斗争,李继迁起兵抗宋自立,并附辽为援,这是夏辽正式建立关系。自此至辽朝灭亡,两国之间虽有战争,但和平友好、相互援助,是夏辽关系的主流。《略论西辽与金朝及西域民族的关系》^②一文,阐释了 12 世纪初辽朝灭亡前夕,契丹皇族耶律大石率部西迁,在中亚地区楚河流域建立的西辽政权,虽然囿于地理位置的局限,西辽与金朝以及与东、西喀喇汗王朝、花刺子模、乃蛮等西域民族关系也十分密切,相互依存,息息相关,并对西北民族关系产生了重大影响。

四

刘老师不仅对民族关系的研究有其独到之处,而且视野开阔,分析透彻,细致深入。两宋时期,生息繁衍在西北地区的众多少数民族从事农、牧、商贸、手工业生产等,既发展了民族经济,又使宗教文化、儒学教育、科学技术、音乐绘画等色彩纷呈。老师的许多论文皆涉及这诸多内容,使西北民族研究既绚丽多彩,又有鲜明的民族与地域特点,丰富了西北民族研究的内涵。

两宋时期,吐蕃居地大部在西北地区,《宋代对吐蕃居地的土地

---

①刘建丽:《西夏与辽朝关系述论》,《辽宁大学学报》2005 年第 2 期。

②刘建丽:《略论西辽与金朝及西域民族的关系》,《新疆大学学报》2004 年第 3 期。

开发》①一文，论述了北宋开发西北地区，发展经济，增强国家实力所实行的具体措施。宋朝自立国之初至晚期，土地开发始终不断。宋代屯田土地主要通过根括闲田、开垦荒地、钱物易田、蕃部献田、包占良田、收官员职田、收公田官地、拘收作过蕃部之田、自首免罪法得地、辟牧地为营田诸种途径获取。宋代从事屯垦生产的劳力来源，主要采用招募弓箭手、选知农厢军、募卒屯垦、配发罪犯、招怀投顺蕃部几种形式。宋代西北土地开发是一项综合性的经济活动，它以屯田为开发的主要形式，同时也辅以人力资源的开发利用，二者相辅相成，有机结合，构成了一幅经济开发的历史画卷。

《宋代吐蕃的商业贸易》②一文是对吐蕃商业贸易的探讨，西北吐蕃部落通过"贡赐贸易""边境贸易"和"城镇市场贸易"等多种形式，与内地及周边政权建立了密切的商业贸易关系。贡赐贸易是一种特殊的经济活动，带有浓厚的政治色彩。这种经济活动一般说来并不是一种完全的等价交换，往往是"回赐"价值高于"进贡"价值。尽管如此，"互通有无"仍是这种经济活动客观上遵循的一个原则。吐蕃与宋朝的榷场贸易与民间贸易也都十分活跃，而且民间私市有时更为盛行，"互通有无"的经济法则在民间私市中起着重要的经济杠杆作用。此时国际市场与民族市场贸易也十分盛行，"蕃市"也大量涌现。吐蕃的商业贸易活动，形成了相对稳定的共同市场，丰富了经济生活，推进了民族经济的发展。《宋代西北吐蕃的手工业》③一文，用翔实的文献资料，展示了西北吐蕃矿冶、金属加工、皮毛加工、酿酒、建筑、碾砲、制陶、制腊、制石等门类众多的手工业生产。冷锻铁甲的出现，说

---

① 刘建丽：《宋代对吐蕃居地的土地开发》，《甘肃社会科学》1991 年第 4 期。
② 刘建丽：《宋代吐蕃的商业贸易》，《西北师大学报》1999 年第 2 期。
③ 刘建丽《宋代西北的手工业》，《西北师大学报》1997 年第 4 期。

明吐蕃工匠已掌握了冷锻金属硬化处理工艺。宋代西北吐蕃的手工业具有以下几个特点：摆脱了宋政府的羁绊，受限制较少，民间手工业显示出强大的生命力；手工业部门多，产品种类广，其生产具有鲜明的地域性、民族性特色；手工业的发展既是承袭且又有发展与进步，入宋后，在此基础上更有所提高，是吐蕃、汉人以及其他民族相互学习、相互提高、相互整合的结果。

河西地区自古以来就具有重要的战略地位，它既有宜农宜牧的自然环境，又是东西交通的咽喉和关陇的屏障。西夏立国，河西走廊成为西夏领地，这对西夏的立国及发展产生了深远的影响。《西夏河西经济的开发与历史局限》[①]一文，具有历史为现实服务的意旨，从"西夏经营河西的措施""河西经济的恢复与发展""河西经济发展的历史局限"三方面论述了西夏河西走廊地区经济的发展，并指出西夏统治时期，由于社会发展阶段的落后、经济基础薄弱、穷兵黩武的政策、自然灾害的影响、货币经济的不发达、丝绸之路的阻塞，河西经济发展受到历史的局限，致使河西地区与中原内地之间的差距逐步增大，直到元明清时期都没有显著的改观。

《西夏时期河西走廊佛教的兴盛》[②]一文，分析了河西走廊佛教兴盛的原因。西夏奄有河西走廊地区以后，加强了对这一地区的政治、军事控制，并采取措施，使社会经济有一定程度的恢复与发展。文章详细地列举出河西走廊寺庙及石窟寺的分布、河西僧人与河西礼佛活动，指出河西走廊佛教的兴盛，是"西夏统治者开拓经营河西的结果，是在生产有所进步、社会经济有一定发展的基础上，出现的一种

①刘建丽：《西夏河西经济的开发与历史局限》，《宁夏社会科学》2002年第4期。

②刘建丽：《西夏时期河西走廊佛教的兴盛》，《宁夏大学学报》1992年第3期。

文化现象,从某种意义上讲,这是河西走廊开发的另一种形式,是对河西走廊多民族地区文化的发展,它与河西地区经济开发同步进行,又相互影响和相互作用"。

《两宋时期儒学在少数民族中的传播与发展》①一文,通过"契丹尊崇儒学""女真崇儒重经""西夏渐行中国之风""吐蕃渐行中国法教"四方面的论述,反映了儒学在各少数民族区域内得到不同程度、各具特色的传播、发展与实践,融入各族文化之中,儒学成为缔造中华民族的一股强大的凝聚力。《西夏党项民族音乐及其演变》②是对西夏党项民族音乐阐释,从"西夏音乐的发展、演变""西夏民俗乐与宫廷乐""西夏乐器"三方面系统地论述了西夏音乐成为党项民族的一种精神元素,在其发展进程中,既深受党项民族政治、经济、文化等因素的影响,也受音乐自身发展进程中乐学、律学、乐器及音乐形式、结构、表现手法、技巧、美学审美等内在因素的制约,形成了不同阶段、不同特点、各有区别的演变过程。成为表达思想、抒发感情、统一意志的重要工具。《宋代西北吐蕃的民风习俗》③一文,则通过西北吐蕃人"饮食与居住""服饰发式与丧葬""传箭、和断与盟誓""蕃俗尚白"等方面,阐述了西北吐蕃风俗来源极为复杂,由于居地不同,山川夷旷,组成西北吐蕃的民族成份不同,加之各民族错居杂处,因而观风有殊,俗尚不一,形成了宋代西北吐蕃五花八门的风尚习俗。并揭示了这种荟萃而成、丰富多彩的风尚习俗,既是吐蕃与各民族融合的生动体现,也是植根于深厚的中华传统文化土壤而呈现出的延续、发展、

---

①刘建丽:《两宋时期儒学在少数民族中的传播与发展》,《西北师大学报》1989年第6期。

②刘建丽:《西夏党项民族音乐及其演变》,《宁夏大学学报》2004年第4期。

③刘建丽:《宋代西北吐蕃的民风习俗》,《中原文化研究》2023年第5期。

繁衍与变异。

五

众多学者进行学术研究，从表象上看仿佛是孤立的个体行为，实质上个体的学术是社会整体学术的组成，是与社会学术融为一体。只有关注学术动态，才能了解与掌握学术发展潮流与趋势，相辅相成，相互交流，既能开阔自己的视野，提高自己的认知水平，更能促进学术的发展与繁荣。在我攻读硕士学位期间，老师不仅要求我们养成了解学术动态的习惯，还传授查阅工具书的步骤与了解学术动态的方法，培养我们的动手能力，严格要求我们至少要了解熟悉现今至前10—20年间的相关研究状况。

21世纪初，为了更好地了解西夏学、西北民族研究的发展脉络与状况，老师查阅众多文献资料，撰写了五篇学术研究动态论文，其中《〈西藏研究〉藏学研究综述》《20世纪西夏与周边民族关系研究述评》《国内藏学家关于西夏的研究》[1]三文，皆是分门别类对不同领域学术研究状况的论述。《宋代西北少数民族百年研究综述》[2]一文，主要对20世纪有关回鹘、喀喇汗朝、西辽、西北吐蕃等研究状况略作综述。回鹘史研究经历了初创与发展繁荣两个发展阶段，特别在20世纪80年代以后，回鹘史研究进入发展繁荣时期，其研究领域扩展，成果层出不穷。大约在840年至1212年，在原唐朝的北庭和安西都护府所

---

[1] 刘建丽：《〈西藏研究〉藏学研究综述》，《西藏研究》2005年增刊；《20世纪西夏与周边民族关系述评》，《宁夏社会科学》2004年第1期；《宋代西北民族文献与研究》，兰州：甘肃人民出版社，2004年，第191—200页。

[2] 刘建丽：《宋代西北少数民族百年研究综述》，《甘肃社会科学》2004年第5期。

辖广大地区,西迁回鹘建立的喀喇汗王朝,在发展中西贸易、传播中西文化方面都起了重要作用,因而喀喇汗王朝的历史日益引起研究者们的重视,但其研究发展缓慢,至20世纪80年代以来,对喀喇汗朝的研究才有了深入发展。从18世纪以来,几代中外学者对西辽历史相继进行了探索,逐渐使人们对西辽的始末有了较为清楚的认识。20世纪80年代以来,西辽史的研究有了新进展,研究领域有所扩展,新成果不断涌现。国内对宋代西北吐蕃的研究与探讨,在20世纪80年代以后出现热潮,发表和出版了许多论文、专著、史料集等。总之,两宋时期的回鹘、吐蕃、契丹等西北少数民族及其政权的研究,拓宽了宋史研究领域,丰富了研究内容,使宋史研究具有民族特色与西北地域特点。

西夏学是20世纪初兴起的一门新兴学科,其涵盖面广泛,涉及古代党项与西夏国历史、地理、语言、文字、宗教、文化等诸多领域。自20世纪初,由于外国探险家在黑城遗址发掘出大量西夏遗书,从而使西夏学研究不仅在中国得到迅速发展,也成为一门国际化的学科。《20世纪国内外西夏学研究综述》[①]一文,从"中国西夏学研究的历史回顾""国外的西夏学研究""我国大陆及港台地区西夏学研究的主要成果"三方面,详细地论述西夏学研究经历的开端、初创和繁荣兴盛的不同发展阶段,对我国及俄国与苏联、英、法、德、美、日的西夏学研究,作了较系统的介绍。

上述两篇研究动态论文,是西北少数民族与西夏学术史的再现,为广大学者提供了解这一领域学术状况、迈入学术殿堂的便捷之径。

四十多年来,刘老师潜心于宋代西北民族研究,全部心血倾注于

---

①刘建丽:《20世纪国内外西夏学研究综述》,《甘肃社会科学》2005年第1期。

此,在这块领域深耕细作,笔耕不辍。老师的学术路径,是从文献史料→论文→著作,这虽是一条艰难跋涉之路,却亦是扎实厚重之道。刘老师发表学术论文 80 余篇,著作 10 部,合著、主编、参编著作 10 余部,主持或参与国家、甘肃社会科学项目 4 项,著作、项目多有获奖,已形成了自己的研究领域与学术特点。篇篇论文,册册著作,呈现出刘老师特有的学术气息与特色,也丰富了宋史研究领域的内涵,经得起岁月检验。《陇上学人文存·刘建丽卷》即将出版,祝愿刘老师等学界前辈永葆青春!祝愿学界后浪永不停息,奔腾向前!陇上史学园地百花齐放,辉煌灿烂!

强文学

2023 年 12 月 18 日

北宋御边政策的调整

立国于中原地区的北宋王朝与辽、西夏鼎足而立,其边防线从北至西绵延千里。为巩固封建政权,维护统治秩序,北宋政府的御边政策受政治、经济、军事等因素的制约,在不同时期有所变化,可分为初期(太祖、太宗、真宗时期)、中期(仁宗、英宗时期)、后期(神宗、哲宗、徽宗、钦宗)三个阶段。本文试就北宋御边政策的调整及变化,作一分析探讨。

一、重北边轻西鄙

960年,北宋建立后,宋太祖赵匡胤立即着手制定统一天下的战略方针,采取"先易后难""先南后北"的策略,首先将契丹辽国视为强敌。因此南向用兵,进行统一战争的同时,对北方强辽暂时采取和好之态。此时的契丹辽国因忙于内部事务,也愿与宋通好,所以宋太祖时期,北部边境基本保持安宁稳定。然而宋太祖赵匡胤始终念念不忘收复燕云之地,曾多次"巡幸边陲,亲抚士卒"①,并不断颁发《幸河北诏》《幸边陲诏》《敕北边州军诏》,同时还在北部边境河朔之地,"岁屯重兵"②,对辽国契丹备边御戎,始终保持高度警惕。

宋开宝九年(976年)十月,宋太宗赵光义即位。他继承其兄收复

①曾枣庄等主编:《全宋文》卷6《幸边陲诏》,巴蜀书社,1988年,第148页。
②佚名:《宋大诏令集》卷187《谕河北诸州诏》,中华书局,1962年,第685页。

燕云的遗志,在次第平定了南方诸国及北汉后,即将矛头指向北方的辽国。太平兴国四年(979年)六月,宋军欲伐辽取幽蓟,结果在高粱河之役中,遭到重创,全线溃败。宋雍熙三年(986年)正月,宋太宗又乘辽主年幼、母后专权之际,再次兵分三路北伐,兵力不下三十万。战争失败,宋太宗锐气耗尽,自是"不敢北向"①。从此后,北宋对辽采取守势。于是在河北中部西起顺安军(治今河北高阳县东25里旧城镇),东至泥姑砦(今天津市东南东西泥沽村一带)海口东西三百里,南北五七十里地区,"资其陂泽,筑堤贮水为屯田"②,设寨铺戍守,阻止辽朝骑兵奔轶南下。而"顺安军以西,抵西山百里许,无水田处"③,也选兵戍守。由此宋王朝将战略进攻改变为战略防御,重点防御北边强邻契丹辽国。

宋王朝在制定"先南后北""先易后难"的策略时,却对陇山以西地区掉以轻心,没有做统一边疆的打算,正如宋人张方平所言:"太祖不勤远略。"④而宋太宗更是把西部边疆视为化外,对西部党项、吐蕃、回鹘等少数民族漠然视之。当时党项对宋西北边境的威胁,远不如汉唐时期匈奴、突厥、吐蕃所造成的边患严峻。宋朝一些臣僚对来自党项的威胁也认识不足,尤其对李继迁的不断骚扰,断言只不过是"怀恋父祖旧地,别无他心",认为"党项号为小蕃,非是劲敌,诚如鸡肋"⑤。

---

①(元)脱脱等:《辽史》卷83《耶律休哥传》,中华书局,1974年,第1301页。

②(元)脱脱等:《宋史》卷273《何承矩传》,中华书局,1977年,第9328页。

③《宋史》卷273《何承矩传》,第9328页。

④《宋史》卷318《张方平传》,第10357页。

⑤(宋)李焘:《续资治通鉴长编》卷35,淳化五年春正月甲寅,中华书局,1979年,第769页。

9世纪中期,吐蕃政权崩溃,迁徙到河西、陇右地区的吐蕃族种分散,不相统一,已不能作为独立的政治力量发挥作用。宋初的统治者对他们也未放在心上。宋太平兴国八年(983年),当吐蕃诸族遣使入贡献马时,太宗表面上厚加抚慰,赐以束帛,但对臣僚却说:"吐蕃言语不通,衣服异制,朕以化外视之。自唐室以来,颇为边患,以国家兵力雄盛,聊举偏师,便可驱逐数千里外。但念其种类蕃息,安土重迁,倘加攘却,必致杀戮,所以置于度外,存而勿论。"①足见宋太宗对吐蕃的兴起与发展,缺乏应有的警惕。

宋真宗即位后,按照其父的既定方针,对西北地区仍是漫不经心,无意经理。主张"令屯兵于内地,且简其闲冗,转饷当逐减省"②,目的在于"欲罢出兵,自固吾圉,非务攻略"③。太宗和真宗上述言论,便成为宋初统治者对西北少数民族歧视及漫不经心的态度,也是对陇山以西地区采取无意经理的指导思想。

北宋王朝"无意经理"西北的政策,与其对内政策的演变密切相关。以"陈桥兵变"立国的北宋王朝,未经过农民起义暴风骤雨的冲击,立国伊始,就面临尖锐的阶级矛盾。宋端拱二年(989年),宋太宗诏文武群臣言备边御戎之策时,知制诰田锡就提出"欲理外,先理内,内既理则外自安"④。随着阶级矛盾的发展,宋淳化二年(991年),宋太宗对大臣们说:"国家若无外忧,必有内患。外忧不过边事,皆可预防。惟奸邪无状,若为内患,深可惧也。帝王用心,常须谨此。"⑤在这

①《续资治通鉴长编》卷24,太平兴国八年九月庚午,第553页。
②《续资治通鉴长编》卷42,至道三年九月丙子,第880页。
③《续资治通鉴长编》卷42,至道三年九月丙子李焘注,第880页。
④《续资治通鉴长编》卷30,端拱二年正月癸巳,第678页。
⑤《续资治通鉴长编》卷32,淳化二年八月丁亥,第719页。

种守内虚外思想的指导下，必然把防范与镇压人民群众的反抗放在极其重要的位置，势必在军事防守上轻视西鄙。

二、防御重心西移

辽圣宗统和二十二年(1004年)闰四月，辽军大举南征，兵临澶州(治今河南濮阳县)城下。在军事形势对宋朝有利情况下，辽宋双方最后达成和议，订立"澶渊之盟"，这是辽宋双方力量均衡的产物。"澶渊之盟"以后，"三边罢警，俱息于战争"[①]，正式形成辽宋南北对峙的局面，结束了双方长期的战争状况。宋朝北方边境"自景德以来，四方无事，百姓康乐，户口繁庶，田野日辟"[②]。随着北方边境的安定，与辽国友好往来，北宋王朝与辽国的矛盾也相对减轻。

党项攻占灵州(治今宁夏灵武县西南)以及元昊立国后，北宋王朝与党项的关系渐趋恶化，与党项的矛盾逐渐上升为主要矛盾。宋夏之间的矛盾日益尖锐，始终处于主导与支配地位，并影响与制约着其他诸多矛盾。北宋开始设防西鄙，防御重心由北边转向西北边陲，西北沿边防御逐渐出现局部优势。

灵州位于夏州西侧，倚负贺兰山，带引黄河，地方千里，表里山河，水深土厚，草木茂盛，"真牧放耕战之地"，是唐宋时期西北边疆著名重镇。灵州西面是我国古代通往西域的重要通道——河西走廊，当时灵州地区散居着回鹘部落，灵州西南又分布着吐蕃部落，灵州也成为宋王朝、回鹘、党项、吐蕃各方势力争夺的战略要地。如果宋朝弃灵州，则等于撤去了一道屏障，并失去军马的供给地。但是灵州地区经长期战争破坏，经济凋敝，粮饷给养不足，戍守十分艰难。党项首领李

---

①《宋大诏令集》卷187《谕河北诸州诏》，中华书局，1962年，第685页。
②《宋史》卷173《食货志上一》，第4163页。

继迁,于宋真宗咸平五年(1002年)三月,攻占灵州。从此,宋朝西部边疆失去藩篱,不得不对党项刮目相看。

西夏天授礼法延祚元年(1038年),元昊建立西夏国,其疆域"东尽黄河,西界玉门,南临萧关,地方万余里"①,与宋、辽形成鼎足之势,与宋王朝矛盾日益尖锐激烈。西北沿边成为宋王朝重点防守地区,御夏成为赵宋王朝的头等大事。

元昊在与宋王朝相邻的河东、陕西沿边驻扎十万大军。面对这种严峻的军事形势,北宋王朝的统兵体制及部署有所变化。庆历元年(1041年),"分陕西沿边为秦凤、泾原、环庆、鄜延四路"②,以便于各路军队相互配合、策应,更好地抵御西夏的进攻。庆历年间,由于宋夏战争的需要,北宋军队数量急骤膨胀,兵额总数为一百二十五万九千人③,部署在"鄜延路屯兵六万八千,环庆路五万,泾原路七万,秦凤路二万七千"④,仅在陕西沿边的禁军兵力就有二十一万五千。

西部沿边地区除屯驻禁军外,还有厢军、乡兵、蕃兵、弓箭手等。厢兵是"诸州之镇兵",是地方军兼杂役军。厢兵数额庞大,宋仁宗景祐年间(1034—1037年),为四十三万八千人,庆历年间(1041—1048年)为四十九万九千人⑤。乡兵是"选自户籍,或土民应募,在所团结训练,以为防守之兵"⑥。康定初,元昊起兵反宋,北宋政府在河东添籍强壮"十四万四千,皆以时训练",后又因"西师屡衄,正兵不足",就籍陕

---

①龚世俊等:《西夏书事校证》卷12,甘肃文化出版社,1995年,第145页。
②《宋史》卷87《地理志三》,第2143页。
③《宋史》卷187《兵志一》,第4576页。
④《续资治通鉴长编》卷137,庆历二年闰九月癸巳条,第3303页。
⑤《宋史》卷189《兵志三》,第4643页。
⑥《宋史》卷190《兵志四》,第4705页。

西之民,"三丁选一以为乡弓手"①。并在陕西点籍义勇,"得十三万八千四百六十五人"②。治平末,河东七州军弓箭手总数为七千五百人,陕西十州军并砦户总数为四万六千三百人③。蕃兵是乡兵的一种,是西北沿边地区少数民族熟户蕃部丁壮组成的军队,具有地域性与民族性。蕃兵主要分布在陕西的秦凤、泾原、环庆、鄜延四路以及河东的石(治今山西离石市)、隰(治今山西隰县)、麟(治今陕西神木县西南杨家城)、府(治今陕西府谷县)诸州。庆历年间,泾原路熟户蕃兵一百七十七族,一万三千三百四十一人,马五千五百匹;秦凤路熟户兵马一百四十七族,三万五千六百人,马二万二千四百七十匹;环庆路二百四十七族,四万四千人,马四千三百九十匹;鄜延路九大族一万二千七百人,马一千四百九十匹④。到英宗治平年间,陕西四路有蕃民十万六千五百二十六人,再加上弓箭手数,共计十六万多人。蕃兵成为北宋西北地区军事力量的重要组成部分。

但此时的宋政府对建国初期的西夏军事力量并没有足够的认识,自恃为大国又有重兵屯聚,在战术上采取进攻与速战速决的策略,企图轻而易举地剿灭西夏,结果导致了军事上的惨败。

从西夏开运元年(1034年)到天授礼法延祚二年(1039年),元昊多次进攻,但均被宋军击退。经过几年试探性的进攻,元昊摸清了宋朝沿边各地的防御状况。横山以东以南,宋朝河东路、陕西路一带"备御完固""环庆路边砦排密"⑤。而鄜延路的边境"地阔而砦栅疏,近者

---

①《宋史》卷190《兵志四》,第4706页。

②《宋史》卷190《兵志四》,第4708页。

③《宋史》卷190《兵志四》,第4713页。

④(宋)曾公亮:《武经总要》前集卷18上《边防》,文渊阁《四库全书》影印本第726册,第526、532、523、519页。

⑤(清)吴广成著,李蔚整理:《西夏书事》卷13,泰山出版社,2000年,第67页。

百里,远者二百里,士兵寡弱,又无宿将为用"①。因此延州(治今陕西延安市)便成为元昊攻宋的突破口。鄜延环庆路副都部署刘平却认为陕西四路兵马及蕃汉弓箭手、步骑可"得精兵二十万"②,是元昊军队的三倍多,"不出一月,可坐致山界洪、宥等州"③。正是这种盲目轻敌与冒进,造成惨败。康定元年(1040年)正月,西夏元昊声称攻延州,在三川口(今陕西延安市西北)设伏,宋全军覆没,西夏军队控制了横山以南至延州一带地区。

三川口战败后,宋朝廷调整防务,以范仲淹知延州。范仲淹采取积极防御战略,使鄜延路防线基本稳固下来。庆历元年(1041年)春,西夏又发动大规模的进攻,元昊亲率十万大军向宋朝渭州(治今甘肃平凉市)推进。宋军骄傲轻敌,盲动冒进,在好水川(今宁夏隆德县北)又一次中伏,士卒死伤万人,数十名大将阵亡。从此宋朝廷改变策略,很少大部队进攻,采取持重守御之策。

旷日持久的战争给宋夏双方都带来了极大损失,两国的统治者都产生了尽快结束战争的愿望。当此之时,宋、辽、夏三国关系出现新的变化,辽夏交恶,联盟破裂,元昊恐两面受敌,愿与宋息兵议和。庆历四年(1044年),宋夏双方签订了和约,史称"庆历和议"。自康定元年(1040年)至庆历二年(1042),三年之间,元昊发动了三次大规模的进攻,均以掠夺财富为目的,每次虽都获得胜利,但却在劫掠后匆匆退走,无法占领北宋大片领土,因宋朝已对西北沿边进行重点防守,精兵强将云集西北,各路屯驻重兵,"以牵制其势"④,西北沿边防御渐现局部优势。

---

① 《宋史》卷288《范雍传》,第9679页。
② 《续资治通鉴长编》卷125,宝元二年闰十二月壬子,第2957页。
③ 《续资治通鉴长编》卷125,宝元二年闰十二月壬子,第2957页。
④ 《宋会要辑稿》第175册,兵8之21,第6897页。

三、以攻为守，兼制西夏

宋夏之争激化时，散处于河陇地区的吐蕃部族加入辽、夏与宋王朝的角逐之中，宋朝君臣意识到其举足轻重的作用，先是采用羁縻怀柔政策，进而对吐蕃采取笼络联合，不断加封部族首领，经济上进行援助等手段结其欢心，以攻西夏。这就是宋神宗即位前，北宋对吐蕃的基本政策。这种政策在当时确曾获得实效，凉州潘罗支、青唐唃厮啰等曾一度成为宋王朝的盟友，从而牵制了西夏党项的兵力。

宋王朝中期，国家积贫积弱，危机四伏，统治集团中的一部分有识之士，发出了要求改革的呼声。嘉祐三年（1058年）春，新到京城任三司度支判官的王安石撰写了著名的《上仁宗皇帝言事书》，指出宋王朝内部潜伏的种种矛盾与危机，并针对这些问题提出了改革意见与方法。但没有引起仁宗皇帝的重视与执政大臣的赞同。

宋神宗即位后，起用王安石任参知政事，并支持他在政治、经济、军事诸方面进行一系列的改革。经略河湟，兼制西夏，收复汉唐旧境，开拓经营西北边疆，是王安石等革新派的一项重要战略目标。此时的宋王朝经历了近百年的对夏战争，付出了沉重的代价，防卫体系已渐趋完固，军事上已显示出对西夏步步紧逼的势态。此时的西夏，由于长期对外战争，国力虚耗，军事力量已大大削弱，不得不收缩战线，渐渐转入被动防守。此时的吐蕃由于西夏的威逼，已渐浸衰弱，表示出亲夏的态度。

在这种形势下，宋王朝一反过去对吐蕃一味笼络联合的政策，转而展开对秦陇以西吐蕃诸部武力开拓经营。熙宁五年（1072年），以熙（治今甘肃临洮县）、河（治今甘肃临夏市东北）、洮（治今甘肃临潭县）、岷（治今甘肃岷县）四州及通远军（治今甘肃陇西县）为一路，置兵马步军都总管、经略安抚使，后又"以熙河等五州军为一路，通旧鄜延等五路,共三十四州军"①,这样在西北沿边形成了五个军事区。熙河路的设置,是宋王朝实施两面夹击西夏的重要举措。从熙宁五年开始的熙河之役,到熙宁六年(1073年)八月,王韶再次攻克河州,用了不到两年时间,取得"修复熙州、洮、岷、叠、宕等州,幅员二千余里,斩获不顺蕃部万九千余人,招抚大小蕃族三十余万帐"②的重大胜利。

开拓熙河的胜利,使宋神宗飘飘然产生轻敌之心,欲乘胜一举吞灭西夏。元丰四年(1081年),神宗调集陕西、河东五路大军草率出兵,招致失败。仅李宪一路以偏师出西夏侧背,夺取兰州(治今甘肃兰州市)、会州(治今甘肃靖远县东北),使宋朝边境越过马衔山推进至黄河边,远抵天都山(今宁夏海原县南),扩大了开拓熙河的成果,不仅把熙河路扩展为熙河兰会路,而且开拓了宋朝由内地通往西部地区的另一通道。这样,宋朝西北边境鄜延、环庆、泾原、秦凤、熙河五个军事区就有南北两道贯通,两道均可至炳灵寺通青唐,相互间联系更加紧密。

宋徽宗即位后,也决心"绍述先志",效法熙宁之治,起用早年追随王安石变法的蔡京为相。蔡京对内变新法以营私,对外欲以边功炫耀。然而此时的宋王朝已处于崩溃的边缘,政治黑暗腐败,实力大为削弱,不堪一击,若与辽、西夏交锋,未易取胜。好大喜功之心,驱使徽宗将视线转向神宗、哲宗二帝曾立功建业的河湟地区,开始又一次发动河湟之役。崇宁二年(1103年)六月,王厚率军向湟州进发,陆续攻占湟州(治今青海乐都市)、鄯州(治今青海西宁市)、廓州(治今青海化隆县西60里黄河北岸),控制了今青海东南部的黄河以北地区,宋王朝收复河湟的目的已基本达到。从崇宁二年开始到崇宁四年(1105

①《宋史》卷87《地理志三》,第2143页。
②《续资治通鉴长编》卷247,熙宁六年十月辛巳,第6022、6023页。

年)四月底结束河湟之役,"开拓疆境,幅员三千余里","招降到首领二千七百余人,户口七十余万"①,将鄯州改为西宁。吐蕃青唐政权自1032年建都,到1104年王厚、童贯再次攻下青唐,这个政权宣告瓦解,退出了宋、辽、西夏的多方角逐之中。

宋朝自神宗起,进一步调整御边政策,开拓熙河,经略河湟,这是对西夏战略的组成部分之一,重点在遏制西夏,是对西夏的侧面出击,主动防御。西线战场的开辟,这是宋朝实施两面夹击西夏的重要步骤,意味着宋夏双方战略地位发生了变化。

综观上述,北宋政府的御边政策具有一定的阶段性,从北宋初期的重北边轻西鄙,到中期防御重心从北边移到西北,自熙宁变法后,又以攻为守兼制西夏。这种政策的不断变化与调整,主要受北宋国内政治、经济、军事等因素的影响,也与周边邻国西夏党项、契丹辽国、西北吐蕃等少数民族政权的兴衰有密切关系,它是北宋、辽、西夏、吐蕃等势力相互消长、相互制衡的产物,也是北宋时期民族关系的另一种表现形态。

（原刊于《甘肃社会科学》2000年第3期）

---

① (清)黄以周:《续资治通鉴长编拾补》卷23,崇宁三年四月庚午,中华书局,2004年,第806页。

两宋时期西北少数民族政权特色述论

两宋时期,活动在西北地区的吐蕃、回鹘、契丹等民族,分别建立了自己的政权,其政权机构、体制、制度以及制定的政策等,具有鲜明的民族和地域特点。

一、西凉府吐蕃"蕃汉联盟"的政治体制

五代宋初时,散处于西北地区的吐蕃,已"族种分散,大者数千家,小者百十家,无复统一"①。发源于祁连山的古浪河、黄羊河、杂木河、金塔河、西营河、东大河这六条水流经的谷地,是吐蕃六谷蕃部的活动地域,他们组成了西北吐蕃的第一次联盟,建立了西凉府吐蕃政权。

(一)"蕃汉联盟"

这是西凉府吐蕃六谷联盟的政治特色之一。吐蕃六谷联盟的形成大约是在五代后唐时期,此时西凉府吐蕃已形成以六谷蕃部为核心的集团,众多分散部落已渐趋结盟,需要有权威的领袖人物统一管理各部事务。因为凉州居民的构成以吐蕃人为主体,而凉州吐蕃联盟首领大部分是以占绝对优势的吐蕃族人来担任,但在初期,汉人也曾担任过"主帅""首领"。

----

① (元)脱脱等:《宋史》卷 492《吐蕃传》,中华书局,1977 年,第 14151 页。

凉州自唐末陷入吐蕃后,"其地亦自置牧守,或请命于中朝"①。后唐天成(926—930 年)中,权知西凉府留后孙超遣大将拓跋承诲来朝贡,受到唐明宗的召见,唐明宗授孙超为凉州刺史充河西军节度留后。后唐清泰元年(934 年),又有留后李文谦来请命,后数年,凉州人逐出李文谦。后晋天福七年(942 年),灵州冯晖遣牙将吴继兴代文谦为留后。后晋天福八年(943 年),泾州押衙陈延晖赍诏书安抚凉州,凉州人共劫留延晖,立为刺史。至后汉隐帝时,"凉州留后折逋嘉施来请命,汉即以为节度使"②。折逋嘉施虽系当地土豪,但此时,在六谷蕃部和汉人中还没有建立起权威,不能制驭蕃部。因此,在数年之后,六谷蕃部向中原王朝提出任命汉人为主帅的要求,于是凉州的统治权重又落入汉人手中。后周广顺二年(952 年),"始以申师厚为河西节度使"③。然而"凉州夷夏杂处"④,申师厚"不能抚有"。但另一方面,此时,凉州吐蕃势力渐趋增强,已不允许非吐蕃族人占据首领地位。不久,申师厚为其所迫,留其子而逃归,中原王朝也放弃对凉州的统辖与管理,"对凉州亦不复命帅"⑤。

申师厚离开凉州后,六谷部首领折逋支成为六谷蕃部大首领,被拥立为凉州刺史,自此后,凉州吐蕃联盟的统治权掌握吐蕃人手中。折逋支死后,折逋阿喻丹嗣位,阿喻丹死后,其弟喻龙波继位,担任领袖。在折逋喻龙波在位时,为了进一步加强对吐蕃的统治,借重宋朝

①(清)徐松:《宋会要辑稿》方域 21 之 14,中华书局,第 195 册,1957 年,第 7668 页。

②(宋)薛居正等:《旧五代史》卷 138《吐蕃传》,中华书局,1976 年,第 1840 页。

③《宋会要辑稿》第 195 册《方域》21 之 14,第 7668 页。

④(宋)薛居正等:《旧五代史》卷 138《吐蕃传》,中华书局,1976 年,第 1840 页。

⑤《宋会要辑稿》第 195 册《方域》21 之 14,第 7668 页。

的实力与威望,重新提出要求,请宋朝派遣凉州主帅。至道二年(996年),"凉州复来请帅,诏以丁惟清知州事,赐以牌印"①。于是宋政府就命丁惟清为凉州主帅,统六谷部和凉州地区诸军事。后来出身贵族的潘罗支取代喻龙波成为凉州地区总管,并超越刺史丁惟清,成为大权独揽的吐蕃新首领,六谷蕃部达到鼎盛。潘罗支死后,其弟厮铎督继任六谷大首领。

总之,在六谷政权初期,蕃汉联盟,汉人也曾担任过首领、主帅,并且是以"请帅"与"劫留"中原王朝官吏的形式出现,西凉府吐蕃政权以"请"与"劫"的方式,学习和利用汉族官员的统治经验为自己的政权服务。

(二)世袭首领与册封官职并存

这是西凉府吐蕃政权政治制度的特点。在六谷吐蕃联盟中有各级首领,也有宋朝册封的官爵,其原首领的官职世袭,但须中原王朝册命。申师厚"初至凉州,奏请授吐蕃首领折逋支等官"②。于是后周答应了其要求,"敕以吐蕃左厢押蕃落副使折逋支、右厢崔虎心并授青银光禄大夫、检校工部尚书;阳妃谷大首领沈念般授怀化大将军;左厢大首领钱于闷笃为归德大将军;没林葛于、凝卢伴擅、折逋穷罗并为归化大将军;右厢大首领鹿悉迦、阿罗兵骚奴并为归德将军,沈念般与龙文、温元积并为怀化大将军"③。折逋支死后,其子阿喻丹继位,即以"权知西凉府"的身份向宋朝进贡。"权知"即暂时代理,是藩属老首领死后,新首领继位,但却未取得中央王朝册命时,自己在职衔上

---

① 《宋史》卷492《吐蕃传》,第14154页。
② 《宋会要辑稿》第195册《方域》21之14,第7668页。
③ (宋)王溥:《五代会要》卷30《吐蕃》,文渊阁《四库全书》影印本,第607册,第707页。

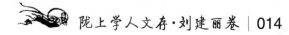

所使用的专有名词。阿喻丹死后,其弟喻龙波取代了他,宋太宗正式册命为"保顺郎将"。

蕃汉联盟、世袭首领与册封官爵并存,这正是西凉府吐蕃部民受中原封建政权的影响,其政权所具有的双重政治特色。

二、河湟唃厮啰政权的政治特色

北宋时期,唃厮啰政权是河湟吐蕃建立的一个地方政权,政权机构、组织具有鲜明的地域性与民族性。

（一）政权的基层组织

河湟吐蕃部落是以地域为基础,但也保留有血缘氏族的残余,这是唃厮啰政权的基层组织,也是这一民族政权所固有的特色。据文献记载,散处于河湟地区的唃厮啰大小部落数百个,这些部落或以居地为名,或以人名为部落名。吐蕃大部族众多,主要有湟州亚然家族,亦即雅仁结族,温逋奇是最早的首领,属下还有阿笃、溪巴温、僧温拉摩、阿道、溪展、遵博斯、顺律觉依等,均为邈川蕃部大小首领。齐暖族亦即篯南族,其首领为乌戬新雅克。鄯州的唃厮啰族即嘉勒斯赍族,是以唃厮啰其人名族。唃厮啰下属首领主要有嘉木磋沙卜哩、李波末里瓦、安子罗等;董毡下属首领主要有经沁伊达木凌节、李察勒沁、景青宜党令支等;阿里骨属下首领有结厮鸡、苏南党征、经斡穆等;瞎毡下属首领有兰毡只鸡、心牟钦毡等。以居地在宗哥河（湟水）一带而得名的宗哥族,僧人李立遵为大首领,属下首领主要有景遵、斡遵、李摩拉木等。还有廓州的青丹谷部、鲁遵部等[①]。

散居于河湟地区的众多吐蕃部族,规模大小不等,宋朝对蕃官的

①刘建丽:《宋代西北吐蕃研究》,甘肃文化出版社,1998 年,第 114—132 页。

任命是根据其部族大小、势力强弱以定职名。规定凡归附部落的首领，"管百帐以上大首领补本族军主，次补指挥使，百帐以下并补本族指挥使"①。而族帐庞大，人多势众，在当地颇有名望与影响的大首领，则授以蕃落使、团练使、都指挥使、刺史等名号。由此可知，小部落有百帐，大部落则在千帐以上，甚至还有千、万帐的大部落，这些大部落之下又有许多小部落，每个部落均有自己的首领，大首领同时又是本部落的首领。大部落首领只负责出兵打仗、处理部落纠纷等大事，小部落首领管民事、组织农牧业生产等，唃厮啰政权就是若干大小部落的联合体，这成为唃厮啰政权的一大政治特色。

唃厮啰政权属下大小首领，主要由四部分人组成：一是出身于"贵种"，即具有吐蕃王朝赞普与贵族血统的后裔，如唃厮啰"绪出赞普之后"②，"人号瑕萨篯逋者，胡言赞普也"③。二是僧人充当首领。宗哥族首领李立遵信奉佛教，邈川亚然家族首领温逋奇信奉苯教，这二人既为部族首领，也为宗教首领，而充任小首领的僧人不计其数。三是以胆识、能力、勇敢获得部民的尊崇而成为首领；四是世袭首领。宋朝在封赐这些首领时，往往标明承袭其前辈的职名及部落名。

唃厮啰政权所处的地理环境及社会经济，是形成这种政治特色的主要原因。青唐政权所控制的地区，据李远《青唐录》所载："北占河湟间二千余里，河湟间有鄯、洮、河、岷、叠、宕、廓州"④。这里地域辽

---

① (宋)李焘：《续资治通鉴长编》卷82，大中祥符七年甲戌，中华书局，1985年，第1872页。

② 《宋史》卷492《吐蕃传》，第14160页。

③ (宋)沈括：《元刊梦溪笔谈》卷25《杂志》二，文物出版社，1975年。

④ (明)陶宗仪等：《说郛》卷35(宋)李远《青唐录》，《说郛三种》，上海古籍出版社，2012年，第602页。

阔,地形险要复杂,大小部落被崇山峻岭、河溪山涧阻隔,交通不便,故部落各自保持相对的独立性。而畜牧业是唃厮啰政权的主要经济构成,吐蕃部民"逐水草而居",这种生产方式与生活方式,决定了只有部落组织才能与之相适应,也就是说部落成为唃厮啰政权的基本细胞,是受地理环境的制约,取决于其畜牧经济构成。

(二)"国主"与"议事厅"

这是唃厮啰政权的另一政治特色。青唐吐蕃政权的缔造者唃厮啰是吐蕃王朝赞普后裔,所以人们也称之为赞普,汉文献称为国主,是青唐政权的最高统治者。宋康定元年(1040年)八月,屯田员外郎刘涣出使青唐,"涣至,厮啰引导供帐甚厚,介骑士为先驱,引涣至庭。厮啰冠紫罗毡冠,服金线花袍、黄金带、丝履,平揖不拜,延坐劳问,称'阿舅天子安否'。道旧事则数十二辰属,曰兔年如此,马年如此"①。这表明唃厮啰是以王者的身份,用蕃礼接待宋朝的使臣。唃厮啰政权的历代执政者在青唐建有华丽的宫殿,"大殿九楹,柱绘黄龙,基高九尺"。首领向国主奏事,有一套严格的规定,"去坐丈余,以碧琉璃砖环之,羌呼禁国。凡首领升殿白事,立琉璃砖外,犯者杀之"②。国主唃厮啰对首领"白事"时,保持一定的距离,既突出了国主居高临下的崇高地位,维护王者的尊严,也是对首领的严格防范。

协助国主处理日常事务的机构,有"国相议事厅"和"国主亲属议事厅",这表面上似乎保留有氏族军事民主制的残余,其实是两个互相平等又互相制约的办事机构③。吐蕃王朝时,"论"与"尚"的斗争,即奴隶主贵族与王族之间的斗争,贯穿始终,这是奴隶主阶级内部矛盾

①《宋史》卷492《吐蕃传》,第14162页。
②(明)陶宗仪等:《说郛》卷35(宋)李远《青唐录》,《说郛三种》,第602页。
③祝启源:《唃厮啰——宋代藏族政权》,青海人民出版社,1988年,第242页。

的集中反映,而他们之间的矛盾靠赞普来平衡,却没有设立专门的机构来调整两派的斗争。唃厮啰吸取了吐蕃王朝治国的经验教训,为论相和王族专门设立机构,使他们分别讨论军政大事,听取各方不同意见。这对防止国相专权,调整统治阶级之间的矛盾起了一定的积极作用。这是唃厮啰在政权建设方面的一大进步,也是唃厮啰统一河湟,与宋夏周旋、抗衡近百年的一个重要因素。

三、回鹘政权的王制与部落领主制

两宋时期,在今天的新疆与河西走廊地区建立政权的高昌回鹘与甘州回鹘,由于所处地域及周边环境不同,其政权体制、结构略有区别。

(一)高昌回鹘的王制与阶级构成

高昌回鹘王国疆域辽阔,南北地跨吐鲁番、塔里木和准噶尔三大盆地,东西从哈密至阿克苏,中间横亘着戈壁、绿洲。境内除以高昌为中心的高昌回鹘外,西面还有以龟兹为中心的龟兹回鹘。龟兹回鹘的辖境西至阿克苏的冰大坂,南至塔里木河,只占高昌回鹘王国西境的一部分。

高昌回鹘与龟兹回鹘共同生活在同一王国境内的不同地域,因而其政治制度一致,实行双王制。高昌回鹘王自称狮子王阿斯兰汗,龟兹国主也称狮子王,"衣黄衣、宝冠,与宰相九人同理国事"[1]。高昌回鹘最高统治者即国王也称为"亦都护"(Idiqut),突厥语意为"幸福之主"。亦都护的权力是专制与世袭的,他是王国最高的立法者和执行者。根据回鹘文的记载,亦都护在节日时,坐在有珠宝装饰的台座上,头戴王冠,身穿红色外衣,视事时,旁边有许多侍者和击磬者。亦

---

① 《宋史》卷 490《龟兹传》,第 14123 页。

都护下面有九宰相、枢密使、金紫光禄大夫、检校太师、左神武大将军、御史大夫、上柱国封谯县开国子、监使、判官、都督①以及于越(相当太守)、于尔奇(相当大臣)、断事官(司法官),在首都高昌、龟兹及各地方上的封建主则为各级大小伯克。

高昌回鹘王国的阶级构成也颇具民族性与地域特色。高昌回鹘王国境内的农民、奴隶、萨里构成了被统治阶级,其中农民占据主要成分。根据对出土回鹘文书的研究,农民具有以下数种不同的地位。②

"卡兰奇",即缴纳"卡兰"赋税的农民,系王国的农民,其人身比较自由,不仅属于国家,也不属于封建主个人。英朱,是一种依附关系的称谓,也指采邑。其确立的封建经济义务是向王国政府缴纳农业的副产品,受小封建主支配。如果小封建主寻求依靠而归附了大封建主,这些小封建主也可视为英朱。这种农民与封建主以及土地所有制有密切的关系,封建主享受他们的劳动成果。库瓦克,这种农民有双重负担,一方面要向王国承担义务,无偿缴纳土地上生产的实物,另一方面又要无偿地把捐税交给官吏,是一种劳役税制,他们向官吏缴纳的赋税,就成为官吏们薪俸的来源。图图克,这是被主人作为借债抵押品和人质而被雇佣的农民,必须向债主完成所规定的劳动定额,期满后人身仍获自由,因而他们还不是农奴。卡达施,处于自由民与农奴之间,与家奴地位接近,有些系村社头人的亲属,受头人保护,他们在封建主的家里劳动,而且有时可以分到一份家产。

高昌回鹘王国境内的奴隶,不分男女,均无自己的土地与劳动工具,也无劳动报酬,他们来源于债务农民或战时俘虏。萨里是佛教僧侣的最底层,为佛僧的仆人。他们为僧侣们劳作,在寺院田地、果园从

①《宋会要辑稿》第 197 册《蕃夷》4 之 5—4 之 14,第 7716—7720 页。
②程溯洛:《唐宋回鹘史论集》,人民出版社,1993 年,第 241、242 页。

事生产劳动,或管水、看护寺院牲畜,人身如同奴隶。以上各种农民,尤其是英朱、库瓦克们,是构成高昌回鹘王国封建农奴制的基础。

(二)甘州回鹘的官制与部落领主制

回鹘在西迁以前,因受汉族政治、经济、文化的影响,其官制已有宰相、都督、将军、司马等称号,西迁以后,在甘州回鹘中除有宰相、都督外,还出现了左温、枢密使等官名。五代时,甘州回鹘的官号基本上沿用突厥语名号,但兼采汉制,《旧五代史·回鹘传》载英义可汗"仁美卒,其弟狄银嗣立"。"可汗"即突厥语的 Qaghan,"狄银"应是突厥语的"特勤"(Tagin,意为亲王)①,可汗"妻号天公主,其国相号媚禄都督"②。"媚禄都督"中的"都督"二字,显然是借用汉语官号。宋咸平四年(1001 年),甘州回鹘可汗遣使曹万通赴宋贡名马,而曹万通自称任本国枢密使。

河西回鹘在 10 世纪以后,已处于游牧封建社会中。据史籍所载,当时甘州是整个河西回鹘游牧大封建领主牙帐所在地,而在合罗川、贺兰山等地的回鹘,则各自分成数个小部落,每一部落有分封的小领主。"回鹘都督石仁政、么啰王子、邈弩王子、越黜黄水州巡检四族并居贺兰山下,无所统属,诸部入贡多由其地"③。其他散处瓜、沙、凉三州的回鹘,也各立首领,分领族帐,每一个部落都有被称为君长的封建领主,部落领主在他们自己的辖区内,有管辖族帐的权力。总之,在整个河西回鹘游牧封建社会中,牧民主要是固定依附于其世袭领主

---

①程溯洛:《甘州回鹘始末与撒里畏兀儿的迁徙及其下落》,《西北史地》1983年第 1 期。

②(宋)欧阳修:《新五代史》卷 74《四夷附录·回鹘》,中华书局,1974 年,第916 页。

③《宋史》490《回鹘传》,第 14115 页。

个人，其中还保留有原始氏族社会的残余。

四、喀喇汗王朝的政治体制

由西迁回鹘的一支在中亚建立的喀喇汗王朝，其政权体制因统治地域及民族的不同而有所变化。

（一）双王制与封地制

喀喇汗王朝的政治体制是阿尔泰语系各民族古老的习惯法"双王制"，即汗国分为两大部，由汗族的长幼两支分别管理这两部。汗位的继承是传长制，而不是中原王朝传统的嫡长子继承制。长支为大可汗，称阿尔斯兰汗，突厥语意为"狮子"，是喀喇汗王朝整个汗族的最高首领，首都是巴拉沙衮，以后随着王朝统治民族定居农业的发展，又以喀什噶尔（今新疆喀什）为陪都，所以喀什噶尔又称为"斡耳朵坎特"，其意为"汗城"。幼支为副可汗，称博格拉汗，意为"公驼"，驻地先在怛逻斯（俄罗斯江布尔），后迁至喀什噶尔，以后又迁回到怛逻斯。

普里查克认为这两个最高统治者属下还有四个低一、二级的伊利克（王）和特勤，即阿尔斯兰伊利克、博格拉伊利克、阿尔斯兰特勤、博格拉特勤。更次一级有于伽、俟斤、将军、伊难珠匐等称号。在这些爵号上往往加上狼（贝里）、象（亚干）、鹰（卡吉尔）、鹫（托格鲁尔）等禽兽名称，以表示更细微的等级差别。这些称号均属于汗族成员，他们组成了一个特别的等级体系，如有空缺，则依次调升。阿尔斯兰伊利克可以上升为博格拉汗，博格拉汗可以升为阿尔斯兰汗。这只是普里查克拟定的一个规范的升迁模式，实际上，喀喇汗王朝的体制并不如此。喀喇汗王朝初期即不遵行双王制的晋升制度，以后权力之争愈演愈烈，实际上实行的是封地制度。喀喇汗王朝像所有的游牧帝国一样，"氏族制的观念从私法领域转移到国家法律领域。国家被认为是整个汗族的财产，因而把它分成许多封地；有时强大的附庸完全不承认帝国首领的统治权。"①

（二）喀喇汗王朝的官制

喀喇汗王朝中央政府有各种官制：宰相，是国王的助手，担负巩固国君王位的重要职责，必须是出身名门，伊斯兰教被定为喀喇汗王朝的国教后，这一职位须由笃信伊斯兰教的人担任。将军，其主要职责是保证国土的安定，不遭受侵犯。内侍官，是国王的心腹耳目，分担国王的重任，出身名门的人方可任此职。要有丰富的知识，知礼恭敬，办事勤勉。秘书官，是国君的代言人，其职责是代国君起草诏令文诰，是除宰相之外最重要的职务。财务官管理国库，不仅会精打细算，而且还要善于经商，使国库充裕，保证国君的一切耗费。

关于地方官制，缺乏资料，但在河中地区，近卫军制在某种程度上还存在，但没有萨曼王朝那样发达和重要。这是由于喀喇汗王朝起源于游牧民族，在很大程度上保存着氏族宗法制度，作为汗国首领的汗还与本氏族成员保持有一定平等关系，致使作为专制制度的近卫军制，在喀喇汗王朝没有社会基础和思想基础。

五、西辽的政权机构与基本政策

辽朝灭亡前夕，耶律大石率部西迁，在中亚地区建立西辽。这是一个疆域辽阔的封建帝国，是深受汉文化影响的辽朝在新的民族、地域环境下的延续与发展。

（一）继续实行"两部"制

辽保大四年（1123 年）七月，耶律大石率部从夹山地区出发时，就组成了政府机构，"置北、南面官属，自立为王，率所部西去。"②以后

---

①魏良弢：《喀喇汗王朝史稿》，新疆人民出版社，1986 年，第 76 页。

②（元）脱脱等：《辽史》卷 29《天祚帝纪三》，中华书局，1974 年，第 349 页。

金朝得到消息,也说耶律大石"称王于北方,署置南北面官僚,有战马万匹,畜产甚众"①。这就充分说明,耶律大石政权在可敦城初建时期,国家机构还是"因俗而治",采取辽朝的两部制,即"官分南北,以国制治契丹,以汉制待汉人"。"北面治宫帐、部族、属国之政,南面治汉人州县、租赋、军马之事。"②两部制是辽朝政治上的一大特点,也是辽朝所特有的一种政治制度,这是辽朝根据游牧民族和农业民族的不同特点而采取的统治方式。定居的农业民族按地区管理,设置州县,中央设置南面朝官总理军政事务;流动的畜牧民族,以其部族为行政单位,设官统治,中央设置北面朝官总理部族军政事务。这种国家机构的两部制对于以游牧立国,并征服了农业地区的政权有普遍的使用价值,所以耶律大石立国之初,就继续沿用原有的这一制度。

在漠北时期,耶律大石统治地区,既有契丹人和其他十八部的游牧民族,又有七州的汉人和其他民族,既有游牧业,也有定居的农业,因而这种经济成分和民族成份的双重性,适宜实行两部制。在巴拉沙衮建都以后,耶律大石把适宜耕牧的七河地区作为自己的直辖领地,但此时,这里的耕作者已不是汉人,而主要是回鹘人和其他操突厥语部族,但国家机构仍然实行两部制。

(二)西辽的官制与附属国

西辽的中央官制有南、北面官。见诸史籍的南面朝官,据《辽史》卷三十《天祚皇帝纪》所载,有"枢密副使肖刺阿不""敌刺部前同知枢密院事肖查刺阿不"。肖查刺阿不所任的"枢密副使""同知枢密院事"这两个官职与《辽史》卷四七《百官志三》所载"南面朝官"中的"汉人枢密院"的第四号职位"枢密副使"及第五号职位"同知枢密院事"的

①(元)脱脱等:《金史》卷121《粘割韩奴传》,中华书局,1975年,第2636页。
②(元)脱脱等:《辽史》卷45《百官志一》,中华书局,1974年,第685页。

名称完全相同。而曾向耶律楚材教授过契丹文的西辽郡王李世昌，"尝为西辽执政"①，耶律楚材在《赠李郡王笔》一诗中有云："聊复赠君为土物，中书休笑不中书。"显然，李世昌既然身为郡王，曾官位中书令，即便不是中书令，是"中书侍郎"或"知中书省事"，这三种官名在《辽史·百官志三》"中书省"条中均载。

诸史籍中所载的北面朝官则更多。据《辽史》卷三十所载，有"六院司大王肖斡里剌""护卫耶律铁哥""驸马肖朵鲁不"等。这些官名分别载于《辽史·百官志二》"北面部族官"，《辽史·百官志一》"北面皇族帐官"和"北面御帐官"中。《元史》卷一二〇《曷思麦里传》载，曷思麦里"初为西辽阔儿罕近侍"，而"近侍"这一官名也见于《辽史·百官志一》"北面御帐官"中。见诸史籍中所载的地方官名很少，在《辽史》卷三十《耶律大石传》中提到的"茶赤剌部秃鲁耶律燕山为都部署"，"秃鲁"是中央派遣到部族的官员，其职责是镇抚。曾"初任西辽阔儿罕近侍"的曷思麦里，"后为谷则斡儿朵所属可散八思哈长官"②。"八思哈"为突厥语官名，这就是说西辽王朝地方官名采用当地名称。

西辽帝国除去直辖领地外，并拥有一批附属国。西辽中央政府对这些附属国原有的国家机器，基本上采取了保存的政策，让他们继续发挥作用，对其内部事务很少干预，使其享有很大的自立权。西辽中央政府根据这些附属国的地位及其忠实程度，分别采取不同的政策，如对布哈拉的"布尔罕王朝"，完全让他们自治；对喀喇汗王朝、回鹘汗国，则派出监督官常驻其首府；对花剌子模、康里、葛逻禄等，则定期派出官员了解情况和收纳贡赋。

---

①（元）耶律楚材：《湛然居士文集》卷2《赠李郡王笔》，文渊阁《四库全书》影印本，第1191册第502页。

②（明）宋濂等：《元史》卷120《曷思麦里传》，中华书局，1976年，第2969页。

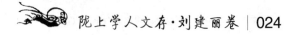

（三）基本政策

西迁到新地域并建立政权的耶律大石及其核心成员，总结辽国灭亡的教训，吸取当地的统治经验，以维护封建统治为目的，制定了一套新的基本政策。

禁止分封土地。中亚地区自萨曼王朝以来，实行分封制，喀喇汗王朝时很盛行，这就成为以后喀喇汗王朝分裂以及内部纷争不息的重要因素。辽朝的宫卫制与头下军州制，实质上也是一种分封制，它削弱了中央集权的统治力量，使统治集团内讧不断。耶律大石认识到分封制的危害性，于是用发薪俸的办法取代"俸禄赐地"。这一政策不仅限制了将军们对百姓的肆虐，而且保证了中央集权，有利于社会的安定与生产的发展。

中央控制军队。耶律大石总结辽朝和喀喇汗王朝的经验，不许将军直接控制军队，更不允许变为私人武装。在寻思干，与西域诸国联军的会战中，耶律大石直接控制军队，"遣六院司大王萧斡里剌、招讨副使耶律松山等将兵二千五百攻其右；枢密副使萧剌阿不、招讨使耶律术薛等将兵二千五百攻其左；自以众攻其中"①。这充分说明是临时让将领调遣战士去服从其指挥，而不是派遣某位将领率"所部"去执行某一任务。耶律大石这一政策，对于保证中央集权、巩固王朝统治方面，具有重要意义。

减轻赋税。关于西辽的赋税征收制度，文献史籍缺乏系统的记载。《金史》记载："大定中，回纥移习览三人至西南招讨司贸易，自言：'本国回纥邹括番部，所居城名骨斯讹鲁朵，俗无兵器，以田为业，所获十分之一输官。耆老相传，先时契丹至不能拒，因臣之。'"②伊本阿西尔

---

①《辽史》卷30《耶律大石传》，第356页。

②《金史》卷121《粘割韩奴传》，第2637页。

《全史》记载:西辽军队"占据了整个突厥斯坦国家。当他们占领城市以后,对于它的居民未做任何改变,只从每户——从城市居民,此外,也从农村居民——收一个狄纳尔。至于耕地之类,那它们给居民享用"。这就是由过去依收获量征收的"土地税"改为按户征收的"户赋",每户只须交一个狄纳尔。无论是实行"所获十分之一输官"的土地税,还是"户赋",其税率均较轻。即使百年后,常德所记七河地区"民赋岁止输金钱十文,然贫富有差。"①老百姓虽然赋税轻,但仍然存在贫富差别。常德西使是在"己未正月"②,即1259年,他认为缴十个狄纳尔(即十文)还是轻税,那西辽每户只交一个狄纳尔,肯定税额是较轻的。

羁縻政策。西辽对归顺的汗国一律实行保存其原有王朝的政策,让他们继续统治本土,享有一定的自治权,并拥有军队,西辽政府在这些地区基本上不驻扎军队。西辽派官员常驻或定期巡视,以便监察军政和收取贡赋。

西辽政府采取以上政策,目的是为维护封建统治,长治久安,但客观上维护了社会安定,促进了社会经济、文化的进一步发展。

两宋时期,这些西北民族政权的机构、制度、政策均打上了本民族的烙印,同时又受中原地区汉族传统思想文化的影响,具有较大的变异性,因而各自具有鲜明的民族和地域特色。

(原刊于《西域研究》2007年第3期)

---

①(元)刘郁《西使记》,文渊阁《四库全书》影印本,第460册,第925页。
②(元)刘郁《西使记》,文渊阁《四库全书》影印本,第460册,第924页。

略论党项夏国的军事制度

1038 年,在西北地区立国的西夏,是以党项族为主体的地方民族政权。在其政权形成与发展中,其军事制度既深受中原汉族文化的影响,又具有鲜明的党项民族特性。本文拟从"西夏的兵制与军队""西夏的兵种""西夏的战术""以法治军"等方面,对西夏的军事制度略作论述。

一、西夏的兵制与军队

党项西夏实行全民皆兵制。早在党项氏族部落时代,就实行全体成员皆兵制度,公元 1036 年,元昊在攻占河西地区后,就进行军事制度的改革。西夏建国后,"经过元昊的整齐画一,成为西夏全民兵役制"①。西夏建国后的兵役制度,初期是以党项部族的征兵制为主,其民一家为一帐,以族帐为最小单位进行征派。男子年 15 至 60 岁为丁,每家凡二丁,取身强体壮者一人为正军,另一丁为负赡,成为一抄,担任随军杂役。凡家有四丁者,抽两抄,其余的壮丁均称为空丁,可以不服役,但可以顶替其他丁男为负赡兵,也可以顶替正军之羸弱者担任正军,"故西夏壮者皆习战斗,而得正军为多"②。正军是冲锋陷

---

①乔幼梅:《西夏兵制初探》,《1995 年首届西夏学国际学术讨论会论文集》,宁夏人民出版社,1998 年,第 56 页。

②(元)脱脱等:《宋史》卷 486《夏国传下》,中华书局,1977 年,第 14028 页。

阵的战斗人员，负赡是随军杂役，负责筹备粮食和供战马食用的饲料，并负责运送至军中。部族征兵规定有数额，军中正军与负赡的比例为 1 比 1，但在首都附近的兴、灵地区的镇戍兵中，一个正军几乎有三个负赡兵①，其比例则近于 1 比 3。所征之兵由各部落首领管带，"首领各将其种落兵，谓之'一溜'"②。

西夏建国初期，与宋朝战争频繁，部族征兵不能解决兵员不足的问题，于是扩大征兵范围，增大兵额，实行"全民皆兵"的兵役制度。西夏大安八年（1082 年）九月，在宋夏永乐之战前，西夏调民为兵，"十丁取九"③。西夏军队的装备，据《宋史·夏国传下》记载："凡正军给长生马、驼各一。团练使以上，帐一、弓一、箭五百、马一、橐驼五、旗、鼓、枪、剑、棍棓、抄袋、披毡、浑脱、背索、锹镢、斤斧、箭牌、铁爪篱各一。刺史以下，无帐无旗者，人各橐驼一、箭三百、幕梁一。兵三人同一幕梁。"《隆平集·西夏传》也载："凡年六十以下，十五以上，皆自备弓矢甲胄而行。"西夏作战兵员除官府提供很少的军事装备外，出征打仗时，一律自备粮饷。

西夏的军队与监军司是仿照宋朝的制度而施行的，西夏的军队均属中央管辖，但由于其担任的任务不同，可分为侍卫军与屯戍军。

侍卫军是专门从事护卫西夏皇帝的直属军队。据《宋史·夏国传上》记载，元昊"选豪族善弓马五千人迭值，号六班直，月给米二石。铁骑三千，分十部。发兵以银牌召部长面受约束"。元昊的侍卫军十队的

①陈炳应：《西夏军队的征选廪给制度》，《西北史地》1987 年第 1 期。

②（民国）戴锡章：《西夏纪》卷 8，《中华野史·辽夏金元卷》，泰山出版社，2000 年，第 206 页。

③（宋）李焘：《续资治通鉴长编》卷 329，元丰五年九月甲申，中华书局，1985 年，第 7926 页。

队长为"一妹勒、二浪讹遇移、三细赏香埋、四里里奴、五杂熟屈得鸡、六隈才浪罗、七细母屈勿、八李讹移岩名、九细母嵬名、十没罗埋布"①。西夏的宫廷宿卫制度非常严格,宿卫军佩戴铜制腰牌,上有"防守待命""防守命令""后门宫寝待命"等西夏文字。

屯戍军即是守卫京城与屯驻地方的军队,是西夏军队中人数最多的一种,是西夏的主力军。元昊嗣位后,整顿西夏军事,首先将全国兵力分为左右两厢。《儒林公议》卷上载:"元昊志在恢拓,数侵诸蕃境土……又分兵为左右厢……其厢左距契丹,右抵甘州。"其兵力分布与屯驻的任务是"自河北至卧啰娘山七万人,以备契丹;河南洪州、白豹、安盐州、罗洛、天都、惟精山等五万人,以备环、庆、镇戎、原州;左厢宥州路五万人,以备鄜、延、麟、府;右厢甘州路三万人,以备西蕃、回纥;贺兰驻兵五万人,灵州五万人,兴庆府七万人为镇守,总三十余万。"②

西夏又在左右厢的基础上设立监军司,监军司虽是军事驻防区的指挥机构,亦分管民户。监军司的设立,与西夏军政合一的体制相适应。西夏所立监军司数量在不同时期有所变化,西夏监军司早期数应是18所③,正如《续资治通鉴长编》所载,景祐四年(1037年),元昊"置十八监军司,委酋豪分统其众"④。后随着西夏对宋战争规模的不断扩大,西夏监军司数量也随之增多,据文献所见数,超过20所⑤。

---

①陈炳应:《西夏军队的征选廪给制度》,《西北史地》1987年第1期。

②《续资治通鉴长编》卷120,景祐四年十二月癸未,第2845页。

③汤开建:《近几十年国内西夏军事制度研究中存在的几个问题》,《宁夏社会科学》2002年第4期。

④《续资治通鉴长编》卷120,景祐四年十二月癸未,第2845页。

⑤汤开建:《近几十年国内西夏军事制度研究中存在的几个问题》,《宁夏社会科学》2002年第4期。

至西夏后期,对外战争逐渐减少,其监军司数量亦随之减少,至夏仁孝天盛年间,西夏监军司还有 17 所,至西夏末期仅剩 12 所监军司,这就是《宋史·夏国传下》结尾论及西夏军事制度时所载:"有左右厢十二监军司:曰左厢神勇、曰石州祥祐、曰宥州嘉宁、曰韦州静塞、曰西寿保泰、曰卓罗和南、曰右厢朝顺、曰甘州甘肃、曰瓜州西平、曰黑水镇燕、曰白马强镇、曰黑山威福。"①元昊"委豪右分统其众"。司马光《日记》卷一载:"刚浪凌死,始元昊分国中兵马为左、右厢,使凌兄弟分统之。凌反诛,元昊更分左、右厢为十六监军,各有厢首领。"②从《续资治通鉴长编》卷一二○景祐四年的记载统计,西夏初期,其总兵力数是 37 万,后又增至 50 余万③,到后期兵力扩充几近一倍,总数在70 余万④。其军事策略机动灵活,每当西部有事时,就从东部调集军队赴西,而东部有事时,则从西部调军集中至东部,中路由东西部皆集中到此。

每个监军司都设有都统军、副都统军和监军使各一员,由中央任命党项贵族担任。监军使下设指挥使、教练使、左右侍禁等官员,分别由党项人或汉人充任。

总之,西夏左右两厢及监军司兵马均为中央直辖军队,这是西夏以军立国、集中军权的反映和体现。

---

①《宋史》卷 486《夏国传下》,第 14029 页。

②李裕民:《司马光日记校注》第 101 条,中国社会科学出版社,1994 年,第43 页。

③《宋史》卷 486《夏国传下》,14029 页。

④陈炳应:《西夏军队的兵种兵员初探》,《固原师专学报》1989 年第 1 期;杜建录:《西夏边防制度初探》,《固原师专学报》1993 年第 2 期,均认为西夏后期兵力扩充至 70 余万。

二、西夏的兵种

根据文献记载,西夏军队有步兵、骑兵、炮兵、水兵等诸多不同兵种,甚至还有女兵,谓之"麻魁"。由于作战任务不同,又分为擒生军、强弩兵、资赡兵等。

步兵是西夏军队的主要组成部分,其人数最多,战斗力强。其中最精锐的是由山间部落丁男组成的"步跋子",他们"上下山坡,出入溪涧,最能逾高超远,轻足善走"[1]。于是西夏与宋军作战时,在山谷深险之处遇敌,则多用步跋子以为击刺掩袭之用。"步跋子"吃苦耐劳,尤其是由称为"山讹"的横山羌组成的步跋子最为有名。《宋史·夏国传上》载:"苦战依山讹,山讹者,横山羌,平夏兵不及也。"

骑兵具有很强的作战能力,是西夏军队的主力。由党项贵族子弟组成的精锐骑兵称为"铁骑",或称为"铁鹞子"。在战斗中,常以"铁骑为前军,乘善马,重甲,刺斫不入,用钩索绞联,虽死马上不坠。遇战则先出铁骑突阵,阵乱则冲击之,步兵挟骑以进"[2]。《宋史·兵志四》记载:西夏"有平夏骑兵,谓之'铁鹞子'者,百里而走,千里而期,最能倏往忽来,若电击云飞。每于平原驰骋之处遇敌,则多用铁鹞子以为冲冒奔突之兵"。西夏骑兵在侍卫军和监军司军中都占有一定比例。宋元祐七年(1092年)十月,西夏以数十万军队进攻宋环州(治今甘肃环县),西夏梁太后"纵铁鹞子数万迎斗"[3]宋军,终在洪德寨(今甘肃环县北60里洪德乡)被宋军战败。

---

①《宋史》卷190《兵志四》,第4720页。
②《宋史》卷486《夏国传下》,第14029页。
③(清)吴广成著,李蔚整理:《西夏书事》卷29,泰山出版社,2000年,第116页。

　　除步、骑兵外,据《宋史·夏国传下》记载,在西夏军中还有"炮手二百人,号'泼喜',陡立旋风炮于橐驼鞍,纵石如拳"。根据文献记载,西夏军队中还有水军,所配给的"浑脱"就成为水军渡河的工具。宋熙宁三年(1070 年),河东奏报称"西贼水军恐于石州渡河,令吕公弼过为之备"①。宋元祐六年(1091 年),兰州沿边安抚司申报:"有西界水贼数十人浮渡过河,射伤伏路人,寻斗敌,生擒九人。"②宋政和六年(1116 年),宋军筑清水河新城,赐名德威城(今甘肃靖远县西南),"河北倚卓罗监军地分水贼作过去处"③。这些记载均说明,西夏在沿河要地都编制有一定数量的水兵。

　　西夏还有擒生军和强弩军,这可视为西夏的特种兵种,担负特殊的作战任务。据《宋史·夏国传下》记载,西夏军队"别有擒生十万",这十万擒生军的任务,可能是专门在战斗中配合正规军俘掠人口、牲畜、财物,以解决给养和劳动力的辅助兵员。因为夏国地广人稀,需要大量的劳动力去开垦田地,另外由于夏军出征,部落兵往往需自备资粮,因而建立这样一支专门从事俘掠的军队是必要的。还有强弩军,西夏崇宗乾顺时,庶弟察哥建议置强弩军对付宋军,他说:"自古行师,步骑并利。国家用'铁鹞子'以驰骋平原,用'步跋子'以逐险山谷,然一遇陌刀法,铁骑难施;若值神臂弓,步奚自溃。盖可以守常,不可以御变也。夫兵在审机,法贵善变,羌部弓弱矢短,技射不精,今宜选蕃汉壮勇,教以强弩,兼以摽牌,平居则带弓而锄,临戎则分番而进。

----

　　①(清)徐松:《宋会要辑稿》方域 8 之 27,罗兀城条,中华书局影印本,1957 年,第 190 册,第 7454 页。

　　②《续资治通鉴长编》卷 464,元祐六年八月癸丑,第 11091 页。

　　③《宋史》卷 87《地理志三》"会州",第 2160 页。

以我国之短,易中国之长,如此,则无敌于天下矣。"①于是崇宗采纳了察哥建议,在西夏建立了强弩军。

西夏军队中还有由俘获的人编制而成的军队,一部分称为"撞令郎",另一部分是屯田军。《宋史·夏国传下》载,西夏军在作战中,将所"得汉人勇者为前军,号'撞令郎'。若脆怯无他伎者,迁河外耕作,或以守肃州"。所谓"撞令郎"是正式的战斗人员,实际上在战争中,常常是被驱作前锋的炮灰。那些不适宜作战的俘获者,则被强迫在河外诸城堡寨戍守或耕作。

西夏军队中除大量的男性兵员外,甚至还有少量的女性兵员,这些女兵谓之"麻魁"。康定元年(1040年)九月,环庆路副都部署任福破西夏白豹城,"擒伪张团练并蕃官四人,麻魁七人"②。西夏堡寨中有随驻的妇女,编入戍卒册籍中。《天盛改旧新定律令》中多处记载说,随住在堡内妇女,如不在岗,擅离职守,则本人受杖刑或罚做苦役,堡寨军首亦获罪③。西夏军中有女兵是西夏军事制度的一大特点,这与党项民族习俗有密切关系。据曾巩《隆平集·西夏传》载,党项人相互结仇的报复之法,是"集邻族妇人,烹牛羊、具酒食,介而趋仇家,纵火焚之。其经女兵者,家不昌,故深恶焉"。在这种独特的民风习俗影响下,女子为兵自然是西夏军事战争的需要。

三、西夏的战术

西夏的军事战术具有党项民族特色,具有以下特点:

---

① 《西夏纪》卷22,第280页。

② 《续资治通鉴长编》卷128,康定元年九月壬申,第3044页。

③ (俄)克恰诺夫译:《西夏法典——天盛年改旧定新律令第1—7章》,第4章,第194、196、197条,第96、97、98页,宁夏人民出版社,1988年。

（一）征调灵活机动，处罚严厉

西夏军队战争动员的办法称为"点集"。《宋史·夏国传下》载："每有事于西，则自东点集而西；于东，则自西点集而东；中路则东、西皆集。"《天盛改旧新定律令》第六章第 310 条就有关于军队点集与出征的规定，军中大小指挥官在点集与出征迟到或缺卯，依其官阶和罪之轻重，分别处以一至十二年不等期限的苦役并免除军职。士兵五天点集不到者，杖十三；未及参战或不到，罚六年苦役；两次不到，罚十年苦役；三次不到，罚十三年苦役。第 371 条规定：军旅出征，军卒不应征或离队，滞留不去，是正军者罚二年苦役，辅正军、杂役，罚一年苦役。

（二）利用地形，以长制胜

夏军作战，常采用步、骑相辅的方式，充分发挥西夏步、骑兵的特长。骑兵"铁鹞子"行动迅速，"尤骁健，倏忽百里，往来若飞"[①]。在平原作战时，则多用"铁鹞子"，为冲冒奔突之兵，充分发挥骑兵冲击力大的作用。在"山谷深险"地区作战时，发挥"步跋子"所具有的"轻足善走，逾高超远"的特点，"则多用步跋子以为击刺掩袭之用"[②]。每次作战，先以"铁鹞子"为前军，冲击敌阵，"阵乱则冲锋之，步兵挟骑以进"[③]。夏惠宗秉常大安八年（宋元丰五年，1082 年），夏军攻宋永乐城（今陕西米脂县西北马湖峪），夏将叶悖麻"先纵铁鹞军渡河""震荡驰突"，冲乱在城下列阵的宋军，然后步军"大众继之"，再进围城寨，永乐城终被攻陷，宋军惨败。自唐以来，中原创造"陌刀法"，训练步兵持长刀专御骑兵。西夏后期，察哥又训练"强弩军"以破"陌刀法"。

---

①《西夏书事》卷 26，第 106 页。
②《宋史》卷 190《兵志四》，第 4720 页。
③《宋史》卷 486《夏国传下》，第 14029 页。

（三）诱敌深入，设伏聚歼

西夏充分利用骑兵运动迅速的特点与优势，声东击西，诱敌深入，设伏聚歼，骚扰疲敌，这是西夏克敌制胜的主要战术①。著名的夏宋好水川之战，就是西夏运用这种战术的成功范例。西夏天授礼法延祚四年（宋庆历元年，1041年）二月，元昊领兵攻渭州（治今甘肃平凉市崆峒区），逼近怀远城（今宁夏西吉县东偏城附近）。宋将韩琦派兵迎战，双方相遇。元昊率军伴作西逃，诱宋军追赶，宋将任福不知是计，率军追击，至六盘山下好水川（今宁夏隆德县境之渝河）时，人马困乏，屯兵驻营。此时，元昊已令十万精兵埋伏在好水川口。次日，当任福率军沿好水川继续西行时，入元昊伏围，宋军伤亡惨重。《宋史·夏国传下》也谓夏军"用兵多立虚寨，设伏兵包敌"。宋朝将领与巡边大臣对此深有体会，屡有记述。翰林学士王尧臣奏报西夏战事说："延州、镇戎军、渭州山外三败之由，皆为贼先据胜地，诱致我师，将佐不能据险击归，而多倍道趋利。兵方疲顿，乃与生羌合战；贼始纵铁骑冲我军，继以步奚挽强注射，锋不可当，遂致掩覆。"②王尧臣的奏报，实际上是宋朝对三川口（今陕西延安市西北）、定川寨（今宁夏固原市西北25里中河乡大营村黄咀古城）、好水川三次战役大败的战术总结，从中可以看出西夏对这一战术运用的高超与娴熟。

（四）集中兵力，合攻一路

这也是西夏常用的重要战术，宋朝君臣对此多有讨论。吕祖谦所编《宋文鉴》卷五三载宇文之邵《上皇帝书》载：宋军大败，"其患在于敌兵常合，而我兵常分也。六路兵亡虑二十万，而二十三州、二百余寨，分屯保戍，则是我兵虽多，而散在处处也。贼之来也，大则六监军、

---

①王天顺：《西夏战史》，宁夏人民出版，1994年，第84页。
②《宋史》卷292《王尧臣传》，第9773页。

衙头一时俱发,小则随处寇掠。边城一面受敌,则所与角战者无几,而城寨之兵又各有所守,不可会集,众寡不敌,则乞师告急,救兵才至,贼又已去。今贼常以兵合击我散兵,而我常以不敌之众当其锋,此庆历之失也"。范仲淹也指出:"陕西沿边二千里州军城寨,以兵势分守,皆不得已,贼每全军而来,此则以寡击众"①。欧阳修、苏轼等人的奏疏中,也常有这样类似的总结。随着战争的进行,双方均在总结经验教训,改变防御体系与战略战术。宋朝方面于沿边地区,施行分路联防、置将分屯的策略,特别是元丰以后,很少采用大部队进攻的战术,而多用浅攻、挠耕、进筑堡寨等战术,其目的均为遏制夏军骑兵的冲突和集中兵力、并攻一路的战法。随着宋军战略战术的改变,西夏军主动进攻的战略优势地位逐渐有所削弱。

四、以法治军

乾顺亲政后,颁行的《贞观玉镜统》(亦译作《贞观玉镜将》),是一部记载崇宗乾顺贞观年间(1101—1113 年)的军事典籍,反映出乾顺时期以法治军的概况。

《贞观玉镜统》颁行于乾顺亲政后的贞观年间,主要有以下诸种原因:

首先是严峻的军事形势。乾顺即位后,宋夏军事斗争形势发生了根本的变化,灵武之役失败后,宋朝对西夏改变策略,推行李宪的"进筑之策",选将练兵,深入夏地,修筑堡寨。同时推行"降者纳质厚赏,各令安土,拒者并兵急击,必破其族"②的剿抚兼施的政策,以此瓦解

①(宋)范仲淹:《范文正集》卷 9《答安抚王内翰》,文渊阁《四库全书》影印本,1089 册,第 655 页。

②《续资治通鉴长编》卷 149,庆历四年五月壬戌,第 3600 页。

西夏军民的斗志,争取战争的主动权。李宪的"进筑之策"的推行,收到了较明显的效果,夏军接连失利,损失惨重。自哲宗绍圣三年(1096年)秋八月至元符二年(1099年)冬,宋军在陕西、河东地区"建州一、军二、关三、城九、寨二十八、堡十"①,西夏失地丧师严重。乾顺即位之初,所面临的严峻的军事斗争形势,促使他为了重振国威,收复失地,需要颁行一部新的军事法典,以法治军,提高军队素质与战斗力。

其次是"尚文重法"的立国方针。乾顺亲政后,虽然西夏建设的重心转向振兴文教和发展社会经济,但这并不意味着放松武备。为了巩固政权,维护经济、文化发展成果,从而对武备的要求更高,精益求精,不是追求军队的数量,而是要提高军队的素质与战斗力。要达到这一目的,必须对以往旧的军事法规进行总结修订,在继承原有军事法规的基础上,重新制订一部切实有效的军事法典,作为以法治军的依据。

最后是改革发展的需要。夏景宗元昊在其立国之前,曾以"兵法勒诸部",并对党项部落兵制进行了一些改革,但元昊所确立的兵制以及所实行的兵法,到乾顺时,已历八十余年。随着时代的变化,元昊所制定的兵法已不能适应乾顺时代的要求,已不符合新的国情、军情、民情的需要。因此,必须根据变化了的新情况,在旧有法典的基础上,重新制订出一部符合现实、比较完善的新的军事法规,这是改革、发展的需要。

乾顺顺应西夏历史的变化与发展,及时调整政策,制定、颁行一部新的军事法典以适应社会发展的需要。

西夏文残本《贞观玉镜统》全文除序言外尚存一至四篇,从第一篇至第四篇现存目录与正文来看,其内容主要是军政制度和军律两

---

① 《宋史》卷 85《地理志一》,第 2096 页。

部分。

军政制度主要涉及如何选任正副将军、正副行将、正副佐将等一类的军职以及军队人员的构成和军官职级。选任此类军职，必须由上一级几个方面的统兵官共同研究决定，然后上报中央经皇帝批准，颁布诏旨、印章、符牌，方可完成选将任职的全过程。在元昊定兵制时，军队人员构成比较简单，只有正军和负赡两种，随着社会经济的发展以及国情、民情、军情的变化，到乾顺时，军队人员构成渐渐复杂，除正军、负赡之外，还有私人（系军职人员的亲友子弟及民间有材勇者）、役人（指仆役）、虞人（向导）、刑徒、苦役等，这些人员地位不等，以私人地位较高，刑徒、苦役地位较低。这些人员的出现，是西夏封建社会尊卑贵贱等级关系在西夏军队中的反映。这些人员如在战斗中立有奇功，不仅可以得到赏赐，而且可以晋升为军卒，甚至刑徒、苦役也可以立功减刑。这显然有利于调动这些人的积极性，从而整体上提高军队的战斗力。

西夏军队中的军官职级有官、职、军和司位，这四种职衔在宋朝军队中早已存在，说明西夏的军官职衔深受宋朝的影响。西夏军队中还有主事官与非主事官两种类型。宋朝军功赏官分为"转官"和"转阶级"，因军功升官称为"转官"，因军功而升军职，称为"转阶级"，西夏将二者合而为一，均为"加官"，也就是转官，即转资。西夏军官的升降以官为主，立有奇功，可加官十多级，反之，因罪过受罚则要降官。

军律部分可分为赏赐律与罚罪律两大门类。

关于赏赐律的原则规定，主要有立大功、奇功的标准，对军官及立了军功的刑徒、苦役如何行赏等。如能挫敌军锋，大败敌军，俘获人、马、甲、胄、旗、鼓、金1500件以上者，才算立了大功、奇功，可得到一份丰厚的赏赐，而俘获量在1500件以下者只能算一般军功；对立了军功的刑徒、苦役，其功按常人一半减刺字或减刑期。赏赐律的具体规定,主要有克敌制胜者、打败仗时能立军功者、俘获各类战利品者、揭露弄虚作假者、虞人有功者,凡符合这五条件之一者,均可论功行赏,得到提升官职,或奖给物资、赏给军直等。

对于罚罪律的原则规定,主要有如何处罚败军之将、阵亡将士的随从人员以及阵亡将士子弟继承其职衔和赏赐,并严惩弄虚作假者。第三篇第21条规定"正副将军阵亡,其护卫、首领、押队、亲随等四人具杀,满门充牧、农人。队人一律杖二十,面上刺字,终身监禁"。而将军、行将、佐将在战争中阵亡,其子弟应继承其"官军之职"和所得战功赏赐。对于在战争中不战而逃者,懈怠迟到、延误战机者,丧失人马甲胄旗鼓金者,虚报战功、徇私舞弊者,察军擅自离开将军者,均有具体处罚的规定。如规定察军在战斗中应紧随将军,如擅自离开将军,又对战事不了解者,"则处以极刑,满门充军"。处罚手段由轻到重,主要有罚马,最少罚二匹,多者十匹;减免官、职、军、司位;逮捕、夺军权;杖刑和刺字;罚作苦役;终身监禁;凡属情节严重者一般都要判处死刑等。

总之,《贞观玉镜统》简明扼要,叙述详细,重点突出,赏罚适中,具有一定灵活性与相对合理性,在我国历代兵书中颇具特点,又是迄今极为罕见的我国少数民族古代兵书,对全面研究我国古代兵书颇有价值,在我国兵书史上占有重要地位。

西夏是以军立国的地方民族政权,其军事制度在政权的形成、发展、壮大中起了举足轻重的作用,是汉民族传统军事文化与党项民族文化融为一体的结晶,是中国古代军事史的重要组成部分。

(原刊于《宁夏大学学报》2007 年第 6 期)

宋夏战争中的秦州吐蕃

秦州天水郡，"本秦初封之地，在汧渭之间，诸羌杂处"①。自秦汉以来，历属各政权管辖。唐武德初置都督府，天宝后陷于吐蕃，至宣宗时为内地。北宋立国后，为雄武军节度。西夏党项的崛起，使地处边陲的秦州地位日益重要，秦州便成为抗击西夏的前沿，北宋王朝的重要经营地区，而秦州吐蕃则成为宋朝防御西夏的一股重要力量。

一、秦州吐蕃部族

安史乱后，唐王朝无暇西顾，军队东调，河西陇右防务空虚，吐蕃把握住这一"天赐良机"，乘虚而入，大量进入这一地区，河西陇右尽陷吐蕃。地处陇右的秦州，势必成为吐蕃迁徙居地之一，吐蕃部族聚集。

吐蕃政权崩溃后，迁徙到陇右地区的吐蕃"族种分散，大者数千家，小者百十家，无复统一"②。其居地正如宋人何亮所言："西戎既剖分为二，其右乃西戎之东偏，为夏贼之境；其左乃西戎之西偏，秦、泾、仪、渭之西北诸戎是也。"③这里所说的"西北诸戎"，西夏党项与吐蕃

---

①（宋）曾公亮：《武经总要》前集卷18上《秦陇凤翔阶成州路》，文渊阁《四库全书》影印本，第726册，第532页。

②（元）脱脱等：《宋史》卷492《吐蕃传》，中华书局，1977年，第14151页。

③（宋）李焘：《续资治通鉴长编》卷44，咸平二年六月戊午，中华书局，1979年，第947页。

的地域分布,大体说来以陇山、六盘山为界,陇山、六盘山以东、以北为党项居地;陇山、六盘山以西、以南为吐蕃居地①。韩琦知秦州时曾说:"秦州古渭之西,吐蕃部族散居山野,不相君长,耕牧自足,未尝为边鄙之患。"②显然,宋代的秦州是吐蕃部族众多,但也有河西回鹘"多缘互市家秦、陇间"③,有少量回鹘人定居于此。

据《宋史·兵志五》所载,秦凤路十三砦有大部族 115,而秦州堡寨居多,大部族也最多。如三阳寨有 34 大部族、43 姓、180 族;陇城寨有 5 大部族、34 小族;弓门寨有 17 部族、17 姓、17 小族;冶坊寨有 2 大部族、9 姓、9 小部族;安远寨有 23 大部族、126 姓、126 小族;宁远寨有 4 大部族、36 姓、36 小族;古渭寨有 171 姓、12 大部族、16970 小帐④。北宋时期,活动在秦州的吐蕃主要有以下部族:

尚波于部,居住在"秦州夕阳镇",夕阳镇为"古伏羌县之地,西北接大数,材植所出,戎人久擅其利"⑤。尚书左丞高防知秦州时,置采造务,岁获大木万本,与吐蕃争利。吐蕃酋长尚巴约率众来争,杀伤士卒,高防捕其党四十余人。宋廷不欲边境生事,吴廷祚赴秦州,下诏赦尚巴约罪。建隆三年(962 年)六月,颁布《安抚秦州蕃部尚波于诏》,并率兵"往尚书寨,驱蕃卒归本部"⑥。后尚巴约感悦,"是年秋,献伏羌地"⑦,归属宋朝。

①汤开建:《五代宋金时期甘青藏族部落的分布》,《中国藏学》1989 年第 4 期。

②《续资治通鉴长编》卷 262,熙宁八年四月丙寅,第 6387 页。

③《续资治通鉴长编》卷 111,明道元年七月甲戌,第 2584 页。

④《宋史》卷 191《兵志五》,第 4752—4753 页。

⑤《续资治通鉴长编》卷 3,建隆三年六月辛卯,第 68 页。

⑥《续资治通鉴长编》卷 3,建隆三年八月癸巳,第 71 页。

⑦(宋)王称:《东都事略》卷 129《附录七》,文渊阁《四库全书》影印本,第 382 册,第 831 页。

内属三族,史籍无明确记载三族名称。太平兴国三年(978 年)多次寇边,进攻床穰寨、八狼寨、弓门寨等。宋政府采取抚绥与镇压的办法,一方面,袭杀蕃部,焚烧族帐,屯兵清水县;另一方面,宋廷颁布《秦州内属戎人敢肆侵掠者吏捕之诏》,诏书中分析蕃部寇边原因,"岂朕信之未孚,而吏抚之不至","宜蠲旧过,以儆将来,自后敢肆侵略者,吏捕之置于法,不须以闻。"①

裕勒凌族,系秦州较大蕃部之一。景德元年(1004 年)八月,党项李继迁曾率部寇永宁寨,被裕勒凌族首领药令和苏击败②。

野儿和尚族,是秦州一大蕃部,能禀朝命,"凡诸族能为寇盗者,辄遏绝之"③。鉴于该蕃部助宋有功,知秦州杨怀忠"请加旌别",诏令补三寨都首领。

丁家、马家族,居于秦州近边,这二族"人马颇众,甚依倚朝廷"④。大中祥符八年(1015 年),侍禁杨承吉出使宗哥嘉勒斯赍(即唃厮啰)返回,说蕃部"甚畏秦州近边丁家、马家二族"⑤。

隆中族、隆星族,均为秦州蕃部,由于秦州地处东西交通要道上,常有西域贡使商队经过。大中祥符八年(1015 年),隆中族蕃部就曾劫般擦(即进贡商队),默星族首领郢成斯纳为保护商队而与之战。

尚扬丹(赏样丹)蕃部系宗哥吐蕃首领嘉勒斯赍(唃厮啰)之舅,嘉勒斯赍使尚扬丹与熟户郭干苏都(厮敦)在哩旺族谋立文法,起兵

①(宋)佚名:《宋大诏令集》卷 218《讨伐》,中华书局,1962 年,第 832 页。

②(宋)马端临:《文献通考》卷 335《四裔考十二》,文渊阁《四库全书》影印本,第 616 册,第 616 页。

③《续资治通鉴长编》卷 64,景德三年九月丁卯,第 1428 页。

④(清)徐松:《宋会要辑稿》199 册《蕃夷》6 之 2,中华书局影印本,1957 年,第 7819 页。

⑤《续资治通鉴长编》卷 85,大中祥符八年十二月丁亥,1985 年,第 1958 页。

反宋。宋边将曹玮知后，厚结苏都，尝解宝带赐予，苏都感激求自效，曹玮使苏都斩尚扬丹。郭干苏都献地筑南市城而受赏，授苏都为顺州刺史。

大马家族，居秦州永宁寨①，其军主阿锡达等纳质归顺，捕得宗哥蕃部卓萨沁格，曹玮请授阿锡达刺史，宋廷允许。

圭律（即鬼留、鬼章）族②，累岁违命，天禧元年（1017年）十一月，曹玮率兵讨平。

青鸡川蕃部，居于堪坡界青鸡川等处。庆历元年（1041年）七月，陕西经略安抚招讨副使曹琮招诱居住此地等处的内属戎人。治平四年（1067年）闰三月，其首领蕃官药厮哥曾献青鸡川土地。

李提克星蕃部，居于秦州伏羌县。青唐吐蕃首领唃厮啰之子辖戬因"入秦州，过伏羌蕃部李提克星，见其女欲之"，于是"遂举兵逆其女以归"③。由此可见，伏羌李提克星与西蕃首领辖戬有姻亲关系。

与贝、实勒、新伯蕃部，此三族居住在甘谷城汤谷地界。熙宁年间，修筑甘谷城所拘占汤谷内的土地，正为这三家部族所有。

大石、小石族也是秦州蕃部，宋初开宝八年（975年），"寇土门，略居民"④，被知州张枢击走。

安家族系秦州蕃部，太平兴国二年（977年），"寇长山寨"，被巡检韦韬击走。

---

①《续资治通鉴长编》卷89，天禧元年二月甲午，第2045页。原文为"永兴"，秦州无"永兴寨"，当为"永宁"之讹，据《宋史·地理志三》"割永宁、宁远、威远、熟羊、来远并隶军"，改"永兴"为"永宁"。

②《续资治通鉴长编》卷90，天禧元年十一月辛丑，第2085页。文渊阁四库本为"圭律"，《稽古录》卷18作"果庄族"即"鬼章"。

③《续资治通鉴长编》卷188，嘉祐三年十月辛丑，第4529页。

④《续资治通鉴长编》卷16，开宝八年十二月丁卯，第356页。

厮鸡波蕃部,居于伏羌寨,曾与总噶尔族"李磨论私立文法"[①],被曹玮领兵击走,夷其族帐。

李宫等八族蕃部,居于秦州西路,曾寇永宁寨、来远寨,都监齐再昇被蕃部追袭坠崖而死,"其后数入寇钞"。秦州通判冯诰"于来远寨北八里野勹口筑堡以扼其要冲"[②],于是李宫等八族"入献甲器,愿纳质内附"。

另外还有隆博(陇波)、图沙玛(他厮麻)等族,也均在秦州地区活动。

除上述吐蕃部族外,还有秦州辉和尔(即回鹘)安密部。安密系秦州回鹘部族首领,曾于大中祥符四年(1011年)四月,向宋王朝表示友好,"贡玉带,贺汾阴礼"[③]。

党项西夏的崛起,使西北边患加剧,党项不断向北宋骚扰,北宋西北沿边的军事防御体系,便以西夏为主要防御目标。宋朝采取中原王朝传统的"以夷制夷"的御边策略,利用蕃部打击西夏。对那些纳质归附,依倚宋廷的蕃部,授其首领官爵,并赐物;对那些所谓不归服的部族,则采取夺服之术,"率兵讨平",迫使"纳质归附";对居于控扼之地的部族,则行招诱之法,使土地、部族皆为宋用。

总之,北宋对秦州的吐蕃部族依其对宋王朝的向背、逆顺,来确定对他们的措施,而这基于宋夏战争的大背景及对西夏的总体策略。

二、秦州的堡寨

秦州在"陇山之外,号为富庶,且与羌戎接畛"[④],又在渭水南岸,

---

①《宋史》卷 258《曹玮传》,第 8986 页。

②《续资治通鉴长编》卷 141,庆历三年六月己亥,第 3387 页。

③《续资治通鉴长编》卷 75,大中祥符四年四月癸丑,第 1719 页。

④《续资治通鉴长编》卷 49,咸平四年十月庚戌,第 1078 页。

"控接三蜀,疆境甚远"①,是陇右通关中、蜀中的三岔交会之地,亦是历代军事重镇。在宋夏战争中,西夏军队常沿陇山西侧瓦亭川道南侵,兵锋常至秦州境。宋熙宁二年(1069年)三月,"夏人入秦州,陷刘沟堡"②,刘沟堡就在秦州以北,于是秦州告急。由于在宋夏战争中,秦州地位日益重要,设置堡寨便成为北宋军事防御体系中的重要举措。据《宋史·地理志三》所载,河东路(今山西与陕西一部分)、鄜延路(今陕西境)、环庆路、秦凤路、泾原路(以上三路在今甘肃境)、熙河路(今甘肃南部与青海一部分),都与西夏毗邻接壤,也是北宋与西夏经常作战的地区。这些沿边各路的州、军都统辖着许多堡、寨、关、城,它们都是这些地区的防守重心。宋仁宗康定年间,延州诸寨失守,以致"东西四百里无藩篱"③。宋哲宗元祐七年(1092年),宋边帅游师雄请自兰州李诺平东抵通远定西、通渭之间,建汝遮、纳迷、结珠龙三寨及护耕七堡,亦称"以固藩篱"④。显然堡寨具有保障边境的作用,而西夏犯边,攻击目标亦为堡寨。

《宋史·地理志三》所列堡寨,以陕西五路最多,而陕西又以鄜延路延州、秦凤路秦州、泾原路镇戎军为最多。由堡寨设置分布的地区就表明澶渊之盟后,宋辽结好,北方息兵,而西夏崛起后,边防重心西移,边塞烽火重燃。

秦州地区修筑的堡寨很多,或属于州、军,或属于县,甚至有属于大城寨的,所以许多大城寨之下,领有若干小寨。大抵城最大,寨次

---

①《续资治通鉴长编》卷87,大中祥符九年五月辛未,第1993页。

②《宋史》卷486《夏国传下》,第14007页。

③《东都事略》卷59上《范仲淹传》,文渊阁《四库全书》影印本,第382册,第368页。

④《宋史》卷486《夏国传下》,第14016页。

之,堡又次之。城、堡、寨的设置隶属不是固定不变的,城、寨、堡是同类型的军事地区,故城、堡可改为寨,寨、堡亦可改为城,寨亦可改为堡。如熙宁三年(1070年),增修伏羌寨南城,遂改为伏羌城(今甘肃甘谷县)。熙宁六年(1073年),改秦州通渭堡为通渭寨(今甘肃通渭县西南什川乡古城)。

北宋政府在秦州修筑堡寨,多采用招诱内属蕃部献地与拘占蕃部土地的方式,而招诱所献与拘占的土地,均在形胜扼要之处,而堡寨就建在这些控扼之要。庆历元年(1041年),陕西经略安抚招讨使曹琮招诱堪坡界青鸡川等处戎人内属,青鸡川蕃部献青鸡川土地以修筑城寨,后赐名鸡川寨(今甘肃通渭县东南吉川乡南5里)。宋政府在此置寨,主要考虑到这里与南牟谷口修置城寨,则秦州与德顺军沿边堡寨相接,足以断西夏来路。熙宁三年(1070年),修筑甘谷城,拘占了与贝、实勒、新伯等三族在汤谷地界的土地。这种诱致蕃部献地与拘占而设置堡寨,必然会引起蕃民不满。皇祐三年(1051年)十月,宋廷下诏禁止"诱致生户蕃部献地,以增置堡寨"①。恰好从反面证明这种修筑堡寨的方式曾大量存在。

秦州地区的堡寨与蕃部关系极为密切,堡寨成为宋王朝实施"以夷制夷"的场所,起着招纳与安抚蕃部的效能。堡寨的兴筑与蕃部的招纳互为因果,堡寨与蕃部互为依存,构成一个统一的整体。

三、北宋对秦州吐蕃的经略

秦州吐蕃部族众多,堡寨林立,而且秦州军事地位也日益重要,宋王朝竭尽全力加强对秦州地区的控制,就必然要重视对秦州及其蕃部的经略。

---

① 《续资治通鉴长编》卷171,皇祐三年十月己卯,第4111页。

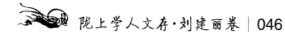

（一）选派官员，抚定经营

由于秦州及其吐蕃部族在宋夏战争中的重要性日益显现，宋政府认为"天水边要，宜速得人"[1]，在选派官员上颇为重视。张方平曾"以工部尚书帅秦州"[2]，文彦博也曾"迁天章阁待制、都转运使，连进龙图阁、枢密直学士、知秦州"[3]；他们都身居要位又任秦州职。韩琦也于好水川战败后，"知秦州"，宋代名臣曹彬之子曹玮、曹琮均二度知秦州。另据文献所载李师中、刘仲武、何常、陆师闵、陆诜、马仲甫、蔡抗、刘庠、刘文质、李濬、叶康直、胡宗回、吕公孺、何忠立、梁适、郭载、宋玤、段思恭、高防、吴廷祚、吴元载、温仲舒、萨惟吉、刘熙古、马知节、薛奎、杨怀忠[4]等均在秦州任过职，其中一些官员在秦州任上颇有政绩。

宋王朝深知秦州蕃汉杂处，民族矛盾尖锐，自立国之始，对秦州的经略宗旨以"边鄙安宁"为主，在选任秦州官员及处理秦州事件上，就突出了赵宋王朝的这一主导思想。建隆二年（961年），高防出知秦州，在秦州西北盛产大木的夕阳镇置采造务，与蕃人争采木之利，致使蕃部尚波于反抗。宋太祖得悉此情后，第二年夏，就命吴廷祚为节度使以代防，平息了宋初这次秦州事件。淳化五年（994年），温仲舒知秦州，以伐木为蕃户攘夺，将秦州蕃部迁到渭河以北，"立堡寨以限之"[5]，蕃部"颇致骚动"。宋王朝同样为了平息此事件，下诏"择守臣安

①《宋史》卷308《张佶传》，第10151页。

②《宋史》卷318《张方平传》，第10356页。

③《宋史》卷313《文彦博传》，第10259页。

④参见《宋史》中所载温仲舒、薛惟吉、张佶、薛奎、郭载、宋玤、曹玮、曹琮、杨怀忠等传。

⑤《宋史》卷266《温仲舒传》，第9182页。

抚之,乃命惟吉与仲舒对易其任"①。张佶知秦州时,"置四门寨,开拓疆场,边部颇怨",又临渭置采木场,对蕃部不存抚,也不奏加赐赍,致使蕃部引众劫掠。朝廷闻知后,以"佶轻信易事"②,调离秦州任。

宋王朝对秦州发生事变的处理,显然是以平息和解决民族矛盾与纠纷为主,而这些派遣的官员也在秦州任上为秦州民众兴利除弊,缓和了民族矛盾。咸平初,马知节知秦州,放还秦州质酋支属二十余人,并说:"羌亦人耳,岂不怀归。"③梁适在秦州两任,抚定蕃众,"罢所益兵,而蕃汉终公之去,安然自居",秦州人民怀念他,"民为立生祠"④。薛奎知秦州时,州宿重兵,经费不足,奎"务为俭约,教民水耕,谨商算,岁中积粟三百万,征算余三千万,核民隐田数千顷,得刍粟十余万"⑤。薛奎为民谋利,深得蕃汉民众爱戴,当他离任时,"数千人列奎治状",再三挽留,不舍他离去。端拱二年(989 年),郭载出知秦州兼沿边都巡检使,而原先"巡边者多领兵骑以威戎人,所至颇烦苦之"⑥。郭载赴任后,"悉减去,戎人咸悦"。太宗时,宋玘二度出任秦知州,均有治绩善政,"安集诸戎,部内清肃"⑦。曹琮二度知秦州,"度羡材为仓廪,大积谷古渭、冀城",并对蕃部"怀以恩信,击牛酾酒犒之"⑧,使

①《宋史》卷 264《薛惟吉传》,第 9112 页。

②《宋史》卷 308《张佶传》,第 10151 页。

③《东都事略》卷 43《马知节传》,文渊阁《四库全书》影印本,第 382 册,第 275 页。

④(宋)杜大珪:《名臣碑传琬琰之集》中卷 28《梁庄肃公适志铭》,文渊阁《四库全书》影印本,第 450 册,第 418 页。

⑤《宋史》卷 286《薛奎传》,第 9631 页。

⑥《宋史》卷 276《郭载传》,第 9397 页。

⑦《宋史》卷 276《宋玘传》,第 9391 页。

⑧《宋史》卷 258《曹琮传》,第 8989 页。

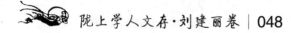
屡入钞边的蕃部多请内属。

这些选派的官员在秦州任上,对于发展秦州地区的生产,维护该地区社会秩序的稳定,平息事件,缓和民族矛盾,改善民族关系均做出了一定的贡献。

(二)置屯列堡,为战守计

北宋政府在秦州修筑了许多堡寨,这些堡寨成为沿边的"藩篱",可聚集兵力,加强防守,成为抗御西夏的军事堡垒。

宋代的兵制有禁兵、厢军、乡兵、蕃兵之分,而在偏远的西北地区,"羌戎种落不相统一",蕃兵实为"乡兵"之一种。蕃兵"始于国初,具籍塞下,团结以为藩篱之兵"[①];其后"分队伍,给旗帜,缮营堡,备器械,一律以乡兵之制"[②]。而"乡兵者,选自户籍,或士民应募,在所团结训练,以为防守之兵"[③]。熙宁以后,尤重蕃兵,蕃兵与堡寨紧密结合在一起。宋政府以堡寨为沿边地方的"藩篱",而蕃兵则为"藩篱之兵",故蕃兵驻守在堡寨内,蕃兵皆来自"塞下内属诸部落"。置堡的方法,则是"诸屯并力,自近及远筑为堡,以备寇至"[④]。西北地区的蕃兵是以弓箭手形式出现的。大中祥符三年(1010年),知秦州李溥招得黑谷寨民"九百余人,驻小洛门诸寨防边"[⑤]。秦州西北五里的夕阳上镇,地"当伏羌、永宁两路之隘"。庆历六年(1046年)五月,秦凤路经略司奉诏在夕阳上镇修筑一寨,"置兵戍守,缓急有警,收旁近蕃汉老幼孳畜

①《宋史》卷187《兵志一》,第4569页。

②《宋史》卷187《兵志一》,第4569页。

③《宋史》卷190《兵志四》,第4705页。

④《宋史》卷190《兵志四》,第4713页。

⑤《续资治通鉴长编》卷74,大中祥符三年十二月辛酉,第1697页。

而入保之,实有经久之利"①。熙宁元年(1068 年),"筑熟羊等堡,募蕃部献地,置弓箭手"②。

据《宋史·兵志五》所载,秦凤路有寨 13,强人 41194,壮马 7991,而秦州堡寨最多,所屯集的兵马也最多。其中三阳寨总领兵马 3467;陇城寨总领兵马 2054;弓门寨总领兵马 1704;冶坊寨总领兵马 360;床穰寨总兵马 1080;静戎寨总兵马 625;定西寨总兵马 600;伏羌寨总兵马 1992;安远寨总兵 5350;来远寨总兵马 1574;宁远寨总兵马 7480;古渭寨兵 7700、马 1490③。宋廷"籍城寨兵马,计族望大小,分队伍,给旗帜,使各缮堡垒,人置器甲,以备调发。"④"置屯列堡,以为战守计"⑤,筑堡以备寇至,"寇退则悉出掩击"⑥,堡寨成为屯聚兵力,抗击西夏的前沿,成为北宋防御体系中的一个重要环节。置屯列堡,是北宋抗击西夏卓有成效的措施。

(三)开荒屯田,招弓箭手

秦州地区闲田旷土颇多,宋政府实行封标,招熟户蕃部耕种。蕃部垦荒,此地很多,有黑谷、毕利川、南斯啰川、甘谷城、伏羌城,以及自渭源城至成纪县沿河地带。秦州黑谷颇有闲田,大中祥符二年(1009 年),知秦州李濬招寨户屯田防边。熙宁六年(1073 年)七月,陕西经略使韩琦将毕利川无主荒闲土地实行封标,招置弓箭手屯垦。南斯啰川接巴经谷至甘谷城约四十里,土地肥美,水草饶衍,川谷平漫,可以标拨招刺弓箭手及令归顺西人耕种。元丰六年(1083 年),主管

①《续资治通鉴长编》卷 158,庆历六年五月辛卯,第 3828 页。

②《宋史》卷 190《兵志四》,第 4713 页。

③《宋史》卷 191《兵志五》,第 4752—4753 页。

④《宋史》卷 191《兵志五》,第 4752 页。

⑤《宋会要辑稿》第 188 册《兵》28 之 7,第 7273 页。

⑥《宋史》卷 190《兵志四》,第 4713 页。

冶坊堡供奉官王讷"根括伏羌城等三寨荒田三百六十顷"①。元符二年（1099年），宋廷下诏秦凤路经略可将"新归顺人部族于甘谷城西堡之外标拨住坐"②。宋代开垦荒田，招募弓箭手又往往与堡寨密切联系，"授田于旁塞堡"，堡寨附近的田地拨给蕃部耕种，以安定他们的生活，或是在荒芜之地修筑堡寨，招募弓箭手垦荒。秦州捺吴川、青鸡川土地肥沃，久已荒芜。治平四年（1067年），修筑捺吴川、青鸡川二堡，捺吴川后赐名为治平寨，青鸡川赐名鸡川寨，并下令招弓箭手，人受田百亩，马五十匹。旬日得壮士千人，骑千匹，这些人马屯聚在此，耕种捺吴川、青鸡川土地。这些屯聚在堡寨的蕃民与弓箭手，开垦荒地，发展生产，为秦州地区乃至西北地区的经济发展甩起的作用不可低估。

（四）设场置务，互市交易

地处三岔交会之处的秦州以西皆为蕃部，距青唐河湟地区也较近，秦州又通关中、蜀中，"最为关陇之盛"。这种优越的地理位置，必然使秦州成为西北地区的贸易中心之一。

在宋夏战争中，由于党项军队善骑，迫使宋军重视骑射，使战马的需求量增大，而中国备征带甲之骑，独取于"西戎之西偏秦、泾、仪、渭之西北诸戎是也"③。于是秦州成为北宋政府市马与招马之处，设博马场，秦州成为宋夏战争的一个物资供给地。为了获取大批的良马，北宋政府常择"熟西鄙山川要害"的使臣，"自秦州入蕃界招马"④。北宋政府对贸易场址的选择尤为重视，蕃汉间的贸易不宜单方面在蕃

---

①《宋会要辑稿》第173册《兵》4之12，第6826页。
②《续资治通鉴长编》卷505，元符二年正月甲子，第12042页。
③《续资治通鉴长编》卷44，咸平二年六月戊午，第947页。
④《续资治通鉴长编》卷51，咸平五年四月己丑，第1127页。

界或在内地进行,北宋政府的博马场就设在秦州永宁寨(今甘肃甘谷县西40里铺附近)。永宁寨原名尚书寨,建隆中修筑,至道中赐名永宁寨。在秦州以西,西北控尢谷,至兰州550里,"东至伏羌寨三十里,西至来远寨二十里,南至小洛三十里,北至崇奇(按:疑为"宗哥")城九百里"①。永宁寨地理位置四通八达,设博马场有利于与蕃部进行马贸易,"蕃部马至,径鬻于秦州"②。后来北宋政府将博马场设在古渭寨(今甘肃陇西县),而古渭寨"绝在永宁之西",而蕃汉"多互市其间,因置买马场,凡岁用缗钱十余万"③。由于古渭寨离蕃界较近,宋政府不得不考虑每年十余万缗钱"苟荡然流入虏中,实耗国用"④,于是罢古渭寨买马场,复置场于永宁。古渭寨场址废罢的原因,主要是宋政府从利益的归属来考虑,不计汉蕃民众交易的便利,但如果单从交易的角度来看,古渭寨设场确也是汉蕃互市交易的又一场所。永宁寨交易场地规模是很大的,而且与河湟青唐吐蕃贸易频繁,宋政府曾给永宁寨诏书,"以官屋五十间给唃厮啰收贮财物"⑤。博马交易或用钱,或用茶,秦州博马场所用茶主要是四川达州、涪州、雅州名山县、蜀州永康县、邛州在城等地所产的川茶。熙宁十年(1077年),秦州支卖茶所定额为"五千九百二十四驮",元丰元年(1078年),定为"六千五百驮";永宁寨,熙宁十年支卖并博马共七千九十一驮,今定七千五百驮⑥。秦州永宁寨也设有茶场,熙宁六年(1073年)徙至熙州。

---

①《武经总要》前集卷18上《秦陇凤翔阶成州路》,文渊阁《四库全书》影印本,第726册,第532页。

②《续资治通鉴长编》卷198,嘉祐八年正月戊辰,第4789页。

③《续资治通鉴长编》卷198,嘉祐八年正月戊辰,第4789页。

④《宋会要辑稿》第183册《兵》22之5,第7146页。

⑤《续资治通鉴长编》卷135,庆历二年二月庚辰,第3220页。

⑥《宋会要辑稿》第84册《职官》43之51,第3299页。

秦州也设有市易务。熙宁八年（1075年）二月，宋政府下诏秦州与"永兴军、凤翔府、润州、越州、真州、大名府、安肃军、瀛州、定州、真定府并置市易司"①，在这份诏令中，秦州列在诸州、府之首，显示了秦州在赵宋王朝心目中地位的重要。元丰二年（1079年），永兴军路置市易务，"借内藏库钱四十缗为本"，而意要"候收秦州等市易钱拨还"②。充分说明秦州市易务所收市易钱，在北宋政府的财政中占有重要地位，秦州市易务与凤翔府增置的市易务相为表里。秦州市场交易面广，西域于阗等国也来秦州买卖。

秦州的私市马贸易也很兴盛，以致影响官马贸易。咸平五年（1002年）二月，审刑院规定了秦州私贩马的惩罚条例，"自令一匹杖一百，十匹徒一年，二十匹加一等，三十匹奏裁，其马纳官，以半价给告事人"③。以这样严厉的条例来处罚私市马者，一方面说明北宋政府对马匹贸易要严加控制，政府垄断，不许私营，另一方面则反映了秦州民间马匹贸易的昌盛。秦州民间贸易也很繁荣，私市逃税屡禁不止，许多"博买牙人与蕃部私交易，从小路入秦州，避免商税打扑"④。宋政府严禁私市逃税，采取各种严厉措施加以禁止。宋廷曾下诏让秦、熙、河、岷州、通远军市易务募博买牙人引蕃货赴市易务中卖，"如敢私市，许人告，每估钱一千，官给赏钱二千"。用这种高额赏赐奖励告发的办法，严禁私市，如此"招来远人，可以牢笼遗利，资助边计"⑤。

---

①《宋会要辑稿》第 139 册《食货》37 之 22,第 5459 页。
②《宋会要辑稿》第 139 册《食货》37 之 26,第 5461 页。
③《续资治通鉴长编》卷 51,咸平五年二月甲午,第 1117 页。
④《续资治通鉴长编》卷 299,元丰二年七月庚辰,第 7272 页。
⑤《续资治通鉴长编》卷 299,元丰二年七月庚辰,第 7272 页。

（五）羁縻笼络，结其欢心

秦州地区蕃汉杂处，蕃部众多，民族矛盾尖锐。秦州又是西夏觊觎之地，宋政府唯恐党项势力增强后，"西取秦界之群蕃"①，使北宋王朝西鄙不宁。

北宋立国之初，秦州蕃部不断骚扰。太平兴国二年（977年），"戎人安家族寇长山寨"。太平兴国三年（978年），秦州内属戎人又多次寇边，宋政府采取屠杀镇压的措施，秦州都巡检田仁朗"袭杀蕃部千余口，焚族帐二千余所，获马五百十匹，牛羊三千余口"②。自太平兴国八年（983年）夏州党项李继迁公开反宋以后，宋政府面对日益强大的党项势力，改变了对秦州吐蕃的镇压之术，采取羁縻笼络的政策，"结其欢心，啗以厚利"，以秦州蕃部为藩篱。曾下诏"西蕃诸族有能生擒李继迁者，当授节度使，赐银绿茶六万；斩首来献者，授观察使，赐物有差。"③并"遣使谕秦陇以西诸戎使攻李继迁"④。显然秦州吐蕃也是宋政府竭力羁縻笼络的对象之一。对那些归顺听命的蕃部首领，封官授爵，以示恩宠。南市归顺蕃部都首领郭厮敦举家居冶坊寨，管勾一带蕃部，宋廷"命为本族巡检，月给钱五千，米面五石"⑤。又授"秦州伏羌寨蕃官都军主阿珠为峰州刺史"。⑥秦州"三阳、定西、伏羌、静戎、冶坊、三门、床穰等七寨熟户蕃部都首领己下，凡一百四十六人有功"，其中"二人授都军主，四十一人授军主，五十七人授指挥使，余悉补蕃官。"⑦

---

① 《续资治通鉴长编》卷50，咸平四年十二月乙卯，第1092页。
② 《续资治通鉴长编》卷19，太平兴国三年三月己西，第425页。
③ 《续资治通鉴长编》卷50，咸平四年十一月甲午，第1089页。
④ 《续资治通鉴长编》卷50，咸平四年十二月丁未，第1090页。
⑤ 《续资治通鉴长编》卷90，天禧元年六月壬申，第2068页。
⑥ 《续资治通鉴长编》卷90，天禧元年十一月庚子，第2085页。
⑦ 《续资治通鉴长编》卷88，大中祥符九年十一月丁未，第2026页。

宋王朝除用赐物、封官授爵等进行笼络外，还从民族文化心理上对蕃部加以羁縻。吐蕃人有崇佛之俗，笃信佛教，"尊佛重僧"是吐蕃民族文化的反映。由于吐蕃人"尊释氏"，因此宋统治者"以蕃俗佞佛，故以佛事怀柔之"①。借助宗教这一精神武器来征服笃信佛教的吐蕃人民，缓和民族矛盾。

寺院是凝聚吐蕃人信仰的场所，修建寺院就成为宋王朝羁縻吐蕃的一项具体措施。天圣三年（公元1025年）十月，秦州蕃官军主策拉等人，"请于来远寨置佛寺"②，宋朝立即允许。宋王朝也尽量满足吐蕃僧侣的欲望与要求。对佛教僧侣赐"紫衣师号"，最初是为了表彰僧侣功德，并藉以对皇帝或执政太后的祈福，它是佛门的奖赏，是对释迦弟子虔诚事佛的肯定，后来逐渐为统治者所利用，成为一种为政治、军事目的服务的笼络、赏赐之手段。宋统治者对吐蕃僧的赏赐也不例外，为赵宋王朝效力的吐蕃僧侣理所当然地获得赐"紫衣师号"的奖赏。秦州永宁寨蕃僧策凌班珠尔、伊朗颇斡因"曹玮言其屡经指使"③，也获赐紫衣。这种以"佛事羁縻"正是从民族文化方面抓住了吐蕃人民"最重佛法"的文化心理，其成效显著。

总之，秦州及其蕃部是宋夏战争这局棋盘上的重要棋子，是北宋军事体系中的重要一环，而北宋政府对秦州蕃部的经略，是以平息和解决民族矛盾为主，这是基于宋王朝对西夏战争的大背景所必须采取的有效策略。

（原刊于《宁夏社会科学》1996年第4期）

①（民国）张维：《陇右金石录》卷3宋上《岷州广仁禅院碑》，甘肃省文献征集委员会校印，1943年，第16039页。

②《续资治通鉴长编》卷103，天圣三年十月庚申，第2390页。

③《续资治通鉴长编》卷93，天禧三年春正月丁卯，第2135页。

南宋吴氏子弟抗金与降金

靖康二年(1127年)北宋灭亡后,金军驱掳宋徽、钦二帝与宫廷数千人北上,并且又集结大军,节节向南、向西推进,企图攻灭南宋。于是甘肃陇南成为宋金军事争夺的重要地区之一,在这里进行了激烈的仙人关、饶凤关等战役。本文对吴氏家族中的吴玠、吴璘、吴挺的抗金以及吴曦终归属金的活动略作阐述与分析。

一、南宋初期秦陇局势

北宋灭亡后,金兵撤退,但金灭宋的策略并未改变。南宋之初建炎年间(1127—1130年),金军曾连续三次向宋遣兵南攻,展开大规模的攻略,穷追宋高宗至海上,几乎倾覆南宋。与此同时,金军也向西北地区不断发动进攻。原北宋鄜延、秦凤、环庆、泾原、熙河五路大部在今甘肃境内,战略地位重要。"天下若常山蛇势,秦、蜀为首,东南为尾,中原为脊,将图恢复,必在川、陕。"[①]而且山势高峻,进退皆宜,毗邻四川,物产丰富,财力雄厚。这一地区也是宋朝市马之地,西夏、吐蕃等向宋朝供给马匹,民众勇悍善战,吃苦耐劳,于是遂有"天下精兵健马皆在西北"[②]的赞誉。正因如此,西北五路成为女真金国进攻重点之一,宋金争夺西北五路的斗争异常激烈。

---

① (清)毕沅:《续资治通鉴》卷105《宋纪》,中华书局,1957年,第2763页。
② (元)脱脱等:《宋史》卷358《李纲传上》,中华书局,1977年,第11257页。

宋建炎元年(金天会五年,1127年)十二月,金军分三路南下,西路军统帅宗翰率兵向洛阳进军,并命娄室率军指向"关、陕重地,卿等齐戮力"①。因北宋灭亡,军队分崩离析,南宋尚无一支能抗击金人的力量,致使金人进军顺利,所到之处,没有遭遇抵抗。建炎二年(金天会六年,1128年)二月,娄室军攻下同州(治今陕西合阳县)、华(治今陕西华县)、京兆(治今陕西西安市)、凤翔(治今陕西凤翔县)等地。此次出兵时,因东、西两路发生分歧,河北诸将主张停止陕西用兵,河东诸将反对,认为"陕西与西夏为邻,事重体大,兵不可罢"②。在争执不决的情况下,金太宗两用其策,于是命娄室率军攻陕西。八月,娄室等败宋军于华州(治今陕西华县),讹特剌破宋军于渭水,遂取下邽(治今陕西渭南市东北故市镇故县村),十二月,鹘沙虎败宋兵于巩州(治今甘肃陇西县)。宋建炎三年(金天会七年,1129年)二月,宋安抚使折可求以麟(治今陕西神木市北)、府(治今陕西府谷县)、丰(治今内蒙古河曲县西)三州附金。十月,京兆府降,巩州降。

(一)富平战败

富平县位于耀州(治今陕西耀州区)"东南五十里,有荆山、郑白二水"③,此地无形胜险扼可据守。正如宋将吴玠所言:"兵以利动,今地势不利,未见其可。"④宋建炎四年(金天会八年,1030年)二月,宗弼领兵在杭州大掠北还时,先后在镇江、建康遭到宋军阻击,金将兀术率领的金军主力在黄天荡(长江下游的一段,在今南京市东北)遭受痛创,锐气大挫,金军进攻江南的战争至此告一段落,金军将重点

---

① (元)脱脱等:《金史》卷3《太宗纪》,中华书局,1975年,第62页。

② 《金史》卷74《宗翰传》,第1698页。

③ (宋)王存:《元丰九域志》卷3《陕西路》,中华书局,1984年,第112页。

④ 《宋史》366《吴玠传》,第11409页。

进攻的矛头指向陕西。建炎四年七月，先遣娄室经略陕西，所下城邑"叛服不常"，元帅府召集诸将商议，皆以为"兵威非不足，绥怀之道有所未尽。诚得位望隆重、恩威兼济者以往，可指日而定"①。以前南下攻宋时，以东路军为主，西路军配合，宗翰在提出增兵陕西时说："前讨宋，故分西师合于东军，而陕西五路兵力雄劲，当并力攻取。今挞懒抚定江北，宗弼以精兵二万先往洛阳。以八月往陕西，或使宗弼遂将以行，或宗辅、宗干、希尹中一人往。"②太宗采宗翰意见，遣右副元帅宗辅去陕西。建炎四年（金天会八年，1130 年）九月，宋川陕宣抚处置使张浚调诸路军队，集骑兵六万，步兵十二万，进至富平（今陕西富平县），欲与金军决战。宗辅至陕西洛水治兵，以娄室为左翼，宗弼为右翼，两军并进攻富平。此时宋军屯于富平，而金兵屯于下邽（富平县东，治今陕西渭南市东北故市镇故县村），娄室的军队还在绥德（治今陕西绥德县），未与主力会合。宋军诸将要求乘此机发动攻势，被张浚拒绝。而在设营布阵上又犯了军事错误，当时宋朝运送军需的人到达营地后，他们就围绕军营结成小寨，用车马作围墙，寨寨相连而驻。吴玠等认为此堵塞军队出入之路，建议把军队移至高地，张浚又不采纳。正当张浚盲目轻敌时，娄室派出精兵三千，用土袋填平沼泽，然后直冲乡民小寨。百姓惊恐，奔入军营，宋军营顿时大乱。是役"自日中至于昏暮，凡六合战"③，虽双方混战厮杀，一度不分上下，但毕竟宋军弱点明显，人心不一。当金兵进攻环庆军时，其他各路不去援救，时逢赵哲撤离部队，将士见尘土飞扬，误以为战败，于是皆溃散逃亡，导致全军大败。随后耀州（治今陕西耀州区）、凤翔府（治今陕西凤翔州区）

①《金史》卷 3《太宗纪》，第 62 页。

②《金史》卷 19《世纪补》，第 409 页。

③《金史》卷 19《世纪补》，第 409 页。

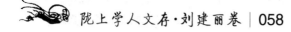

相继附金。

（二）五路失陷

富平之战的失败，形成了西北五路危机，而张浚在战后处置又不讲究策略，轻率地杀死赵哲与曲端，又直接导致五路失陷，金人占领西北地区。赵哲的临阵先逃，引起全军惊溃，对于他的处分是必要的，必须采取妥善措施，以稳定军心为主。张浚却匆忙召集诸将，将赵哲斩于壕下。结果造成众语喧哗，舆论不服。张浚遣散诸路军队，"令方出口，诸路之兵已行，俄顷兵尽"①。赵哲被杀后，在张浚幕客刘子羽的指使下，孙恂又杀死统领官张忠、乔泽。统制官慕洧等不满，孙恂恫吓道："尔等头亦未牢。②"慕洧为环州大族，闻此语恐被杀，便发动兵变，反攻环州（治今甘肃环县）。张浚遣统制李彦琪援救环州，又命经略使刘锜追击慕洧。刘锜临行，留部将张中彦、赵彬守渭州（治今甘肃平凉市），二人相谋"逐锜而据泾原"③。在日益严峻的军事形势下，张浚将屡立战功、享有威望的曲端处死于恭州（治今重庆市）。远近士民闻曲端死，皆心怀不满，于是"军民益解体"④。

在金军的强大攻势下，宋军无力抵抗，节节败退，从兴元（今陕西南郑区）退至秦州（治今甘肃天水市秦州区），再从秦州到兴州（治今陕西省略阳市）。建炎四年（金天会八年，1130 年）十一月，宗辅率军

---

① (宋)徐梦莘：《三朝北盟会编》卷 142《炎兴下帙》，文渊阁《四库全书》影印本，第 351 册，第 307 页。

② (宋)李心传：《建炎以来系年要录》卷 38，建炎四年冬十月庚寅，文渊阁《四库全书》影印本，第 325 册，第 557 页。

③《建炎以来系年要录》卷 38，建炎四年冬十月庚寅，文渊阁《四库全书》影印本，第 325 册，第 557 页。

④《三朝北盟会编》卷 147《炎兴下帙》，文渊阁《四库全书》影印本，第 351 册，第 336 页。

攻下泾州(治今甘肃泾川县)、渭州(治今甘肃平凉市),败宋经略使刘倪军于瓦亭(今甘肃泾川县东),原州(治今甘肃镇原县)降,撒离喝破德顺军静边寨,宋泾原路统制使张中孚、知镇戎军李彦琦以城降。十二月,宗辅攻宋熙河路副总管军,熙州(治今甘肃临洮县)降。宋秦凤路都统制吴玠军于陇州境上,被招讨都监马五击走,降一县。宗辅进兵降甘泉等三堡,取保川城(为会州治,即今甘肃靖远县),破宋熙河路副总管军三万,获马千余,拔安西等二寨,熙州降。娄室病死后,以阿卢补为左翼都统,宗弼为右翼都统,分别招降尚未攻下的城邑。建炎五年(金天会九年,1131年)正月,"遂得巩、洮、河、乐、西宁、兰、廓、积石等州,定远、和政、甘峪、宁洮、安陇等城寨,及镇堡蕃汉营部四十余"①。十月,撒离喝攻下庆阳府(治今甘肃庆阳市),慕洧以环州(治今甘肃环县)降。于是西北五路尽为金朝占领。建炎四年(1130年)九月,金朝立刘豫为"大齐皇帝",将西北五路的统治权交给刘豫。刘豫派张中孚守平凉,张中彦守秦州,赵彬守庆州,慕洧守环州。从此,西北五路地区长期处于金朝的统治下。

二、吴氏兄弟英勇抗金

吴玠(1093—1139年),字晋卿,吴璘(1102—1167年),字唐卿,祖籍宋德顺军陇干(治今甘肃静宁县东)人,因父死葬水洛城(今甘肃庄浪县),故迁居水洛。吴氏先世事迹《宋史》本传不载,无从详考。据《陇右金石录·吴玠墓碑》与李心传《建炎以来朝野杂记》乙集卷十二《吴玠福不逮吴璘》所载,得知其曾祖为吴谦,祖父为吴□,

①《金史》卷19《世纪补》,第409页。

父亲为吴扆①。吴扆曾在德顺军任地方"军校",吴扆生璘、玠、珙三子。玠、璘为扆正妻刘氏所生,珙系玠之"庶弟",为吴扆婢妾所生。史载吴玠年少时,即"沉毅有志节,知兵善骑射,读书能通大义。未冠,以良家子隶泾原军。"②政和、靖康中,抗夏御边,屡立战功。吴玠因军功累官为"开府仪同三司,迁四川宣抚使",成为与岳飞齐名的西北地区抗金名将。吴璘"代兄为将,守蜀余二十年,隐然为方面之重,威名亚于玠"③。也因军功"拜太傅,封新安郡王"。吴珙在西北地区的声望、地位与影响,虽远不如其兄玠与璘,"然珙为人颇类玠,屡历行阵,亦得军士心"④。晚年也因军功,与吴璘子挺同为管军节度使。吴玠、吴璘"智勇忠实,勠力协心,据险抗敌,卒保全蜀,以功名终。"⑤吴氏兄弟与璘子挺,皆倾毕生精力进行抗金斗争。

富平战败后,吴玠、吴璘奉张浚之命,收集几千散兵,重新进行组织与训练,一支精锐的军队在秦陇地区迅速成长,这就是吴玠、吴璘率领的"吴家军"。从此吴氏家族兄弟父子扼守蜀口三关,与金人长期在这里周旋,守卫秦陇地区前后约六十二年(1131—1193年)。

(一)和尚原之战

由陕入蜀有三座门户,即和尚原、饶凤关、仙人关。和尚原是从渭水流域越秦岭入汉中的重要关隘之一,位于陕西宝鸡市"西南四十

---

①《陇右金石录》卷4《吴玠墓碑》:"公曾祖讳谦,赠太子太保,妣李氏,永宁郡夫人,祖讳□,赠太子太保。妣齐氏普宁郡夫人。考讳扆,赠少保,妣刘氏,嘉国夫人。自少保而上,世居德顺之陇干,以公贵追荣三世。"

②《宋史》卷366《吴玠传》,第11408页。

③《宋史》卷366《吴璘传》,第11420页。

④(宋)李心传:《建炎以来朝野杂记》乙集卷13《吴玠福不逮吴璘》,文渊阁《四库全书》影印本,第608册,第552页。

⑤《宋史》卷366《吴璘传》,第11424页。

里"，"原在大散关东"①，乃是"商、秦州险要之地，并系川蜀紧急门户"②，显然是控扼川口的必争之地。大散岭在宝鸡市西南五十二里，岭上设关，即大散关，"当秦陇之会，扼南北之交"③，是秦蜀襟喉之地。两山关控斗绝，出可以攻，入可以守，实为表里形势要地。和尚原距大散关"才咫尺"，显然地形险要与大散关相似。据《宝鸡县志》载："形边仰中凹，广袤约有千亩。"正如宋将杨存中所言："和尚原，陇右之藩要也。敌得之，则可以睥睨汉川；我得之，则可以下兵秦雍。"④若屯兵其间，"则可以下窥秦雍，而于函洛之路未绝也。"⑤显然，和尚原地理位置极其重要，是战略形胜之地，通往四川的第一道关隘。若弃和尚原，退守仙人关，"则蜀之险要，所失过半"⑥。金既到仙人关，习知险隘，必分兵数道并进，一军自阶、成趋文、政，一军自梁、洋经米仓山入巴、阆，一军自均、房由达州山路入夔峡，再以一二千人攻仙人关以缀吴玠，"势分形散，所备皆急"⑦，一处破坏，则处处震动。

富平战败后，陕西大部被金军占领。张浚退至兴州（治今陕西略

①（清）刘於义：《陕西通志》卷 10《山川三·凤翔府宝鸡县》，文渊阁《四库全书》影印本，第 551 册，第 542 页。

②（宋）宇文懋昭：《大金国志》卷 11《熙宗孝成皇帝三》，文渊阁《四库全书》影印本，第 383 册，第 893 页。

③（清）胡渭：《禹贡锥指》卷 9《华阳黑水惟梁州》，文渊阁《四库全书》影印本，第 67 册，第 486 页。

④《宋史》卷 367《杨存忠传》，第 11438 页。

⑤《建炎以来系年要录》卷 94，绍兴五年冬十月己巳，文渊阁《四库全书》影印本，第 326 册，第 324 页。

⑥不著撰人：《宋史全文》卷 19 中《宋高宗八》，文渊阁《四库全书》影印本，第 330 册，第 811 页。

⑦《宋史全文》卷 19 中《宋高宗八》，文渊阁《四库全书》影印本，第 330 册，第 812 页。

阳市),派刘子羽至秦州召集溃散的宋军,有十多万人会集,军势复振。但在金军不断进攻的压力下,张浚再次退至阆州(治今四川阆中市),形势十分严峻。张浚随即任命王庶知兴元府、利夔两路制置使、节制陕西诸军。王庶招集溃散的宋军与抗金义军二万。此时,吴玠招集散亡数千人,在和尚原积蓄粮食,整顿军队,建立山寨,准备与金人决战死守。绍兴元年(1131年)三月,金太宗从侄完颜没立开始进攻和尚原,被宋军击败。五月,金军两路进犯,完颜没立攻箭筈关(在今陕西千阳县南箭筈岭),乌鲁与折合自阶州(治今甘肃陇南市武都区)与成州(治今甘肃陇南市成县)绕道出大散关(即散关,今陕西宝鸡市西南),约日会师和尚原,企图夹攻吴玠军。吴玠指挥吴璘等出战,击退二路金军,"生获首领蕴逋,斩千户泼察胡"。乌鲁与折合再次合兵进攻,又被击败。这两次获胜振奋人心,揭开了和尚原大战的序幕。十月九日,金将兀术亲率大军自宝鸡县界入渭河谷,自谷口至神岔。初十日午时,直犯驻兵地和尚原。吴玠"指授诸将,选劲弓强弩,期以必死,分番迭射"。金兵稍退,又"以奇兵乘险据隘,横攻夹击①",激战三日,大败金军,杀俘数以万计,兀术"后心连中两箭",狼狈逃遁,"所统大军剿杀几尽②",金军遭遇到自南侵以来前所未有的战败。正如李心传所评价:金军"盖自入中原,其败衄未尝如此也。"③

(二)饶风关之战

饶风关为蜀之门户,系由陕入蜀的重要关隘之一。饶风关置于陕

---

①《三朝北盟会编》卷196《炎兴下帙·吴武安公功绩记》,文渊阁《四库全书》影印本,第352册,第82页。

②(清)徐松辑:《宋会要辑稿》第179册《兵》14之23,中华书局,1957年影印本,第7004页。

③《建炎以来系年要录》卷48,绍兴元年十月乙亥,文渊阁《四库全书》影印本,第325册,第658页。

西石泉县与西乡县交界的饶风岭上。《大清一统志》卷一八八《兴安府》谓饶风岭"在石泉县西五十里,南枕汉江,与汉中府西乡县接界。险峻倚天,石径盘纡,为秦、楚、蜀往来必由之路,下有饶风河"。又谓"饶风岭在西乡县东北一百五十里,汉江北岸,与兴安州石泉县接界"。关位于凤州之东,兴元之西,褒斜谷在此。谷口三山翼然对峙,南曰褒,北曰斜,在唐为驿路,所以通巴汉。此地势险陡,"入粮运难至,独倚饶风,以控商、虢,由武休以达长安,固当关为蜀之咽喉"[①]。清严如煜纂修的《汉中府志》明确记载:"饶风岭在西乡县东北一百八十里,宋吴玠镇守于此……今名十二峰岭。东南相连百余里,寂无人迹,山路崎岖,险于栈道。"显然,饶风关是位于陕西石泉县与西乡县东北交界之处的一形胜险要关隘。

完颜兀术率部退回北方后,金朝又命令完颜撒离喝为陕西经略使,与伪齐四川招抚使刘夔合兵攻四川。金军回避对和尚原(今陕西宝鸡市西南35里)的正面进攻,在绍兴二年(1132年)十二月,金将撒离喝企图攻取"剑外十三州",派部分金军西进至仙人关、熙河地区,牵制宋军主力吴玠部;又避开了吴璘驻守的和尚原;自己亲率金军主力,采取迂回战术,从长安出兵,攻破商州(治今陕西商县)。绍兴三年(1133年)正月,向南经上津(治今湖北郧西县西北上津堡),再向西进攻洵阳(治今陕西旬阳县北洵河北岸),击败宋军王彦部后,又沿汉水向西占领金州(治今陕西安康市),进逼洋州(治今陕西洋县)。

宋兴元府知府刘子羽遣兵驻守饶风关,并向吴玠告急。吴玠即率部自河池(今甘肃徽县)昼夜行三百里,驰援至饶风关御敌。为了挫败金人锐气,吴玠遣人送黄柑至金营,说:"大军远来,聊用止渴。"撒离

---

①(宋)祝穆:《方舆胜览》卷69《利州西路·凤州》,文渊阁《四库全书》影印本,第471册,第1059页。

喝大惊,以杖击地说:"尔来何速耶?"于是双方大战饶风岭。金人披重铠,登山仰攻,一人先登,皆有二人随后,前者战死,后者继攻。吴玠军弓弩乱发,大石摧压,连战六昼夜,金兵死者如山积而进攻仍不停。金兵出巨资募敢死士,欲夹攻硬冲。这时因有一"壕寨将走降金人,告以虚实",于是一小股金军遂从祖溪间路,绕道关后,居高临下,配合关前金军夹攻,宋军战败,致使饶风关失守。于是金军乘机占领洋州,进入兴元府(治今陕西汉中市),直抵三泉县东的金牛镇(今陕西宁强县东北60里),一时四川大震。金军虽然获胜,但也伤亡过半。宋军实行坚壁清野,金军"野无所掠,杀马而食,马且尽,遂杀两河签军食之,又春疠方作"①,金军遂于四月间,自兴元府经斜谷向凤翔撤退,吴玠乘机在武休关(今陕西留坝县南)遣兵邀击其后军,"金人尽弃其辎重及所掠人畜而去,后军为我军掩击及堕溪涧死者数千计,其后王俊于饶风关下得马革万七千余。"②这次金人深入梁州、洋州、兴元府三地,仍得不偿失,川陕战局又转危为安。

(三)仙人关之战

仙人关(今甘肃徽县东南10里嘉陵江畔)位于陕西凤县南120里,接徽县界,也与略阳县界邻近,既是入川重要关口,也是入秦陇要隘。"仙人关路分左右,自成州经天水出皂角堡直抵秦州,此左出之路;自两当趋凤州直出凤翔大散关至和尚原,此右出之路。"③正如宋

①(宋)熊克:《中兴小纪》卷14,文渊阁《四库全书》影印本,第313册,第935页。

②(宋)吴泳:《鹤林集》卷15《绍兴吴玠守蜀关二事》,文渊阁《四库全书》影印本,第1176册,第137页。

③(清)顾祖禹:《读史方舆纪要》卷56《陕西五》,中华书局,2005年,第2689页。

将吴玠所言"关外蜀之门户,不可轻弃"①。饶风关战后,宋、金双方都作了新的战略部署。宋将吴玠虑及和尚原远离四川,粮运给养困难,难以长久坚守,于是放弃和尚原,另在川口仙人关处右侧筑垒,号"杀金坪",严阵以待。吴玠部署仙人关第二线防御后,仍留吴璘率一部人马屯守和尚原。绍兴三年(1133 年)十一月,金朝元帅左都监完颜兀术再次率所部南下,"将士乏食自溃,吴璘拔寨弃去"②,金军遂占领和尚原。完颜兀术夺取和尚原后,又与撒离喝、刘夔等合兵南攻。绍兴四年(1134 年)二、三月间,金军与吴玠军在仙人关再次进行激战。仙人关之战可分两个阶段③:

二月二十七日、二十九日、三十日和三月一日,这四天,金军处于攻势,宋军处于守势,特别是后两天,恶战达到白热化的地步。金兀术、撒离喝等自二月二十一日,率大军十余万,抵达仙人关杀金坪后,在仙人岭上扎营四十余座。六天后进行交锋,二十七日,一拥前来,"自铁山凿崖开道循岭东下"④,直攻吴玠军,吴玠自以万人当其前。弟吴璘不待令,率轻兵由七方关(今甘肃康县东北、成县南,在白马关东)倍道入援其兄,与金兵转战七昼夜,始与吴玠会合。双方血战三十余阵,杀死不少金兵。二十九日,金军又至吴玠军营前,立炮数十座,炮击吴玠军营。吴玠令营中并用神臂弓,施放炮石,打死金军无数。三十日,金军发兵万余攻击宋军营寨,吴玠军迎战杀退。金军又增加兵力,再来攻击五十余番,并推拥洞子、云梯直前,搭上城角。吴玠军勠力向前捍御,用炮石打折洞子,并用杆撞折云梯。金人又缚虚棚战楼,

---

①《宋史》卷 370《刘子羽传》,第 11507 页。

②《宋史》卷 27《高宗纪》,第 502 页。

③王曾瑜:《岳飞和南宋前期政治与军事研究》,河南大学出版社,2002 年,第 378 页。

④《宋史》卷 366《吴玠传》,第 11412 页。

别遣将领拥锐卒万余，一发乘城。吴玠命统制官杨政领长枪、陌刀手，深入刺打隔断，金人不能上城。鏖战百阵，杀死金兵无数，大获全胜。三月一日，撒离喝号令诸军合力只攻吴玠军营一楼，自寅至午，十分危急。姚仲为统领，只在楼上酣斗，楼已倾侧，姚仲以绢为绳，拽使复正。金兵用火焚楼柱，姚仲以酒壶击灭火。金人在东岭下布神臂弓，吴玠也发神臂弓五百张，与金兵对射。金兵后退，吴玠即组织宋军主动出击，遣王万年、刘铃辖等分紫、白旗入金营追击，金阵乱，皆奔溃。

三月一日夜至二日夜三更，系宋军反攻阶段。金军这次南攻，倾巢出动，受到宋军捍御，虽然攻势衰竭，但仍然不肯退兵，企图继续相持，或由他路冲突入川。吴玠抓住战机，发兵反攻。抵夜，吴玠别遣五将分更劫寨，昼夜数十回合，金军困惫，死伤以万计，即敛兵宵遁。宋军杀死千户、万户、甲军万余，得傍牌、衮枪、金鼓、旗帜数千件。经历两夜一日连续苦战，金军终于大败而逃。吴玠又遣统制官王俊设伏河池，扼金人归路，生擒百余人，斩首千级，得甲马、旗帜无数。金军"本谓蜀可图"，然而在仙人关遭遇大败，"既不得逞，度玠终不可犯"①，于是退回凤翔，"自是不妄动"②，再也不敢大举进攻川蜀。四月，宋军复凤、秦、陇三州。

三、绍兴末年父子抗金

南宋初期，经南宋军民的殊死抵抗，宋金双方力已发生变化，金军兀术部遭受宋军的沉重打击。兀术自天会七年秋离燕山，率众南征，加之往返万里，首尾二年，其徒销折，十存三四，往往扶舁呻吟而

---

①《宋史》卷 366《吴玠传》，第 11412 页。

②（明）冯琦原编，张邦瞻增辑：《宋史纪事本末》卷 16《吴玠兄弟保蜀》，文渊阁《四库全书》影印本，第 353 册，第 439 页。

归。至于兀术,尚以箭疮,帛攀其臂。"兀术始行,有从马数百,至是宿六马而还。平阳守肖庆以三马奉之,兀术之众自是不振"①。其他如娄室、挞懒、撒离喝等军,也在战争中实力受到削弱。此时形势已发生变化,正如金将韩常所说:"今昔事异,昔我强彼弱,今我弱彼强,所幸者南人未知北间事耳。"②尽管战争形势发生了有利于南宋的变化,但南宋政府向金求和、纳贡称臣的投降路线占据主导地位,而金统治者征服南宋的主旨不变,南宋军民的抗金斗争贯穿南宋始终。

(一)完颜亮举国攻宋

金朝完颜亮夺取皇位后,继承和发展熙宗时恢复与发展生产且继续打击守旧势力的政策,但在对宋关系上,却违背了熙宗已取得的南北议和的有利条件③,欲南下伐宋,进而统一江南,于是在宋绍兴二十三年(金贞元元年,1153年)迁都燕京后,积极备战。

完颜亮为做好南迁伐宋的准备,加紧营建汴京宫室,作为南下攻宋的基地。又关闭榷场,宋绍兴二十九年(金正隆四年,1159年)正月,除泗州(治今江苏盱眙县西北)一处榷场保留外,关闭其余全部宋金贸易榷场。绍兴二十九年(金正隆四年,1159年)二月,举国调兵,调发诸路猛安谋克军,凡年二十五岁以上、五十岁以下,全部编入军籍。绍兴三十年(1160年)七月,完颜亮下诏签发诸路汉军。又督造战船、兵器,命工部尚书苏保衡在通州(治今河北通州)督造战船,接着又遣使赴诸总管府督造兵器,并将诸路旧存兵器全部集中到中都(今北京

---

① (宋)宇文懋昭:《大金国志》卷7《纪年·太宗文烈皇帝五》,文渊阁《四库全书》影印本,第383册,第868、869页。

②《大金国志》卷27《开国功臣传·韩常》,文渊阁《四库全书》影印本,第383册,第997页。

③ 张博泉:《金史简编》,辽宁人民出版社,1984年,第154页。

市),其制造费用皆由人民负担。完颜亮为发动对宋战争,大括天下骡马,官至七品的准留马一匹,所调诸路马以户口为率,富室多至六十匹,凡调马五十六万匹,仍令由本家饲养,以待师期。下诏河南州县所储粮米,以备大军,不得他用。与此同时,"征发诸道工匠至京师,疫死者不可胜数"①。这是一场全国性的大浩劫,为了筹措南攻经费,预收五年赋税,劳力被摧残,农田被践毁,加上繁重的徭役,致使百姓民不聊生,"天下始骚然矣"②。

绍兴三十一年(金正隆六年,1161 年)春,完颜亮前往开封,随之政府也迁此。九月,兵分四路南下攻宋,金军的主力东路军,由完颜亮亲自率领三十二总管兵,从淮西南攻,进军寿春(治今安徽寿县);西路军由徒单合喜、张中彦率领,从凤翔攻大散关(今陕西宝鸡市西南),以取四川;中路军由刘萼、仆散乌率领,从蔡州(治今河南汝南县)南攻荆襄;另遣苏保衡、完颜郑家率水军经由海道进趋临安(治今浙江杭州市)。四路金军企图一举攻灭南宋。

(二)吴璘吴挺秦陇抗金

绍兴九年(1139 年)六月,吴玠因病卒于仙人关(今甘肃徽县东南 10 里嘉陵江畔),于是其弟吴璘担负起领导秦陇人民抗金的重任,先后率军进行扶风、凤翔、百通坊、陇州刘家圈、剡湾、腊家城等战役,胡世将在上奏剡湾克捷状文中言:"臣询究众论,皆谓璘此战比和尚原、杀金坪,论以主客之势,险易之形,功力数倍。……臣猥以书生,误膺重寄,上赖朝廷指授,璘等为国宣力,川陕用兵以来,未有如此之胜。"③

---

①《金史》卷 129《李通传》,第 2785 页。
②《金史》卷 129《李通传》,第 2785 页。
③《续资治通鉴》卷 124《宋纪》,第 3296 页。

伴随着绍兴三十一年(1161 年)爆发的宋金战争的演进,双方投入的兵力及战争争夺的重点逐渐从东部战场移向西部战场。同年十一月,完颜亮被杀,东路宋军获得采石(即采石矶,又名牛渚矶,今安徽马鞍山市西南采石街道江滨)大捷,继之又在十二月初,乘金军退走之际,收复了两淮地区。中路宋军亦在茨湖(今湖北老河口市东南)击败了金军的进攻,并在抗金义军的配合下,收复了洛阳、嵩州、长水、永宁、寿安等县。而西部战场在战争初期,面临着众多不利因素。在绍兴十二年(1142 年)的和议中,南宋曾将具有战略意义的和尚原(陕西宝鸡市西南 35 里)等地割让给金人,以致"一失和尚原,便自弃地三百余里,又顿失险要,其间入川路径散漫不一,为害甚大"①。此时的吴璘年岁已高,在长期征战中,身染重病,"日饵丹砂数十百粒。……每疾剧时,也颇危殆,几至死"②。然而大敌当前,国难当头,他不顾个人疾苦,率军奋战。

1. 德顺之战

绍兴三十一年(金正隆六年,1161 年)秋,完颜亮遣西元帅徒单合喜以兵扼大散关,游骑攻黄牛堡。时吴璘已患重病,肩舆上杀金坪,驻军青野原(今陕西略阳市北 140 里),增调内郡兵分道而进,授以方略,开始了收复失地的战斗。又传檄契丹、西夏及山东、河北等地,声讨金人罪行,伸张正义。九月,先后收复秦州、洮州、陇州等地。十月,姚仲率军破金军于东谷口,吴挺率军败金人于德顺军治平寨(今甘肃静宁县西南 80 里治平乡)。至十一月,宋军已先后一度收复秦、陇、

①《建炎以来系年要录》卷 139,绍兴十一年正月,文渊阁《四库全书》影印本,第 326 册,第 859 页。
②《建炎以来系年要录》卷 194,绍兴三十一年十月己丑,文渊阁《四库全书》影印本,第 327 册,第 791 页。

洮、兰州,并遣王彦东取商、虢州。十二月,吴璘遣将复水洛城(今甘肃
庄浪县)。宋绍兴三十二年(金大定二年,1162年)二月,宋军复河州
(治今甘肃临夏市),取来羌城。后又"攻拔大散关,分兵据和尚原"①,
金军退走宝鸡。在经历了最初的紧张后,西部军很快从交战之初的防
守转入进攻。《金史》卷八七《徒单合喜传》记载:"是时,宋吴璘侵占古
镇,分据散关、和尚原、神叉口、玉女潭、大虫岭、石碧寨、宝鸡县,兵十
余万,陷河州、镇戎军。"在这种军事形势下,对德顺城的争夺,成为宋
金双方汇聚的焦点。

德顺军(治今甘肃静宁县)位于今甘肃东南,北宋时属秦凤路,南
宋后为金人占领,改为德顺州。宋绍兴三十二年(金大定二年,1162
年)正月,吴璘遣姚仲以东路兵自秦州出攻巩州(治今甘肃陇西县),
"围之三日夜,不能克,乃舍之"。遂退守甘谷城,留统制官朱刚等驻巩
州。宋将姚仲攻德顺已逾四旬,久攻不下。在这种情况下,吴璘恐将士
斗志懈怠,亲临督战。自秦州率兵至德顺城下,以李师颜取代姚仲,并
以其子吴挺节制军马。但德顺金军十分强大,宋军无法攻克,双方呈
僵持态势。吴璘按行营垒,别栅要害,治夹河战地以预宋军之便,而致
金人不利。斩不用命者,然后指挥军队大战。既战,先以数百骑尝战,
敌一鸣鼓,锐士跃出驰突宋军,遂空壁与宋军激战交锋。宋军因先治
战地,骑兵皆以一当十,人益奋搏。翌日,宋军再出兵,金人坚壁不
战,时逢大风雪,金军引众夜遁,宋军收复德顺。吴璘入城,"市不改
肆,父老拥马迎拜不绝"②。不久,吴璘返回河池(治今甘肃徽县西北
银树乡)。

德顺之战,金军兵力达五万,宋军仅三万,但吴璘亲临战场后,能

---

①《宋会要辑稿》第179册《兵》14之41,第7013页。

②《宋史》卷366《吴璘传》,第11418页。

根据德顺城地形、敌我双方的形势修置栅栏，使宋军在战斗中拥有地理优势，并在激战中，审时度势地调兵遣将，对金军形成一种战无不胜的气势。德顺之战是这一时期宋金西部战场上投入兵力最多的战役，其后宋军又乘胜收复了环州、熙州、巩州、华州，就西部战局总形势而言，"三大将之出也，兴元路得秦、陇、环、原、熙、河、兰、会、洮州、积石、镇戎、德顺军，凡十二郡；金州路得商、虢、陕、华州，凡四郡；独渭北以重兵扼凤翔，故散关之兵未得进"①。此时收复大片失地的宋军成为战争中的主动方。在这种情况下，宋军面临新的抉择：如要北伐，就必须巩固新收复的陕西州军，而"陕西五路新复州县又系于德顺之存亡，一旦弃之，则窥蜀之路愈多，西和、阶、成，利害至重"②。显然，德顺对于南宋巩固新复州军，继而北伐收复失地，具有重要的战略意义。德顺至仙人关，地势平坦，极其有利于善于倚靠骑兵作战的金军，如果宋军失去德顺之险，其新收复州军则因失去屏障而易被金军重新占领，更为关键的是，宋军若失去新复州军，则西部宋军后勤供应线就被切断，其处境被动③。而宋军占领了德顺，就化解了西部宋军所面临困境，既可东进与中、东部宋军遥相呼应，亦可就地取给粮草，增强自身的战斗力，并对金军形成强大的压力。因此，若丢弃德顺军。实际上就是放弃了新收复的可以补充兵源与粮草的大片土地，使固有的西部边防亦处窘境。金军也敏锐地觉察到这点，不断地增兵，誓要夺回对德顺军的控制权。

吴璘亦识破了金人意图，知其"志在德顺"，必再争夺，于是从河池（治今甘肃徽县西北银树乡）率兵亟驰赴德顺城下。金元帅左都监

---

① 《续资治通鉴》卷 137 绍兴三十二年五月甲子，第 3643 页。

② 《宋史》卷 383《虞允文传》，第 11795 页。

③ 王智勇：《论宋、金德顺军之战》，《四川大学学报》2003 年第 4 期。

徒单合喜亲自率兵四万来赴,合完颜悉烈等军十余万果然来攻,随后万户豁豁也率精兵从凤翔继至增援。因此,宋金双方在德顺展开了殊死搏斗,极力争夺,互有攻守。但宋军在吴璘的指挥下,渐占主动。"敌自是失三路形胜,粮运迂险"①。吴璘调诸将益出兵至秦州,布置诸将分屯要塞,在东山筑堡坚守,而且"益出蜀口之师,分德顺兵历阵内外相合以击之"②。金人极力争夺,杀伤大半,终不能克。随着西部战争的演进,德顺战场已成为决定宋金双方胜负的关键。但由于吴璘军总兵力少于金,且宋军收复失地越多,兵力分散的情况就越严重,不能在占据德顺后乘胜推进,只能捍御收复的州军。尽管如此,德顺军的宋军在吴璘的指挥下,多次转危为安,并形成了新的进攻态势,总战局形势有利于宋军。

但是非战场的因素却主导着战局的发展。这时,南宋主和派再据上风,议者以为"兵宿于外,去川口远,则敌必袭之"③,朝廷随欲弃三路。这年十二月,孝宗"诏弃德顺城,徙兵民于秦州以里屯住。"④这意味着宋朝廷不仅放弃了北伐收复失地的大好时机,而且更为不断增兵德顺、凤翔等地的金军邀击退师的吴璘军创造了条件。吴璘部属力主"将在军,君命有所不受。此举所系甚重,奈何退师?"⑤但在孝宗即位的非常时刻,深谙宋廷祖宗家法的吴璘,深知"顾主上初政,

---

①(宋)杜大珪编:《名臣碑传琬琰之集》上卷 14《吴武顺王璘安民保蜀定功同德之碑》,文渊阁《四库全书》影印本,第 450 册,第 124 页。

②《宋会要辑稿》第 83 册《职官》42 之 66,第 3267 页。

③《宋史纪事本末》卷 16《吴玠兄弟保蜀》,文渊阁《四库全书》影印本,第 353 册,第 442 页。

④《宋史》卷 33《孝宗纪》,第 620 页。

⑤《续资治通鉴》卷 138,隆兴元年正月壬子,第 3660 页。

璘握重兵在远,有诏,璘何敢违!"①吴璘不敢违抗,于是弃德顺军,仓促退兵,金人乘机背后袭击,吴璘军"亡失者三万三千,部将数十人,连营痛哭,声振原野"②。宋廷"将从中御"的结果,导致了西部战场的形势急转直下,于是"秦凤、熙河、永兴三路新复十三州、三军,皆复为金取"③,金军最终取得了西部战场的控制权。时人评论宋军德顺军之败曰:"徒以人言,万里遥度,亟诏班师,大军未旋,而兵烽复满于四郊,向所得诸郡随而沦陷,两京五路,恢复愈远,至今人以为失策。"④可谓一针见血,切中时弊。德顺军之败,宣告了南宋北伐中兴大计梦想的彻底破灭,并最终决定了南宋中后期宋、金关系发展的基本格局⑤。

2. 原州之战

宋绍兴三十二年(金大定二年,1162年)三月,金人引兵与西蕃官杏果同围原州(治今甘肃镇原县)。原州位于德顺州之东,治临泾(今甘肃镇原县),取其高平曰原为名。东北至宁州七十里,西至镇戎军界,南至渭州界,北至庆州界均为一百三十里。原州守将段义彦率忠义统领巩铨领兵,集合城中官吏、军民登城坚守。金人依城建寨,昼夜攻击。原州城虽高,而忠义兵皆无甲,于是遣使至镇戎军求援。此时原州受围已久,金兵增加大炮十四所,更用鹅车、洞子拥迫城下,矢石乱发,军民死伤甚众,形势十分危急。守将段彦、巩铨对镇戎军秦弼说

---

① 《续资治通鉴》卷138,隆兴元年正月壬子,第3660页。

② 《宋史纪事本末》卷16《吴玠兄弟保蜀》,文渊阁《四库全书》影印本,第353册,第442页。

③ 《续资治通鉴》卷138,隆兴元年年正月壬子,第3660页。

④ (宋)李流谦:《澹斋集》卷9《上张魏公论时事札子三首》,文渊阁《四库全书》影印本,第1133册,第671页。

⑤ 王智勇:《论宋、金德顺军之战》,《四川大学学报》2003年第4期。

"原州、镇戎,唇齿相依。原州失守,镇戎必孤。"①秦弼奏报宣抚司后,令秦弼尽领四将兵应援。此时,原州围兵已增至七万,原州势急,而泾、渭州距德顺、镇戎地远,吴璘命姚仲以德顺(今甘肃静宁县)军增援,于是姚仲并河池、秦州兵九千至德顺,"余兵留屯甘谷、摧沙、镇戎军"。姚仲自德顺至原州,由九龙泉上北岭,令诸军弓弩尽满引行前,辎重队居后。以卢士敏兵为前锋,所统兵六千为四阵,姚志兵为后拒,随地便利列阵,与金人鏖战数十回合。但逢辎重队随阵乱行,遭遇金人攻击,于是军队大败,此役武显大夫、兴州前军同统制郑师廉,与统领官七、将官三十、队将七十有三,并死于阵。

(三)吴挺继承父志抗金

吴挺(1138—1193 年),字仲烈,吴璘子,以荫补官,从吴璘为中郎将,部西兵诣行在。宋绍兴三十一年(1161 年),金人渝盟,吴璘以宣抚使率三路兵抵御,吴挺"愿自力军前",于是吴璘命其担任中军统制。宋军收复秦州后,金将合喜与张仲彦"以兵来争",吴挺破其治平砦。不久南市城金人也掎角为援,双方"转战竟日"。吴挺命前军统制梅彦属部直接占据城门,属部不应,梅彦也惧力不敌。在吴挺督促下,梅彦率众殊死搏斗,吴挺率背嵬骑兵,并改用黄旗,绕到金军背后,占据高地,自上而下激战。金人哗然喊道"黄旗儿至矣!"遂惊败。

宋绍兴三十二年(1162 年),吴挺与都统制姚仲率东、西两路兵攻德顺(今甘肃静宁县)。金军左都监率平凉驻军倾城而出援合喜,又遣精兵数万从凤翔来会合。姚仲军驻六盘山,吴挺率军独自趋瓦亭(即瓦亭关,今宁夏固原市南 70 里瓦亭村),身冒矢石,士兵也随其冲锋陷阵,舍身拼搏。金人舍骑操短兵器奋斗,吴挺另遣将领"尽夺其马,

①《续资治通鉴》卷 137,绍兴三十二年四月甲戌,第 3637 页。

金众遂溃。"①吴挺率兵追击,擒获金人首领、士兵三百七十人。金人不甘失败,悉兵趋德顺。吴璘从秦州前来督军,"先壁于险,且治夹河战地"。金人大队人马果然而来,吴挺诱金兵进入宋军所伏阵地,"盛兵蹙之,敌不能支,一夕遁去"②。

巩州(治今甘肃陇西县)久攻不下,吴挺率领选锋军至城下,诸将皆主张分兵各当一面,向城西北面坡陀地进攻。吴挺说:"西北虽卑而土坚,东南并河多沙砾善圮。且兵分则少,以少当坚城,可得而下乎?"③于是命全军攻击城东南角落。不到二日,楼橹俱尽。半夜,金人雷千户约降,黎明时,攻破巩州城。吴璘估计金人必再争德顺,至自河池,金人果然集兵十多万列栅以拒。有一金人大首领率数千骑侧击东山,吴挺率骑兵击退,占领东山,筑堡坚守。金人争夺不下,便修治攻城器械,"为大车匿战士其中,将填隍而进"④。吴挺命令在道路中植大木为障,致使金军大车不能前进。

吴挺25岁时,就以战功升为武昌军承宣使,不久又为龙神卫四厢都指挥使、熙河路经略安抚使中军统制。时逢南宋朝廷与金人议和,"诏西师解严,于是父子遂旋军"⑤。乾道元年(1165年),升为本军都统制;三年(1167年),以父命入奏,拜侍卫亲步军指挥使,节制兴州军马。其父死后,复为金州都统、金房开达安抚使,后又为利州东路总管。吴挺有自己的军事思想,"尝论两淮形势旷漫,备多力分,宜择胜地扼以重兵,敌仰攻则不克,越西南又不敢,我以全力乘其弊,蔑不济者"⑥。

---

① 《宋史》卷 366《吴挺传》,第 11421 页。
② 《宋史》卷 366《吴挺传》,第 11421 页。
③ 《宋史》卷 366《吴挺传》,第 11421 页。
④ 《宋史》卷 366《吴挺传》,第 11422 页。
⑤ 《宋史》卷 366《吴挺传》,第 11422 页。
⑥ 《宋史》卷 366《吴挺传》,第 11422 页。

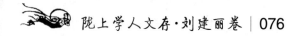
吴璘在世时,吴挺累从其父征讨,功效卓著,其父死后,继承父志,继续坚守秦陇之南川口地,为南宋偏隅江南、保全四川做出贡献。

四、策反吴曦叛宋降金

吴曦(1162—1207年),吴璘之孙,吴挺次子,以祖荫补右承奉郎。淳熙五年(1178年),换武德郎,除中郎将,后改武翼郎,累迁高州刺史。绍熙四年(1193年)五月,其父挺病故,吴曦起复濠州团练使。庆元元年(1195)冬,由建康军马都统制除知兴州兼利西路安抚使。宋开禧二年(金泰和六年,1206年),"朝廷议出师,诏曦为四川宣抚副使,仍知兴州"①。开禧二年五月,韩侂胄请宋宁宗下诏出兵北伐,金章宗也正式出师应战,以平章政事仆散揆兼左副元帅,陕西兵马都统使充为元帅右监军,知镇定府事乌古论谊为元帅左监军,又以枢密使完颜匡为右副元帅,金对宋展开全面的防御性战争,宋金之间战火重燃。十月,仆散揆督诸道兵对宋展开全面的反击,分兵九路进军,其中有四路是从甘肃出兵,即右都监蒲察贞以岐陇兵一万出成纪(治今甘肃天水市秦州区);蜀汉路安抚使完颜纲以汉蕃步骑一万出临潭(治今甘肃临潭县);临洮路兵马都总管石抹仲温以陇右步骑五千出盐川(即盐川寨、盐川镇,今甘肃陇西县西南50里);陇州防御使完颜璘以本部兵五千出来远(即来远寨,今甘肃武山县西南滩歌乡)。金章宗总共动员十四万五千兵力投入战争,金已从防御转为进攻,战争形势对金有利。在西北甘肃战场上,金军也取得全线胜利,十一月,完颜纲攻下祐州(今甘肃岷县东南)、岷州荔川(今甘肃宕昌县北)等城,蒲察贞攻下西和州(治今甘肃西和县)。十二月,蒲察贞攻下成州(治今甘肃成县)。在金军大举反攻、宋军节节败退之际,开禧二年(金泰和六年,

①《宋史》卷475《吴曦传》,第13812页。

1206年)十二月二十七日,吴曦接受金所颁诏书、金印及所封蜀王,并在兴州(治今陕西略阳)的置口召集幕僚谓:"东南失守,车驾幸四明,今宜从权济事。"①宣布叛宋投金。三年(1207年)正月,吴曦遣将利吉引金兵入凤州(治今陕西凤县),以四郡付金,以铁山为界。吴曦乘黄屋左纛,在兴州即王位,"即治所为行宫,称是月为元年"②,议行削发左衽之令。遣董镇至成都治宫殿,欲迁居。并将所统军七万并程松军三万,分隶十统帅,遣禄祁、房大勋戍万州,乘船下嘉陵江,声称要与金人夹攻襄阳。

吴曦的叛宋降金,引起南宋爱国军民的极大愤慨,其属下多人拒不接受,弃官而去,甚至谋举义兵。兴州合江仓官杨巨源倡议讨伐,遂与随军转运安丙共谋诛曦。二月甲戌夜,杨巨源、李好义率勇敢七十人斧门以入,李好义兄李贵即入曦室斩其首,裂其尸,并将曦首献于南宋朝廷。

虽然吴曦叛宋降金、称蜀王仅维持了四十多天,但这一事件却有其深刻的政治、军事及金朝政策等多方面的原因。

(一)南宋政府行压制政策

入宋后,为了"惩创五季,而矫唐末之失策"③,统治阶级开始反思五代的弊端,认为"五代之变,皆因于兵"④。因此北宋统治者采用赵普的建议,"稍夺其权,收制钱谷,收其精兵"⑤,以削弱藩镇政权、财权、

---

①《宋史》卷475《吴曦传》,第13812页。

②《宋史》卷475《吴曦传》,第13812页。

③(宋)叶适:《水心集》卷3《法度总论二》,文渊阁《四库全书》影印本,第1164册,第73页。

④(宋)吕祖谦:《历代制度详说》卷11《兵制·详说》,文渊阁《四库全书》影印本,第923册,第982页。

⑤《续资治通鉴长编》卷2,建隆二年秋七月戊辰,第49页。

兵权;重文轻武,文人任州县长官,甚至统军的主帅也换成文人。这一政策的执行,对于维护北宋的稳定,加强中央集权有积极意义。南宋时,由于金朝的入侵,武将地位有显著提高,"自渡江以来,沿边之兵尽归诸大将,帅臣反出其下"[①],虽然南宋政府也设置都督府之类的机构,节制各大军,但实际上并不能有效统辖,所以朝廷政策由"重文轻武"逐渐发展为"以文制武"。在吴曦父吴挺时,吴氏集团的权势已难以与吴玠、吴璘时相比,由于南宋统治者虑吴氏四世专蜀兵,非国家之利,对吴氏集团的影响深表忧虑,"虑吴氏世将,谋去之"[②]。所以吴挺时,其家族势力已在一定程度上受到限制。吴挺病重时,吴曦尚在和州(治今安徽和县)任职。对吴曦的安排,"兵权不可复付其子"[③],再次显示了宋政府对其压制,唯恐他回四川接管其家族势力。吴挺死后,宋朝廷"选他将代之,仍置副帅,别差兴州守臣,并利州西路帅司归兴元,以杀其权。挺长子曦勿令奔丧,起复知和州,属总领杨辅就近节制诸军,檄利路提刑杨虞仲往摄兴州"[④]。以张诏代挺,以李仁广为副,以削减吴氏兵权,"遂革世将之患"。

就在吴氏势力出现断层后,宋廷内部形势也出现了很大变化。庆元元年(1195 年),韩侂胄发动庆元党禁,一些力主抑制吴氏家族的朝内高官被政治斗争所驱逐。一心想回四川的吴曦抓住这一时机,进行了一系列的活动,先与另一军事集团郭氏联姻,增强吴氏政治声势;后与韩侂胄在北伐对金开战达成共识,使韩侂胄看来,一旦北伐,川

①《建炎以来系年要录》卷 112,绍兴七年秋七月丁卯,文渊阁《四库全书》影印本,第 326 册,第 526 页。

②《宋史》卷 391《留正传》,第 11974 页。

③《宋史》卷 398《丘崈传》,第 12110 页。

④《宋史》卷 398《丘崈传》,第 12111 页。

陕是其用兵的重点地区,如无吴氏领兵,后果不堪设想。最终韩侂胄同意吴曦回蜀,命其为兴州驻扎御前诸军都统制,兼知兴州、利州西路安抚使。显然南宋政府对吴氏集团采取的压制政策,使吴曦与宋朝廷产生了矛盾,这为他后来叛宋提供了政治上的因素。

(二)地理军事与家族优势

四川历来为易守难攻之地,李白的《蜀道难》形容其难与险,"危乎高哉! 蜀道之难,难于上青天! 蚕丛及鱼凫,开国何茫然! 尔来四万八千岁,不与秦塞通人烟。西当太白有鸟道,可以横绝峨眉巅。地崩山摧壮士死,然后天梯石栈相钩连"①。四川东面有巫山,南面有大娄山,又紧邻云贵高原,西有龙门山,再西有横断山脉,北边有米仓山和大巴山。南宋时,宋政府布置重兵以防备西夏和金朝的进攻。宋高宗绍兴元年,宋军曾在和尚原、大散关打败金军,让金人领略了"蜀道之难,难于上青天"的真正含义。吴曦叛宋后,驻兵四川万县(治今四川万州市),控扼出入四川的长江咽喉要道,又守瞿塘,扼夔门,宋朝廷竟无力对他征讨,皆充分显示了地理位置的优势。

此时的吴家军经过吴玠、吴璘、吴挺经营,在军事上已占据优势。至乾道(1165—1173 年)末,在兵员数量上,当时四川都统司共"有名籍凡九万七千三百三十八人,马一万三千一百四十二匹"②。仅吴挺军就有官兵六万人③,军马一万匹。吴挺并在宕昌(今甘肃宕昌县)军中

①(唐)李白:《李太白文集》卷 2《蜀道难》,文渊阁《四库全书》影印本,第 1066 册,第 228 页。

②《建炎以来朝野杂记》甲集卷 18《关外军马钱数》,文渊阁《四库全书》影印本,第 608 册,第 415 页。

③《建炎以来朝野杂记》乙集卷 17《沔州十军分正副两司事始》载:"沔州诸军自昔为天下最同,盖御前诸军惟蜀中有关陕之旧,而武兴之众至六万人,分为十军,其间摧锋、踏白二军又沔军之最劲者也。"

自置互市，招徕羌马，于是"西路骑兵遂雄天下"。到吴曦时，吴家军在四川已首屈一指，具有自己的军事优势，成为四川军事力量的主要支柱。正如左丞相留正所言："西边三将，惟吴氏世袭兵柄，号为'吴家军'，不知有朝廷。①"这就成为吴曦叛宋的军事资本。

吴氏家族长期以来经营四川与陇南地区，为南宋朝廷扼守入蜀关口，并采取多种措施恢复与发展生产，加强战备。吴玠率领秦陇地区人民与金抗衡，对垒且十年，常苦远饷劳民，于是裁减冗员，节约不必要开支。据《建炎以来朝野杂记》甲集卷十六《关外营田》载，绍兴六年，吴玠为川陕宣抚使与营田使时，曾命梁州、洋州守将修治褒城废堰，灌溉土地，民以为生，于是愿归业者数万家。又大兴营田，率军民"治废堰营田六十庄，计田八百五十四顷，岁收二十五万石以助军储"②。绍兴中，吴璘至汉中，继续修治褒城古堰，溉田数千顷，使百姓大获其利。并且实行屯田，招募百姓垦田。吴璘镇守阶、文二州时，积极推行军屯，并实行茶马贸易。吴挺为知兴州、利州两路安抚使时，所在兴州东北有两座山谷常发洪水，吴挺动用民力作两堤防止山洪暴发。至绍兴末，吴璘为宣抚使时，所储钱帛数为"钱引八千九万缗，金五千三百两，银一万一千两，帛八千五百匹皆有奇"③。自吴璘任宣抚使时，就积累了大量钱物。至淳熙二年（1175年）六月，吴挺为兴州都统制置使时，"利源多为所擅，前后二十年，财帛不胜计矣"④。吴曦更是善于敛财，除了雄厚的家底外，还依靠皇帝赐田、买田、占田，掌握

①《宋史》卷391《留正传》，第11947页。

②《宋史》卷176《食货志上四》，第4272页。

③《建炎以来朝野杂记》乙集卷17《绍兴至淳熙四川宣抚司钱帛数》，文渊阁《四库全书》影印本，第608册，第610页。

④《建炎以来朝野杂记》乙集卷17《绍兴至淳熙四川宣抚司钱帛数》，文渊阁《四库全书》影印本，第608册，第611页。

了大量田地。正如李心传所言："剑外诸州之田,绍兴以来,久为诸大将吴、郭、田、杨及势家豪民所擅,赋入甚薄。"①经过吴玠、吴璘、吴挺二代经营,至吴曦时已积蓄了雄厚财力,具有强大的经济基础。吴曦凭借这种经济实力,利用多资金、善交结的优势,结交权贵,使自己左右逢源,立于不败之地,既为他回蜀开辟道路,又为日后叛宋奠定了经济基础。

总之,四川与陇南地区自然地理、军事及其家族优势,为吴曦叛宋提供了得天独厚的条件。

(三)战争形势与金朝诱降

当时宋金双方交战形势及金朝的政治诱降政策,也是吴曦叛宋的一个重要外部因素。金朝是用军事武力建立的帝国,随着女真族封建化及汉化程度加深,其军事力量逐渐削弱,至金章宗时,虽"宇内小康,乃正礼乐,修刑法,定官制,典章文物灿然成一代治规"②,但金朝已开始走上衰落的进程,"向之所谓维持巩固于久远者,徒为文具,而不得为后世子孙一日之用,金源氏从此衰矣"③。在金朝对南宋发动的多次战争中,由于南宋人民自发的抗金斗争,导致金朝的军事进攻受到有效的抵御。开禧北伐后,金章宗就及时地调整了对宋战争策略,以和议佐攻战。战争一开始,金朝就对吴曦进行策反。战争初期的吴曦还雄心勃勃,"出兵兴元,有窥关陇之志"④,遣诸将出秦陇间,与金军相拒。但金章宗十分清楚吴氏家族与南宋朝廷之间的矛盾,他认为

---

① 《建炎以来朝野杂记》乙集卷17《关外经量》,文渊阁《四库全书》影印本,第608册,第608页。

② 《金史》卷12《章宗本纪四》,第285页。

③ 《金史》卷12《章宗本纪四》,第286页。

④ 《金史》卷98《完颜纲传》,第2178页。

"韩侂胄忌曦威名,可以间诱致之,梁、益居宋上游,可以得志于宋"①。暗中对吴曦实行诱降。

由于金国在战争前期缺乏足够的准备,所以南宋在战争初期尚占据优势,但后期,南宋连续遭到失败,致使"师一出涂地,不可收拾",竟出现"百年教养之兵,一日而溃;百年葺治之器,一日而散;百年公私之盖藏,一日而空;百年中原之人心,一日而失"②的局面。吴曦也遭受过一连串的失败:宋开禧二年(金泰和六年,1206年)六月,吴曦攻盐川,被完颜王喜击败;七月,吴曦率兵五万袭秦州,被金陕西都统副使承裕、完颜璘击败,斩首四千余级;九月,吴曦遣将冯兴、杨雄、李珪等入秦州,又被承裕等击败,杨雄、李珪被杀,金军占领成州(治今甘肃成县),直逼河池(治今甘肃徽县西北银树乡)。十月,金军大举反攻,平章政事仆散揆督诸道兵伐宋,吴曦也受到金军的大规模进攻,十一月,金军又连续攻克祐州、荔川、阆川、宕昌、天水、西和州③等甘肃陇南地区,吴曦只好退守青野原(今陕西略阳市北140里),凭险拒守。此时的吴曦清楚自己的处境,深怕步江淮战场三路败绩将领郭倬、李汝翼、皇甫斌等被杀的后尘。

这时,金章宗亲自写给吴曦的劝降诏书起了很大作用。金章宗极力赞扬吴氏世代捍卫四川,功盖天下,应当世做四川大帅,永久为蜀地藩王。然而自古以来都是"威略震主者身危,功盖天下者不赏"。并诱降说,吴氏家族"专制蜀汉,积有岁年,猜嫌既萌,进退维谷,代之而不受,召之而不赴,君臣之义已同路人,譬之破桐之叶不可以复合,骑

①《金史》卷98《完颜纲传》,第2178页。

②(宋)程珌:《洺水集》卷2《丙子论对札子其二》,文渊阁《四库全书》影印本,第1171册,第232页。

③《金史》卷12《章宗纪四》,第278、279页。

虎之势不可以中下矣"①。并以宋高宗听信谗言杀害岳飞的事警告他，"飞之威名战功暴于南北，一旦见忌，遂被叁夷之诛，可不畏哉"②。又劝他顺时而动，因机而发，转祸为福，建万世不朽之业。同时向吴曦承诺，"若按兵闭境不为异同，使我师并力巢穴而无西顾之虞，则全蜀之地卿所素有，当加册封，一依皇统册构故事"③。除了保证吴曦做王之外，如"更能顺流东下，助为掎角，则旌麾所指尽以相付"④。此时，金章宗的这份劝降诏书对吴曦产生了极大作用。于是在当年十二月，吴曦在兴州（治今陕西略阳市）正式宣布降金称王，金朝的政治诱降政策取得了成功。

虽然吴曦叛宋称蜀王仅维持了四十余天，但通过这一事件，我们可以透视到宋政府专制主义的腐败，这种腐败就是长期以来对有才干武将的猜忌、压制、打击，使他们难以建功立业。总之，吴曦叛宋正是宋朝统治阶级长期以来奉行"以文制武"政策的产物。

五、吴玠吴璘战略战术

北宋与南宋之际，宋军在对金作战中，处于怯战兵败的弱势中，但吴玠、吴璘正是从失败与挫折中吸取教训，学习战争，探索克敌制胜的战略战术。吴玠"用兵本孙、吴，务远略，不求小近利，故能保必胜。"⑤而选用将佐，"视劳能高下先后，不以亲故、权贵挠之"⑥。吴玠死

---

①《金史》卷98《完颜纲传》，第2178页。
②《金史》卷98《完颜纲传》，第2178页。
③《金史》卷98《完颜纲传》，第2179页。
④《金史》卷98《完颜纲传》，第2179页。
⑤《宋史》卷366《吴玠传》，第11413页。
⑥《宋史》卷366《吴玠传》，第11413页。

后，胡世将询问玠所以制胜的原因，吴璘说："璘从先兄有事西夏，每战，不过一进却之顷，胜负辄分。至金人，则更进迭退，忍耐坚久，令酷而下必死，每战非累日不决，胜不遽追，败不至乱。盖自昔用兵所未尝见，与之角逐滋久，乃得其情。盖金人弓矢，不若中国之劲利；中国士卒，不及金人之坚耐。吾常以长技洞重甲于数百步外，则其冲突固不能相及。于是选据形便，出锐卒更迭挠之，与之为无穷，使不得休暇，以沮其坚忍之势。至决机于两阵之间，则璘有不能言者。"①吴璘所言反映出吴玠已清醒地认识到宋金双方的不同优势，以我之长制敌之短。

宋高宗曾问胜敌之术，吴璘回答说："弱者出战，强者继之"，显然这是"孙膑三驷之法，一败而二胜也"②。吴璘所著《兵法》三篇予以总结："金人有四长，我有四短，当反我之短，制彼之长。四长曰骑兵，曰坚忍，曰重甲，曰弓矢。吾集蕃汉所长，兼收而并用之，以分队制其骑兵；以番休迭战制其坚忍；制其重甲，则劲弓强弩；制其弓矢，则以远克近，以强制弱。布阵之法，则以步军为阵心、左右翼，以马军为左右肋，拒马布两肋之间；至帖拨增损之不同，则系乎临机。"③。

在残酷的战争实践中，吴玠逐步探索出一套以步制骑、行之有效的战略战术。

一是创制新"布阵式"。吴玠兄弟长期生长在西北边地，自幼习知山川利便、风土民情，在长期的征战中积累了丰富的军事学知识，并在继承前人的基础上，创造出新的"布阵式"。据《建炎以来系年要录》卷一九六记载：

---

①《宋史》卷 366《吴玠传》，第 11413 页。
②《宋史》卷 366《吴璘传》，第 11420 页。
③《宋史》卷 366《吴璘传》，第 11420 页。

　　"凡布阵之式,以步军为阵心,为左右翅翼。马军为左右
肋,拒马环于左右肋之内,以卫步军,以一阵约计之。主管敌
阵统制一,统领四,主阵拨发各一,正副将、准备将、部队将,
则因其队为多寡,阵兵三千二百六十有三,步军居阵之内者
一千二百有七,为阵心者一千有六(甲军枪手五百有二,神
臂弓二百有二,平射弓二百有二)。舆拒马者二百,居阵外,
分两翅,副翼者五百六十有六,左翼二百八十有三(主阵将
官二,平射弓二百一十有七,神臂弓六十四),右翼亦如之。
马军居阵外为左肋者二百六十有一(将官二,训练一,管队
十,队兵乘骑二百四十有八),右肋亦如之。虽其间有贴拨补
阵增益之不同,而大略可类见矣。"①

　　显然,吴玠扬长避短,以宋军步兵为主力,充分发挥宋军步兵的
潜能,以宋军步兵之长制金人骑兵之短。

　　二是进行纵深防御。设置要塞,构筑坚垒,在敌军锐气旺盛之时,
暂时回避锋芒是明智之举。富平之战前夕,吴玠曾认为"兵以地动,今
地势不利,将何以战? 宜徙据高阜,使敌马冲突,吾足以御之"②。张浚
不肯采纳,结果在平原会战,一败涂地。和尚原与仙人关之役获胜,就
是依托要塞坚垒,严重损耗金兵的进攻能力,先防后攻。面对金军的
猛攻,吴玠等人逐渐认识到不能囿于一城一寨的得失,必须层层设
防。和尚原大捷后,吴玠与刘子羽等人商议,及时在仙人关部署第二
线防御。在仙人关之战前,吴璘写信给吴玠,"杀金坪之地去原上远,

---

　　①《建炎以来系年要录》卷196,绍兴三十二年春正月戊子,文渊阁《四库全
书》影印本,第327册,第818页。
　　②《建炎以来系年要录》卷37,建炎四年九月癸亥,文渊阁《四库全书》影印
本,第325册,第547页。

前阵散漫,谓须第二阵作隘,牢其限隔,期必死战,则可取胜"①。在战斗中,金人虽死伤过半,但仍存锐气,宋军长久苦战,"遂敛第二隘以致敌"②,吴璘夜布火鼓、易旗帜,迨晓,军阵精采一变,乐声震山谷,于是人人"自励有死志",奋勇杀敌。"洎敌再搏我第二隘",反复多次较量,历经"几百余战,敌攻垒,兵殆尽,遂走入壁"③。正因为吴玠、吴璘部署纵深防御,前后斩首俘获不可胜计,使金军难以获胜,自是不敢窥蜀。

三是以宋强制金弱。针对"金人弓矢不若中国之劲利"的弱点,"制其重甲,则劲弓强弩,制其弓矢,则以远克近,以强制弱",宋军"常以长技洞重甲于数百步外,则其冲突固不能相及"④。和尚原之战时,吴玠命诸将选劲弩强弓,"分番迭射,号'驻队矢',连发不绝,繁如雨注"⑤。仙人关之战时,宋军也"以驻队矢迭射,矢下如雨,死者层积,敌践而登"⑥。金军攻第二隘时,则人被两铠,铁钩相连,鱼贯而上。吴璘"督士死战,且射其两腋"⑦,以宋军的强劲弓弩制其重甲,发挥了很大威力。

四是采用多种战法。鉴于"中国士卒不及金人之坚耐",于是"选

①《名臣碑传琬琰之集》上卷 14《吴武顺王璘安民保蜀定功同德之碑》,文渊阁《四库全书》影印本,第 450 册,第 120 页。

②《名臣碑传琬琰之集》上卷 14《吴武顺王璘安民保蜀定功同德之碑》,文渊阁《四库全书》影印本,第 450 册,第 121 页。

③《名臣碑传琬琰之集》上卷 14《吴武顺王璘安民保蜀定功同德之碑》,文渊阁《四库全书》影印本,第 450 册,第 121 页。

④《宋史》卷 366《吴玠传》,第 11413 页。

⑤《宋史》卷 366《吴玠传》,第 11410 页。

⑥《宋史》卷 366《吴玠传》,第 11412 页。

⑦《名臣碑传琬琰之集》上卷 14《吴武顺王璘安民保蜀定功同德之碑》,文渊阁《四库全书》影印本,第 450 册,第 121 页。

据形便,出锐卒更迭挠之,与之为无穷,使不得休暇,以沮其坚忍之势"①。在和尚原战役中,在强弩迭战攻势下,金军稍有退却,吴玠即以奇兵旁袭,绝其粮道,设伏以待,纵兵夜袭。在杀金坪战役中,金军极力攻宋军所置第二隘,吴璘夜布火鼓、易旗帜,迨晓,军阵精采一变,乐声震山谷。这种奇兵旁袭、番休迭战、夜战、白刃战等战略战术的正确与巧妙的运用,打击了金军锐气,起到了消耗金军的作用。

吴玠、吴璘所创立的"布阵式"、正确战略战术的实施及临战的巧妙指挥,是南宋绍兴年间,宋军在秦陇地区抗金获胜的重要原因,也是吴氏兄弟军事战略思想的体现。

六、获胜因素及其意义

绍兴年间,吴玠、吴璘在秦陇地区与金军进行了数十次大小战役,特别是在和尚原与仙人关之战中,金军遭受重创,这两次大捷是金军自灭辽破宋以来所遇到的首次与二次惨败②。金军自破宋灭辽后,所向披靡,攻无不克,单是进攻和尚原的金军兵力有数万人,而进攻仙人关的金军有十多万,其中"半是马军",系金军精锐。然而吴玠最早屯守和尚原时,兵力仅有几千。仙人关之战时,吴玠兵力最多不超过三万几千人③。由此可知,这二次战役均是以少胜多的硬仗与恶仗。在金军兵力占明显优势的情况下,吴玠、吴璘率领的宋军多次获

①《宋史》卷 366《吴玠传》,第 11413 页。

②王曾瑜:《岳飞和南宋前期政治与军事研究》,河南大学出版社,2002 年,第 379 页。

③据《建炎以来系年要录》卷 111 绍兴七年五月壬午载:至绍兴六年(1136 年),"官兵共计六万八千四百四十九人"。《建炎以来朝野杂记》甲集卷 18《关外军马钱数》载:"其后卢立之为宣抚使,尚有兵三万,立之死,亦为玠所并。"显然,仙人关之战时,吴玠兵力最多不过三万八千余人。

胜,这有多方面的因素。

第一,经济暂据优势。金朝初期,金军虽然占据了许多地区,但大多处于北方与西北地区,而宋朝的经济命脉却在东南与四川一带,这里虽有战乱,但与北方相比,显然较少,受战争影响较少,社会生产仍能在不断扩大的规模上继续进行,而且战乱中,大量北方人口迁入南方,因而有充足的人力资源,这就使南宋初期的抗金斗争有了富庶稳固的人力与物力资源。反之,金人远道而来,深入中原腹地,供给不足,消耗巨大,即便打了胜仗,也面临诸多困难,在溃败情况下,更难保证军需供给,因而处于被动境地。所以在南宋初期,宋朝一方在经济条件上暂据优势,处于有利地位。

第二,占据地理之优。金人自言入中原十五年,尝一败吴玠,"以失地利而败"①。金军在"难于上青天"的蜀道上,精悍的金军骑兵无驰突的余地。金军初攻和尚原时,"山谷路狭多石,马不能行,金人舍马步战"②,金军骑兵强势在此无法展现,因而被击败。显然,地理条件的优越,是吴玠军队获胜的因素之一,但不是决定胜负的主要因素。

第三,人民大力支援。金军南侵,务在掳掠,给宋金双方均带来极大的灾难,必然激起广大人民的反抗,特别是秦陇地区人民更是直接遭受战争祸害。吴玠、吴璘的抗金行动主要是出于保卫宋王朝,与人民抗金的宗旨、目的有原则的不同。但客观结果吴玠、吴璘兄弟的抗金斗争,在某种程度上确与人民群众利益相一致,因而在宋金鏖战的时刻,得到广大人民的支持,不仅给予人力、物力的支援,而且还自动组成"义兵"与宋军一起战斗,充分显示出正义战争的强大威力。人民

---

①《三朝北盟会编》卷202《炎兴下帙》,文渊阁《四库全书》影印本,第352册,第128页。

②《宋史》卷366《吴玠传》,第11410页。

的支持是宋军获胜的一个重要因素。

第四,士气盛斗志强。自古迄今,军队的士气与斗志,是战斗力的重要因素之一,吴玠军队获胜的主要因素,是军队旺盛的士气与顽强的斗志。当金军进入中原之际,挟灭辽之威,先声夺人,腐败的宋军往往谈金色变,一触即溃,或不战而溃,显示出宋军的怯战。但是在这二次大战中,虽然金军能征善战,每逢战时,必"被重铠,登山攻险,每一人前,辄二人拥其后,前者死,后被其甲以进,又死,则又代之如初,其为必取,计盖如此!"①金军攻势的猛烈,前仆后继,显示出其屡战屡败的顽强战斗作风。但宋军士气旺盛,斗志昂扬,誓死坚守,坚不可摧。在仙人关之战,当金人以云梯攻垒壁时,吴璘"拔刀画地,谓诸将曰:'死则死此,退者斩!'"在杀金坪战役中,金军极力攻宋军所置第二隘,宋军人人"自励有死志"②,奋勇杀敌,显示出宋军血战到底的气概与誓死坚守的斗志。这成为超越和战胜金军的重要因素,两次大捷标志着宋军素质的提升,开始超越金军。

第五,爱兵民共甘苦。吴玠、吴璘爱护兵民,同甘共苦的优良作风,使他们得到兵民的拥护与支援,获取胜利的重要因素之一。他们在日常行军打仗中,常告诫将士"勿践毁民舍,勿掠民财"③。《建炎以来系年要录》卷七五记载:

> 玠素不为威仪,既除宣抚副使,简易如故。常负手步出,

①《三朝北盟会编》卷158《炎兴下帙》,文渊阁《四库全书》影印本,第351册,第423页。

②《名臣碑传琬琰之集》上卷14《吴武顺王璘安民保蜀定功同德之碑》,文渊阁《四库全书》影印本第450册,第121页。

③《建炎以来系年要录》卷196,绍兴三十二年春正月戊子,文渊阁《四库全书》影印本第327册,第817页。

与军士立语。幕客请曰:

"今大敌不远,安知无刺客。万一或有意外,则岂不上负朝廷委任之意,下孤军民之望哉。"玠谢曰:"诚如君言,然玠意不在此,国家不知玠之不肖,使为宣抚,玠欲不出,恐军民之间冤抑而无告者,为门吏所隔,无由自达。玠所以屡出者防有此耳。"①

这段记载反映了吴玠、吴璘兄弟对军民的关心与爱护,与军民同甘共苦的优良作风。人民群众的支援,是吴玠、吴璘抗金获胜的根本因素。

南宋初绍兴(1131—1162年)年间,吴玠、吴璘领导的抗金斗争,是在中原、两河与秦陇人民武装抗金的影响和推动下进行的,在宋金战争的全局中,具有非常重要的作用与意义。吴玠、吴璘通过大小数十次战役,不仅有力地拒金兵于蜀口之外,扭转了宋军接连溃败的局面,而且消灭和拖垮了金朝的精锐兵力,彻底打乱了金朝统治者窥陇望蜀,东下灭宋的进攻计划,保卫了偏居江南一隅的南宋朝廷,保护了川蜀与整个南宋统治区人民的生命与财产的安全。吴玠、吴璘领导的抗金斗争符合南宋军民反对掠夺、捍卫国家的强烈愿望,因而人民全力以赴支援。"绍兴和议"后,宋金西部疆域长期以大散关为界,这与吴玠、吴璘领导的抗金斗争有密切关系。

(原刊于《陈守忠纪念文集》,中国社会科学出版社,2020年)

---

① 《建炎以来系年要录》卷75,绍兴四年夏四月庚辰,文渊阁《四库全书》影印本,第326册,1986年,第54页。

元朝陇南吐蕃的行政机构与社会经济

北宋时期,甘肃南部地区洮(治今甘肃临洮县)、岷(治今甘肃岷县)、叠(治今甘肃迭部县)、宕(治今甘肃宕昌县)、阶(治今甘肃陇南市武都区)五州及积石军(治青海贵德县西 10 里)等地是西北吐蕃的一个重要聚集地,部族众多,"大者数千,小者百十家,无复统一"①。延至南宋、金及元朝时期,这里仍散居着许多吐蕃部族,此地东邻甘、陕,西北、西南与青藏高原相接,东北与北面可至河西走廊与宁夏、内蒙古等地。元朝统一全国后,陇南地区分属陕西、甘肃两行省与宣政院管辖,元朝统治者在这里设置宣政院所属的吐蕃等处宣慰司都元帅府的属下机构,对这一地区的吐蕃部族实行有效的统治与管辖。

一、军民万户府与总管府

元朝在陇地区设置的机构,一是脱思麻路军民万户府,另一是西夏中兴河州等处军民总管府。脱思麻路军民万户府系司属机构之一。脱思麻,是藏文之汉译,是吐蕃等处宣慰司都元帅府下辖的两路之一,为较早和主要辖区,故也用以指称该司。脱思麻路为脱思麻军民万户府之简称,又有脱思麻路总管府,其与关系密切,是管民与诸军奥鲁的机构。秩正三品,达鲁花赤一员,万户一员,副达鲁花赤一员,

———————

① (元)脱脱等:《宋史》卷 492《吐蕃传》,中华书局,1977 年,第 14151 页。

经历一员,镇抚一员①。据《汉藏史集》载,元代在吐蕃括户、置驿皆自脱思麻的丹斗水晶佛殿(在今青海化隆县境内)开始。其中脱思麻设有七个大的驿站②及诸多小驿站。大德元年(1297年)六月丙辰,赐"朵思麻一十三站贫民五千余锭"③。延祐元年(1314年)四月,因"西番诸驿贫乏",元政府"给钞万锭"④赈济吐蕃三路驿站,脱思麻也为其中之一。

脱思麻路军民万户府的辖区,南及黄河河曲,北与河州路相接,西包贵德州等地,东与陕西行省、四川行省西部为邻。洮、岷、阶诸州及礼店文州蒙古汉军西番军民元帅府、礌门鱼通黎雅长河西宁〔远〕等处宣抚司等皆在其管辖内⑤。

西夏中兴河州等处军民总管府,系司属机构之一。为吐蕃等处宣慰司所辖两路之一的河州路,秩正三品,达鲁花赤一员,总管一员,同知一员,治中一员,府判一员,经历一员,知事一员。属官主要有税务提领,宁河县官,宁河脱脱禾孙五员,宁河弓甲匠达鲁花赤⑥。据《元史·地理志三》载,元初,河州归"巩昌路便宜都元帅府"统辖,至元六年(1269年),罢行省而设宣慰司,直隶于中书省。八年,立西夏中兴等路行尚书省,不久改行中书省,十年又罢。屡经改革,至元贞元年(1295年),罢宁夏行省,以其地并入甘肃行省。根据吐蕃等处宣慰司

①(明)宋濂等:《元史》卷87《百官志三》,中华书局,1976年,第2195页。

②达仓宗巴·班觉桑布著,陈庆英译:《汉藏史集》,西藏人民出版社,1986年,第275页。

③《元史》卷19《成宗纪二》,第412页。

④《元史》卷25《仁宗纪二》,第564页。

⑤《元史》卷60《地理志三》,第1432、1433、1434页。

⑥《元史》卷87《百官志三》,第2195页。

属内有"庆阳宁环等处管军总把一员"①与"凤翔等处千户所"②来看，该总管府肯定存在过，当归此总管府直辖。

此机构真正归吐蕃等处宣慰司管辖的常设机构是河州路，是该宣慰司治所在地，曾一度与西夏中兴联为军民万户府，后则分立为路。《元史·地理志三》载其领定羌（治今甘肃广河县）、宁河（治今甘肃和政县）、安乡（治今甘肃临夏市北莲花乡）三县。定羌县本吐蕃所置珂诺城，宋熙宁六年（1073 年），改为定羌城，金时仍沿用，元时升为县，曾是河州路治所。宁河县，本吐蕃香子城，宋熙宁六年攻克，置宁河寨，在州治之南 60 里。宋崇宁四年（1105 年）改为县，金时仍属河州，元朝因袭，后废为镇。又别有宁河寨，在州治东 40 里。至元九年（1272 年），在吐蕃西川界立宁河站，至元十七年（1280 年），都实受命探查黄河源头，是岁至河州，"州之东六十里，有宁河驿"③。此元代宁河驿即为宋时吐蕃故香子城，元代在这里设有宁河脱脱禾孙五员，"掌辨使臣奸伪"④。又置"宁河县官"与"宁河弓甲匠达鲁花赤"。"宁河弓甲匠达鲁花赤"的职责是负责铸造兵器。显然宁河是河州路重要的军政据点。安乡县，本是吐蕃所置城桥关，在州治东北五十里⑤，宋元符二年（1099 年），更名安乡关，"南至河州界三十五里"⑥。金朝时为安乡关城，归宁河县统辖，元升县隶河州路。《明史·地理志三》载，河州，元河州路，属吐蕃宣慰司，洪武四年正月，置河州卫，后分左、右

---

①《元史》卷 87《百官志三》，第 2196 页。

②《元史》卷 87《百官志三》，第 2196 页。

③《元史》卷 63《地理志六》"河源附录"，第 1564 页。

④《元史》卷 91《百官志七》，第 2318 页。

⑤（清）顾祖禹：《读史方舆纪要》卷 60《陕西九》，中华书局，2005 年，第 2884 页。

⑥《宋史》卷 87《地理志三》，第 2164 页。

卫,府废后,改左卫于洮州,升右卫为军民指挥司。又"南有宁河县,东北有安乡县",又"东南有定羌巡检司"①。

二、元帅府、都元帅府

元朝在陇南地区设置的系元帅府的机构,主要有以下几种:

洮州元帅府,秩从三品,置达鲁花赤一员,元帅二员,知事一员。领可当一县。成吉思汗二十二年(1227年),攻破洮州(治今甘肃临潭县),元初归巩昌府(治今甘肃陇西县),至元五年(1268年),入西安州(治今宁夏海原县西安镇)后,归属脱思麻路管辖。该州设有元帅府。泰定三年(1326年)五月,"洮州路可当县、临洮府狄(邑)〔道〕县雨雹"②,显然可当也在州内。该元帅府延续至元,明初即其地置千户所。

十八族元帅府,秩从三品,置达鲁花赤一员,元帅一员,同知一员,知事一员。《元史》卷5《世祖本纪二》记载,至元元年(1264年)七月癸未,"以西番十八族部立安西州,行安抚司事",归巩昌路便宜都总帅府管辖。至元五年(1268年),割安西州属脱思麻路总管府。至元七年(1270年),并洮州入安西州,至元九年(1272年),忙古带等十八族参加平定建都蛮叛乱的军事行动,十八族元帅府一直存续到元末。明太祖洪武四年(1371年)正月,"西番十八族元帅包完卜𠪨、七汪肖遗侄打蛮及各族都管哈只藏卜、前军民元帅府达鲁花赤坚敦肖等来朝"③。明太祖以其部立千户所,以包完卜𠪨为正千户,七汪肖为副千

---

① (清)张廷玉等:《明史》卷42《地理志三》"河州",中华书局,1974年,第1009页。

② 《元史》卷50《五行志一》,第1063页。

③ 《明太祖实录》卷60,上海古籍出版社,1992年,第1178、1179页,

户。其地在洮、岷之间,故亦称为"岷州十八族"或"洮州十八族"。

积石州元帅府,置达鲁花赤一员,元帅一员,同知一员,知事一员,脱脱禾孙一员。成吉思汗二十二年(1227年),蒙古军将领按竺迩"从征积石州,先登,拔其城"[①]。积石州本宋积石军溪哥城,元符年间(1098—1100年),为河湟吐蕃溪巴温占据。宋大观二年(1108年)年,臧征扑哥以城降,于是在其地建军。地在青海湖东100余里,西宁州界南80里。元朝因袭,置元帅府,隶吐蕃等处宣慰司都元帅府,在河州西北部。潘昂霄《河源记》载,过贵德州,"又四五日,至积石州,即《禹贡》积石。五日,至河州安乡关"。此积石州在黄河岸边,贵德州与安乡关之间。元朝在这里设立脱脱禾孙,置有驿站及辨使臣奸伪的官员。

礼店文州蒙古汉军西番军民元帅府,官阶正三品,置达鲁花赤一员,元帅一员,同知一员,经历、知事各一员,镇抚二员,蒙古奥鲁官一员,蒙古奥鲁相副官一员。《元史·地理三》记载吐蕃等处宣慰司都元帅府辖下"礼店文州蒙古汉儿军民元帅府"即此机构。显然蒙古控制这一地区较早,并在这里置官施政。

窝阔台八年(1236年),大将按竺迩"破宕昌,残阶州"[②],继之攻文州(治今甘肃文县),谍知城中无井,乃断城中用水。攻克后,招抚吐蕃酋长勘陋孟迦等十族,以功为元帅,佩金符,"驻军汉阳礼店,戍守西和、阶、文南界,及西蕃边境"[③]。是时已在汉阳礼店置元帅府。《元史》卷133《暗伯传》记载暗伯父"秃儿赤袭职,事宪宗,累官至文州礼店元帅府达鲁花赤"。宪宗时,此元帅府仍存在。嗣后,按竺迩之子国宝遣其弟国能等人"持金帛说降吐蕃",一度反叛的吐蕃酋长勘

①《元史》卷121《按竺迩传》,第2982页。

②《元史》卷121《按竺迩传》,第2984页。

③《元史》卷132《步鲁合答传》,第3207页。

陁孟迦从国宝入觐归附。国宝上奏说:"文州山川险扼,控庸蜀,拒吐蕃,宜城文州,屯兵镇之"①。元世祖采纳国宝的建议,授国宝三品印,为蒙古汉军元帅,兼文州吐蕃万户府达鲁花赤,与勘陁孟迦皆赐金符。至元四年(1267年),国宝临终前,又令其弟国安袭其职,后以其兄国宝安边功,赐金虎符,进昭勇大将军。至元十五年(1278年),国宝子世荣袭怀远大将军、蒙古汉军元帅,兼文州吐蕃万户府达鲁花赤,后以功进安远大将军、吐蕃宣慰使议事都元帅,佩三珠虎符。②由此可知,礼店文州蒙古汉军元帅府、文州吐蕃万户府,设置有"蒙古汉军元帅"与"万户府达鲁花赤",这些要职曾一度为按竺迩及其后裔世袭。

但是,这一机构当时并不隶属吐蕃等处宣慰司。据《元史·兵志一》载:"初,西川也速迭儿、按住奴、帖木儿等所统探马赤军,自壬子年属籍礼店,隶王相府,后王相府罢,属之陕西省,桑哥奏属吐番宣慰司,咸以为不便,大德十年命依壬子之籍,于是复改属焉。"③这一部分探马赤军即是礼店文州等处元帅府军的主力。从壬子年(1252年)籍户之后,即归礼店(今甘肃礼县),隶安西王府管辖。至元十七年(1280),王相府罢后,归陕西行省。桑哥执政时,奏归吐蕃宣慰司,大德十年(1306年),又归礼店文州元帅府。由于有时归省管,故《元史·百官志七》记元帅府有李(礼)店文州等九府,唯"李店文州增置同知、副元帅各一员,其余八府,隶吐番宣慰司,设官并同"④。显然此时李店文州元帅府不属吐蕃宣慰司,但在第二年四月,元政府"诏礼店军还

①《元史》卷121《按竺迩传》,第2986页。
②《元史》卷121《按竺迩传》,第2987页。
③《元史》卷98《兵志一》,第2520页。
④《元史》卷91《百官志七》,第2309页。

属土番宣慰司"①。从此则相袭不改。《明史》卷42《地理志三》载，礼县在秦州西南，元礼店文州军民元帅府属吐蕃宣慰司。洪武四年(1371年)十一月，置礼店千户所。元代在礼店还置有蒙古军万户府，大德十一年(1307年)七月，"以礼店蒙古万户属吐蕃宣慰司非便，命仍旧隶脱思麻宣慰司，防守陕州"②。其官员为蒙古奥鲁及其副官，其职责是管理随军来到礼店的蒙古军户。

元代在礼店驻扎有探马赤军、蒙古汉军，设置有蒙古汉军元帅府、蒙古军万户府等，在文州设置有吐蕃万户府，以后则合并为"礼店文州蒙古汉军西番军民元帅府"，成为其上级机构。其下辖有三个机构：

一是礼店文州蒙古汉军奥鲁军民千户府。秩从五品，置达鲁花赤一员，千户一员，副千户一员，总把五员，百户八员。主要负责管理随军而来的家属，即管理军户。

二是礼店文州蒙古汉军西番军民上千户所。秩正四品，置达鲁花赤一员，千户一员，百户一员，新附千户二员。似为直接管理蒙古、汉军、西番诸军的机构。

三是礼店阶州西水蒙古汉军西番军民总把二员。礼店，治今甘肃礼县；阶州，治今甘肃陇南市武都区西北；西水即西汉水。阶州，唐初置武州，又改名武都郡，后更名为阶州，宋因之，元代州治在柳树城，距旧城东八十里。"旧领福津、将利二县，至元七年并入本州"③。蒙古对这一地区用兵较早，1237年，按竺迩命"侯和尚南戍洮州之石门，术鲁西戍阶州之两水"④。此时，这里已归蒙古管辖。元贞二年(1296年)

①《元史》卷98《兵志一》，第2520页。
②《元史》卷22《武宗纪一》，第483页。
③《元史》卷60《地理三》"陕西等处行中书省"，第1432页。
④《元史》卷121《按竺迩传》，第2984页。

五月庚辰，"土蕃叛，杀掠阶州军民，遣脱脱会诸王铁木而不花、只列等合兵讨之"[1]。大德元年（1297年）三月甲戌，"西蕃寇阶州，陕西行省平章脱列伯以兵进讨，其党悉平，留军五百人戍之"[2]。据《元史·兵志二》记载，这次战后，"诏留总帅军百人及阶州旧军秃思麻军二百人守阶州，余军还元翼"。因阶州系巩昌总元帅府管内，嗣后这里常有战事发生。泰定元年（1324年）十二月乙亥，"陕西行省以兵讨阶州吐蕃"[3]。次年闰正月己卯，"阶州吐蕃为寇，巩昌总帅府调兵御之"[4]。泰定三年（1326年）十一月，武靖王遣临洮路元帅盏盏招谕反抗的吐蕃部落。这种反抗与镇压的斗争，一直延续到元末，顺帝至正十四年（1354年）九月，仍有战事。

永昌等处宣慰使司都元帅府是在元朝末年设置的，因中书省奏"阔端阿哈所分地方，接连西番，自脱脱木儿既没之后，无人承嗣。达达人口头匹，时被西番劫夺杀伤，深为未便"[5]。于是在至正三年（1343年）七月戊寅，遂定置永昌等处宣慰使司都元帅府予以管理。置宣慰使三员、同知二员、副使二员，经历、知事、照磨各一员，令史十人，蒙古译史四人，知印二人，怯里马赤一人，奏差八人，典吏二人[6]。《元史》卷92《百官志八》记载该宣慰使司归甘肃等处行中书省管辖。《元史·地理志三》记载："永昌路，下，唐凉州，宋初为西凉府。景德中陷入西夏，元初仍为西凉府，至元十五年，以永昌王宫殿所在立永昌路，降西凉府为州隶焉。"永昌路，治今甘肃永昌县；而西凉府，治今甘肃武威

---

①《元史》卷19《成宗纪二》，第404页。
②《元史》卷19《成宗纪二》，第410页。
③《元史》卷29《泰定帝纪一》，第652页。
④《元史》卷29《泰定帝纪一》，第654页。
⑤《元史》卷92《百官志八》，第2338页。
⑥《元史》卷92《百官志八》，第2338页。

市凉州区,管内有众多吐蕃部族,其南临宣政院管辖地及西宁州,地处河西走廊东段要冲。其职责主要镇守河西及与宣政院临接地区,对吐蕃负有一定的镇戍之责。设置该司的目的是保护当地的蒙古人免受西番的侵害,说明其地位在某种程度上有所下降。同年十月乙未,在永昌增立巡防捕盗所。至正十三年(1353年)四月,以甘肃行省平章政事锁南班为永昌宣慰使,总永昌军马,仍给平章政事俸。次年十二月,永昌宣慰使锁南班与宣政院使哈麻同为中书平章政事,进阶光禄大夫。后又以完者贴木儿继为永昌宣慰使,至正十五年(1355年)八月,受命"讨西番贼"①。至正十七年(1357年)五月丙申,"诏以永昌宣慰司属詹事院"②管辖。阔端失去治番权力、西凉府衰落之时,永昌之地曾一度繁盛,由其子只必贴木儿镇守,此后则陷入颓败。元末各地战乱纷纷,永昌地位有所上升,这均与位于其南部的吐蕃地方局势的变化有一定的关系。

三、招讨使司

元朝在陇南地区设置的吐蕃等处招讨使司,官阶为正三品,置招讨使二员,知事一员,镇抚一员。《元史·百官志七》"招讨司"条所载"土番"等处,即此机构,其设置有"达鲁花赤一员,招讨使一员,经历一员"③。显然因变化所致,二者唯设官略有不同。在陇南境内的附属机构及设官主要有以下诸种:

一是文扶州西路南路底牙等处万户府。秩从三品,置达鲁花赤一员,万户二员。文州系至元九年(1272年)冬十月所立,治今甘肃文

---

①《元史》卷44《顺帝纪七》,第926页。
②《元史》卷44《顺帝纪八》,第937页。
③《元史》卷91《百官志七》,第2310页。

县。扶州,治今四川南坪附近。文、扶州以西、以南为吐蕃及其他部落杂居之地,在这里设置万户府,显然是为了加强对吐蕃及其他少数民族的统治。

二是庆阳宁环等处管军总把一员。庆阳、宁、环等地均在今甘肃境内,与陕西北部、宁夏东南部交界,当为西夏中兴河州等处军民总管府存在时其管辖机构,设立未久,即行撤销,史无详载。

三是文州课程仓粮官一员。元代吐蕃等处宣慰司辖下与文州相关的机构主要有"礼店文州蒙古汉军西番军民元帅府""礼店文州蒙古汉军奥鲁军民千户所""礼店文州蒙古汉军西番军民上千户所""文扶州西路南路底牙等处万户府""阶文扶州等处番汉军民上千户所"等机构。这一"文州课程仓粮官"当与征收科差赋税、管理粮仓、供给军用有关。

四是岷州十八族周回捕盗官二员。系维护岷州十八族地方安全官员,其详细情况不明。

五是常阳帖城阿不笼等处万户府。秩从三品,置达鲁花赤一员,千户一员。《元史》卷91《百官志七》"元帅府"载有"当阳""帖城","阿不笼"地域不详。显然这一万户府是由两元帅府联合组成。

"常阳"应为"当阳"之形讹,"当阳"即"当彝"(或作"当夷")[1]。后周时置县,"又置洪和郡于此。郡寻废,以县属同和郡,隋改属岷州,炀帝初改属临洮郡,唐属岷州,神龙初并入溢乐"[2]。当夷城,在岷州卫之西。据《新增岷州志》所载,"西魏同和郡溢乐县,周当夷县,和政

---

①张云:《元代吐蕃地方行政体制研究》,中国社会科学出版社,1998年,第208页。

②《读史方舆纪要》卷60《陕西九·岷州卫》,第2896页。

县,俱在城西"①。文中所说"城"即岷州城。元代在这里置当阳元帅府,又与帖城、阿不笼等合立万户府。明太祖时,改常阳为"千户所"②,属河州卫。

"帖城"当为"铁城"之音讹而致。宋熙宁六年(1073年),收复岷州后,于熙宁十年(1077年)置铁城堡(今甘肃岷县东北80里),隶岷州。元朝时,在这里置铁州(治今甘肃岷县东北),立铁城元帅府。《元史·百官志七》作"帖城河里洋脱"元帅府,与当阳、阿不笼等合立万户府,与岷州、洮州路、十八族等皆隶吐蕃等处宣慰司。顾炎武也谓铁城"在岷州东北,宋熙宁七年置,元置铁州,属脱思麻路,后省"③。明代也曾在这一带置铁城、岷州和常阳三个千户所。

六是阶文扶等处番汉军上千户所。秩正五品,置达鲁花赤一员,千户二员,系管理番汉诸军的机构。其治地在阶州(今甘肃陇南市武都区)附近。

四、社会经济

元朝宣政院所辖陇右吐蕃地区,自然地理环境独特,气候寒冷,除一小部分地区适宜农业外,大部地区都是高山、峻岭、荒漠、草甸、山地、草原,自古以来就宜于畜牧。

元代陇右吐蕃聚居的洮、岷流域与礼店、文州一带是传统农业经济区,也是屯田的场所。至元二十一年(1284年),忽必烈征发文州新附军九百人,在亚柏镇实行军屯,有屯田二百六十八顷五十九亩。这

---

①《陇右稀见方志三种·新增岷州志》,上海书店,1984年。

②《明太祖实录》卷60,洪武四年正月辛卯,第1173页。

③(清)顾炎武:《天下郡国利病书·陕西上》"岷州和政郡",商务印书馆《四部丛刊三编》,第18册,1936年,第401页。

里的农作物品种主要有大麦(青稞)、小麦、荞麦、莜麦、豌豆等粮食作物,萝卜、白菜、葱、蒜等蔬菜,油菜籽等油料作物。元朝时期,见于记载的农业工具仍然是犁、锄、锨、镰刀、多齿耙、筐等。农作物一年一熟,很少施肥,尤为忌用人粪肥,通常采用烧荒肥田,随犁下种,仍是运用比较落后的耕作方式。陇南文州也由于受"不杀生"宗教思想影响,各地发生病虫害、兽害及风、霜、干旱等自然灾害,只能消极地祈求神灵保佑,从而影响了当地人们抵御自然能力的发挥与防灾减灾的意识。当地百姓一般饲养家畜,采集野菜及多种菌类植物补充生活来源,农业生产技术无明显进步。

据藏文文献记载,元朝时期,藏族聚居区分卫藏为法区,朵堆为人区,朵梅(朵麦)为马区①,朵麦即安多。据《安多政教史》所载,安多之名,取自巴颜喀拉山东麓的阿庆冈嘉雪山与多拉山两座山名的首字,合并起来而命名②。元朝时期,属"朵麦马区"的今甘南藏族自治州仍是传统的主要畜牧区,畜牧业是其主要经济成分。而河曲马是产于甘、青、川三省交界黄河河曲地区(今甘肃玛曲县)的良种马,即今所称的南番马。它适应海拔3000米以上的严酷自然条件,在形体、外貌、速度方面具有优良特性。甘南藏区还形成了小体形、瘦肉形的良种猪,这种成年猪只有五六十斤重,能耐高寒,可终年放牧,因其喜食蕨麻(人参果),故称为蕨麻猪。这一猪种至今仍在饲养。

元代陇右吐蕃区的牧业工具简陋,牧民所用的工具只有皮绳、口袋、奶桶、驮鞍、粪耙、割草镰刀、割毛切肉刀等。有一种叫作"午尔多"(乌朵)的放牧工具,是将牛毛搓成粗线,再编成辫状粗绳,粗绳上端

---

①第五世达赖喇嘛:《西藏王臣记》,民族出版社,1983年,第101注释。

②智观巴·贡却乎丹巴饶吉:《安多政教史》第一章《藏族地区概述》,甘肃民族出版社,1989年,第5页。

系一环套,中间编成椭圆形、巴掌大的一块,叫"午尔梯",末端用羊毛结成鞭梢,用时将环套在中指上,捏住午尔多的两端,同时在"午尔梯"里夹置石子或硬土块,提起来振荡臂膀抡几圈后,放开一端,石子(土块)就会飞出几十丈或一二百丈远,牧民用它调转牲畜,驱逐野兽①,节省了体力与时间。

由于采取的是粗放式的物业经营,仍是自然分群放牧,不修棚圈,不储备或很少储备冬草,牲畜在冬春时节,因缺食饿死现象严重。无专门工具采牛毛,用手或棍卷缠后拔取;采羊毛,使用梳子,或用小刀、镰刀割取,工效低,且易伤牲畜,反映了畜牧业发展水平的滞后与原生形态。

元代陇右吐蕃地区还有少量狩猎户,元朝政府在河州路(治今甘肃省政县北),设有打捕鹰户总管府,专门为官府打猎。其他猎户多以打猎为生活的补充源。明洪武八年(1375年)正月,明政府在元朝建制的基础上,在河州置"失保赤千户所"。失保赤又作"昔宝赤",蒙古语意为猎鹰户,由此说明河州的狩猎业是一传统的经济部门。

元代陇右吐蕃地区的手工业主要是服务于人们生产、生活的一些门类,主要有以下几种:

一是皮毛加工。这是吐蕃重要的手工业生产,由于这一地区畜牧业生产为皮毛加工业提供了原料,元朝时期,在宋代的基础上有所发展。当时藏族皮革加工技术落后,大都用手揉制,百姓的衣饰材料为毛布、绒褐、毡毯、皮裘等,皆为自己加工制作。在纺织技术上,纺纱仍为纺轮,为圆形木杆,长约25厘米,直径2厘米,上端有一槽,下端缀一木制或铅制圆轮,每天一人可纺羊毛纱约一斤左右。高级毛织品有

---

①郭厚安、李清凌主编:《西北通史》第3卷,兰州大学出版社,2005年,第291页。

氆氇,这是用一种有四根踏杆、四叶综框的木织机织出的。该机采用脚踏提综的复杂技术,织时有 124 根经线,2 根一组,每隔 6 根纬线织进一根绒线,并将其整齐地桄在事先准备好的长竹棍上,绕进 6 根底纬,再用剪刀将绕在竹棍上的绒纬圈从中剪开,形成毛绒。循环往复,织制而成。①

二是农具、家具制作。吐蕃传统手工业有矿冶、金属加工、制造、制陶等,铁、木、石器的制造技术自宋以来就较发达,元朝时期,当在此基础上有新的进步。农区传统的农具制造,如犁铧、锹、镰刀、耙、筐等,在史书上记载较多。民房建筑、军事防御工事、驿站设施、佛塔寺院修建等,都是传统的手工业门类,在元朝中央政府的倡导下,有所进步与提高。见于记载的还造纸、制墨等。甘青吐蕃还能制造出水上交通工具"革囊"。据《元史》卷 63《地理志六》记载,黄河源有地名九渡,河水不大,可以渡马,从那里再走四五日,"水浑浊,土人抱革囊,骑过之。聚落纠木干象舟,傅氂革以济,仅容两人"②。他们所造的革囊可能是筏子一类的渡水工具。

元朝时期,陇右吐蕃地区的商业活动,仍是以茶叶贸易为主的互市贸易。"元之茶课,由约而博,大率因宋之旧而为之制。"③显然,元朝自初期就沿袭宋朝的榷茶制度。至元五年(1268 年),元朝政府"榷成都茶,于京兆、巩昌置局发买,私自采买者,其罪与私盐法同"④。此时榷茶由官府垄断,并严禁私售。元朝的榷茶制度比宋朝宽松,商人纳

---

①陈炳应:《中国少数民族科学技术史丛书·纺织卷》,广西科学技术出版社,1996 年,第 524 页。

②《元史》卷 63《地理志六》,第 1564 页。

③《元史》卷 94《食货志二》,第 2393 页。

④《元史》卷 94《食货志二》,第 2393 页。

课以后,可以到产茶区采购,然后携至各地售卖。茶叶在西北地区的销售对象主要是西番人,其中也包括甘肃地区吐蕃人,"西番大叶茶"①显然是吐蕃人喜爱的茶品种。

陇南吐蕃地区归属元朝中央政府后,在这里设置机构,统一管辖,这就为陇右吐蕃地区社会经济的发展,创造了较为稳定的社会环境。陇右吐蕃机构设置与社会经济的发展具鲜明的民族与地域特点。

(原刊于《西藏研究》2012 年第 2 期)

①《元史》卷 94《食货志二》,第 2394 页。

宋代对吐蕃居地的土地开发

两宋时期,他们居住在"河、秦、邈川、青唐、洮、岷以至阶、利、文、政、绵、威、茂、黎、移州"①及河西凉州等地,其居地大部在西北地区。北宋对这一地区的土地开发有一定成效。

一

"屯田实边"是历代封建统治者经营开拓西北所采取的主要措施之一,宋统治者也不例外,自立国之初直至晚期,始终未断对西北地区的土地开发。

北宋立国,与辽、西夏鼎足对峙,为了加强边防军事部署,防止辽、夏的不断骚扰,曾在北方与西北地区进行"屯田"和"营田"。自淳化以来,始用何承矩"措置北边屯田,开塘泺之利以限北虏,相继西、北二边益广屯田"②。"北边"当指河北路,宋朝在这一地区屯田的目的是阻止辽兵南下的侵扰,"西北二边"则指河东、陕西二路与西夏毗邻的地区,此地的屯田自然是为了防止西夏的进攻。随着宋朝与西夏矛盾的发展、演变,其军事斗争也日益激烈,与西夏邻近相接的西北地区

---

①(宋)邵伯温:《闻见录》卷13,台湾商务印书馆文渊阁《四库全书》第1038册,第792页。

②(清)徐松:《宋会要辑稿》第121册《食货》2之8,中华书局影印本,1957年,第4829页。

军事地位自然也愈来愈重要,因而宋代统治者对西北地区的屯田十分重视。他们认为"实边之策,惟屯田为利"①,因为屯田、营田既可以巩固边防,"减冗费,为持久宽民之计"②,又可以部分解决兵饷粮运的困难。在"边事未息,人兵未可全减"③的情况下,"广劝公私耕种"为当务之急。所以屯田、营田实为"扈边实塞之要务,足国安民之至计也"④。

宋代的西北以陇坻为界,自安史之乱后,陇山以西地区有吐蕃部民居住,他们族种分散,大者数千家,小者百十家,不相统一。入宋以来,这一地区仍散居着许多吐蕃部族,仅秦凤、泾原两路居深山僻远之处的吐蕃,有"蹉鹘、者谷、达谷、必利城、腊家城、鸥枭城、古渭州、麌谷、洮河、兰州、叠、宕州,连宗哥、青唐城一带种类,莫知其数"⑤。这些吐蕃部族因与汉人错居杂处,汉族先进的生产技术也大量传入,但游牧民族逐水草而迁徙的生产方式及生活习俗的残余,仍然遗存。由于吐蕃人传统的价值观念与文化形态的影响,使他们对土地不甚看重。王韶曾说:"昔魏绛和戎,谓戎狄贵货贱土,其土可贾。今之蕃部正同此耳。"⑥宋人李复曾往来秦熙洮陇间十数年,"时闻下里之歌",于是记录下来,"蕃兵入市争卖田,汉人要田蕃无钱。有田卖尽走蕃去,

---

①(元)马端临:《文献通考》卷7《田赋考七·屯田》,文渊阁《四库全书》影印本,第610册,第173页。

②(宋)李焘:《续资治通鉴长编》卷135,庆历二年二月辛巳,中华书局,1979年,第3222页。

③《续资治通鉴长编》卷347,元丰七年七月丁未,第8324页。

④《文献通考》卷7《田赋考七·屯田》,文渊阁《四库全书》影印本,第610册,第175页。

⑤《续资治通鉴长编》卷149,庆历四年五月壬戌,第3607页。

⑥(宋)赵汝愚:《宋朝诸臣奏议》卷141《上神宗论进筑河州》,上海古籍出版社,1999年,第1591页。

却引生羌来寇边"①。这是吐蕃"贱土贵货"的传统文化形态与价值观念的反映。尽管这一地区有广阔的良田沃壤,也具有较优越的农业生产条件及屯垦传统,但大部分土地仍是荒废的。"若国家厚以恩信抚之,其土地皆可贾易而致"②。因此,宋政府在吐蕃居地开发土地,屯田垦种,是切实可行的重要措施。

宋代吐蕃居地屯田地址分布广泛,且多沿河分布,如泾水、渭水、湟水、洮水、白水等流域皆有屯田。

北宋前、中期,自太宗至道二年(996年)至英宗治平四年(1067年),系屯田兴起阶段。这一时期的屯田址地,主要沿西夏左厢沿边地及横山内外分布,与西夏毗邻。为了抗击西夏的不断侵扰,巩固边防,解决军粮供给,因而在此开发土地,经营屯田。屯田址地主要分布在镇戎军及其周围、黑谷、青涧城、保安军、笼竿川等地。

北宋中、后期,自神宗熙宁元年(1068年)至钦宗靖康元年(1126年),是土地开发的兴盛时期。北宋中期熙宁年间,王安石进行了一系列变法,随着各项改革的实施,"经营河湟,兼制西夏",就成为宋代革新派的一项重要战略目标。熙宁五年(1072年)开始的"熙河之役",用了不到两年时间,取得了"修复熙州、洮、岷、叠、宕等州,幅员二千里,斩获不顺蕃部万九千余人,招抚小大蕃族三十余万帐"③的重大胜利,随着对这一地区武力征服的结束, 伴之而来的必然是对这一地区的开发经营,巩固武力征服的成果。设置熙河路,将这一地区纳入宋政府的行政管辖之下,而且招募蕃汉弓箭手屯田、营田。自哲宗绍圣以

---

①《潏水集》卷16《七言绝句·秦乐府》之六,文渊阁《四库全书》影印本,第1121册,第154页。

②《宋朝诸臣奏议》卷141《上神宗论进筑河州》,第1591页。

③《续资治通鉴长编》卷247,熙宁六年十月辛巳,第6022、6023页。

后至徽宗大观年间，宋统治者好大喜功，继续对吐蕃用兵，不断开疆拓土，其新开疆土已由熙、河、洮、岷等今甘肃南部地区，进一步扩展到西宁、湟州、廓州、积石军等今青海东部地区。为了巩固新收复的疆土，宋政府除了将熙河路改为熙河湟鄯路之外，还把土地开发进一步扩充到这一地区。

中、后期的屯田址地，集中在黄河上游及渭水、洮水、岷水、湟水等流域。这一时期北宋军事战略体系由对西夏的消极防御转为积极防御，土地开发是为这一战略部署的实施而进行的。屯田址地具体分布在毕利川、渭水上游、古渭寨至青唐武胜军、河州、洮西、岷州、床川、荔川、闾川寨及通远军熟羊寨、阶州、伏羌城、哑累川、定边城、陇山以及米脂、吴堡、义合、细浮图、塞门、定西、龛谷、榆木、岔堡等地及庆州、渭州、鄜州、湟州、廓州等地区。

南宋时期，自绍兴元年(1131年)至宁宗开禧三年(1207年)，是土地开发的衰微时期。由于南宋偏安一隅，其疆域缩小，青海东部西宁等地及"陕西尽入于金"，此时南宋土地开发活动主要集中在大散关以外的一些州县，如阶、成、岷、洋州等地，即今陇南及陕南地区。

宋代土地开发址地分布范围广，地点多，星罗棋布地散处于西北高原。今天的甘肃、青海、陕西地区，均为宋代进行过土地开发活动的地方。

二

吐蕃居地大量旷土闲田的存在，只是为开发土地提供了可能性，而要将可能性变为现实，则必须有切实可行的具体措施。宋代屯田土地主要通过以下诸种途径获取。

(一)根括闲田

根括"闲田"即"括地"，是宋政府获取土地的主要途径之一。北宋吐蕃居地的屯田土地多是以"根括"方式获得。张守约在秦凤境内"括生羌隐土千顷,以募射手"①。殿前副都指挥使刘昌祚知渭州(治今甘肃平凉市崆峒区)时,括陇山闲田10990顷,招募弓箭手5262人进行屯田。熙宁五年(1072年)四月,延州(治今陕西延安市)通判范子仪及机宜官魏璋、左文通等"根括闲田"。蔡挺任边官时,也曾"检括并边生地,汉蕃冒耕田四千八百顷,募佃以充边储"②。元丰六年(1083年)十月十九日,主管冶坊堡供奉官王纳"根括伏羌城等三寨荒田三百六十顷"③。河州吐蕃郎家、鬼驴两族600人,"虽从来借地耕种,终非己有",于是宋政府在"河州或南川寨附近,括空闲及弓箭手逃田内标拨二十顷"④颁给他们耕种。徽宗政和末年,王恩知渭州,"括隐地二万二千顷分弓箭士耕屯"⑤。由于"根括"往往带有强制性,有时也把非闲田之地加以"根括",因此曾发生过因强行括地而引起的反抗事件。仁宗时,范祥在秦州"括熟户田",因侵夺诸族地以招弓箭手,致使青唐及诸族举兵叛。

(二)开垦荒地

吐蕃居地人口稀少,无主荒地甚多,宋政府接纳并开垦这些土地。秦州黑谷有闲田,大中祥符二年(1009年),知秦州李溥招得寨民300户,900余人,分住小洛门诸寨屯田防边。郑戬在麟府地区采用开垦的办法,开发利用弃土,"麟府间有弃地曰草城川,戬募土人为弓

①《宋史》卷350《张守约传》,第11072页。

②(宋)王称:《东都事略》卷82《蔡挺传》,文渊阁《四库全书》影印本,第382册,第529页。

③《宋会要辑稿》第173册《兵》4之12,第6826页。

④《宋会要辑稿》第199册《蕃夷》6之14,第7825页。

⑤《宋史》卷350《王恩传》,第11089页。

箭手,计口授田"①。夏安期知渭州时,也开发和利用闲田,"籍寨下闲田,募人耕种,岁得谷数万斛"②。神宗熙宁三年(1070 年)七月,蔡挺知渭州时,因险筑砦,筑成后赐名"熙宁砦",并开寨地二千顷。熙宁六年(1073 年)七月,陕西经略使韩琦将毕利川无主荒闲土地行封标,招置弓箭手进行屯垦。

(三)钱物易田

用钱物与蕃部交易,购买土地,招置弓箭手,这种方式主要盛行于今青海乐都与甘肃南部等吐蕃聚居区。熙、河、鄯、湟自开拓以来,疆土虽广而地利悉归属吐蕃,官兵吏禄仰给县官,不可为后计。"仰本路帅臣相度,以钱粮茶绢或以羌人所嗜之物,与之贸易田土"③。熙宁五年(1072 年)十月八日,北宋政府令秦凤路沿边安抚司"支官钱收买镇洮军蕃部田土,招置弓箭手"④。大观年间,熙河兰湟路吐蕃部族的土地,就允许"官以茶绢博"。这种市田方式,正是利用吐蕃"贱土贵货"的文化形态及"嗜茶"的生活习性,使"汉人得以货与蕃部易田,蕃人得货,两得所欲"⑤,从而达到田畴垦,货殖通,蕃汉为一。

(四)蕃部献田

吐蕃对土地不甚看重,因而蕃部主动献田。郭逵经营古渭州之捺吴川和青鸡川时,曾对蕃部曰:"诸羌利牧养而拙耕稼,故二川沃壤鞠为荒莱,汝等可近山畜牧,以闲田来献。"⑥于是得"良田千余顷"。熙宁

①《宋史》卷 292《郑戬传》,第 9768 页。
②《宋史》卷 283《夏安期传》,第 9577 页。
③《宋史》卷 190《兵志四》,第 4723 页。
④《宋会要辑稿》第 173 册《兵》4 之 6,第 6823 页。
⑤《宋史》卷 191《兵志五》,第 4759 页。
⑥(宋)杜大珪:《名臣碑传琬琰之集》中卷 13《郭将军逵墓志铭》,文渊阁《四库全书》影印本,第 450 册,第 309、310 页。

年间,李师中知秦州时,就令"有蕃户标拨入官地土数多,而今耕种不足者",在其"原献纳数内给还三分之一"①。宋政府又筑熟羊等堡,募蕃部献地,置弓箭手,并且令王韶等人"体问元献地蕃部的实愿献多少地",如不系元初献者,并还之。由此可见,秦州地区的屯垦与蕃部献田有密切关系。元丰二年(1079年)三月,阶州汉蕃户又"献纳并根括田五百二十顷"②。大中祥符四年(1011年)九月七日,泾原路钤辖曹玮在笼竿川筑城,名为笼竿城,立堡寨,募弓箭手屯田,其屯田土地就源于当地熟户蕃部以闲田输献。郭逵为边官时,曾城治平寨、鸡川寨,"以威使诸羌献闲田,召弓箭手屯田"③。由于蕃部献田,使宋王朝获得了大量土地,便于屯垦的顺利进行,因而宋统治者对献地蕃户给予奖赏。熙宁五年(1072年)十月下诏,对镇洮军献地蕃户优与酬奖。

(五)包占良田

这种获取土地的方式,在陕西及青海东部新收复地区,如西宁、湟州、廓州等地实行。政和五年(1115年)二月十八日,宋政府诏令"陕西、河东逐路,自绍圣开拓边疆以来,及西宁、湟、廓、洮州、积石等处新边,各有包占良田,并合招置弓箭手,以为边防篱落"④。同年十一月二十二日,提举鄜延路弓箭手张琚要求将其所巡历管下新边城寨包占到的地土,招人请占耕种。

(六)收官员职田

熙河开边后,收复了熙河地区二千余里的土地,其中一部分土地

①《续资治通鉴长编》卷212,熙宁三年六月壬戌,第5143页。
②《续资治通鉴长编》卷297,元丰二年三月癸未,第7222页。
③(宋)范祖禹:《范太史集》卷40《检校司空左武卫上将军郭公墓志铭》,文渊阁《四库全书》影印本,第1100册,第442页。
④《宋史》卷190《兵志四》,第4722页。

作为官员职田授予地方官。熙宁五年(1072年)六月,环庆荔原堡、大顺城降羌每人给地五十亩,首领加倍,"不足,以里外官职田及逃绝田充,又不足即官买地给之"①。元丰二年(1079年)二月,经制熙河路边防财用司要求"收熙、河、岷州、通远军官员职田以募弓箭手"②。并且按照官员原给顷亩,每亩岁给本司钱十千。在弓箭手屯田土地数额不够的情况下,"收官员职田"以充屯垦不足之数,已成为开发土地的一种可行之法。

(七)收公田官地

熙河路弓箭手耕种的田地,其中一部分源于当地公田或官地。熙宁五年(1072年)十月,宋政府下诏熙河路"以公田募弓箭手"③。熙宁六年(1073年)十月,又诏"以官地招弓箭手"。显然用公田官地募人屯种,也是土地开发的一种途径。

(八)拘收作过蕃部之田

这就是将参与反叛活动的蕃部人户土地拘收入官,以籍没土地募弓箭手屯种。英宗治平初年,秦州蕃酋药家族作乱,知秦州李参平定后,"得良田五百顷,招募弓箭手屯田"④。徽宗崇宁年间,宋政府发动了河湟之役,"收复鄯、廓等州,拓疆幅万余里",将廓州管下东西川及结啰城、来川等处,"左右除是心白人户田土依旧为主,秋毫不得侵占外,因与官军抗敌杀逐心黑之人所营田土,并元系西蕃王子董毡、瞎毡、温溪心等田土,顷亩不少,已指挥逐州尽行拘收入官"⑤。这里所

①《续资治通鉴长编》卷234,熙宁五年六月乙丑,第5680页。

②《宋会要辑稿》第94册《职官》58之14,,第3708页。

③《宋史》卷190《兵志四》,第4714页。

④《宋史》卷330《李参传》,第10619页。

⑤(清)黄以周:《续资治通鉴长编拾补》卷24,崇宁三年五月乙酉,中华书局,2004年,第809页。

指"心黑"之人,显然是参加反叛的吐蕃人,将他们的田地及吐蕃贵族的土地一并"拘收入官",以"标拨创置弓箭手,应付边备",这样"可省成兵经久之费,为利甚博"①。

(九)自首免罪法得地

蔡挺为边帅时,边人冒市蕃人田,鉴于此种情况,为防止土地大量被私人市易,蔡挺创立"自首免罪法,复得地八千顷"②,然后招募弓箭手屯种,并"养马五百"。

(十)辟牧地为营田

这种开发利用土地的方式,曾出现在陕西地区。陕西用兵后,宋政府诏转运司度隙地置营田以助边计,又假同州(治今陕西大荔县)"沙苑监牧地为营田"③。

上述宋代屯田土地来源的诸多途径中,主要还是对闲田、旷土、荒地的开发利用,其数量大,面积广,址地多,其他如博买、投献、拘收等诸种途径,则是对荒闲旷土废地的开发利用的补充形式。

三

对人力资源的充分开发、利用与土地开发,是同一经济开发活动的两个侧面,二者相辅相成,同步进行。宋代在吐蕃居地的屯田活动,从某种意义上讲,也就是开发、利用、调整、组织人力资源的经济活动。

宋代从事屯垦生产的劳力来源,主要有以下几种形式:

---

①《续资治通鉴长编拾补》卷 24,崇宁三年五月乙酉,第 809 页。

②《东都事略》卷 82《蔡挺传》,文渊阁《四库全书》影印本,第 382 册,第 529 页。

③《宋史》卷 176《食货上四》,第 4267 页。

（一）招募弓箭手

宋代开发利用土地资源进行屯田生产，所需大量劳动力主要是充分开发利用当地的人力资源。西北地区与中原相比，虽然地广人稀，但并非无人之地。据北宋中期统计，秦凤路有主户 127018，客户 44511，秦州等地人口还比较多，据《元丰九域志》记载，秦州有主户 43236，客户 23808。据《武经总要》所载，秦陇凤翔阶成州路领熟户兵马 147 族，总 35600 人，马 22470 匹，弓箭手 60 指挥，5900 人，马 2642 匹。除了汉族人民之外，这一地区还有许多吐蕃部落散居，他们的人数也不少，如吐蕃青唐族首领俞龙珂部率部归属宋朝，其部众就有 12 万多口。这些吐蕃部族与汉族人民，一起共同构成土地开发活动中最可宝贵的人力资源。

招募当地的汉族及吐蕃部族充当弓箭手进行屯垦，就是对人力资源开发利用的主要形式。"弓箭手"是宋代乡兵的一种，由沿边地区百姓组成，耕战自守，战时配合正军作战，平时从事耕种，"边民应募为弓箭手者，皆习障塞蹊隧，解羌人语，耐寒苦，有警可参正兵为前锋，而官未尝与器械资粮"①，故而给他们境内闲田，永蠲其租。根据地区及民族成份的不同，弓箭手又分为汉弓箭手及蕃弓箭手两大类。弓箭手实际上是一种壮丁组织，是北宋劳动力的主要来源。庆历六年（1046 年），北宋在麟、府的屯田，就是招弓箭手一二万人，计口授田，使其且耕且守，以为疆场之防。熙宁七年（1074 年），在河州屯田，就以山坡地招募弓箭手，每寨五指挥，以二百五十人为额，每人给地一顷，蕃官两顷，大蕃官三顷。兰州西使城川原地极肥美，兼据边面，须多选募强壮以备戍守。由于兰州收复后，初置城时，难得耕牛器用，于是依照熙河旧例，允许泾原、秦凤、环庆及熙河路弓箭手投换，仍带旧

①《续资治通鉴长编》卷 60，景德二年五月癸丑，第 1337、1338 页。

户田土耕种二年,即收入官,别招弓箭手耕种。元丰五年(1082年),鄜延路新收复的米脂、吴堡、义合、细浮、塞门五寨地,就是招置汉蕃弓箭手及春耕种。新收复的呸罗川一带地土,依旧令定西城招置弓箭手耕种。横山一带的土地,则是招募汉蕃弓箭手承佃。政和五年(1115年)十一月二十二日,提举鄜延路弓箭手张琚称其管辖地区,"见今却有黑水、安定堡蕃弓箭手请射地土住坐耕种之人"①。由于劳动力不足,要求各地寨官招募弓箭手,规定"如有别寨汉蕃弓箭手请射本城寨界内地土耕种住坐,合依天下诸州军县镇体例,随地隶属逐城寨管辖"②。招募当地弓箭手屯种,是宋代屯田劳动力的主要来源。

(二)选知农厢军

厢军是宋代军队的一种,是直接由地方长官掌握的军队,总领于侍卫司,其精锐的选入禁军,留下来的多是老弱,大多充役使之用,所以厢军也成为宋代屯田劳力的一种来源。熙宁九年(1076年)正月十九日,熙河路经略安抚使言:"奉诏相度本路弓箭手田土,令提举营田司将洮西弓箭手军丁耕种不及空闲土地,即具逐州军权差厢军耕种。官置牛具、农器,每人一顷。"③元丰五年(1082年)七月七日,提举熙河等路弓箭手营田蕃部司康识要求在秦凤、泾原、熙河三路"新收复地,差官以千字文分画经界,选知农事厢军耕佃,每顷一人"④。元丰六年(1083年),定西寨、龛谷寨、榆木、岔堡四处营田,见缺农作厢军二百人,部辖人员军典十九人。由于缺少农作厢军,因而从秦凤、泾原、熙河三路厢军中选卒耕种。元符二年(1099年)十月九日,河东经略司

---

① 《宋会要辑稿》第173册《兵》4之27,第6833页。
② 《宋会要辑稿》第173册《兵》4之27,第6833页。
③ 《宋会要辑稿》第121册《食货》2之6,第4828页。
④ 《宋会要辑稿》第121册《食货》2之5,第4827页。

干当公事陈敦复说：“本路进筑堡寨，自麟、石、鄜、延，南北仅三百里，田土膏腴。若以厢军及配军营田一千顷，岁可入谷二十万石。”①枢密院也认为“新复城寨地土，例皆缺人耕种，诸路厢军若召募前去，与免诸杂役使”②。显然，厢军是宋代土地开发的主要劳力之一，其作用不可低估。

（三）募卒屯垦

招募本地和外地的士卒屯垦，也是开发和利用人力，合理组织劳力的一种方法。熙宁寨的屯田地，就是募卒三千人戍守。元丰二年（1079 年），在岷州的床川、荔川、闾远寨、通远军熟羊寨等地的营田，就是“依官庄例，募永济卒二百人”③从事耕种。新收复的地区，除了选募厢军耕种外，还招“马递铺卒”，愿行者“人给装钱二千”④，让他们开赴新扩疆土从事屯垦。

（四）配发罪犯

历代封建统治者在“屯田实边”中多徙罪犯实边以开垦土地，然而宋统治者立国之初并不将罪犯徙边。太平兴国二年（977 年），宋廷下令此后当流配的犯人，不再发配秦州、灵州、通远军及沿边诸州，其目的是“防其逃亡塞外，诱羌戎为乱”。但随着宋朝对西北地区的开拓经营，宋初这种“不徙罪犯实边”的封闭政策逐渐开放。熙河开边后，熙州、河州成为屯田区，而且洮河沿岸由于得水利之便，辟为稻田，“欲得善种稻者”。于是熙宁五年（1072 年）十月，宋政府下诏“淮南、两浙、江南、荆湖、成都府、梓州路如有谙晓耕种稻田农民犯罪该刺配

①《宋会要辑稿》第 121 册《食货》2 之 6，第 4828 页。
②《宋会要辑稿》第 121 册《食货》2 之 6，第 4828 页。
③《宋会要辑稿》第 73 册《职官》23 之 16，第 2890 页。
④《宋会要辑稿》第 121 册《食货》2 之 6，第 4828 页。

者,除强盗情理凶恶及合配本州、邻州、沙门岛人外,并刺配熙州,候及三百人止"①。后又下诏将诸路罪犯中的少壮者配发河州。哲宗元符二年(1099年)十月九日,又给诸路下令"将犯罪合配人拣选少壮堪田作之人,配营田司耕作"②。此时,配发罪犯已成为政府解决屯田劳力缺乏的一种补充措施。

(五)招怀投顺蕃部

宋代西北地区是多民族杂居地区,党项分布于"灵、夏、绥、麟、府、环、庆、丰州、镇戎、天德、振武军"③等地,"自仪、渭、泾、原、环、庆及镇戎、秦州暨于灵、夏"④则为吐蕃分布区,而且有些地区党项、吐蕃均有居住。由于西北沿边与西夏毗邻,沿边蕃部时常遭到西夏的劫掠,或者由于部落内部的矛盾纷争,不断有蕃部归属宋朝。仅天圣三年(1025年),"环州蕃部内附者,前后以万计",均给土田安置。环庆路投来的蕃部也很多,宋王朝采取不同的办法,"察其心之向汉者,给以缘边闲田,编于属户"⑤。景德三年(1006年)五月,渭州妙密、延家、熟嵬等族"率三千余帐,万七千余人及牛马数万款塞内附"⑥。这些投顺而来的蕃部均被妥善安置,给予闲田,令其耕种。原、渭、镇戎军向宋政府呈报"新开方田图",且言"戎人内属者皆依之得以安居"⑦。环州蕃族威布等遭受党项李继迁的劫掠,咸平四年(1001年),"徙帐来归",北宋政府"给近地闲田处之"。同年,"李继迁蕃部阿约勒等百户"

---

①《续资治通鉴长编》卷239,熙宁五年十月甲辰,第5822页。
②《宋会要辑稿》第121册《食货》2之6,第4828页。
③《宋史》卷491《党项传》,第14138页。
④《宋史》卷492《吐蕃传》,第14151页。
⑤《续资治通鉴长编》卷132,庆历元年五月甲戌,第3134页。
⑥《续资治通鉴长编》卷63,景德三年五月己巳,第1404页。
⑦《续资治通鉴长编》卷63,景德三年八月丙子,第1416页。

来延州归附，宋政府下诏"给田，赐帛，长吏常存抚之"①。甚至对内属蕃部之谋叛者，宋政府也"推恩信以示招怀"，下令"分配诸州，给闲田处之，并赐粮种"②。秦州蕃部本因张佶取其地，使无粒食，以致侵扰，宋政府也"量给旷土，俾之耕作"，实行绥怀之策。对于陕西蕃族内附而亲属者，"并送京西州郡，处以闲田"③。绥州嵬名山之众共 12000 归附宋朝，政府"贷以耕具，辟延州顺安、怀宁等旷土以居之"④。元符二年（1099）年，北宋政府曾在环庆路筑城，"新筑定边城川原厚远，土地衍沃"，是西夏昔日之贮粮之地，而"投来蕃部日众"，于是"就给土田，使之种植"。这些投顺蕃部事实上成为西北土地开发的劳动力，是从事屯垦的直接生产者。

宋代的西北土地开发取得了一定成效，大量荒地得到开垦，大批投顺蕃部定居从事农耕。熙河地区的农业生产出现了一派繁荣景象，河湟地区也同样如此。"川也长百里，宗河行其中。夹岸皆羌人居，间以松篁，宛如荆楚"⑤，呈现出一派塞外江南的农村景色。宋代西北土地开发是一项综合性的经济活动，它以屯田为开发的主要形式，同时也辅以人力资源的开发利用，二者相辅相成，有机地结合，构成了一幅经济开发的历史画卷。

（原刊于《甘肃社会科学》1991 年第 4 期）

---

①《续资治通鉴长编》卷 50，咸平四年闰十二月戊寅，第 1101 页。

②《续资治通鉴长编》卷 53，咸平五年十月辛巳，第 1156 页。

③《续资治通鉴长编》卷 135，庆历二年正月壬戌，第 3216 页。

④（宋）范祖禹：《范太史集》卷 40《检校司空左武卫上将军郭公墓志铭》，文渊阁《四库全书》影印本，第 1100 册，第 444 页。

⑤（明）陶宗仪等：《说郛》卷 35（宋）李远《青唐录》，《说郛三种》，上海古籍出版社，2012 年，第 602 页。

北宋对西北自然资源的开发与利用

北宋时期的西北地区是指以陇坻为界,陇山以西的广大地区,也是吐蕃、党项等少数民族聚居之地,亦是自古以来的边防重地。宋初,这一地区设置陕西路,后又在秦凤路、永兴军路境内。熙宁年间,在熙河洮岷地区设立熙河路,崇宁年间收复鄯、湟、廓州后,又设置熙河兰会路措置边事司,这一地区始终在宋王朝的管辖之下。由于西北地区蕴藏有水利、矿产、森林等丰富的自然资源,宋王朝"有其地",还要"得其利",欲得其利,就需开发和利用自然资源。对该地区的自然资源,北宋早期有小规模的开发活动,而大规模的开发、经营则是在熙宁(1066—1077 年)、元丰(1078—1085 年)以后展开的。

北宋对西北地区的开发活动主要有以下几种方式。

一、葺渠引水

西北地区由于自然、地理、气候等条件的限制,其水利资源开发利用的规模及程度不能同于中原及南方各地。但是西北地区凡是可利用、开发的水利资源,宋政府都加以开发利用,促进西北地区水利事业的发展。特别是北宋中后期,伴随着武力开拓,屯田地区不断扩大,从今天的陕西、宁夏、陇东等地,扩展到兰(治今甘肃兰州市)、熙(治甘肃今临洮县)、河(治今甘肃临夏市)、洮(治今甘肃临潭县)、岷(治今甘肃岷县)、湟(治今青海乐都区)、廓(治今青海化隆县)、西宁(今青海西宁市)州等地。随着土地的不断开发和利用,对水利资源的

开发利用也必然兴起，

"葺渠引水"是水资源开发利用的方式之一。渭州（治今甘肃平凉市崆峒区）北有一古池，与山麓相接。大中祥符七年（1014 年），泾原都钤辖曹玮募民工将古池"浚为渠，令民导以溉田"①。熙宁八年（1075年），秦凤路提典刑狱郑民宪募夫兴修水利，进行引洮工程，在"熙州南关以南开渠堰引洮水，并东山直北通流下至北关"②。又引渭河水灌溉田地，从"通远军熟羊寨导渭河至军溉田"③，宋王朝大力支持，"诏民宪相度，如可作陂，即募京西、江南陂匠以往"④。北宋收复湟、鄯地区后，也在新复地区兴建水利工程。何灌知湟州（治今青海乐都市）时，曾主张"先葺渠引水，使田不病旱，则兵民乐就募，而弓箭手之额乃易足矣"⑤。湟州城东决达原有数千顷荒闲土地，何灌兴修广利渠，引逴川水灌溉，使荒田"悉为沃壤"。政和五年（1115 年），西宁知州赵隆"引宗河水灌溉本州城东至青石峡一带川地数百顷"⑥，增加了西宁城附近的水浇地。

由于水利工程的兴建，使西北地区垦地面积增加，屯垦事业发展。湟州由于水利工程的兴建而立见成效，不到半年，就"得善田二万

---

① （宋）李焘：《续资治通鉴长编》卷 82，大中祥符七年四月甲戌，中华书局，1979 年，第 1872 页。

②《续资治通鉴长编》卷 263，熙宁八年闰四月壬寅，第 6434 页。

③《续资治通鉴长编》卷 263，熙宁八年闰四月壬寅，第 6435 页。

④《续资治通鉴长编》卷 263，熙宁八年闰四月壬寅，第 6435 页。

⑤ （宋）王称：《东都事略》卷 107《何灌传》，文渊阁《四库全书》影印本，第 382册，第 695 页。

⑥ （清）徐松：《宋会要辑稿》第 121 册《食货》2 之 7，中华书局影印本，1957 年，第 4828 页。

六千余顷,应募者七千四百余人"①,为诸路之最。西宁州则生产发展,社会安定,因此"豪酋信服,十二种户三万六千,愿比内地"②。熙州地区由于对洮水的开发利用,使洮河沿岸地辟为稻田。宋人刘攽《熙州行》诗中写道:"岂知洮河宜种稻,此去凉州皆白麦。"③这正是对洮河水利的赞颂,是当时熙州地区农业发展的写照。

二、架设桥梁

这是开发西北地区水利资源的另一种方式。宋王朝在西北地区的一些河流渡口修建桥梁,变天堑为通途,以利于送粮、运兵,使内地与边远地区交通畅通。河州安乡城(今甘肃临夏县北莲花乡)是丝绸之路通往青海鄯(治今青海西宁市)、廓(治今青海化隆县西 60 里黄河北岸)州的重要城镇,由于黄河的阻隔,"滨河戎人,尝刳木以济行者,艰滞既甚",道路不畅。熙宁六年(1073 年)十月,宋王朝令边将景思立负责营建,在"河州安乡城黄河渡口置浮梁"④,并"筑堡于河之北"。桥梁的架设,使宋代丝绸之路的青海道畅通,卢甘、丁吴、于阗等国也从此路来进贡或贸易,而河州则成为丝绸之路青海道上的一个重要的货物集散地及贸易城镇。熙州、兰州也均为丝绸之路青海道上的重要城镇。熙宁六年(1073 年)二月,宋政府又在"熙州城下洮河及南、北关渡口并置浮桥"⑤。元丰四年(1081 年),又在"兰州附近修复

①《东都事略》卷 107《何灌传》,文渊阁《四库全书》影印本,第 382 册,第695 页。

②(元)脱脱等:《宋史》卷 350《赵隆传》,中华书局,1977 年,第 11091 页。

③(宋)刘攽:《彭城集》卷八《熙州行》,文渊阁《四库全书》影印本,第 1096 册,第 82 页。

④《续资治通鉴长编》卷 247,熙宁六年十月壬申,第 6019 页。

⑤《续资治通鉴长编》卷 242,熙宁六年二月巳卯,第 5901 页。

金城关,系就浮桥"①。把拶(今青海乐都县东南湟水南岸)、京玉(在西关堡以西)两地是位于兰州西关铺(堡)(今甘肃兰州市西 20 里)以西的两个重要通道,京玉位于喀啰水流入黄河的河口之南岸,把拶位于湟水南岸。元符二年(1099 年),在这两地架桥通路,直至邈川。把拶渡桥的竣工,缩短了行程,从把拶桥到湟州止九十里,使丝绸之路从兰州往西入青海邈川(今青海乐都县)成为通途。

三、疏通漕运

随着对西北地区的水利兴修,宋王朝打通了"洮水自北关下结河泝流至香子城"②的漕运。元丰五年(1082 年)二月,又令李宪负责"熙河路洮河与黄河通接"③工程,以便漕运畅通,用"蒙冲战舰运粮济兵"④。收复湟鄯地区后,为了加强对这一地区的统治,密切内地与边远地区的联系,又在宗河上开展行船漕运,使"宗河可通五板船漕运"⑤,在宗河行船漕运至邈川,航路畅通。宋代在洮水、宗河上开展的行船漕运,可视为历史上西北边远地区水上航运事业的先例。

四、采伐林木

宋代秦陇以西地区有茂盛的森林资源,秦州夕阳镇(今甘肃天水市西北)是古伏羌县之地,"西北接大薮,材植所出"⑥,当地蕃民久擅

---

①《宋会要辑稿》第 194 册《方域》19 之 5,第 7628 页。

②《续资治通鉴长编》卷 239,熙宁五年十月壬辰,第 5811、5812 页。

③《续资治通鉴长编》卷 323,元丰五年二月甲寅,第 7777 页。

④《续资治通鉴长编》卷 323,元丰五年二月甲寅,第 7777 页。

⑤(宋)曾布:(曾公遗录)卷 9,藕香零拾本。

⑥《续资治通鉴长编》卷 3,建隆三年六月辛卯,第 68 页。

其利,采集木材,获利甚多。北宋立国之初,就对当地的森林资源予以重视,进行开发经营。建隆三年(962年),采纳尚书左丞知秦州高防的建议,设置采造务,辟地数百里,筑堡据要害,有戍卒三百人。并以渭水划界,"自渭而北则属诸戎,自渭而南则为吾有",这样,"岁获大木万本,以供京师"①。宋初的这种经营开发活动,并没有兼顾到当地蕃民的利益,而是与民争利,使得"靠山吃山"的当地吐蕃部族骤然断绝生计,迫使秦州吐蕃首领尚巴约"帅众来争","颇有杀伤"。因此时宋立国不久,正全力以赴地巩固政权,稳定社会秩序,进行"先南后北"的全国统一战争,无暇西顾,不欲边境生事。于是就命吴廷祚赍诏赴秦州,赦免尚巴约等罪,释遣所系戎俘,罢秦州采造务。

随着国内统一战争的结束,局势的稳定,社会经济的发展,必然会使森林资源的开发利用再次兴起。大中祥符二年(1009年),杨怀忠知秦州时,巡察按视得知蕃界大、小洛门皆巨材所产,要求开疆百余里,在秦州采木。但宋初建隆年间,与秦州诸蕃争采木之利引起的"戎人骚动",致使宋政府此时还心有余悸,接受以前的教训,笼络结好吐蕃,所以采取以"以缯帛求采木"的交易方式,求得当地诸蕃的好感,重新开采秦州材木,于是"取路采木,所经族帐,赍以缯帛"②。并将秦州采造务迁到马鬃寨,原在秦州破他岭置的采木务,因地处僻远,交通不便,车乘往来艰苦而废。大中祥符三年(1010年),签署枢密院事马知节在大小洛门"逐处及缘路置军士憩泊营宇",并且遣使告谕当地诸族,又令防援军士同力采取,并且利用渭河水放流木材,可免牵挽之役。大中祥符五年(1012年),又在秦州小洛门置寨采木,并赐秦州小洛门采造务兵匠缯钱,以示奖励。大中祥符七年(1014年),又

①《续资治通鉴长编》卷3,建隆三年六月辛卯,第68页。

②《续资治通鉴长编》卷71,大中祥符二年四月辛丑,第1603页。

在"陇州西山、湖田、浇水等处,置采木务以备边用"①。

北宋中后期,随着熙河开边,吐蕃地区千里土地的收复,再次兴起对森林资源的开发利用。熙河地区林木资源丰富,且方今天下,"独熙河山林久在羌中,养成巨材,最为浩瀚"②。熙宁年间,宋政府就利用这浩瀚的森林资源,采木造船,设置水手。宋朝在熙河地区大修佛寺禅院所需木材也多是就地取材,短短的数年间,数座禅院如熙州的"大威德禅院""东山禅院""东湖禅院",河州的"广德禅院",岷州的"广仁禅院"等修建竣工,拔地而起。

宋王朝对"久在羌中"的森林资源的开采利用,也是引起吐蕃部族不满与反抗的一个因素。吐蕃将领青宜结果庄就曾诱胁赵、常、杓家等三族,集兵西山,袭杀河州采木军士。元丰三年(1080 年)十二月,宋廷下诏"专差都大经制熙河路边防财用事李宪兼专切提举本路采买木植"③,宋政府将熙河地区的林木资源收归国有,采买木材由政府派专人管理。

在北宋与辽、西夏三国鼎立、对峙的形势下,东北、华北及贺兰山区的林木资源被辽、金、西夏所据的情况下,西北地区的森林资源对宋王朝的国计民生就更加宝贵与重要。

五、收山泽、障管之利

西北地区蕴藏有矿产资源,有山泽、障管之利。宋王朝据有其地后,加以开发经营,对旧有开采、坊造业,一方面采取赎买政策,继续经营,另一方面展开新矿业的开采。

---

① 《续资治通鉴长编》卷 82,大中祥符七年六月己巳,第 1881 页。
② 《续资治通鉴长编》卷 310,元丰三年十二月乙酉,第 7528 页。
③ 《续资治通鉴长编》卷 310,元丰三年十二月乙酉,第 7529 页。

宋代吐蕃部族饮食"独知用盐为滋味"①,由于生活中大量用盐的需求,加之此地又有"煮土成盐"的传统工艺,因此煮盐业较发达,对盐井之利极为重视。西北地区的盐井大多由蕃部经营,吐蕃大酋纳芝临占世居古渭州(治今甘肃陇西县),其先据有九谷,拥有盐井之利。其衰弱后,青唐据其盐井,仍"日获利可市马八匹"②,由此可见盐场规模之大,产量之高,也反映出此地吐蕃人盐井业的发达。岷州也有盐井生产,盐井川的盐井原归蕃酋包顺所有。熙河开边后,王韶采用和重价赎买的政策,"旧日收十千,今日与十五千朴买"③,将盐井之利收归公有,而包顺也借此"以献盐井功状",要求录用其子。

"嗜酒"是宋代吐蕃的一项重要生活习俗,所以酿酒业在西北地区较发达。环州(治今甘肃环县)所部蕃族"酿酒,召内属户饮之,欲诱其背叛"④。熙宁年间,吐蕃在"熙州新堡寨合置酒坊"⑤,自募人酿酒。吐蕃首领木征之妻包氏要求在安乡城开酒场,欲擅取酿酒之利。熙河开边后,宋政府将酒坊收归公有,将酿酒之利据以为公,王韶在通远军(治今甘肃陇西县)接收蕃部"酒坊三十余处"⑥。由此可窥见宋代西北酿酒作坊众多,酿酒业的发达。

熙宁年间新收复的岷州蕃族地区,蕴藏有"金、银、铜、锡苗脉"⑦,宋政府派左藏库使刘惟吉兼管银铜坑冶,并在通远军威远寨(今甘肃

①《宋史》卷 492《吐蕃传》,第 14163 页。
②《续资治通鉴长编》卷 175,皇祐五年闰七月己丑,第 4226 页。
③《续资治通鉴长编》卷 245,熙宁六年六月乙未,第 5971 页。
④《续资治通鉴长编》卷 73,大中祥符三年五月癸卯,1627 页。
⑤《续资治通鉴长编》卷 242,熙宁六年二月己卯,5901 页。
⑥《续资治通鉴长编》卷 233,熙宁五年五月辛卯,第 5655 页。
⑦《续资治通鉴长编》卷 250,熙宁七年二月庚午,第 6083 页。

武山县南)置铸钱监。又因"岷州铁冶暴发",并在"岷州置铸钱监",后改名"滔山监",一年"可得缗钱四十万"。为增加铸钱的劳力,从秦凤、永兴军两路调发"配军充工役,以五百人为额"[①],人数不够,即从其他邻路选调。因缺乏坑冶工匠,双从商州(治今陕西商县)、虢州(治今河南灵宝县)征调,显然这是从内地引进了一批专门技术人才,客观上促进了西北地区坑冶技术的进步与发展。

宋对秦陇以西地区水利、森林、矿产等自然资源的开发利用的过程,常伴有武力的开拓与军事的征服,以及对当地吐蕃等少数民族部族的歧视与压迫。但这种开发与经营,客观上还是促进了这一地区经济的发展,使偏僻落后的西北地区渐趋从封闭状态中脱离,逐渐与内地经济交流沟通,不同程度地纳入整个封建经济的发展轨道之中。

(原刊于《开发研究》1991 年第 1 期)

---

① 《续资治通鉴长编》卷 268,熙宁八年九月庚午,第 6562 页。

宋代西北吐蕃的手工业

两宋时期,居住在今甘肃、青海、四川西北以及宁夏部分地区的吐蕃部族,他们"族种分散,大者数千家,小者百十家,无复统一"①。这些吐蕃人不仅保留了本民族的传统手工业,而且还受到汉族与西域民族的影响,手工业生产有了较大的发展。

一

西北吐蕃最重要的手工业生产为矿冶业。西北地区地域辽阔,矿藏资源极为丰富,有金、银、铜、铁、锡、水银、矾石、硝石、皂矾、琉璜、雄黄、硇砂、盐等,其中盐的开采量最多,生产规模也最大。

西北地区盐的种类很多,通远军(即巩州,治今甘肃陇西县)、岷州(治今甘肃岷县)等地产井盐,西安州(治今宁夏海原县)产池盐,阶州(治今甘肃武都县)、文州(治今甘肃文县)产青白盐,阶州又产石盐,廓州(治今青海尖扎县)出产阴土盐,沙州(治今甘肃敦煌市)出产秃登盐,鄯州(治今青海西宁市)至青海湖出产青盐。

井盐是凿井汲卤,煮卤成盐。通远军盐川寨的盐井原先由吐蕃首领临占纳芝经营。青唐族据有盐井后,其井盐产量有较大提高,"日获

---

①(元)脱脱等:《宋史》卷492《吐蕃传》,中华书局,1977年,第14151页。

利可市马八匹"①。宋代一匹马下价约为二十千②，如按吐蕃内部买马每匹低至十千计算，日获利可高达八十贯。宋代四川井盐"斤为钱七十"③，如按旧价每斤一百五十文④计，则每日可产盐约六百余斤。这个盐井后由青唐族大首领包顺、包诚兄弟经营，产量更有提高，以致宋政府想用高价收买，"旧日收十千，今日与十五千扑买"⑤。由此可知，其日获利达一百二十贯，按前面所述价格估算，则盐井川的盐井日产量当在八百余斤左右。这种大规模的井盐生产必然有大批人力从事生产劳动，而日获利达八十至一百二十贯，可见其产量之高，其拥有者也自然积累了丰富的财富。宋代的盐井均由官府经营，而西北地区吐蕃部落首领却私人拥有这样大规模的盐场，这种现象值得注意，正是吐蕃民间手工业发展，宋政府无力干预的表现。

池盐又称颗盐，"引池而成者"，根《宋史·食货志》载："垦地为畦，引池水沃之，谓之种盐，水耗则盐成。"⑥西安州即唐代的盐州(治今陕西定边县)，历来为产盐之地，生产池盐，据《泊宅编》记载："西安州有池产颗盐，周回三十里。"宋攻占西安州后，建立了西安州盐场，盐场四周山上，列劲兵屯守，又役夫三千人从事生产。由此可见。西安州盐池规模大，劳动人数多，是一个宋朝官方经营的盐场，此盐场生产的

①(宋)李焘：《续资治通鉴长编》卷175，皇祐五年闰七月己丑，中华书局，1985年，第4226页。

②(清)徐松：《宋会要辑稿》第74册《职官》27之14载："所发马，官买者给元价，私买者三等，上三十千，中二十五千，下二十千。"中华书局影印本，1957年，第2943页。

③《宋史》卷183《食货下五》，第4472页。

④《宋史》卷183《食货下五》，第4472页。

⑤《续资治通鉴长编》卷245，熙宁六年六月乙未，第5971页。

⑥《宋史》卷181《食货志》下三，第4413页。

盐,"自熙河兰鄯以西,仰给于此"①。西安州的定戎寨也有一个盐池,吐蕃人称为碱猧盐池,这个盐池"长十里,有红盐、白盐"②。宋元符二年(1099年)八月,泾原等路运判李谌"经画蓄水,召解州畦夫种盐"③。定戎寨的盐池"月收七百余斤,计为钱一百四十万"④。

阶州生产一种石盐,又称崖盐,"生山石中,不由煎炼,自然成盐,色甚明莹,彼人甚贵之"⑤。这种盐产量不高。沙州出产的盐为秃登盐,廓州的则为阴土盐,"生河岸山坂之阴土石间,块大小不常,坚白似石,烧之,不鸣虼尔"⑥。这种土盐的制作方法,即取硷土水泡之,经夜去土,将水入锅,熬煮成盐。青海循化一带百姓曾在很长一段时间里,仍以此法煮盐。

青海湖盛产青盐,《青唐录》载:青海湖"广数百里,其水咸不可食,自凝成盐,其色青"。《证类本草》卷四也谓"青盐从西羌来者,形块方棱,明莹而青黑色最奇"。今青海湖一带是我国最大的产盐基地,但当时囿于交通的缘故,荒远封闭,开采不及,青海湖的青盐并未出现大规模的经营生产。

甘、青地区金矿蕴藏量极为丰富,且种类众多,有沙金、块金、水金、旱金之分,采金业发展,吐蕃部落出现了采金的坑冶大户。湟州

①(宋)方勺:《泊宅编》卷中,文渊阁《四库全书》影印本,第1037册,第517页。

②(宋)曾布:《曾公遗录》卷8,藕香零拾本第22册,第1页。

③(宋)曾布:《曾公遗录》卷8,藕香零拾本第22册,第1页。

④(宋)韩淲:《涧泉日记》卷上,文渊阁《四库全书》影印本,第864册,第775页。

⑤(宋)唐慎微:《证类本草》卷4《玉石部中品总八十七种·食盐》,文渊阁《四库全书》影印本,第740册,第137页。

⑥《证类本草》卷5《玉石部下品总九十三种·戎盐》,文渊阁《四库全书》影印本,第740册,第190页。

（治今青海乐都县）界蕃官结彪辖地有"金坑千余,收生熟金四等,凡百三十四两有奇"①。《宋史·五行志》也载:政和二年(1112年),"湟州丁羊谷金坑仅千余眼得矿,成金共四等,一百三十四两有奇"。宋皇祐中。全国"岁得金万五千九十五两",元丰元年(1078年),"诸坑冶金总收万七百一十两"②。而吐蕃居地仅湟州结彪的丁羊谷金坑金产量就达一百三十四两,分别为宋朝全国年产量的1.1%与1.2%强。沙金一吨淘生金一两,可见湟州结彪的坑冶采集工场规模大。吐蕃地区产金。因而生金常常成为进贡的贡品及市场交易的商品。

水银则产自"秦、阶、商、凤四州,有四场"③,其中秦、阶二州有吐蕃部族居住。《证类本草》卷四载:"《图经》曰:水银……今出秦州、商州……而秦州乃来自西羌界。"宋皇祐中,岁得"水银二千二百斤",元丰元年(1078年),全国水银总产量为"三千三百五十六斤"④,其中相当一部分水银应为吐蕃人开采生产的。由于水银为西北吐蕃地区的重要矿产,蕃商"只用水银、麝香、毛段之类博易茶货"⑤,所以水银也成为吐蕃市场经常流通的重要商品,以致宋政府多次下令禁止蕃商私贩,"自置司以来,除蕃商水银及盐川寨、官镇两场依法禁私贩外,市易卖买并取情愿交易"⑥。水银是禁止私贩的商品,宋政府立法严禁,借此来确保国家专利。

其他的矿产如银、铜、硇砂、硝石、矾石等也有相应的开采。新收

①《宋史》卷185《食货下七》,第4529页。

②《宋史》卷185《食货下七》,第4526页。

③《宋史》卷185《食货下七》,第4523页。

④《宋史》卷185《食货下七》,第4525、4526页。

⑤《宋会要辑稿》第84册《职官》43之74,第3310页。

⑥《宋会要辑稿》第139册《食货》37之28,第5461、5462页。

复的岷州蕃部地区,"有金、银、铜、锡苗脉"。据《元大一统志》卷585《兰州》载,兰州"土产铁,有冶一所,去州五十里",其山川有"硇砂山,去州四十五里,其上产硫磺"。矾石"生河西山谷及陇西、武都、石门",矾共有青、白、黄、黑、绛五种,其中黑矾亦谓皂矾,"惟出西戎"。硝石一名芒硝,"生益州山谷及武都、陇西,西羌采无时"①。阶州接西戎界,出一种"水窟雄黄",而"硇砂出西戎,今西凉、夏国及河东、陕西近边州郡亦有之"②。这些矿产的开采量虽然不大,但足以说明其矿冶开采种类之多。

二

金属加工制造是宋代吐蕃另一重要的手工业生产,其中兵器的制作是吐蕃人传统的手工业,最负盛名。早在吐蕃王朝时,就已十分重视兵器的制作,入宋后,吐蕃人在继承的基础上更有发展。《青唐录》谓:"青唐之南有泸戎,汉呼为卢甘子,其人物与青唐相类,所造铠甲、刀剑尤良。"说明刀、剑、枪、矛、弓箭等兵器的制作已有专门的作坊制造,吐蕃人还善于制作甲胄,铁甲胄是吐蕃手工业产品中的名品。沈括在《梦溪笔谈》中对青唐吐蕃制作的甲胄作了如下记述:"青堂羌善锻甲,铁色青黑,莹彻可鉴毛发。以麝皮为缏旅之,柔薄而韧。镇戎军有一铁甲,匮藏之,相传以为宝器。韩魏公帅泾原,曾取试之,去之五十步,强弩射之不能入。尝有一矢贯扎,乃是中其钻空,为钻空所刮,铁皆反卷,其坚如此。凡锻甲之法,其始甚厚,不用火,冷锻之,

①《政类本草》卷3《玉石部上品总七十三种·消石》,文渊阁《四库全书》影印本,第740册,第97页。

②《政类本草》卷5《玉石部下品总九十三种·硇砂》,文渊阁《四库全书》影印本,第740册,第181页。

比元厚三分减二乃成。"①这种冷锻铁甲的出现,说明吐蕃工匠已掌握了冷锻金属硬化处理工艺,具有精湛的金属加工和冶炼技术,其兵器的制作毫不逊色于中原地区。这种精良的铁甲常作为贡品向宋朝奉献,熙宁六年(1073年)九月,岷州吐蕃首领辖乌察与本琳沁向王韶贡献铁"甲五十领"②。仅岷州一地一次就贡献五十领铁甲,由此可以推断吐蕃地区设有较大的金属锻造手工作坊,其冷锻铁甲数量较多。

吐蕃人生活器皿多用金、银、铜、锡等制作,其日常生活用品有"金佛像""金瓶""金镜匣""银枪""银装交椅""铜印""铁衔""铁蹬"等,所以金属日用品加工制造也较为发达,《曾公遗录》卷八记载,元符二年(1099年)十月壬子,宋人从青唐得"西蕃印四十二面",其中吐蕃传国之印为银制,其他蕃印大多为"铜印"③。泾州(治今甘肃泾川县)蕃部生产"嵌俞石、铁石之类,甚工巧,一对至五六千"④。还生产一种"蕃镊子"非常有名,价格昂贵,"每枚两贯"⑤铜钱。原州(治今甘肃镇原县)蕃部"善造铁衔、蹬"⑥等。

吐蕃居地虽然铜铁矿藏丰富,但开采量不大,所以吐蕃人的铜、铁加工业的原料来源主要依靠宋朝的输入。吐蕃经常向宋朝求赐熟铜。元祐六年(1091年)四月四日,"西蕃阿里骨蕃字乞赐熟铜五十斤",宋政府见阿里骨恭顺朝廷,"诏赐千斤"⑦。吐蕃铜料的另一来源

①(宋)沈括:《元刊梦溪笔谈》卷19《器用》,文物出版社,1975年,第11、12页。

②《续资治通鉴长编》卷247,熙宁六年九月壬戌,第6015页。

③《宋会要辑稿》第199册《蕃夷》7之26,第7852页。

④(宋)庄绰:《鸡肋编》卷上,文渊阁《四库全书》影印本,第1039册,第151页。

⑤《鸡肋编》卷上,文渊阁《四库全书》影印本,第1039册,第151页。

⑥《鸡肋编》卷上,文渊阁《四库全书》影印本,第1039册,第151页。

⑦《宋会要辑稿》第199册《蕃夷》6之24,第7830页。

则是将流入吐蕃的铜钱熔铸成其他器物。早在宋朝以前,铜钱已成为市场上流通的主要货币。宋代除四川流通铁钱外,其余地区流通铜钱,西北是铜钱流通地区之一。吐蕃人获得大量铜钱的办法是入宋求购铜钱,《宋史·食货志》载:"西北边内属戎人,多赍货帛于秦、阶州易铜钱出塞,销铸为器。"①这实际上是向宋朝购买原料,自己再加工制作成其他器物出售,有利可图。销熔千钱,可得精"铜三斤十两",造作器物,获利数倍。大量铜钱流入吐蕃地区,一方面促进了吐蕃商品经济的发展,另一方面,也弥补了吐蕃铜料的不足,促进了吐蕃金属加工制造业的发展。

三

皮毛加工是吐蕃人另一重要的手工业生产。由于吐蕃畜牧业的发展,为皮毛加工业提供了大量的原料;加之吐蕃人"衣皮毛","衣率毡韦"②,所以皮毛加工首先满足本部落的家庭内部的需要而进行生产,应视为吐蕃人的家庭手工业。其主要生产种类有制裘衣、制靴、鞣皮张、纺毛线、织罽氀、织毛毡、织毯、做毡帐等。《宋史·吐蕃传》谓吐蕃人"贵虎豹皮,用缘饰衣裘"。毛滂在《恢复河湟赋》中也称吐蕃人"荷毡而被毳"③。宋元符二年(1099 年)八月丁酉,吐蕃大酋森摩乾展等为迎接溪巴温次子陇拶入主青唐,为他登基所准备的国主服饰为"虎皮锦袍彩服"。这种皮毛服装即"胡装"或"蕃服",正是吐蕃人自己制作的。

---

①《宋史》卷 180《食货下二》,第 4377 页。

②(宋)欧阳修、宋祁:《新唐书》卷 216《吐蕃传上》,中华书局,1975 年,第 6072 页。

③(宋)毛滂:《东堂集》卷 1《恢复河湟赋》,文渊阁《四库全书》影印本,第 1123 册,第 697 页。

吐蕃人大量生产的毛制品主要有三种：毡、褐、氆。毡是一种用牛、羊等牲畜的毛经湿、热、挤压等作用制成的片状材料，有良好的保温性能，适于作各种御寒的靴、帽、毡帐等。我国古代已有制毡技术，《周礼·天官·掌皮》载："共其毳毛为毡。"吐蕃人多居毡帐，《宋史·吐蕃传》谓吐蕃"富姓以毡为幕"，富贵之人所居住的这种毡幕称为"大拂庐"，可以容数百人，一般吐蕃人的毡帐则称为"小拂庐"。这些毡帐多用毡制作。镇戎军(治今宁夏固原市)、庆州(治今甘肃庆阳市)等地向宋进贡的物品就有白毡和紫茸毡①等。在吐蕃流通商品中未见毡进入交易的行列，可能是因为吐蕃地处高寒，制作的御寒物品及毡帐所需毡量大，而各户所生产的毡仅能满足自己的需要，供自己及本族使用，无剩余产品转化为商品。

褐是用牲畜的毛或粗麻制成的，用牛、羊毛捻线粗织而成即为毛褐，吐蕃人一般用毛褐制衣。在吐蕃市场上流通的毛褐种类有"茸褐、驼褐、三雅褐"等。褐是西北地区传统的手工业产品，唐中叶时，河(治今甘肃临夏市)、洮(治今甘肃临潭县)、兰(治今甘肃兰州市)、鄯(治今青海西宁市)等州就是以褐作为当地著名的土产进贡的。泾州(治今甘肃泾川县)地区是褐的主要产地之一，织褐成为当地汉蕃人民传统的家庭手工业。宋人称道"泾州虽小儿皆能捻茸毛为线，织方胜花。一匹重只十四两者，宣和间，一匹铁钱至四百千"②。这种泾州所独有的"方胜花"是毛褐中的精品，说明了织褐技艺的精湛。泾州是吐蕃与汉人杂居之地，这种名贵的毛褐是汉蕃人民相互学习、互相交流的产物。毛褐既是西北汉蕃人民的生活必需品，又是流入中原地区的重要商品，其生产量较大。

①(宋)王存：《元丰九域志》卷3《陕西路》，中华书局，1984年，第115、136页。
②(宋)庄绰：《鸡肋编》卷上，文渊阁《四库全书》影印本，第1039册，第151页。

氍即氍毹，"毛布也"①，是一种毛织品。《后汉书·乌桓鲜卑传》言："妇人能刺韦作文绣，织氍毹"。也称作罽毯，藏族人称为毪氇，就是今西北所产的挂毯。毛毹是藏族人民名贵的传统手工制品，宋朝攻占熙河地区后，毛毹就成为这一地区的主要贡品，熙州（治今甘肃临洮县）向宋进贡的物品就有"毛毹十段"，泾州则为"紫茸毛毹十段"②。

酿酒业也是西北地区吐蕃人传统的手工业。宋代吐蕃部落居地多在高寒山区，饮酒可增加体内热量，抵御酷寒，于是酒便成为吐蕃人生活中很重要的传统消费品。唐高宗永徽初年，汉族的酿酒技术就传入吐蕃，西域葡萄酒的酿造技术也早在唐代就流传在河陇地区。原来生活在青海地区与吐蕃为邻的党项人"虽不知稼穑"，却能"求大麦于他界，酿以为酒"③。环州（治今甘肃环县）蕃族酿酒，召内属户饮之，廓州"蕃僧欲候大军到献酒"④。吐蕃酿酒业伴随着农业的发展呈现出一派兴旺景象，出现了许多成批量生产的手工作坊。熙宁五年（1072年），王韶在通远军一次就收取蕃部"酒坊三十余处"⑤。由于酒的需求量大，酿酒利润高、销售好，吐蕃酋豪多愿开设酒场、酒坊，熙宁六年（1073年），吐蕃在熙州新堡寨合置酒场，熙河安抚司也只好听任"蕃部自募人"而无法干预。熙宁八年（1075年），首领木征"管勾熙河蕃部"，其妻包氏则"乞安乡城开酒场"⑥。

---

①（唐）释元应：《一切经音义》卷19，《丛书集成新编》，台湾新文丰出版社公司，第25册，第695页。

②《元丰九域志》卷3《陕西路》，第125页。

③（后晋）刘昫等：《旧唐书》卷198《党项传》，中华书局，1975年，第5291页。

④（清）黄以周：《续资治通鉴长编拾补》卷23，崇宁三年正月丁酉，中华书局，2004年，第785页。

⑤《续资治通鉴长编》卷233，熙宁五年五月辛卯，第5655页。

⑥《续资治通鉴长编》卷265，熙宁八年六月丁未，第6488页。

吐蕃酿酒的主要原料为大麦、青稞,所酿酒的品种并非单一,他们酿造的一种酒称之为"嗘酒",宋人庄绰描述曰:"关右塞上有黄羊无角,角类獐鹿,人取其皮以为衾褥。又羌人造嗘酒,以荻管吸于瓶中。老杜《送从弟亚赴安西判官》诗云:'黄羊饫不膻,芦酒多还醉',盖谓此也。"①这种嗘酒多饮才醉,可能是一种低度酒。

四

宋代吐蕃还有建筑、碾砂、制陶、制蜡、制石等门类众多的其他手工业。宋代吐蕃地区出现大批城镇、庐舍,仅河州南川寨就有"庐舍二万五千区",说明建筑业的发展。吐蕃部落所筑的城分为两类:比较简陋的城与比较复杂的城。大中祥符八年(1015年)八月,吐蕃首领李立遵令筑一城,"周回二里许,无他号令,但急鼓则增土,缓由下杵,不日而就"②。这种"不日而就"的城,建筑十分简陋,采用夯土版筑的墙体,数日内即可完工。还有一种是比较复杂的城,元祐二年(1087年)五月,吐蕃首领鬼章驻兵常家山,"分筑洮州为两城以居。北城周四里,楼橹十七,南城周七百步,楼橹七,跨洮州为飞桥"③。这种城镇不仅要建城墙,还要筑楼橹,并且跨越洮水,在洮水两岸分筑两城,用浮桥连接起来。这种复杂的城池结构,吐蕃人也能在短期内建造出来,反映了其建筑技艺的高超。元丰三年(1080年),吐蕃首领董毡欲建一城,向宋政府要求供给"铁器且援兵"④。修城铁器无非是斧、凿、锥、锯、镐、铲、锹等工具,可见修筑复杂的城池,就不像夯土版筑那样简

①《鸡肋编》卷中,文渊阁《四库全书》影印本,第1039册,第163页。
②《续资治通鉴长编》卷85,大中祥符八年十二月丁亥,第1958页。
③《续资治通鉴长编》卷400,元祐二年五月癸丑,第9743页。
④《宋会要辑稿》第199册《蕃夷》6之16,第7826页。

单，需要泥、石、土、铁等各种工匠以及各种工艺相互配合，综合施工，才能完成一座较为复杂的城池建筑。吐蕃宗哥城和青唐城是吐蕃城池建筑的典范，《青唐录》对此作了详细的描述："又四十里至宗哥城，分东西两垒，广八里，北依山，南枕湟水，比诸城最高……又二十里至青唐城。城枕湟水之南，广二十里，旁开八门，中有隔城，伪主居。城门设谯楼二重，谯楼后设中门，后设仪门，门之东，契丹公主所居也。"这种结构复杂、规模宏大的城池建筑可与汉地建筑相媲美。

西北吐蕃精湛的建筑技艺还在宫室、寺庙、佛塔等建筑中得以体现。熙宁年间，宋朝在熙河地区修建了许多佛寺，其中岷州广仁禅院规模宏大，"最其凡四百六十区"，而且"宫殿巍然"，雄伟壮观，中原人士也感叹"吾土之未尝有也"[1]。岷州是吐蕃重要分布地区，在修建佛寺的过程中，必然有大量当地吐蕃能工巧匠参与施工，这一雄寺伟构同样也融入吐蕃人的聪明才智与精湛技艺。

农业生产的发展，粮食的增多，也必然促使相关的其他手工业如碾硙业的发展。碾硙是利用水力带动轮轴推动碾硙碾米或磨面，这与人力春碓相比，显然是一种进步。碾硙的设置及水力资源的拥有，都需要一定的经济实力与政治势力，所以碾硙业往往被吐蕃大酋所掌握。据《青唐录》所载，吐蕃人多"依水筑屋而居，激流而硙"。《宋史·刘沪传》谓水洛城"又有水轮、银、铜之利，环城数万帐"。这表明水洛城不仅有吐蕃部落的银、铜开采业，还有利用水力资源的碾硙业。吐蕃人饮食是"凝麨为盌，羹酪并食之"[2]，就是将青稞、大麦磨成面，再制成炒面，拌和酥油食之。这种"凝麨"的饮食构成，也在某种程度上刺

---

①（民国）张维：《陇右金石录》卷3《岷州广仁禅院碑》，《中国西北文献丛书》第7辑，1990年，第453页。

②《新唐书》卷216《吐蕃传上》，第6072页。

激了碾硙业的发展。

西北吐蕃还有制陶业。今日甘南藏族自治州合作市历史上曾是黄河以南吐蕃部落的居地之一,部族繁盛。在合作市曾出土一批宋代吐蕃风格的陶器,有陶瓶、陶鼎等,其中鼎足为蹼状。这些陶器反映出宋代当地的吐蕃部落能生产陶制品。蜜、蜡也是西北吐蕃的特产,秦、凤、岷、阶、成等州生产的蜡烛有名,成为进贡的物品①。阶、河、巩(即通远军)等州也均为吐蕃分布地区,盛产石料,其石质精良,适于制作器物。宋人杜绾在《云林石谱》中对此有所评述:"阶州白石产深土中,性甚软和,扣之或有声。大者广数尺,土人就穴中镌刻佛像诸物,见风即致劲,以滑石末治,令光润,或磨砻为板,装制砚、屏,莹洁可喜。"而河州石,"其质甚白,纹理遍有斑,黑鳞鳞如气之状,稍润,扣之微有声,土人镌治为方斛诸器"。而巩州西门寨出产的巩石"产深土中,一种色绿而有纹,自为水波,断为砚,颇温润发墨宜笔"②。通远石"色青黑,温润,堪为砺之质石"。由于其质地坚硬,可加工为质石磨治兵刃,其价格昂贵,"或长尺余,价值数十千"③。蕴藏丰富的石料资源,使这些地区的制石业有一定发展。

宋代西北吐蕃的手工业具有以下几个特点:

第一,摆脱了宋政府的羁绊,受限制较少,许多只许官府专营的手工业在这里均可由民间私营生产,民间手工业显示出强大的生命力。第二,宋代吐蕃手工业部门多,产品种类广,以当地农、牧、矿藏为原料,就地取材,因地制宜,生产满足自己生活需要的物品,其生产具

---

①《元丰九域志》卷3《陕西路》,第128、129、133页。

②(宋)杜绾:《云林石谱》卷中,文渊阁《四库全书》影印本,第844册,第600页。

③《云林石谱》卷中,文渊阁《四库全书》影印本,第844册,第598页。

有鲜明的地域性、民族性的特色。第三,宋代西北吐蕃手工业的发展很大程度上是承袭前代的生产水平,但有所发展与进步。安史之乱后,这一地区虽陷入吐蕃,但原有的手工业生产并没消失,在吐蕃部落中得到很大程度的保留,入宋后,在此基础上更有提高。第四,西北吐蕃手工业的发展是吐蕃、汉人以及其他民族相互学习、相互提高、相互整合的结果。

两宋时期,西北吐蕃手工业发展处于不平衡状况,某些部门生产很先进,有些方面生产却很落后,某整体发展水平远不能与中原内地相比,但它毕竟超越了前代,这是社会的发展,历史的进步。

(原刊《西北师大学报》1997 年第 4 期)

宋代吐蕃的商业贸易

宋代西北吐蕃部落通过贡赐贸易、边境贸易和城镇市场贸易等多种形式，与内地及周边政权建立了密切的商业贸易关系，形成了相对稳定的共同市场，丰富了经济生活，推进了民族经济的发展，西北地区成为一个繁荣兴盛的商贸区域。

一、贡赐贸易

贡赐贸易是一种特殊的经济活动，带有浓厚的政治色彩。这种经济活动一般说来并不是一种完全的等价交换，往往是"回赐"价值高于"进贡"价值。尽管如此，互通有无仍是这种经济活动客观上遵循的一个原则。西北吐蕃从事商业贸易活动的一个重要方式就是与宋朝进行贡赐贸易，他们将自己所有的马、驼、牛、羊等畜产品和其他土特产以进贡、朝贡的名义奉献给宋朝统治者，从而取得一份回赐。

宋代西北吐蕃的"贡赐贸易"具有明显的商业性质，主要表现在以下几点：

一是贡赐贸易频繁。五代时，以吐蕃名义入贡约有 21 次，主要的贡品是马匹、骆驼、牦牛①等。公元 960 年，宋朝建立后，吐蕃对宋朝的进贡就逐渐增多，宋太祖开宝六年（973 年），"凉州官僧吝毡声、逋胜

---

①参阅《新五代史》《旧五代史》《册府元龟》等吐蕃进贡资料。

拉鞠二人求道于泾州,以申朝贡"①。宋太宗太平兴国八年(983 年)九月,吐蕃各部又"以马来献,上召其酋长对于崇政殿,厚加慰抚,赐以束帛"②。至道元年(995 年)正月,"凉州吐蕃当尊以良马来贡"③。第二年七月,"吐蕃都总管后临曳于会六谷蕃众来献名马"④。特别是宋真宗一朝,吐蕃进贡次数更为频繁。咸平二年(999 年),"清远军裕勒榜族首领多拉来贡"。吐蕃各部向宋朝进贡达 45 次,真宗在位 24 年,平均每年进贡约 2 次,其他各朝进贡虽有多有少,但贡赐贸易关系始终维持着。

二是贡品数量大。凉州吐蕃向宋朝进贡的大宗物品主要是名马,其数量往往以千计。真宗一朝,吐蕃贡马两千匹以上的就有两次,咸平元年(998 年)十一月,西凉府吐蕃首领折通游龙钵赴宋,其"四世受朝命为酋长,虽贡方物,未尝自行,今始至,献马二千余匹"⑤。咸平五年(1002 年)十一月,吐蕃六谷首领潘罗支"遣使来贡马五千匹"⑥。大中祥符二年(1009 年)十一月,吐蕃首领厮铎督"又遣使贡名马五千匹"⑦,宋政府"准诏估蕃部及诸色进贡马价"⑧,并"厚给其值"。按照大中祥符三年(1010 年),"厮铎督马三匹,估值百七十贯。潘失吉马三匹,百一十贯"⑨来计算,大约一匹马的回赐钱在 33 至 55 贯之间,取

①(清)徐松:《宋会要辑稿》第 195 册《方域》21 之 14,中华书局影印本,1957年,第 7668 页。

②(宋)李焘:《续资治通鉴长编》卷 24,太平兴国八年九月庚午,中华书局,1979 年,第 553 页。

③《宋会要辑稿》第 195 册《方域》21 之 15,第 7668 页。

④《宋会要辑稿》第 195 册《方域》21 之 15,第 7668 页。

⑤《续资治通鉴长编》卷 43,咸平元年十一月丙辰朔,第 920 页。

⑥《续资治通鉴长编》卷 53,咸平五年十一月甲午,第 1162 页。

⑦《宋会要辑稿》第 195 册《方域》21 之 23,第 7672 页。

⑧《续资治通鉴长编》卷 43,咸平元年十一月戊辰,第 921 页。

⑨《宋会要辑稿》第 195 册《方域》21 之 23,第 7672 页。

其中值 40 贯,五千匹马至少得回赐钱 22 万贯,这个数额说明凉州吐蕃与宋朝之间贡赐贸易数量之大。大中祥符八年(1015 年)二月,吐蕃首领唃厮啰、李立遵、温逋奇、木罗丹等并遣牙吏贡名马,"估其直,约钱七百六十万",宋朝的回赐物品为锦袍、金带、供帐、什物、茶药等,另赐"金七千两"。显然,回赐物品的价值远远超过进贡物品的价值。在经济利益的驱动下,吐蕃人愿意入贡于宋,贡使络绎不绝。

三是贡品种类多。除了马是大宗进贡物品外,还有牦牛、骆驼、狮子、犏牛、乳香、象牙、玛瑙、犀角、铁甲、铜印、银装交椅等物。大中祥符九年(1016 年),"秦州宗歌般次、回纥李四等贡玉"①。熙宁十年(1077 年),"于阗国进奉使罗阿厮难撒温等有乳香三万一千余斤,为钱四万四千余贯,乞减价三千贯卖于官库"②。凡是中原地区所需物品都被作为贡物运来进贡,每一次进贡实质上就是一次商品大展销。这些物品或是本地的土特产,或是与西域、中亚各国商人贸易中得来之物。而回赐物往往是吐蕃所缺之物,如茶、彩、锦袍、药等,甚至禁运的铁器、熟铜,也作为回赐物品。元祐六年(1091 年),"西蕃阿里骨蕃字乞赐熟铜五十斤",宋"诏赐千斤"③。

在贡赐贸易活动中,其表面的政治色彩往往掩盖了其商业性,但实质上,被掩盖的商业性却在顽强地表现着自己的特点。在这种特殊的经济活动中,吐蕃人也已不自觉地卷入商品流通之中。

二、边境贸易

吐蕃与宋的边境贸易分为两种:一种就是榷场贸易,即蕃商携带

---

① 《宋会要辑稿》第 142 册《食货》41 之 49,第 5561 页。
② 《宋会要辑稿》第 140 册《食货》38 之 32、33,第 5482、5483 页。
③ 《宋会要辑稿》第 199 册《蕃夷》6 之 24,第 7830 页。

商品到宋边境地区的榷场或博易务进行合法的买卖；另一种则是汉商和蕃商在边境地区进行民间私市。这两种形式的边境贸易都十分活跃，而且民间私市有时更为盛行。

(一)榷场贸易

宋初，经理蜀茶，置互市于原(治今甘肃镇原县)、渭(治今甘肃平凉市)、德顺(治今甘肃静宁县)三郡，"以市蕃夷之马"。熙宁间，又置场于熙(治今甘肃临洮县)河(治今甘肃临夏市)。南宋建立后，又在文(治今甘肃文县)、黎(治今四川汉源县)、珍(治今贵州正安县东北)、叙(治今四川宜宾市)、南平(治今贵州平塘县)、长宁(治今四川珙县)、阶(治今甘肃武都县)、和(治今安徽和县)等州设置八场，"其间卢甘马岁一至焉，洮州蕃马或一月或两月一至焉，叠州蕃马或半年或三月一至焉，皆良马也"[1]。其他诸蕃马多驽，"大率皆以互市为利"[2]，宋王朝"曲示怀远之恩，亦以是羁縻之"[3]。绍兴二十四年(1154 年)，又复黎州与雅州(治今四川雅安县)碉门灵西砦易马场。乾道(1165—1173 年)初，"川秦八场马额九千余匹，淳熙以来，为额万二千九百九十四匹"[4]。

北宋时，官方置市，与吐蕃进行贸易的一个重要地点就是秦州。这里诸羌杂处，"控接三蜀"，是陇右通关中、蜀中的三岔交会之地。这种优越的地理位置必然使秦州成为西北地区贸易中心，也自然成为与吐蕃交易的重点地区。《旧五代史·王思同传》载："秦州与吐蕃接境……每蕃人互市，饮食之界上，令纳器械。"后唐明宗时，已在秦州

①(元)脱脱等:《宋史》184《食货下六》，中华书局，1977 年，第 4511 页。
②《宋史》184《食货下六》，第 4511 页。
③《宋史》184《食货下六》，第 4511 页。
④《宋史》184《食货下六》，第 4511 页。

设场,进行互市。入宋后,宋政府先后在秦、渭、原、仪、环、庆、阶、文、成及镇戎军等地设置买马场。买马场虽然是以买马为主要任务,但并非只单一地进行马贸易。因为"蕃部出汉买卖,非只将马一色兴贩,亦有将金、银、斛斗、水银、麝香、茸褐、牛羊之类博买茶货转贩入蕃"①。实际上起到了榷场贸易的作用。除了买马场的贸易外,陕西沿边还设有折博务或市易务。熙宁五年(1072 年),权三司使薛向言:"延、秦、庆、渭等九州旧皆有折博务,召商人入刍粮钱帛。"②元丰二年(1079年),凤翔府增置市易务,与秦、熙等五市易务相为表里。折博务或市易务贸易也主要是与吐蕃、党项等族的交易。正如宋人张载所言:"勘会陕西一路,射入之饶,商户之富,自来亦赖戎夷博易之便。"③

熙河之役前,秦州是吐蕃与宋交易的中心,但此时宋政府已经有将贸易机构转入吐蕃腹地的设想。熙宁三年(1070 年)二月十一日,同管勾秦凤路经略机宜文字王韶言:"沿边州郡惟秦凤一路与西蕃诸国连接,蕃中物货四流,而归于我者,岁不知几百千万,而商旅之利尽归民间。欲于本路置市易司,借官钱为本,稍笼商贾之利,即一岁之入亦不下一二千万贯。"④王韶的设想得到宋政府的赞同,诏令"将本司见管西川交子差人往彼转易物货,赴沿边置场,与西蕃市易"⑤。熙河开边后,宋朝更是将贸易机构直接设置到吐蕃居住的腹里地区,先后在秦、凤(治今陕西凤县)、熙、河、兰、岷、湟等七州设置市易务或榷场。熙宁五年(1072 年)七月,又在"镇洮军置市易司",而通远军(今

①《宋会要辑稿》第 84 册《职官》43 之 58、59,第 3302、3303 页。

②《续资治通鉴长编》卷 238,熙宁五年九月丙午,第 5787 页。

③(宋)张载:《张子全书》卷 13《泾原路经略司论边事状》,文渊阁《四库全书》影印本,第 697 册,第 305 页。

④《宋会要辑稿》第 147 册《食货》55 之 31,第 5763 页。

⑤《宋会要辑稿》第 147 册《食货》55 之 31,第 5763 页。

甘肃陇西)自置市易司以来,"收息本钱五十七万余缗"①。宋政府并将贸易中心移至熙州,熙宁六年(1073 年),"徙秦州茶场于熙州,以便新附诸羌市易"②。元符年间,收复湟(治今青海乐都县)、鄯(治今青海西宁市)、廓(治今青海化隆县西 60 里黄河北岸)以后,又将都大茶马司移"往湟州置司",进一步扩大与吐蕃各部的贸易,使"部族甚众,商贾通行"的湟州,成为新的贸易中心。

吐蕃与宋朝的榷场贸易是以茶马贸易为中心内容。王襄在《上钦宗论彗星》疏中指出:"青唐之马最良,而蕃食肉酥,必得蜀茶而后生。故熙丰时,置茶马司,大率以茶一笼计费三千,而易百千之马,岁以蜀茶易马二万匹,以三十年为率,则国用马常四十万矣。"③其茶马贸易额是相当大的。以买马为例,宋朝每年输入吐蕃地区仅茶叶一项就达"五百万斤"④,而吐蕃每年输入宋朝的马大约年均二万匹左右⑤。其他农畜副产品及银、绢、盐等物尚不在其贸易之内。元丰元年(1078 年)四月,提举成都府、利州、秦凤、熙河等路茶场公事李稷奏报朝廷,规定了各博马场所用茶数额:秦州,熙宁十年(1077 年)支卖茶五千九百二十四驮,今定六千五百驮;熙州,熙宁十年支卖并博马共一万三百七十九驮,今定一万九百驮;通远军,熙宁十年支卖并博马共六千九百六十驮,今定七千六百驮;永宁寨,熙宁十年支卖并博马共七千九十一驮,今定七千五百驮;岷州,熙宁九年(1076 年)支卖并博马共三

①《宋会要辑稿》第 139 册《食货》37 之 18,第 5457 页。

②《续资治通鉴长编》卷 245,熙宁六年六月丁丑,第 5964 页。

③(宋)赵汝愚:《宋名臣奏议》卷 45《天道门》,文渊阁《四库全书》影印本,第 431 册,第 546 页。

④(宋)吕陶:《净德集》卷 3《奏乞罢榷名山等三处茶以广德泽亦不阙备边之费状》,文渊阁《四库全书》影印本,第 1098 册,第 28 页。

⑤《宋会要辑稿》第 84 册《职官》43 之 53,第 3300 页。

千九百四十六驮,今定卖并博马共四千驮①。宋朝在熙河地区设场市易后,获利丰厚,熙宁年间,以"市易茶盐场息钱并酒税课利充籴本",在熙河地区"每岁籴军粮二十二万石,马料一十万石,买草八十万束"②。元丰元年(1078 年),实获利为"四十一万四千六百二十六贯石",到第二年,则为"六十八万四千九十九贯石"③。仅从宋朝在熙河地区的获利,就足以反映出吐蕃与宋朝双方榷场贸易的繁荣。

(二)民间贸易

这一时期,汉蕃商人之间的走私贸易也极为活跃。宋人李复曾来往于熙河沿边,目睹走私的盛行,将其所见所闻奏报朝廷,要求政府设置榷场,企图将民间走私纳入官方榷场贸易的轨道。其在《乞置榷场》疏中说:"臣窃见回纥、于阗、卢甘等国人尝赍蕃货,以中国交易为利,来称入贡,出熙河路。……其所赍蕃货,散入诸路,多是禁物,民间私相交易,远商物货厚利,尽归于牙侩。臣累次详问所赍物货,上者有至十余万缗,下者亦不减五七万"④。其走私物品不仅贸易量大,而且种类多,金银珠宝、药材香料,农副产品,手工业品,无所不有,正如经制熙河路边防财用李宪所言:"卢甘、丁吴、于阗、西蕃,旧以麝香、水银、朱砂、牛黄、真珠、生金、犀玉、珊瑚、茸褐、驼褐、三雅褐、花蕊布、兜罗锦、硇砂、阿魏木香、安息香、胡连、牦牛尾、狨毛、羚羊角、竹牛角、红绿皮交市。"⑤民间私市贸易中,茶、盐、马三项是大宗走私商品。

由于吐蕃人的饮食结构是以肉食为主,"无蔬茹醯酱,独知用盐

---

①《宋会要辑稿》第 84 册《职官》43 之 51,第 3299 页。

②《续资治通鉴长编》卷 272,熙宁九年正月乙亥,第 6670 页。

③《续资治通鉴长编》卷 302,元丰三年正月乙亥,第 7344 页。

④(宋)李复:《潏水集》卷 1《乞置榷场》,文渊阁《四库全书》影印本,第 1121 册,第 5 页。

⑤《续资治通鉴长编》卷 299,元丰二年七月庚辰,第 7272 页。

为滋味，而嗜酒及茶"①。因而吐蕃人对茶、盐的需求量很大。而私贩茶、盐则有利可图，"茶之为利甚博，商贾转致于西北，利尝至数倍"②。而宋朝行"榷茶之制"，由官府垄断，实行专卖，这就必然阻塞了商人获利之途，而"茶利之博"又势必吸引众多商人甘冒风险，以企贩运私茶获利，所以私贩屡禁不止。宋政府多次颁布茶禁，对于贩、停、藏、运私茶均有惩处的具体条令，严厉打击。这些严厉的茶禁，从另一侧面说明其贩运私茶已成规模，形成了一系列环节，反映出民间私市贸易的盛行。

宋统一全国后，虽然天下盐利皆归县官。官鬻，通商，随州郡所宜，然常变革不常，尤重私贩之禁。宋政府多次颁布盐禁，严惩私盐贩卖。淳化四年（993 年）八月，宋太宗下诏："自陕以西有敢私市戎人青白盐者，皆坐死，募邻里告奸，差定其赏。行之数日，犯法者甚众。"③淳熙十年（1183 年），专门修定了"私贩解盐断罪告赏条格"，规定"自今与蕃商博易解盐之人徒二年，二十斤加一等，徒罪皆配邻州，流罪皆配五百里。知情引领、停藏人与同罪，许人捕"④尽管法令严厉，并且奖励告发，但私盐博易已成风气，屡禁不止，无济于事。

马的走私也很盛行。宋夏战争爆发后，由于党项人善于骑射，迫使宋朝重视骑兵的建设，战马的需求量骤增。熙宁十年（1077 年），陕西买马司差官买马，"岁以一万五千匹为额"，以后增多，便"增立年额为二万匹"⑤。但是，在汉蕃榷场马贸易中，吐蕃部民的利益得不到保

①《宋史》卷 492《吐蕃传》，第 14163 页。
②《宋史》卷 183《食货下五》，第 4479 页。
③《宋会要辑稿》第 132 册《食货》23 之 23，第 5186 页。
④《宋会要辑稿》第 135 册《食货》28 之 19，第 5288 页。
⑤《宋会要辑稿》第 84 册《职官》43 之 67，第 3307 页。

障，"蕃部所欲大抵惟茶为急，自来将马中官请到折价银、绢等，只是将三二分归蕃，其余往往却赴茶场博买茶货，其买马司所支银、绸、绢等，又例各折价高大，茶场却只依市价量添些小钱数，博易其钞亦随时各有亏损，约计一匹马价亏蕃部钱多者至四贯以上，少者亦三贯以上"①。一方面是需求良马，另一方面却是榷场马贸易中，"马价亏蕃部钱多"，吐蕃部民的切身利益受到损害，于是"买数不多及少肯好马入塞"②，致使陕西逐路诸军缺马至多，影响了官马贸易。咸平五年（1002）二月，审刑院规定了秦州私贩马匹的惩罚条例，"自今一匹杖一百，十匹徒一年，二十匹加等，三十匹奏裁，其马纳官，以半价给告事人"③。用这样严厉的条例来打击私市，显示出政府对马贸易要严加控制，政府垄断，不许私营，另一方面则反映了民间马贸易的昌盛。

在民间贸易中，"蕃贾与牙侩私市，其货皆由他路避税入秦州"④。私市的盛行，影响了国家税收，宋政府采取各种严厉的措施禁止私市逃税，诏令"秦、熙、河、岷州、通远军五市易务，募博买牙人引致蕃货赴市易务中卖，如敢私市，许人告，每估钱一千，官给赏钱二千"⑤。用这种高额赏赐奖励告发的办法，严禁私市，以此"招来远人，可以牢笼遗利，以助边计"⑥。宋政府对于民间私市，虽然不断地颁布法令予以禁止，但纸上的法令却无法隔断汉蕃人民的经济联系，互通有无的经济法则，在民间私市中起着重要的经济杠杆作用，吐蕃与汉商之间的

---

①《宋会要辑稿》第 84 册《职官》43 之 53，第 3300 页。
②《宋会要辑稿》第 84 册《职官》43 之 53，第 3300 页。
③《续资治通鉴长编》卷 51，咸平五年二月甲午，第 1117 页。
④《宋史》卷 186《食货下八》，第 4552 页。
⑤《续资治通鉴长编》卷 299，元丰二年七月庚辰，第 7272 页。
⑥《续资治通鉴长编》卷 299，元丰二年七月庚辰，第 7272 页。

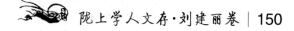

走私贸易始终"无由禁止",致使"私贩不绝"。

三、城镇市场贸易

这一时期,西北吐蕃居地兴起了许多城镇,如青涧城、水洛城、一公城、摩宗城、林金城、虮当城、香子城,等等。这些城镇大多兴建在交通便利之处,它们的出现与当时市场贸易的兴盛密切相关。吐蕃居地的城镇市场贸易分为两种形式:国际市场与民族市场贸易。

(一)国际市场贸易

1038 年建立的西夏政权,控制了以河西走廊为通道的传统的中西商路,并对过境商贾征收过境税,"十而指一",并且"必得其最上品"①。过境商贾还经常遭遇羁留、勒索或劫掠,生命财产得不到保证。于是西域各国贡使、商贾考虑到利益与自身的安全,不得不避开河西走廊,绕道河湟,走公元 4、5 世纪后曾繁盛一时的"吐谷浑道",赴中原贸易。吐蕃部落所在的许多城镇如临谷城、青唐城等就成为这条商路的必经之地,也成为西域各国商人的临时居地和货物集散地,因而也成为具有国际性的城镇市场。青唐是唃厮啰政权的政治、经济中心,也是一座具有国际性的商业贸易市场。西域各地的商人都到青唐城贸易,定居在此的就有"数百家"②。《宋史·吐蕃传》载:"唃厮啰居鄯州,西有临谷城通青海,高昌诸国商人皆趋鄯州贸卖,以故富强。"青唐富庶的程度令人惊叹,城中"积六十年宝货不赀,唯真珠、翡翠以柜,金、玉、犀、象埋之土中。元符末年,官军下青唐,皆为兵将所有,县

---

①(宋)洪皓:《松漠纪闻》卷 1《回鹘》,文渊阁《四库全书》影印本,第 407 册,第 697 页。

②陶宗仪辑、张宗祥重校:《说郛》卷 35 载(宋)李远《青唐录》,商务印书馆,1927 年。

官十不一、二。王赡以马驮真珠，每线六尺，象、犀为粗重，弃之不取"①。由此可知这座国际性商业市场的繁荣兴盛。

邈川（即湟州，今青海乐都县）在黄河之曲，"当青唐一带蕃马来路"②，也是西域各商人入宋贸易的必经之路，是"商贾通行"的商业贸易中心，也是一座国际性的城镇贸易市场。

自熙河开边后，熙州成为宋王朝的门户，这里也成为西域各国商人云集之地。据宋人李复奏报说，回纥、于阗、卢甘等国商人有留居熙河达"十余年者"③。还有大批蕃货囤积熙州，元丰三年（1080年）十月，于阗国进贡使团就有"乳香、杂物等十余万斤"④运到熙州南川寨。据《画墁集补遗·游公墓志铭》载："西部破洮州之后，如于阗、大食、拂林、邈黎等国贡奉般次，道常不绝，朝廷惮于供赏，抑留于熙河，限二岁一进。"

地处渭水之南、"最为关陇之盛"的秦州，也是一个国际性的城镇贸易市场，其交易面甚广，西域于阗等国的商人也来秦州买卖。元祐七年（1092年）二月，熙河兰岷路经略安抚司言："于阗国进奉人三番见在界首，内除打斯满冷移伊四唱厮巴一番已准朝旨特许解发外，今来两番进奉人，缘已有间岁许发指挥，欲只令熙、秦州买卖讫，纳回本蕃⑤。另外还有河西回鹘商人也来秦州经商，致使有少量回鹘人"多缘互市家秦陇间"⑥。

①（宋）张舜民：《画墁录》，文渊阁《四库全书》影印本，第1037册，第175页。

②《宋会要辑稿》第84册《职官》43之78，第3312页。

③（宋）李复：《潏水集》卷1《乞置榷场》，文渊阁《四库全书》影印本，第1121册，第5页。

④《续资治通鉴长编》卷309，元丰三年十月丁卯，第7506页

⑤《续资治通鉴长编》卷470，元祐七年二月辛巳，第11228页。

⑥《续资治通鉴长编》卷111，明道元年七月甲戌，第2584页。

不仅西域各国商人云集吐蕃居地的主要城镇，而且大批汉族商人也不顾路途艰险，深入到吐蕃地区直接与西域商人进行贸易，"远人怀久客心情，平民陷冒禁之法，利赢无极，尽归于牙侩，往来无已"①。这些"平民""牙侩"实际上就是深入吐蕃居地的汉族商人。

位于丝绸之路青海道的唃厮啰吐蕃政权一方面对各国使团、商队实行保护政策，派军队接送商队出入境，元丰四年（1081 年），吐蕃首领董毡就曾将回鹘贡使遣人"导至熙州"②。战争期间，还曾派军队直接护送西域商人到宋朝京城。另一方面，则对过境商队实行征收高额税款的措施。西域番商到青唐贸易，"货到每十橐驼税一"③，这与西夏"十而指一"的税量相同，区别在于西夏专取货中上品为税，而吐蕃则十中任纳其一即可。尽管税收苛重，路途艰险，但西域各国商队仍络绎不绝，接踵而至。

（二）民族市场贸易

这一时期，吐蕃部落内部的民族市场即"蕃市"也大量涌现。据《宋会要辑稿》所载："邈川与吐蕃部落杂处，又斫龙、讲朱城等处日有博易，人情狎熟"④。宋人李复上奏，要求在湟州"别置蕃市，以居来者"⑤。洮州（治今甘肃临潭县）"巴凌酋首居岷州城北，遂成蕃市"⑥，宋政府诏令补锡丹族首领达克博为三班差使、充巴凌巡检，专管勾巴凌

---

①《漷水集》卷 1《乞置榷场》，文渊阁《四库全书》影印本，第 1121 册，第 5 页。

②《宋史》卷 490《于阗传》，第 14109 页。

③《画墁录》，文渊阁《四库全书》影印本，第 1037 册，第 174 页。

④《宋会要辑稿》第 199 册《蕃夷》6 之 30，第 7833 页。

⑤《漷水集》卷 1《乞置榷场》，文渊阁《四库全书》影印本，第 1121 册，第 5 页。

⑥《续资治通鉴长编》卷 262，熙宁八年四月甲申，第 6408 页。

一带蕃商往来。熙宁三年(1070 年),宋政府欲将市易司移至古渭寨,李若愚等人反对,"以为多聚货以启戎心,又妨秦州小马、大马私贸易"①。显然古渭寨是吐蕃大、小马家族的市易场所,不仅甘、青地区吐蕃部落有蕃市,甚至其邻近地区的吐蕃部落中也有。文州蕃部人口众多,至数千人,而龙州(今四川平武东南)才四百人,"盖自大鱼城、木瓜平以至后村,不过十数部,部不过数十人。木瓜平有李蒙族,后村有董家族,近文州则有白马丹族。……先夷人常至浊水寨互市。寨有土豪三四,受而储之,夷人恃以为命"②。浊水寨的蕃市是附近吐蕃部众的交易互市的场所,而吐蕃酋领则成为蕃市主管,掌管货物的储存与交易事项。

这种吐蕃部落中的民族市场,其规模与交易量与国际市场显然不能相提并论。民族市场规模小,交易量少,大多处于以物易物的原始交换形态,"市易用五谷、乳香、硇砂、氆毡马牛以代钱帛"③。这种交换方式的存在,并不意味着吐蕃人缺乏货币的价值观念。由于吐蕃部落的所在地区僻远、封闭,交通不便,又缺乏铸钱所用铜料,加之唃厮啰政权又没有铸造货币, 所以形成了这一地区商贸活动采取以物易物的交换方式。提举成都府等路茶场的李稷说:"蕃部无钱,止以米及银、绢、杂物卖钱买茶,乞许以茶博易银、米等物"④。这说明吐蕃人手头虽无钱,但在贸易活动中还是具有货币的观念,理解货币的价值。这种"以物易物"的贸易方式主要在一些僻远地区存在,而在主要的

---

①《宋史》卷 186《食货下八》,第 4547 页。

②(宋)李心传:《建炎以来朝野杂记》乙集卷 20《边防三·龙州蕃部寇边》,《丛书集成初编》第 841 册第 622 页。

③《宋史》卷 492《吐蕃传》,第 14136 页。

④《宋会要辑稿》第 136 册《食货》30 之 14,第 5325 页。

商业贸易区及国际性的城镇市场中，金属货币仍是商品交换的主要媒介。王安石说："今蕃户富者，往往蓄缗钱二三十万"[1]。宋政府每年买马约有五十余万贯钱[2]流入吐蕃部落，足以说明金属货币在吐蕃商业贸易中的流通。

民族市场的开辟与发展，使地处荒远、山高林深之地的吐蕃人，也卷入商品经济的潮流之中。农业区与牧业区的劳动者，相互用自己的剩余产品交换各自需要的物品，如用五谷交换氆毡，用马牛换药材。在这种原始的交换形态中，部落族长将自己的剩余产品变成了商品，用以换取本部落所缺乏的生产与生活物资，弥补了本部落经济发展的不足，这对吐蕃民族经济的发展起了很大的推动作用。

（原刊于《西北师大学报》1999 年第 2 期）

---

①《宋史》卷 186《食货下八》，第 4548 页。

②《宋会要辑稿》第 84 册《职官》43 之 53，第 3300 页。

唐代吐蕃的民族统治与民族融合

公元 7 世纪,吐蕃在青藏高原的崛起与兴盛,改变了西部地区各民族的历史,引发了一系列民族迁徙与民族融合的连锁反应。吐蕃王朝的不断兼并、征服与扩张,使吐谷浑、党项、回鹘、沙陀等民族受到吐蕃的统治和奴役。在强制与暴力之下,这些民族也逐渐与吐蕃融合。

一、吐蕃对吐谷浑的统治与融合

吐蕃王朝与吐谷浑政权所处的特殊地理位置、地理环境及自然条件,决定了吐蕃必然首先向吐谷浑地区扩张。

兴起于"世界屋脊"青藏高原西南部的吐蕃政权,四周群峰连绵,河流纵横,地处具有很大封闭性的地理环境之中。在当时的情况下,这样特殊的地理条件,决定了吐蕃不可能直接向西南、向东扩张,更不可能直接向西北大规模扩张。随着其势力的发展、壮大,吐蕃只能首先向与其共处青藏高原的吐谷浑地区扩张。而吐谷浑势力范围包括今甘肃南部、川西北、青海绝大部分和新疆南部,从而对吐蕃西北界、北界和东北界形成一个弧形包围圈。

"居寒露之野,物产寡薄"[①]的吐蕃社会生活,以游牧经济为主,而吐谷浑不仅生活环境、生存方式与其类似,而且吐谷浑所处的河源及

---

①(宋)欧阳修、宋祁:《新唐书》卷 216《吐蕃传上》,中华书局,1975 年,第 6076 页。

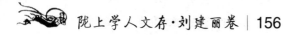

青海环湖地区水草丰美,宜于畜牧。因而吐蕃必然要与吐谷浑政权争夺这一优越的生存空间。另外,雪域高原恶劣的自然条件及游牧经济固有的不安全性、动荡性及强烈要求互补的特征,决定了国势蒸蒸日上的吐蕃政权首先要占领吐谷浑地区,并以此为前沿基地,向东发展。

唐高宗龙朔三年(663年),吐蕃吞并了吐谷浑,占据了青海地区。大部分吐谷浑人留居青海,只有诺曷钵等"亲信数千帐"徙居内地,留居青海的吐谷浑人受到吐蕃的统治与奴役。吐蕃政权的民族统治政策有其特点,允许被吞并的民族保留原来的组织形式和权力机构。吐蕃吞并羊同后,仍保留"羊同国"的称号,使其成为吐蕃属国。吞并吐谷浑后,也实行类似的民族统治政策,基本上保留了原吐谷浑政权的形式,使吐谷浑成为其奴役的属国。《敦煌古藏文历史文书》有吐谷浑灭亡后,仍有"大论钦陵前往吐谷浑","赞普以政务巡临吐谷浑"的记载。然而吐谷浑的这种独立是相对的、局限的,仍受吐蕃统治和制约,并且定期向吐蕃王朝提供贡赋及所需兵力。

一般的吐谷浑人不仅要受吐谷浑上层统治,而且还要受吐蕃的统治。吐蕃统治者对吐谷浑的压迫和剥削十分残酷,吐谷浑人要定期向吐蕃承担贡赋,提供军粮,驻守边防哨卡,担负许多军事事务,并且还要为吐蕃充当士兵,冲锋陷阵,成为军事扩张的工具。贞元二十年(804年),吕温出使吐蕃路过青海时,见到"退浑种落尽在,而为吐蕃所鞭挞"[1]。其在《蕃中答退浑词》中亦云:"万群铁马从奴虏,强弱由人莫叹时。"[2]可见他们已成为吐蕃的附属,出人出马,听命随征。从吐谷

<hr />

①(唐)吕温:《吕衡州集》卷2《蕃中答退浑词》,文渊阁《四库全书》影印本,第1077册,第609页。

②《吕衡州集》卷2《蕃中答退浑词》,文渊阁《四库全书》影印本,第1077册,第609页。

浑被吐蕃吞并到吐蕃王朝崩溃，自始至终有吐谷浑人参加吐蕃军事行动的文献记载。吐蕃军队攻入长安时，就有党项与吐谷浑人组成的军队 20 万人。吐蕃内乱时，吐谷浑人也卷入。会昌二年（842 年），吐蕃尚恐热起兵，大将尚思罗"合苏毗、吐浑、羊同兵八万保洮河自守"①。安史之乱前，青海的吐谷浑人不堪忍受吐蕃的奴役，降唐事件屡有发生。唐朝将归顺的吐蕃人安置在河西等地。从安史之乱爆发到唐广德元年（763 年）以后，吐蕃完全占据河陇地区，居住在这里的吐谷浑人又受到吐蕃的统治与奴役，河西地区的吐谷浑人也已吐蕃化。

吐蕃统治者对吐谷浑上层贵族则采取羁縻笼络的政策，并加以控制。吐蕃王室与吐谷浑王室早就有通婚关系，吐谷浑亡后，原吐蕃王妃所生的吐谷浑王子垄达延墀松，受到重用，称为"外甥"。公元 727 年，吐蕃赞普任命外甥吐谷浑小王、尚本登忽、韦悉诺逻恭禄三人为大论。一些吐谷浑慕容氏后裔被吐蕃政权封在各地镇守。唐代宗大历四年（769 年），唐将李晟领兵出大震关，至吐蕃所占领的临洮（治今甘肃岷县）定秦堡，擒堡帅慕容谷钟而还。吐谷浑降将素和贵也被委以重任，成为吐蕃将帅，与钦陵驻守河源一带。对属国的吐谷浑王，吐蕃统治者一方面以通婚的形式竭力拉拢。《敦煌吐蕃历史文书》"大事纪"记载，689 年，"赞蒙墀邦嫁吐谷浑王为妻"。另一方面，吐蕃统治者又严加防范，使其完全听命，稍有不从，便予以惩罚，正如云南南诏王所说："往退浑王为吐蕃所害，孤遗受欺。"②在吐蕃上层统治者为弘扬佛教而举行的盟誓活动中，外甥吐谷浑王均被排在首位。弘扬佛法是一件大事，其中两次立誓都有吐谷浑王参加，说明吐谷浑王在吐蕃王

---

①《新唐书》卷 216《吐蕃传下》，第 6105 页。
②《新唐书》卷 222《南蛮传上》，第 6273 页。

朝的重要地位,是吐蕃对其羁縻笼络的反映。吐蕃正是通过吸收吐谷浑上层进入其统治集团,从而加强对广大吐谷浑人的控制。

吐蕃统治吐谷浑近二百年间,吐蕃与吐谷浑的融合是民族发展的主流。民族融合与同化需要有一定的主观与客观因素,吐蕃与吐谷浑具有共同的经济生活与生产方式。《旧唐书·吐蕃传》记载,吐蕃人"或随畜牧而不常厥居,然颇有城廓"。《新唐书·吐谷浑传》载,吐谷浑人也"有城廓,不居也,随水草,帐室、肉粮"。这表明吐蕃与吐谷浑人均是随水草而迁徙,以游牧为主的民族。其生产方式与经济结构的相同,是二者易于融合的前提,也是他们与生俱有的天然条件。

吐蕃与吐谷浑人的关系源远流长。早在南北朝后期,吐蕃与吐谷浑就有了密切的交往。《汉藏史集》记载,松赞干布的曾祖父仲年德如为了儿子医治眼睛,临终嘱咐让请来吐谷浑的医生。后来依照他的遗嘱,请来吐谷浑的医生易然医治好了眼睛。在长期的交往中,彼此互相影响,相互汲取,形成了一些共同的生活习俗。《新唐书·吐谷浑传》载,吐谷浑"妇人辫发萦后,缀珠宝"。吐谷浑妇女辫发习俗就对吐蕃生活习俗产生影响,唐代吐蕃"妇人辫发而萦之"①。宋代时,西北吐蕃也有"辫发之俗"。藏族妇女的辫发,成为其民风习俗,流传下来。

吐蕃与吐谷浑人信仰相同,这是他们在意识形态上的共同点。早在公元 5 世纪时,吐谷浑人开始接受佛教,佛教在吐谷浑盛行。佛教正式传入西藏是在松赞干布时期,吐蕃吞并吐谷浑后,也正是松赞干布奠定佛教在吐蕃传播的基础时期。吐蕃王朝弘扬佛法,吐谷浑王积极参与、支持,位居众人之首,为佛教的发扬光大作出努力。共同的宗教信仰、文化心理,使他们之间易于沟通与融合。

吐谷浑人早在"永嘉之乱"迁入诸羌地区时,已开始接受汉文化

---

① 《新唐书》卷 216《吐蕃传上》,第 6072 页。

的影响,在以后统治诸羌的三百多年中,吐谷浑政权不仅以吐谷浑为中心,形成了与诸羌部落的互相结合,而且利用其地处西北,连接西南,沟通内地与西域,联系江南与塞北的独特有利的自然地理条件,不断吸收鲜卑、氐、胡、汉等其他民族成份,发展、提高了其经济文化水平。吐蕃占据吐谷浑地区后, 在其统治集团中形成蕃浑联盟的同时, 为削弱吐谷浑的反抗力量,曾迁徙大批吐谷浑属部散居吐蕃本土。所以,吐谷浑所统诸部的臣属吐蕃,加速了吐谷浑人与吐蕃的融合,大部分吐谷浑人融入吐蕃之中。

二、吐蕃对党项的征服与统治

"党项羌者,三苗之后也。其种有宕昌、白狼,皆自称猕猴种"①,是汉魏以来西羌的一支。他们的居住中心起初在赐支河曲(今青海省东南部的黄河之曲)一带,北周灭宕昌、邓至等羌,党项开始强大。其种每姓自为部落,有细封、费听、往利、颇超、野利②、房当、米擒、拓跋氏等八族,其中以拓跋氏最为强盛。地处吐蕃王朝东北部的党项,阻碍着吐蕃向唐朝的扩张,党项成为吐蕃军事力量攻击的目标之一。

贞观十一年至十二年(637—638年),吐蕃向唐朝求婚不充,迁怒于吐谷浑而藉行攻掠,"进破党项、白兰诸羌,帅众二十余万屯松州西境"③。

---

①(唐)魏徵等:《隋书》卷83《党项传》,中华书局,1973年,第1845页。

②《新唐书》《旧唐书》所记为"野辞氏",杜佑《通典·边防六》、马端临《文献通考·四裔考》作"野律氏"。唐宋以来文献中记载"野利氏"是党项羌中有势力的大姓,《新五代史·四夷附录·党项》作"野利氏",《宋史·宋琪传》以"南山野利"与"平夏拓跋"相并称,《宋史·尹宪传》作"南山野狸"。"野利""野狸"即"野律","辞"疑"律"字之误。

③(宋)司马光:《资治通鉴》卷195《唐纪十一》,太宗贞观十二年八月,中华书局,1956年,第6139页。

此时吐蕃还不是以党项为主要攻击目标,而是为了打通进围松州(治今四川松潘县)的道路,对唐朝构成威胁。松赞干布逝世后,芒松芒赞幼年继位,军政大权掌握在禄东赞家族手中。在禄东赞当政的长达半个世纪的时期里,吐蕃积极对外扩张,先后发动了攻略唐朝及青藏高原诸部的战争,开始征服党项诸部,并统治了一部分党项人。唐高宗显庆元年(656年)十二月,禄东赞率兵十二万攻击白兰,激战三日,"吐蕃初败后胜,杀白兰千余人,屯军境上,以侵掠之"①。咸亨元年(670年),吐蕃攻陷唐朝西域十八州,占据龟兹、于阗、焉耆、疏勒四镇。调露二年(680年),吐蕃"尽收羊同、党项及诸羌之地,东与凉、松、茂、巂等州相接"②,疆域扩大,"地方万余里,自汉、魏以来,西戎之盛,未之有也"③。

吐蕃占据大片党项人居地后,原属松州都督府的党项羁縻州,相继迁至关内道所属的银州(治今陕西横山县东党岔镇大寨梁)、灵州(治今宁夏灵武县西南)、静边州都督府(治今陕西米脂县西)。尔后还有党项部落的零散迁徙,散居于陇右北部诸州关内道的庆(治今甘肃庆阳市西峰区)、灵(治今宁夏灵武县西南)、银(治今陕西横山县东党岔镇大寨梁)、夏(治今陕西靖边县西北白城子)、胜(治今内蒙古准格尔旗东北黄河南岸十二连城古城)诸州④,党项故地尽陷于吐蕃,"其处者皆为吐蕃役属,更号弭药"⑤。吐蕃占领党项大片土地后,继续乘

①(宋)王钦若等:《册府元龟》卷995《外臣部·交侵》,文渊阁《四库全书》影印本,第919册,第598页。

②(后晋)刘昫:《旧唐书》卷196《吐蕃传上》,中华书局,1975年,第5224页。

③《旧唐书》卷196《吐蕃传上》,第5224页。

④《新唐书》卷43《地理志七下》,第1119—1125页。

⑤《新唐书》卷221上《党项传》,第6215页。

胜东进,攻击唐朝,钞略党项。天宝十四年(755年),唐朝安史之乱的爆发,使唐军东调平叛,这为吐蕃的扩张侵逼提供了一个机遇,吐蕃乘虚而入,党项各部又一次开始大规模的迁徙。原在陇右北部诸州的党项更向东迁至绥(治今陕西绥德县)、银(治今陕西横山县东党岔镇大寨梁)等州,甚至渡黄河向河东地区迁徙。陇右尽为吐蕃所据,而内迁党项迫于形势,归属吐蕃者日众。

被吐蕃征服的党项人分布地域广阔,其分布区随着吐蕃势力的强弱略有变化。唐高宗永隆元年(680年),吐蕃尽收羊同、诸羌之地后,党项人原聚居的懿、嵯、麟、可、诺、阔、奉、岩、远等州[①]皆为吐蕃所据。从河首大碛石山(今青海湖西南大积石山即阿尼玛卿山)以东所设置的党项羁縻府州,大多归属吐蕃管辖,吐蕃占有今四川康定、理县、松潘以西,甘肃迭部、夏河以西、以南以及青海湖东南原党项部落的广大居地,基本上确定了对被征服党项的统治区域。安史之乱后,吐蕃攻伐加剧,河西陇右相继陷落,静边州都督府管辖的党项羁縻府州大多被吐蕃所控制。赤松德赞时期,"唐蕃之间的边界在木雅地方为贺兰山,吐蕃所辖境土为边界"。显然贺兰山以南广大地区的党项人也无疑归属吐蕃统治。

吐蕃王朝对居住在这一广阔地域的党项人进行奴役和统治。在党项居住区设立军事机构,派军驻防,《王者遗教》谓吐蕃在接近唐境的弭药地区设置东岱,"命令发到弥人部落(misde)之后,就将在弭药地区设立哨卡地界"[②]。目的是为防备唐军的进攻,防范弭药人的逃亡

①参阅谭其骧主编《中国历史地图集》第5册《剑南道北部》,《新唐书》卷43《地理志七下》,这些州皆在今四川西北一带。

②《王者遗教》引自黄灏译《贤者喜宴》,载《西藏民族学院学报》1981年第1期,第26页注文,其中"misde"注文采用张云《吐蕃与党项政治关系初探》一文中"弥人部落"的译法。

与反抗，驱使一部分党项人成为吐蕃的军事奴隶，编入军事组织，作为战斗的主力之一，为吐蕃的征伐效力。《旧唐书·党项传》载："雪山党项，姓破丑氏，居于雪山之下，及白狗、春桑、白兰等诸羌，自龙朔已后，并为吐蕃所破而臣属焉。"这些羌人"勇战斗，善作兵"，吐蕃"藉其兵为前驱"①，党项人成为吐蕃兵力的来源。

吐蕃还对党项部落居民征收赋税，进行经济剥削。据《旧唐书·东女国传》记载，活动在今西藏昌都至四川马尔康的东女国与白狗国、哥邻国、弱水国、悉董国、逋祖国、南水国、清远国、咄霸国等统称为"西山八国"，系"西羌之别种"，旧皆"分隶边郡，祖、父例授将军、中郎、果毅等官；自中原多故，皆为吐蕃所役属"②。这些部落大者不过三二千户，各置县令十数人进行管理，"土有丝絮，岁输于吐蕃"③。西山诸羌与吐谷浑居地相邻，皆为吐蕃所奴役，这就使他们具有了共同的命运。吐蕃吞并吐谷浑后，向吐谷浑部征收赋税，同时也要向党项征收赋税，把被征服的党项地区和人民，也视为其兵力与物资供给来源。党项人在吐蕃的征服、统治与奴役下，也逐渐吐蕃化。

吐蕃对党项居地的占领及其统治，对吐蕃和党项族的发展都具有重要意义。

第一，使吐蕃打破了封闭状态，走出了青藏高原，为吐蕃与其他民族的错居杂处，创造了优越的地理环境，扩大了领土范围。据《贤者喜宴》所载："东方之咄米兴米，南方之洛与门，西方之香雄及突厥，北方之霍尔及回鹘等均被收为属民，遂统治半个世界。"④

---

① 《新唐书》卷 221 上《党项传》，第 6216 页。

② 《旧唐书》卷 197《东女国传》，第 5279 页。

③ 《旧唐书》卷 197《东女国传》，第 5279 页。

④ 巴卧祖拉陈哇著，黄灏译：《贤者喜宴》，《西藏民族学院学报》1981 年第 2 期。

第二，吸收了新的民族成份，促进了吐蕃自身的发展与民族融合。《新唐书·党项传》载："庆州有破丑氏族三、野利氏族五、把利氏族一，与吐蕃姻援，赞普悉王之。"此破丑氏显然是原居于雪山之下的雪山党项破丑氏迁徙而来庆州。野利部原为党项大姓，但迁居庆州后，野利部归服吐蕃，并与吐蕃联姻。经过吐蕃的征服与统治以及他们之间的交往与融合，称"野利"为"吐蕃"，正是党项吐蕃化的反映。吐蕃与党项大姓的通婚及对一般党项部民的统治与奴役，促进党项与吐蕃相融合，党项人逐渐吐蕃化，这对藏民族以及独具特色的藏族文化的形成，具有重大的影响。

第三，促进了党项族的发展。吐蕃对党项的征服与统治，迫使党项人离开故土，开始了长达百余年、行程数千里的大规模迁徙。正是吐蕃的扩张，逼迫党项部众内迁后，党项族获得较好的生存环境与发展空间，与汉族及西北其他民族错居杂处，接受了汉族文化及先进的生产技术，使党项族摆脱了落后状态，走上了崭新的发展道路，这为以后党项的立国，西夏文化的创立奠定了坚实的基础。

三、回鹘与吐蕃的融合

回鹘族本为铁勒诸部之一，散处于漠北娑陵水（今色棱格河）、温昆河（今鄂尔浑河）、独洛河（今土剌河）流域。突厥强大时，铁勒部受其统治。唐太宗贞观（627—649 年）初年，回鹘首领菩萨曾率五千骑与突厥战于马鬃山。贞观六年（632 年），铁勒契苾部的首领契苾何力，"随其母率众千余家诣沙州，奉表内附。太宗置其部落于甘、凉二州"[1]。武则天时，突厥复兴，默啜可汗夺取铁勒故地，"故回纥与契

---

①《旧唐书》卷 109《契苾何力传》，第 3291 页。

苾、思结、浑三部渡碛,徙甘凉间"①。唐朝政府对徙居河西地区的回纥三部,"常取其壮骑佐赤水军"②。朔方名将浑释之、浑瑊父子即"铁勒九姓之浑部③人。敦煌文书伯希和 2942 号卷《思结首领远来请粮事》载:"思结首领,久沐熏风。比至河西,屡申忠赤。顷驰漠北,频被破伤。妻孥悉无,羊马俱尽。尚能慕义,不远归投。既乏粮储,略宜支给。"这说明思结部族已在河西地区居住并依附于唐朝。漠北回纥、契苾、思结、浑等部二次向甘、凉地区的迁徙,充分证明河西地区早已成为回鹘的徙居地。

回鹘与吐蕃原来居地相隔遥远,并无直接冲突。公元 7 世纪中叶以后,吐蕃武力日益强盛,公元 670 年,攻占了安西四镇,切断了唐朝与西域以至中亚的交通。特别是在安史之乱后,吐蕃乘虚而入,又占据了河西陇右地区,切断了唐政府与安西、北庭的联系,"朝贡道隔"。致使高宗时,驻守安西四镇的节度使留后郭昕,伊西、北庭节度使李元忠等人同朝廷的联系被阻断,"数遣使奉表,皆不至"④。正当吐蕃全力向西域推进之时,回鹘也进入了西域。贞元二年(786 年),郭昕、李元忠等为了取得与唐政府的联系,不得不遣使"假道于回鹘以朝奏"⑤。道虽通,但回鹘自此占据北庭,并控制了北庭都护府(治金满县,今新疆吉木萨尔县北 25 里破城子)。回鹘统治者"征求无厌,北庭差近,凡生事之资,必强取之"⑥。对附近游牧的其他各族也进行残酷的剥削与压迫,"沙陀别部六千帐,与北庭相依,亦厌虏衰索,至三葛

①《新唐书》卷 217《回鹘传上》,第 6114 页。
②《新唐书》卷 217《回鹘传上》,第 6114 页。
③《新唐书》卷 155《浑瑊传》,第 4891 页。
④《新唐书》卷 217《回鹘传》上,第 6124 页。
⑤《旧唐书》卷 195《回鹘传》,第 5209 页。
⑥《旧唐书》卷 195《回鹘传》,第 5209 页。

禄、白眼突厥素臣回鹘者尤怨苦,皆密附吐蕃"[1]。回鹘统治者的这种做法,使自己陷入孤立,从而使吐蕃在西域的势力进一步强大。

8世纪末,雄居漠北的回鹘汗国,内讧不息,直到9世纪30年代,彰信可汗被杀,厖驳可汗新立,这时国内混乱,连年天灾,羊马死亡遍地。开成五年(840年),黠戛斯派兵十万攻回鹘汗国,回鹘各部解体,汗国灭亡。四散奔逃的回鹘部族,向西分三支迁徙,其中一支投吐蕃,即南下进入河西走廊[2]。当时的河西地区正处于吐蕃的控制下,这支回鹘越过戈壁,进入额济纳旗,然后沿弱水(今黑河)至河西地区,散居于甘、凉、肃诸州,与原先迁入的回鹘人结合。据《旧五代史·回鹘传》载:"余众西奔,归于吐蕃,吐蕃处之甘州。"直至872年,张义潮死后,回鹘才逐渐占据甘州,势力强大后,以甘州为牙帐所在地,建立政权,这就是甘州回鹘。党项崛起后,向西开拓,甘州回鹘与党项展开了对丝绸之路的争夺,积极抗御党项的侵逼。宋仁宗天圣六年(1028年),甘州被元昊袭破,回鹘可汗自焚,有部分回鹘人投奔青唐唃厮啰,于是甘州回鹘融入青唐吐蕃之中。

四、吐蕃与沙陀、嗢末的融合

沙陀族本是西突厥别部处月种,本姓米邪氏,原居金娑山之阳,蒲类海(今巴里坤湖)之西,与北庭相依。因境内有大碛名沙陀碛(今新疆北部准噶尔盆地之古尔班通古特沙漠),故自号沙陀。

唐高宗初年,沙陀跟随西突厥阿史那贺鲁发动叛乱。叛乱平息后,沙陀归降唐朝,其首领沙陀金山因跟随薛仁贵征讨铁勒有功,授予唐朝官爵,至武则天时,封为张掖郡公。唐朝中期,西域曾为吐蕃控

---

①《新唐书》卷217《回鹘传》上,第6125页。
②冯家昇等:《维吾尔族史料简编》上册,民族出版社,1958年,第41页。

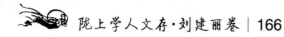

制,沙陀依附回鹘。贞元六年(790),吐蕃陷北庭,沙陀部不能忍受回鹘的奴役,归附吐蕃,六千帐①被徙置甘州"役属之"②。"六千帐"至少也有三万余人,这对当时甘州来说是一部分重要居民,也意味着这一部分沙陀人被吐蕃所征服与统治。吐蕃封沙陀首领尽忠为军大论,并利用沙陀兵骁勇、善骑、善战的特点,每战以为前锋。元和(806—820年)初,吐蕃统治者怀疑暗中与回鹘相勾结,准备将沙陀部徙往河外(即今青海省黄河以北之地)。沙陀酋长尽忠与其子执宜谋复归于唐,于是率部落三万东迁,沿弱水北行,欲摆脱吐蕃的统治。但被吐蕃围追堵截,沿途大部离散逃亡,其中一部分遗留在张掖、武威北部。只有小部分继续东迁,在灵州(治今宁夏灵武县西南)得到唐兵接应,灵盐节度使范希朝率兵迎于塞上,将沙陀安置在盐州(治今陕西定边县)。后来范希朝徙镇河东,执宜随从,沙陀又迁往山西北部。在吐蕃的统治下,留居河西沙陀人与吐蕃人融合。入宋后,散布于河西地区的吐蕃部族中有沙陀民族成份。

嗢末又作"浑末",是吐蕃统治时期,在甘肃出现的一种新部族,据《新唐书·吐蕃传》载系"吐蕃奴部"。嗢末的组成比较复杂,由于他们"居甘、肃、瓜、沙、河、渭、岷、廓、迭、宕间"③,故主要成分应为被掳掠的本地汉人。敦煌发现的历史文书中就明确记载:"嗢末百姓本是河西、陇右陷没子孙,□国弃掷不收变成部落。"④另外还融入一些被吐蕃征服地区的部族,如苏毗、羊同、党项、吐谷浑等,他们大部分沦

①(宋)薛居正等:《旧五代史》卷25《武皇纪上》谓"七千帐",中华书局,1976年,第331页。

②(宋)欧阳修:《新五代史》卷4《唐本纪第四》,中华书局,1974年,第31页。

③《新唐书》卷216《吐蕃传下》,第6108页。

④《敦煌遗书总目索引》斯6342号。

为奴隶。这些陷没为奴的部族必然有一部分"藉其兵为驱",参加吐蕃的扩张而来到河西陇右地区,逐渐与嗢末结合。嗢末虽系"吐蕃奴部",但不同于奴隶主贵族所占有的一般奴隶,他们主要作为吐蕃奴隶主贵族征战和镇戍的一种军事力量。吐蕃法令规定:"出师必发豪室,皆以奴从。"①在张义潮沙州起义中,就有数千嗢末人参加。嗢末人长期被吐蕃奴隶主所奴役,在长达百年与吐蕃人民的共同生活中,他们的子孙逐渐接受吐蕃的语言、风俗、饮食、服饰以及宗教信仰,逐渐吐蕃化。故嗢末人是在与吐蕃人融合的进程中形成的。

吐蕃王朝是在开疆拓土,征服邻近民族与部落的基础上,建立的地方民族政权,它的发展就是对周边民族、部落征服统治及融合的进程。吐蕃正是在对吐谷浑、党项、回鹘、沙陀、嗢末等其他民族的征服与统治中,形成大规模的民族融合,而自身也在这种与其他民族的融合中获得发展、壮大。

(原刊于《甘肃社会科学》2001 年第 3 期)

---

① 《新唐书》卷 216《吐蕃传下》,第 6108 页。

唐代吐蕃与汉民族的融合

公元7世纪,吐蕃在青藏高原崛起,松赞干布时统一并建立起一个强大的奴隶制政权。随着吐蕃势力的不断增强,势必不愿封闭在青藏高原一隅,要寻找有利于自身发展的更广阔的空间和更好的生存环境,于是打破封闭隔离,不断向四周进行扩张。大批吐蕃人因征服战争的需要走出青藏高原,对被征服地区的民族进行统治与奴役,也就是吐蕃逐渐与其他民族的融合。大批汉人融入吐蕃,对吐蕃的发展、强盛具有重要意义。

一、入蕃与亡蕃汉人

唐朝时期,有大批汉人进入吐蕃地区,因其进入的途径各不相同,可分为入蕃、亡蕃汉人,他们在吐蕃的地位和作用也有明显的差异。

入蕃汉人,是指受唐朝政府派遣而入居吐蕃的汉人,他们身负重任,为了民族利益,为了蕃汉民族的友好,帮助吐蕃民族发展,不远万里入蕃,如文成公主与金城公主以及大批随从人员。唐贞观十五年(641年),唐蕃和亲,太宗以文成公主妻之,令礼部尚书、江夏郡王李道宗主婚,持节护送公主至吐蕃。随同的有"造酒、碾、硙、纸、墨之匠"①及为吐蕃赞普表疏的"中国识文之人"和传教布道的僧人即"沙门之

---

① (后晋)刘昫等:《旧唐书》卷196《吐蕃传上》,中华书局,1975年,第5222页。

善讲者"①。这些汉人的入蕃,传入先进的中原文化及生产技术。文成公主入蕃时,带去"蚕种""五谷之类"及骆驼、马匹等牲畜,还有"各色绫罗二万匹"②。还带去了大量的医药书籍和医疗器械,有治疗四百零八种病的药物,医疗法一百种,诊断五种,医疗器械六件,配药法四部。传说文成公主还教当地妇女以织机织布,教当地百姓制作酥油、干酪、麦酒及陶器,茶叶亦系文成公主入蕃后传入的。金成公主入蕃和亲时,也携带了一批医书,其中的《月王药诊》一书,据说系五台山僧人所编,其内容包括诊断、用药以及医学理论。此外,内地的天文、历法、诗书、佛经等也都大量传入吐蕃。文成公主、金成公主以及那些入蕃的汉人,他们促进了汉蕃民族之间经济文化的交流,从而也促进了双方民族的相互融合,唐蕃和亲也成为千古佳话,广为传颂。正如唐代诗人陈陶《陇西行》诗中所说:"自从贵主和亲后,一半胡风似汉家。"③这些汉人的入蕃,传入先进的中原文化与生产技术,为吐蕃的发展作出贡献。

亡蕃汉人,是指那些由于政治上失意,甚至遭受打击或其他种种原因而远离故土,逃亡吐蕃的汉人。早在武则天时期,就有人亡命吐蕃。《新唐书·吐蕃传下》载:"虏将徐舍人者,语俘道人延素曰:'我乃司空英公裔孙也。武后时,家祖以兵尊王室不克,子孙奔播绝域,今三世矣。我虽握兵,心未尝忘归也,顾不能自拔耳。'"而吐蕃"得华人补

---

① (宋)王钦若等:《册府元龟》卷 980《外臣部·通好》,文渊阁《四库全书》影印本,第 919 册,第 394 页。

② 桑博渣:《藏王迎娶文成公主记》,转引自《中国历代民族政策研究》,青海人民出版社,1993 年,第 141 页。

③ 《御定全唐诗》卷 746 陈陶《陇西行四首》,文渊阁《四库全书》影印本,第 1430 册,第 387 页。

为吏者,则呼为舍人"①。后来亡命吐蕃的汉人数量有所增加,引起唐朝政府的不满。开元十七年(729年),吐蕃赞普为了缓和唐蕃矛盾,遣其重臣名悉腊随唐朝使臣皇甫惟明等赴唐朝,并在上表中主动提出:"外甥蕃已处分边将,不许抄掠,若有汉人来投,便令却送。"②唐朝中后期以后,由于内部政局不稳,加之吐蕃侵扰不断,唐人因避罪而亡命吐蕃的人数不断增多。德宗建中元年(780年),朝议城原州(治今宁夏固原市),泾州裨将刘文喜因人怨怒,众心不安,"据泾州叛,遣其子质于吐蕃以求援"③。从这一举动可以看出刘文喜图谋以吐蕃为后盾,联合吐蕃对抗朝廷,事败后,则逃亡吐蕃以保全性命。另外还有郭子仪之孙、郭晞之子郭钢也曾投奔吐蕃。因是单骑独叛,故"吐蕃疑之不纳"④。宪宗时,刘辟在四川作乱,兵败后,"辟大惧,以亲兵及逆党卢文若赍重宝西走吐蕃。吐蕃素受其赂,且将启之"⑤。这些亡命吐蕃的汉人对吐蕃的政治、军事方面也均有一定的帮助。

二、陷蕃汉人

在吐蕃向河湟、陇中、河西、关中、剑南地区的军事扩张中。有大量汉人沦陷蕃中。他们人数众多,成分复杂,境遇悲惨。因其陷蕃途径

①(唐)赵璘:《因话录》卷4《角部之次》,文渊阁《四库全书》影印本,第1035册,第488页。

②《旧唐书》卷196《吐蕃传》上,第5231页。

③(宋)司马光:《资治通鉴》卷226《唐纪四十二》,德宗建中元年四月乙未朔,中华书局,1956年,第7279页。

④《册府元龟》卷134《帝王部·念功》,文渊阁《四库全书》影印本,第904册,第420页。

⑤《册府元龟》卷359《将帅部·功一二》,文渊阁《四库全书》影印本,第908册,第266页。

各不相同,大体上可分为三类。

第一类,因战争失败或在战争中被打散而陷没吐蕃的唐军将士。

吐蕃与唐朝战争伊始,这种陷蕃汉人就已出现。唐高宗时,唐军曾与吐蕃争夺河湟地区,薛仁贵率军在大非川战败,李敬玄、刘审礼在青海湖一带全军覆没。二次战役惨败,使唐人记忆犹新。武则天时期,陈子昂上书曰:"国家往以薛仁贵、郭待封为虓武之将,屠十一万众于大非之川,一甲不返。又以李敬玄、刘审礼为廊庙之器,辱十八万众于青海之泽,身囚虏廷。"①高宗朝这二次战役,均以唐军失败而告终,必然有大批将士陷没吐蕃。以后唐朝与吐蕃双方常有战事,特别是在唐朝中后期,战争连年发生,多是唐军失利,陷蕃将士的数量肯定不少。德宗朝,吐蕃平凉劫盟,唐朝就有大臣"(崔)汉衡及中官刘延邕、俱文珍、李清朝,汉衡判官郑叔矩、路泌,掌书记袁同直,大将扶余准、马宁及神策、凤翔、河东大将孟日华、李至言、乐演明、范澄、马弇等六十余人皆陷焉"②,被吐蕃驱掠者竟有千余人。元和五年(810年)五月,吐蕃遣使来朝,"并归郑叔矩、路泌之枢及叔矩男武延等一十三人"③,他们陷蕃凡二十余年。贞元八年(792年),吐蕃寇泾州(治今甘肃泾川县),又掠田军千余人。建中三年(782年)四月,吐蕃一次放还陷蕃将士、僧尼等就多达八百人。因战争失败成为战俘而陷没吐蕃的汉人数量无法统计,但肯定为数不少。

第二类,被吐蕃掳掠的平民百姓。

吐蕃对唐朝战争的初期阶段,采取的策略多是抢掠财物,攻城略

①《旧唐书》卷190《陈子昂传》中,第5022页。

②《旧唐书》卷196《吐蕃传》下,第5252页。

③《册府元龟》卷980《外臣部·通好》,文渊阁《四库全书》影印本,第919册,第396页。

地,对居民百姓或杀戮或驱赶。玄宗开元二年(714年)秋,吐蕃"寇临洮军,又进寇兰、渭等州,掠监牧羊马而去"①。乾元(758—759年)以后,吐蕃攻打边城,这里的百姓或为"虏掠伤杀,或转死沟壑"②。唐德宗时期,吐蕃的战争策略有所改变,开始大量地掳掠汉族地区的青壮年。贞元二年(786年),"寇泾、陇、邠、宁数道,掠人畜,取禾稼"③。贞元三年(787年),吐蕃至吴山及宝鸡北界,"焚烧庐舍,驱掠人畜,断吴山神之首,百姓丁壮者驱之以归"④。又大掠汧阳、吴山、华亭等界"人庶男女万余口"⑤。吐蕃攻陇州(治今陕西陇县)并"焚庐舍,毁城壁,虏士众十三四,收丁壮弃老而去"⑥。攻陷连云堡后,又"驱掠连云堡之众及邠、泾编户逃窜山谷者,并牛畜万计"⑦。自此,泾、陇、邠(治今陕西彬县)等地,被吐蕃俘掠殆尽。贞元四年(788年),吐蕃三万余骑又略泾、邠、宁(治今甘肃宁县)、庆、麟(治今陕西神木县西南)等州,"焚吏舍民间,系执数万"⑧。贞元十七年(801年)七月,吐蕃攻盐(治今陕西定边县)、麟州,杀刺史郭峰,"湮隍堕陴,系居人,掠党项诸部"⑨。吐蕃掳掠了大量汉地居民,致使有的边州为之一空。唐朝君臣从忧地之失转而为忧人之失。

---

①《旧唐书》卷196《吐蕃传上》,第5228页。
②《旧唐书》卷196《吐蕃传上》,第5236页。
③《旧唐书》卷196《吐蕃传下》,第5249页。
④《旧唐书》卷196《吐蕃传下》,第5254页。
⑤《旧唐书》卷196《吐蕃传下》,第5255页。
⑥《旧唐书》卷196《吐蕃传下》,第5255页。
⑦《旧唐书》卷196《吐蕃传下》,第5256页。
⑧(宋)欧阳修、宋祁:《新唐书》卷216《吐蕃传下》,中华书局,1975年,第6098页。
⑨《新唐书》卷216《吐蕃传下》,第6099页。

第三类,因居地沦陷而没蕃者。

吐蕃攻占青海地区后,又进一步攻占陇右、关内、河西诸地。唐德宗建中四年(783年),唐蕃双方在清水会盟。清水盟约的订立,使吐蕃疆域扩展到灵(治今宁夏灵武县西南)、泾(治今甘肃泾川县)、陇(治今陕西陇县)、凤(治今陕西凤县东)、四川以及剑南西磨些诸蛮、大渡河之西南地区,大批汉人受到吐蕃的征服与奴役。吐蕃奄有河陇地区后,有大量汉人未曾迁徙,处在吐蕃的统治下,在湟水两岸,汉人村落仍然存在。吕温《经河源军汉村作》诗云:"行行忽到旧河源,城外千家作汉村。樵采未侵征虏墓,耕耘犹就破羌屯。"①吐蕃在向关内、长安的征伐中,大批被俘掠的汉人融入吐蕃。《建中实录》载:"初,吐蕃既得河湟之地,土宇日广,守兵劳弊,以国家始因用胡为边将而致祸,故得河陇之士约五十万人,以为非族类也,无贤愚,莫敢任者,悉以为婢仆,故其人苦之。"②《沈下贤集》也载:"自轮海已东,神鸟、敦煌、张掖、酒泉,东至于金城、会宁,东南至于上邽、清水,凡五十六郡六镇十五军,皆唐人子孙,生为戎奴婢,田牧种作,或丛居城落之间,或散处野泽之中。"③这类陷蕃的汉人数量多,范围广,但凡吐蕃奄有之地,人也均为吐蕃属民。

三、吐蕃对汉人的统治与奴役

吐蕃对新征服的地区采用军事占领制。设巡边安抚大相一人统

---

① (唐)吕温:《吕衡州集》卷2《经河源军汉村作》,文渊阁《四库全书》影印本,第1077册,第606页。

② (宋)司马光:《资治通鉴考异》卷17《唐纪八》,文渊阁《四库全书》影印本,第311册,第184页。

③ (唐)沈亚之:《沈下贤集》卷10《贤良方正能直言极谏策》,文渊阁《四库全书》影印本,第1079册,第67页。

领于阗(治今新疆和田市西二十里约特干遗址)、凉州(治今甘肃武威市凉州区)等地几个观察使,在各占领地派驻统兵将军(即节镇),沙州、鄯州驻节度使,河州(治今甘肃临夏市东北)是陇右地区的军政中心,驻东道元帅,洛门川是与唐朝军队对峙的前沿军镇,驻讨击使。《吐蕃历史文书》谓:"国威远播,东至陇山,皆为领地,设五道节度使以治理之。"除以上四镇外,还有松州节度使。《唐会要》卷九七《吐蕃》载王涯奏疏,谓"故松州城是吐蕃旧置节度之所",到唐宪宗时已裁撤。这四镇驻兵十多万。

吐蕃对陷蕃汉人进行残酷的统治与奴役,他们中有相当一部分成为吐蕃的奴隶,生活在最底层,在水深火热中煎熬、挣扎。扶余准曾为唐朝朔方河中副元帅押衙,李骕曾为殿前射生官,随神策副将护边师。二人均于贞元三年(787年)秋没于蕃中。吐蕃"令随水草牧羊马",偕受"苦役辱之"①,李骕陷没蕃中"三十三年"。吐蕃对掳掠的汉人,"其无所能者,便充所在役使,辄黥其面"②。对那些"粗有文艺者,则涅其右臂,以侯赞普之命。得华人补为吏者,则呼为舍人"③。元和十五年(820年),淮南裨将谭可则因防边为吐蕃所掠。被俘后,吐蕃以"可则晓文字",欲以为"知汉书舍人",可则不愿,但其右臂被涅字,译为"天子家臣","家臣"即为奴隶。段成式《酉阳杂俎续集》卷七记载:"永泰初,丰州烽子暮出,为党项缚入西蕃易马。蕃将令穴肩骨,贯以皮索,以马数百蹄配之。"显然,这是用绳索拴住的奴隶,其处境就更

①《册府元龟》卷444《将帅部》,文渊阁《四库全书》影印本,第909册,第665页。
②《因话录》卷4《角部之次》,文渊阁《四库全书》影印本,第1035册,第488页。
③《因话录》卷4《角部之次》,文渊阁《四库全书》影印本,第1035册,第488页。

为悲惨。

吐蕃由畜牧地区进入河陇农业区后，有一个逐渐由畜牧经济向农业经济的适应与转变的过程。吐蕃统治者也认识到要维护和巩固在河陇地区的统治，就必须争取唐人中的世家大族、政府官员与之合作共事，于是吐蕃对汉人中的大姓、上层区别对待，羁縻笼络。在河西地区，吐蕃曾与张、曹、索、阴、阎等著姓大族合作，对他们委以官职。如阴嘉政"蕃朝改授得沙州道门，亲表部落大使"，阴嘉珍为"大蕃瓜州行军并沙州三部落仓曹及支计等使"①。索家长子索清宇任"沙州防城使"。阎朝投降后，也被授予"大蕃部落使河西节度使"。《册府元龟》也载"沙州陷蕃后，有张氏世为州将"②。敦煌文书中载有"汉人部落使""汉人千户长""汉人都督"等官职。在河西地区，吐蕃很可能以部落的方式编组过被吐蕃奴役的汉人，而这些官职显然是管理汉人的。吐蕃统治者借助这些世家大族与官员们的力量与影响，对数以万计的陷蕃庶民百姓实行统治。

四、陷蕃汉人的吐蕃化

在吐蕃的征服与统治下，沦陷区的汉人不能说汉话、穿汉服，唯正月元旦日祭祖时例外。《白氏长庆集》卷三载："有李如暹者，蓬子将军之子也。尝没蕃中。自云蕃法唯正岁一日，许唐人之没蕃者服唐衣冠，由是悲不自胜，遂密定归计也。"白居易《缚戎人》诗曰："自云乡管本凉原，大历年中没落蕃。一落蕃中四十载，身着皮裘系毛带。唯许正

---

①（民国）罗振玉辑：《沙州文录》，甲子仲冬上虞罗氏编印本，第22、23页。

②《册府元龟》卷980《外臣部》，文渊阁《四库全书》影印本，第919册，第405页。

朝服汉仪,敛衣整巾潜泪垂。誓心密定归乡计,不使蕃中妻子知。"①唐朝诗人张籍作《陇头行》诗,也谓:"一朝尽没陇西地,驱我边人胡中去。……去年中国养子孙,今著毡裘学胡语。"②司空图《河湟有感》诗云:"一自萧关起战尘,河湟隔断异乡春。汉儿尽作羌人语,却向城头骂汉人。"③吐蕃占据河西地区以后,不仅有大批吐蕃部落迁入河西地区,而且河西绝大部分汉人也已"吐蕃化",甘凉瓜肃地区,"居人与蕃丑齐肩,衣着岂忘于左衽"④。陷蕃区汉人被强制吐蕃化,汉民族在被吐蕃奴役与统治中,逐渐与吐蕃融合。

陷蕃汉人无论他们处于何种地位,但都会受到不同程度的民族歧视与民族压迫,故而他们大多思念中原王朝,"没蕃被囚思汉土"⑤。每逢霜露降临,他们"以为岁时,必东望啼嘘,其感故国之思如此"⑥。浓郁的思乡情结,使他们更加怀念故乡。沙州(治今甘肃敦煌市西)陷落后,"州人皆胡服臣虏,每岁时祀父祖,衣中国之服,号恸而藏之"⑦。穆宗长庆二年(822年),刘元鼎为会盟使入吐蕃,"至龙支城,耋老千

①(唐)白居易:《白氏长庆集》卷3《缚戎人》,文渊阁《四库全书》影印本,第1080册,第40页。

②《御定全唐诗》卷382张籍《陇头行》,文渊阁《四库全书》影印本,第1426册,第655页。

③《御定全唐诗》卷633司空图《河湟有感》,文渊阁《四库全书》影印本,第1429册,第336页。

④王重民等:《敦煌变文集》卷1《张淮深变文》,人民文学出版社,1957年,第124页。

⑤《白氏长庆集》卷三《缚戎人》,文渊阁《四库全书》影印本,第1080册,第40页。

⑥《沈下贤集》卷10《贤良方正能直言极谏策》,文渊阁《四库全书》影印本,第1079册,第67页。

⑦《新唐书》卷216《吐蕃传下》,第6101页。

人拜且泣,问天子安否,言:'顷从军没入此,今子孙未忍忘唐服,朝廷尚念之乎? 兵何日来? '言已皆呜咽"①。在蕃汉人怀念故土,甚至用武力反抗吐蕃的统治。沙州人张义潮"阴结豪英归唐,一日,众擐甲谍州门,汉人皆助之,虏守者惊走,遂摄州事。缮甲兵,耕且战,悉复余州"②。大中四年(850年),张义潮以瓜(治今甘肃安西县东南锁阳城)、沙(治今甘肃敦煌市西)、伊(治今新疆哈密市)、肃(治今甘肃酒泉市肃州区)、鄯(治今青海西宁市)、甘(今甘肃张掖市)、河(治今甘肃临夏市东北)、西(治今新疆吐鲁番市东四十里高昌故城)、兰(治今甘肃兰州市)、岷(治今甘肃岷县)、廓(治今青海化隆县西六十里黄河北岸)等十一州归唐。

吐蕃向唐朝的开疆拓土,正是民族迁徙与融合的进程。随着对河陇各地的占领,吐蕃人民与汉人错居杂处,通婚联姻,汉族人民与吐蕃逐渐融合。入宋后,秦州吐蕃部落就有安家族、大马家族、小马家族等,而凉州则有邢家、赖家、章家、马家、周家、赵家、王家、宗家等吐蕃部落,这些均为吐蕃化汉人,在吐蕃的统治下,由一个家族变为一个部落。正如宋人张齐贤所说:"西凉蕃部,多是华人子孙,例会汉言,颇识文字。"③《张氏勋德记》也载:"河西创复,犹杂蕃、浑,言音不同。"北宋熙宁年间(1068—1077年)的熙河之役,"拓地千二百里,招附三十余万口"。王安石说:"今三十万众若能渐以文法调驭,非久遂成汉人,缘此本皆汉人故也。"④这些吐蕃部族有的原为汉人融入,用其原姓氏为部族名,是汉人吐蕃化后形成的,北宋以后,又逐渐与汉族融合。

---

①《新唐书》卷216《吐蕃传下》,第6102页。
②《新唐书》卷216《吐蕃传》下,第6107、6108页。
③《续资治通鉴长编》卷51,咸平五年三月癸亥,第1122页。
④《续资治通鉴长编》卷233,熙宁五年五月辛卯,第5655页。

唐朝时期,吐蕃的军事扩张,从某种意义上讲也是民族的迁徙与融合。在这个民族融合的进程中,吐蕃与汉民族的融合,是以吐蕃对汉人的征服与奴役这种曲折的表现方式进行的。它反映出隐藏在这种历史表象之下的实质,即汉族人民与吐蕃民族水乳交融、相互依存。

（原刊于《西北师大学报》2001 年第 4 期）

略论西北吐蕃与北宋的关系

北宋时期,在今青海、甘肃等地散居着许多吐蕃部落,他们"族种分散,大者数千家,小者百余家,无复统一"①。这种分散与不统一的状况,决定了他们不可能成为一支独立的力量与宋、辽、西夏并驾齐驱。而其自身实际利益的需要, 决定了吐蕃对归属宋朝表现出较强的积极性、主动性,其根本原因,在于经济、政治、军事上对宋王朝强烈的依附以及文化心理上对中原王朝的认同。

一、西北吐蕃的经济生活依附

位于青藏高原东部边缘地区的河陇地区, 因其高寒的自然地理特点以及吐蕃民族传统经济的影响,位于我国游牧经济文化圈中。生活在这一地区的吐蕃人以畜牧经济为主, 他们本身需要农业经济的补充。吐蕃政权自 7 世纪初,就与唐朝发生了日益密切的经济联系。经济上的交往,最初为互通有无,但随着交往时间的持久及交往密切程度的增加,对某些物品的消费,则会逐渐成为生活习俗的一部分,从而对这些物品产生愈益强烈,甚至不可缺少的需求。唐代丝绸大量输入吐蕃、回鹘等,不仅使唐王朝"竭力蚕织,西输贿币"②,而且使西

---

① (元)脱脱等:《宋史》卷 492《吐蕃传》,中华书局,1977 年,第 14151 页。
② 《宋史》卷 492《吐蕃传》,第 14151 页。

部各民族对丝绸锦缎产生了强烈的喜爱。至宋朝时期,丝绸绢帛依然是吐蕃民族非常珍贵喜爱的物品。宝元元年(1038年),屯田员外郎刘涣出使青唐(今青海西宁市),见唃厮啰"冠紫罗毡冠,服金线花袍、黄金带、丝履"①。而且吐蕃对丝绸织物的使用更为普遍,以致汉文史籍中对吐蕃服饰的记载,由唐代的"衣率毡韦"②,变为"妇人衣锦,服绯紫青绿"③。同时,由于西北吐蕃与中原王朝之间发生了非常密切的关系,北宋对西北吐蕃众多的部落首领的回赐、赏赐及蕃官的月俸中,丝绸绢帛成为最重要的物品之一。宝元元年(1038年),"时以元昊反,遣左侍禁鲁经持诏谕厮啰,使背击元昊以披其势,赐帛二万匹"④。北宋一直把丝绸织物的供给,作为羁縻笼络西北吐蕃的一种手段,始终常用不懈,而西北吐蕃为得到这些物品频繁入贡,甘愿接受册封,甚至请求得到宋的官爵。这从另一角度说明了西北吐蕃对丝绸绢帛的需求之甚,喜好之深。

唐朝时期,与丝绸同时输往西北地区的还有茶叶,但数量有限,茶叶在少数民族中尚属高级珍品。但茶叶具有性凉、味微苦等特点及能够清热解毒、助消化、解油腻的特殊功能,是食肉饮酪的牧业民族生活的必需品。正如明清之际的著名学者顾炎武所说:"茶之为物,西戎、吐蕃古今皆仰给之。"⑤吐蕃人喜食肉类,"以其腥肉之食,非茶不

---

①《宋史》卷492《吐蕃传》,第14162页。

②(宋)欧阳修、宋祁:《新唐书》卷216《吐蕃传上》,中华书局,1975年,第6072页。

③《宋史》卷492《吐蕃传》,第14163页。

④《宋史》卷492《吐蕃传》,第14162页。

⑤(清)顾炎武:《天下郡国利病书·四川备录》第23册《四川·王廷相严茶议》,商务印书馆《四部丛刊》三编,1936年,第104页。

消,青稞之热,非茶不解"①,所以吐蕃人大多依赖于此。随着茶叶种植的普遍及产量的增多,茶叶逐渐传入西北,其功能、好处渐被认识,以及饮茶习惯的日渐形成,对茶叶的需求量日益增多。至宋时,已是"夷人不可一日无茶以生"②。西北各少数民族,上至王公贵族,下至庶民百姓,饮茶成风,嗜茶成性,对茶叶竞相需求,以至有"茶米"之称,宋朝商贾竟将茶叶"转致于西北,以致散于夷狄,其利又特厚"③。其首领每次向宋朝贡献马、牛、羊、驼和各种土产,都渴望以金、银、帛、茶叶回赐。而且随着吐蕃与北宋交往的日益密切及交往时间的持久,吐蕃人口的增多,对茶叶的需求量日益增大,以至北宋后期,茶马贸易取代了过去以金银、绢帛、茶叶相杂的买马贸易,而成为汉族人民与兄弟民族商品交换中最主要的经济活动。

宋代西北吐蕃对丝织品、茶叶有如此强烈的需求,但蚕桑、茶叶的生长却需要湿润温暖的自然气候条件,因此,这两种大量需求物品的获得,必须依赖于宋朝。但此时的西北吐蕃早已失去了昔日吐蕃王朝时的雄风,与北宋相比,力量悬殊,使其无法以雄厚的武力为后盾来获取,只能采取以臣属或直接隶属于宋王朝方式,或偶尔进行小规模的掠夺来获得。

二、西北吐蕃的经济发展依附

西北吐蕃所居住的地区是朵康六岗,其中朵康(又称朵甘或朵甘

①《天下郡国利病书·四川备录》第 23 册《四川·王廷相严茶议》,《四部丛刊》三编,第 104 页。

②(清)嵇璜等:《续文献通考》卷 22《征榷考·榷茶》,文渊阁《四库全书》影印本,第 626 册,第 517、518 页。

③(元)马端临:《文献通考》卷 18《征榷考五·榷茶》,文渊阁《四库全书》影印本,第 610 册,第 403 页。

思)又分为朵堆和朵麦两部分,朵麦即安多藏区,就是指今四川西北部、甘肃南部、河西走廊及青海除玉树以外的全部藏族居住区。安多地区位于青藏高原东北部,故亦称之为"东吐蕃"。这里平均海拔高度达三千米,气候寒冷,草场面积分布广,且牧草茂盛,品种、质量均属上乘。这一切皆为畜牧业生产提供了优越的自然条件。畜牧业也是这一地区传统的经济部门,这里自古以来就是著名的畜牧区,"凉州之畜为天下饶"[①],而"熙河出马最多"。养马业在吐蕃的经济生活中占有重要地位,安多藏区的马颇有名,藏文史籍中称为"安多马区"[②],宋人亦皆知"青唐之马最良"[③]。

生活在这一地区的宋代吐蕃人依靠畜牧为生,但羊、马、牛等畜产品的生存,却高度依赖于草场的自然环境、生态条件。而草场有限,草场的载畜量也有限,而且草场的载畜量随着季节、气候的变化而增减幅度较大。但在正常情况下,牲畜的自然增殖量却是较大。北宋每年所买战马,一般情况下为二万匹,最多时竟达四万匹,多来自凉州、河湟等地区。熙河之役后,其战马则全依赖于熙、河、湟、鄯地区吐蕃部族。而且吐蕃诸部频繁的入贡中,以马匹为主要贡品,最多时一次达五千匹,牛、羊产量也"以数万计"[④]。熙宁六年(1073年)九月,岷州吐蕃一次就献"牛五百头,羊二千口"[⑤],王韶破踏白、珂诺城,"获牛羊

①(汉)班固:《汉书》卷28《地理志八下》,中华书局,1962年,第1645页。

②智观巴·贡却乎丹巴绕吉《安多政教史》,甘肃民族出版社,1989年,第5页。

③(宋)赵汝愚:《宋朝诸臣奏议》卷45《上钦宗论彗星》,上海古籍出版社,1999年,第481页。

④(宋)李焘:《续资治通鉴长编》卷247,熙宁六年十月庚辰,中华书局,1986年,第6022页。

⑤《续资治通鉴长编》卷247,熙宁六年九月壬戌,第6015页。

八万余口"①。这一切均说明西北吐蕃地区,自然环境适宜畜产品的生长。在这种优越的环境中,马牛羊等迅速增殖。这就必然出现一定的草场载畜量与不断增长的畜牧产品之间的矛盾,为解决这一矛盾,就必须把这些相对于一定草场显得"过剩"的畜牧产品外销或消费掉。

但在生产力技术低下的古代,一定数量的从事畜牧业的人口,对畜牧产品的消费也是一定的,这些"过剩"畜产品的解决,只能依赖向非畜牧人口的销售。而西北吐蕃地区,绝大部分人以畜牧为业,如此单一的社会经济构成,决定了其内部不可能转化大量的"过剩"产品,只能销往外部市场。而与西北吐蕃相邻的西夏、辽、回鹘等地区经济结构与西北吐蕃地区相似,亦农亦牧,但以畜牧业为主,不可能消费大量的畜产品,因而,其寻求畜牧产品销售市场的目光,只能投向战马缺少而又大量需求战马的宋朝。不仅如此,对于西北吐蕃而言,由于经济结构单一,货币经济不发达,某些生活必需品和奢侈品,如茶叶、丝织品的获得,在很大程度上源于其"过剩",所以对"惟恃卖马获利"②的西北吐蕃而言,宋朝这一马匹销售市场的保有与否,不仅严重影响到其经济的发展,也直接决定着其能否生存。

由此可见,无论是满足西北吐蕃对某些生活必需品、奢侈品的大量需求,还是实现其对"过剩"畜牧产品的大量外销,都需要西北吐蕃与宋王朝进行密切的经济联系,方可维持其生存,调节、刺激其畜牧经济的正常发展。在生产力水平较低的情况下,西北吐蕃因其所处的自然地理环境以及传统经济的影响,以对中原农业经济存在着强烈依赖的畜牧经济为主,而西北游牧经济与中原农业经济的长期密切交往,更加强了这种依赖性。由于西北吐蕃与北宋力量对比悬殊,决

---

①《续资治通鉴长编》卷252,熙宁七年四月丁酉,第6179页。
②《续资治通鉴长编》卷51,咸平五年三月癸亥,第1122页。

定了其不可能以大规模的掠夺来获取其生活必需品，也不可能以平等的地位与北宋建立理想的商业关系，只能以政治上的依附，从北宋获取其经济上的所需，而且在周围所有的政权中，"惟中国者羊马毡毯之所输，而茶彩百货之所自来也"①。政治是经济的集中体现，是经济的继续，归属北宋，无疑最为实惠，最为有利可图。西北吐蕃在经济上对宋朝强烈的依赖性，成为其政治上依附于宋朝的最根本的因素，而宋朝对西北吐蕃经济方面进行的种种招诱、羁縻、笼络，都是以西北吐蕃对宋朝在经济上的强烈依赖性为基础。

三、西北吐蕃政治、军事依附

西北吐蕃在政治方面也依附于北宋，期望得到宋政府官爵的封授与赏赐。景德元年（1004 年），宋政府"赐西凉府首领雅尔藏虎皮翻披"。因"蕃俗受此赐者，族人推奉之"②，即欲借宋的权威以赢得族人的"推奉"，这样既能提高首领在本部族中的权威，也能增强本部族的势力。大中祥符八年（1015 年），"侍禁杨承吉使西蕃啯厮啰还，言蕃部甚畏秦州近边丁家、马家二族"。因为"此二族人马颇众，倚依朝廷"③。秦州也谓李立遵"自作威福，屡恃朝廷恩宠，凌轹边部"④。西北吐蕃就是藉重于北宋的支持，来提高自己集团的权威，达到统一吐蕃诸部的目的。唐末五代，西北吐蕃经历了分散的状态后，逐渐形成以六谷部为中心的吐蕃联盟，得到宋朝的大力支持，宋曾封潘罗支为"朔方军节度使、灵州西面都巡检使"。从而大大提高了潘罗支的威望，使其势

---

①（宋）司马光：《传家集》卷 50《论西夏劄子》，文渊阁《四库全书》影印本，第 1094 册，第 468 页。

②《续资治通鉴长编》卷 56，景德元年三月乙酉，第 1231 页。

③《续资治通鉴长编》卷 85，大中祥符八年十二月丁亥，第 1958 页。

④《续资治通鉴长编》卷 85，大中祥符八年九月甲寅，第 1950 页。

力得以更快发展,兵力最盛时,达数万人之多,曾击败侵扰的党项军队,使李继迁中箭身亡,潘罗支六谷部达到鼎盛阶段。

景德以后,西凉六谷联盟渐趋衰弱,日益失去其原有的号召力。此时河湟地区却形成了几个较大的势力集团,如宗哥(今青海平安县)的李立遵,邈川(今青海乐都县)的温逋奇,河州(今甘肃临夏)的耸昌厮均等。他们为了争夺统一河湟地区的领导权,一方面迎请吐蕃王朝"赞普苗裔"唃厮啰到河湟地区"立文法",尊其为赞普,并争相控制,以便挟天子令诸蕃族;另一方面,则寻求宋朝的支持。李立遵在挟"赞普"以令族属,势力膨胀后,便向宋"屡祈朝廷爵命",又"求赞普,欲居唃厮啰上"①。也正因为李立遵的这种举动及三都谷战役的惨败,使得他与唃厮啰之间裂痕日深,于是唃厮啰在1023—1024年间投靠温逋奇,并且为了加强、巩固自己的权威,"数使人至秦州求内属"②,宋遂授唃厮啰为宁远大将军、爱州团练使等官爵。唃厮啰后捕杀了作乱的温逋奇,并于1032年举族徙居青唐(今青海西宁市),西北吐蕃的第二次联盟政权开始进入鼎盛时期。

西北吐蕃在军事方面也依附于北宋。吐蕃与党项都是以畜牧为业的游牧民族,争夺水草牧场是其生存的根本。党项在势力增强以后,势必向西扩张,与吐蕃争夺生存空间。地处丝绸之路要道,适宜农牧的凉州(治今甘肃武威市凉州区)及河湟地区就成为党项扩张的目标,身居这些地区的吐蕃面对党项的军事进攻,势必在军事上对宋朝产生依附。日益强大的党项政权势力不仅阻碍着西北吐蕃与北宋的贸易通道,而且对西北吐蕃不断侵扰,欲以吞并。西北吐蕃为了维护自己的政治、经济利益及生命安全,期望得到宋朝的援助与保护,联

---

①《续资治通鉴长编》卷 86,大中祥符九年三月辛酉,第 1979 页。
②《续资治通鉴长编》卷 111,明道元年八月辛酉,第 2587 页。

宋抗夏，抵御党项的吞并。正因为如此，西北吐蕃保持与宋朝的政治、经济联系，对其自身的生存、发展具有非常重要的意义，尤其是与宋朝贸易通道的畅通与阻碍，如同经济命脉一样决定其兴亡盛衰。党项也深谙此道，故每每欲制服西北吐蕃，不但频频侵略其人畜，而且总要截断其贸易道路。咸平（998—1003 年）初，党项乘机恢复祖先故土后，在其势力尚不足以抗衡宋朝的情况下，积极图谋向西发展。不但加紧侵略凉州蕃部，而且从宋朝夺得灵州（治今宁夏灵武县西南）四郊之地，长期围困凉州吐蕃与北宋贸易往来的交通要地灵州。在这种情况下，凉州吐蕃为了保护自己，打击党项势力，维护商路畅通，多次向宋廷上言"蕃部频为继迁侵略"①，并屡次请求宋朝出兵，共同夹击西夏。但由于宋统治者的昏庸软弱，对蕃部援助不力，以至坐失灵州，不仅使党项截断了凉州吐蕃与宋的贸易通道，而且六谷吐蕃政权中心凉州成为党项势力直接的进攻目标。鉴于这种情况，凉州吐蕃屡次"乞会王师收复灵州"②。景德元年（1004 年），在凉州吐蕃首领潘罗支率军重创党项李继迁后，又"欲更率部族及回鹘精兵，直抵贺兰山讨除残孽"③，愿宋朝"发大军援助"④。但因宋廷一直"迁延未许"，加之凉州吐蕃政权自身的弱点及党项势力的发展壮大，不仅使收复灵州化为泡影，而且使凉州六谷联盟也分崩离析。

四、西北吐蕃的文化心理认同

西北吐蕃对中原王朝有一种文化心理上的认同，这成为其政治

---

① 《宋史》卷 492《吐蕃传》，第 14154 页。
② 《宋史》卷 492《吐蕃传》，第 14156 页。
③ 《续资治通鉴长编》卷 56，景德元年六月丁丑，第 1240 页。
④ 《宋史》卷 492《吐蕃传》，第 14156 页。

上依附于宋朝的文化心理因素,也成为一种向心力。

中原政权从来都作为东方文明中心而为周边民族所瞩目。河陇地区及青藏高原外围"民族走廊"地带,自古以来就与中原地区发生着密切的联系,尤其是因汉唐的重点经略,从而使这些地区的人民逐渐形成了对中原王朝越来越强的向心力。西藏原始文化在形成过程中,与黄河上游氐羌系统的原始文化存在着密切的渊源关系。7 至 9 世纪,吐蕃王朝大规模的向外扩张,将原分布于西藏外围地区众多的氐羌部落及北方鲜卑系统的吐谷浑,乃至河陇地区大量的汉人都纳入吐蕃王朝的版图,经过吐蕃王朝的统治,虽大部分已吐蕃化,但对中原王朝的向心力却日益加强。

吐蕃王朝崩溃后,乘河陇军阀混战遂相纠合而起的吐蕃奴部嗢末势力,因本是陷蕃百姓后裔,因而对故国感情很深,于咸通三年(862 年)即遣使入贡于唐。唐末中原大乱,嗢末又转而朝贡沙州归义军政权。经河陇各民族的斗争、迁徙,唐末五代,凉州形成了嗢末势力和少量唐代戍兵后裔联合的民族分布格局。五代时期,这两大势力共推汉人孙超、李文谦等任西凉府留后。后晋天福八年(943 年),又强行截留后晋派来巡抚凉州的押牙陈延晖,并推立为凉州刺史。在这期间,嗢末首领不断接受中原王朝的官爵。随着嗢末势力的不断壮大,后汉隐帝乾祐元年(948 年),陈延晖卒后,嗢末人折逋嘉施被推选为凉州留后,并来汉"请命",汉即授以节度使,从而开始了嗢末势力对凉州的领导。后周广顺二年(952 年),嗢末首领又来周"请帅",周派申师厚为河西节度使,继而"吐蕃首领折逋支等请加恩命"[1]。自五代始,吐蕃也不断地向中原王朝遣使入贡。由此可见,唐末五代,无论是

---

[1](宋)王溥:《五代会要》卷 30《吐番》,文渊阁《四库全书》影印本,第 607 册,第 707 页。

河陇吐蕃还是已吐蕃化的嗢末，不但频频入贡，接受中原王朝的官爵，而且主动向中原王朝"请帅""请加恩命"，强行截留中原王朝的使者，推立为刺史，甚至称"阿舅天子"，表明"心白向汉"等。这些情况反映了自唐末五代至宋这一历史时期，河陇吐蕃势力和已吐蕃化的嗢末集团，与中原地区的汉文化有一种潜在的相通与认同。在不断的民族纷争中，为加强自身的权威以维系自己的存在和发展，始终想获得中原王朝政治上的认可和支持，这就说明西北吐蕃与中原王朝长期密切的联系，在文化心理上形成对中原王朝越来越强的认同及向心力。

西北吐蕃对北宋这种依附关系，正是宋朝全面、持久、深入的经制吐蕃，而吐蕃也愿意归属的深层原因，这对宋王朝以及西北吐蕃的经济、政治、军事及民族融合等方面，都产生了一定的影响。

（原刊于《兰州大学学报》2002 年第 6 期）

西夏与辽朝关系述论

北宋时期，崛起于白山黑水的契丹辽国，不仅与中原北宋王朝有密切的政治、经济联系，而且与西北地区的党项夏国也往来频繁。夏州政权时期，党项就与契丹辽国有政治接触。后晋开运元年（944年），后晋高祖石晋瑭死，其侄石重贵即位，对契丹不称臣，契丹兴师问罪。当时称藩于后晋的定难军节度使李彝殷从麟州（治今陕西神木县西南）渡黄河至契丹西境，以牵制契丹。此为辽夏第一次政治接触。北宋建立后，夏州拓跋归属于宋。由于拓跋政权内部矛盾斗争，李继迁反对族兄李继捧归附宋朝，起兵抗宋自立，并附辽为援，这是夏辽开始正式建立关系。自此至辽朝灭亡，两国之间虽有战争，但和平友好、相互援助，是夏辽关系的主流。

一、夏辽结盟

西夏与辽盟好关系的建立与发展主要是在李继迁与李德明时期，经历了李继迁结辽抗宋与李德明倚辽惠宋两个发展阶段。

辽乾亨四年（宋太平兴国七年，982年），李继迁率众逃往地斤泽，经过几年的与宋作战，虽有小胜，但也屡遭重创，损失惨重。李继迁在屡遭失败后，总结教训，认为自己"不能克服旧业，致兹丧败，兵单力弱，势不得安。北方耶律氏方强，吾将假其援助，以为后图"①,即结好辽国,抗衡宋朝。于是在辽统和四年(宋雍熙三年,986年)二月,遣张浦持重币至契丹请附。辽圣宗一时主意不定,西南招讨使韩德威说:"河西为中国右臂。向年府州折氏与银、夏共衡刘汉,致大兵援应无功;今李氏来归,国之利也,宜从其请。"②辽圣宗遂同意接纳。同年四月,辽授李继迁为定难军节度使、银夏绥宥等州观察处置等使,特进检校太师、都督夏州诸军事,李继迁弟继冲为副使。十二月,李继迁为更进一步加深与辽的关系,亲自率五百骑至辽边境向辽请婚,"愿婚大国,永作藩辅"③。时逢耶律盼与宋在秦州作战不利,辽圣宗欲以继迁牵制宋军,于是答应以公主下嫁。辽统和七年(宋端拱二年,989年)三月,辽以义成公主下嫁李继迁,并赐马三千匹作为陪嫁。

李继迁从与辽结盟至中流矢身亡(986—1003年),前后共17年中,为了取得战争的胜利,每年向辽朝派出的进奉、贺正旦、贺生辰等使臣不绝于途。辽统和八年(宋淳化元年,990年),李继迁向辽朝进贡的物品有"细马二十匹,粗马二百匹,驼一百头,锦绮三百匹,织成锦褥被五匹,苁蓉、甘石、井盐各一千斤,沙狐皮一千张,免鹘五只,犬子十只"④。自此以后,"每岁八节贡献"。辽朝对李继迁的每次回赐为金腰带、细衣、马、羊、弓箭、马具、酒果等物品。作为辽朝的藩属,李继迁每对宋作战或取胜,均要遣使向辽朝奏报或告捷,如辽统和八年(990年)九月,"继迁遣使献宋俘",十月,"以败宋军来告",十二月,"下宋麟、廊等州,来告"。统和九年二月,"遣使告伐宋之捷",七月,"复绥、

---

① (清)吴广成著,李蔚整理:《西夏书事》卷4,泰山出版社,2000年,第39页。
② 《西夏书事》卷4,第39页。
③ 《西夏书事》卷4,第39页。
④ (宋)叶隆礼:《契丹国志》卷21《南北朝馈献物》,文渊阁《四库全书》影印本,第383册,第775页。

银二州,来告"①。这种频繁的奏告除表示亲密外,还带有向辽朝显示胜利,借此得到辽朝的重视,以巩固夏辽联盟②。

　　总之,在李继迁时期,夏辽结盟、通婚、交聘、朝贡等,均带有明显的政治意图和权衡利弊得失③,双方均围绕对宋的战与和进行外交活动。李继迁假辽以抗宋,辽朝联夏以制宋。对于辽朝而言,李继迁的归附,不仅使"诸夷皆从",而且也达到牵制宋朝的目的。正因为夏辽结盟是为了共同对付宋朝,因此辽圣宗担心李继迁怀有二心,投靠宋朝。而宋朝也采用"以夷制夷"的策略,授李继捧为定难军节度使,使攻李继迁。后李继迁为了获取经济上的利益投归宋朝,被赐以赵保吉。李继迁虽然降宋,但劫掠依旧,夏辽在共同对付宋朝的基础上,仍保持贡使往来,李继迁归宋受抚对夏辽关系有所影响,远不如以前亲密。不久李继迁攻凉州吐蕃六谷部,中流矢而亡,宋辽也澶渊结盟,夏辽关系进入新的历史阶段。

　　景德二年(1005)年,已嗣立一年的李德明,由于李继迁新死,德明没有得到大国册封,于是人心浮动,纷纷内附宋朝。于是李德明采纳赵保宁"若不假北朝威令慑之,恐人心未易靖"④的建议,遣赵保宁赴契丹请封。辽圣宗一口答应,并说:"此吾甥也,封册当时至。"德明向辽朝请封的同时,又遣使至宋请和,为免除辽朝疑心,乃"以兵攻下青城"向辽朝告捷。辽出于"联夏制宋"的传统策略,"许德明册封,以

　　①上述奏告,均见(元)脱脱等:《辽史》卷115《西夏传》,中华书局,1974年,第1525页。

　　②杜建录:《西夏与周边民族关系史》,甘肃文化出版社,1995年,第109页。

　　③白滨:《论西夏与辽的关系》,《中国民族史研究》第一辑,中央民族学院出版社,1987年。

　　④《西夏书事》卷8,第52页。

为臂使之需"①。同年七月,遣使封李德明为西平王,复姓李氏,赐车、骑、衣、币等物。

德明在位时期,为图自身发展,小心谨慎地处理与辽朝的关系,在诸如沿边党项部落归属等一系列敏感问题上,尽量照顾辽朝的利益,以免事态扩大。辽开泰二年(1013年)五月,辽朝西南边境的党项部落因不愿征发,"皆循黄河北模赧山"逃离,只有"曷党、乌迷两部尚居故地,遣使约归夏州,德明不敢纳"②。但由于民族与地理方面的缘故,辽境内的党项部落仍不断亡入西夏境内。辽圣宗便诏令李德明:"今党项叛,我欲西伐,尔当东击,毋失掎角之势。"③因德明出兵境上接应,助讨党项,圣宗赐德明及义成公主车马。辽太平六年(1026年)六月,回鹘阿萨兰部叛辽,辽圣宗征诸路兵征讨,李德明主动点集军队,帮助辽朝讨伐,后因辽军攻甘州(治今甘肃张掖市甘州区)三日不克,加之阻卜又发生内乱,于是夏辽联军撤回。

随着宋辽"澶渊之盟"和夏宋"景德和约"的订立,此时的夏辽关系因共同应对宋朝这一基础的丧失,而出现了微妙的变化,德明对辽朝不再像李继迁时那样顺从,于是双方不愉快的事情也时有发生。因李德明不许吐蕃假道西夏境赴辽进贡,致使辽朝加深了对德明的不满。辽开泰九年(1020年)五月,辽圣宗以狩猎为名,亲率五十万大军攻凉州(治今甘肃武威市凉州区)。李德明竟率军抵抗,打败了辽朝的大规模进攻。虽然事后双方均主动和好,但辽圣宗已认识到压服政策行不通,便采取羁縻笼络政策,继辽统和二十八年(1010年)封德明为夏国王后,又授李德明为尚书令,晋大夏国王。

---

①《西夏书事》卷8,第52页。
②《西夏书事》卷9,第56页。
③《辽史》卷15《圣宗纪六》,第173页。

夏辽凉州之役是夏辽关系的一个转折点。辽太平二年(1022年)九月,辽朝遣使贺德明生辰。太平五年(1025年)十一月,西夏贡于辽,辽圣宗"以德明势日强盛,厚赐使者,遣还"①。从这些礼仪交往中,可以看出夏辽两国关系及相互地位发生了微妙的变化,辽朝对李德明已不敢轻视。辽太平八年(1028年),李德明立元昊为太子,加快了立国的进程。为了取得辽国的支持,太平九年二月,遣使至辽国为元昊请婚,辽圣宗欣然答应。兴宗继位后,继续推行联夏制宋的方针,封宗族女为兴平公主,"下嫁夏国王李德昭子元昊,以元昊为夏国公、驸马都尉"②。兴平公主下嫁元昊,这是夏辽之间的第二次和亲,也是自李继迁以来夏辽结盟友好关系发展的结果。由于以后宋、辽、夏对峙形势发展的变化,两国之间不断发生摩擦,以致兵戎相见。

二、毁盟与战争

从宋天圣十年(1032年)元昊即位至辽重熙十三年(宋庆历四年,1044年)夏宋"庆历和议"的签订,是夏辽结盟的第一阶段,也是双方逐渐毁盟的过程。

这一时期,由于元昊忙于建国以及对宋战争,夏辽之间往来逐渐冷落,但由于双方为共同应对宋朝,双方关系仍保持着稀疏的贡使往来,特别是在夏宋交战时,辽朝持偏向于西夏的"中立"势态。夏天授礼法延祚四年(辽重熙十年,1041年),宋军攻破西夏宥州界蕉篙砦,又袭新筑的汉乞、薛马、都嵬三砦,元昊恐宋军深入,"以所掠缘边人马献于契丹,请援"③,辽兴宗集兵幽州以声援西夏。在更多情况下,辽

---

①《西夏书事》卷10,第59页。
②《辽史》卷18《兴宗纪一》,第213页。
③《西夏书事》卷15,第76页。

朝默允元昊假借辽朝声势以讹宋，夏天授礼法延祚二年（1039 年），西夏给宋朝书信中声称"元昊与契丹联亲通使，积有岁年。炎宋亦与契丹玉帛交驰，傥契丹闻中朝违信示赏，妄乱蕃族，谅为不可"①。但辽朝对此并没有表示不满，默认了西夏对宋朝的讹诈。

在夏辽的互为声援背后，相互提防，这是双方关系发生的微妙变化。辽国兴平公主的早死，也加深了夏辽矛盾。兴平公主下嫁元昊后，"素与元昊不睦"，得病后，"元昊遣使贡于契丹，不以病告"②。辽兴宗怀疑兴平公主死因，曾遣使持诏书诘问，此辽夏矛盾的开始。辽朝怕西夏强大难制，于是在其西南边境设置西南面都招讨司、南北大王府、乙室王府、山金司等官署，布防兵力，以"控制西夏"③。而西夏自建国之初，即"自河北至午腊蒻山七万人，以备契丹"④。在军事防范的同时，辽朝还从经济上限制西夏，对原先西夏赴辽的贡使贸易进行限制。辽重熙二年（夏显道二年，1033 年）十二月，辽兴宗下令"禁夏国使沿路私市金铁"⑤。西夏为了打破辽朝的经济封锁，曾多次遣人至吐谷浑、党项诸处市马。辽重熙十一年（夏天授礼法延祚五年，1042 年），辽朝国主虑其势盛，"禁约诸蕃，令沿边筑障寨防遏之"⑥。

这一时期，夏辽关系恶化并导致战争的爆发，有两个重要因素。一是辽朝单方面接受宋朝岁币以弹遏西夏，引起西夏对辽的不满。元昊立国后，对宋朝发动了一系列攻势，以致夏宋双方均疲以战争，想

---

①（宋）李焘：《续资治通鉴长编》卷 125，宝元二年闰十二月壬子，中华书局，1985 年，第 2950 页。

②《西夏书事》卷 12，第 66 页。

③《辽史》卷 46《百官志二》，第 747、748 页。

④《宋史》卷 485《夏国传上》，第 13995 页。

⑤《辽史》卷 115《西夏传》，第 1526 页。

⑥《西夏书事》卷 16，第 78 页。

尽快结束。辽兴宗想利用当时的形势，从中调解，挟夏讹宋以获利。宋朝向辽朝增加岁币，让辽朝弹遏西夏，辽朝见利忘义，满口答应。对于辽朝的背信弃义，西夏愤怒，使辽朝在宋辽交涉中，元昊不断地出难题，"不肯称臣，则是契丹之威不能使西羌屈服"①，使辽朝的许诺不能兑现，损害了辽宗主国的威严，也使辽朝在宋面前威信扫地。二是元昊诱纳辽朝境内的岱尔族及党项部落，使夏辽关系急剧恶化。辽西部边境居住的党项及其他部族经常举族归夏，以前西夏对此持慎重态度，基本不予接纳，而两国有隙后，西夏常阴诱辽朝境内党项诸族投夏。辽重熙十二年（夏天授礼法延祚六年，1043年），夏出兵帮助辽朝打败了不服辽朝约束的呆儿（岱尔）族，但辽朝独吞所获，致使西夏失望，遂派兵侵掠辽朝境内的党项羌，随后又"潜诱山南党项诸部及呆儿族八百户，尽叛契丹，阴附于己"②。由于夏辽之间矛盾的激化，辽夏关系恶化，战争一触即发。

西夏与辽之间的战争可分为两个阶段。

第一阶段始于1044年十月，以辽兴宗亲自统兵攻打西夏战败而告终。辽重熙十三年（夏天授礼法延祚七年，1044年）十月，辽朝在充分的准备后，兵分三路伐夏，辽兴宗亲率10万军队出金肃城。三路大军渡黄河后，长驱直入四百里，无任何阻击。兴宗据得胜寺南壁，以捕捉战机。当时夏军主力潜伏于贺兰山北侧，辽北路统帅得知这一情况后，遣军掩袭，元昊率军迎战，将辽军包围，辽大将直古迭"左右驰射，跃马直击中坚，夏众不能挡，大溃而退"③。元昊伏击败后，退守贺兰山，见辽兵多势盛，于是采取缓兵之计，以退为进，遣使向辽兴宗请

①《续资治通鉴长编》卷139，庆历三年二月乙卯，第3355页。
②《西夏书事》卷17，第80页。
③《西夏书事》卷17，第81页。

罪。辽军进入河曲后,元昊亲率党项诸部待罪,并折箭为誓,夏辽双方盟约。元昊乘辽军不备之机,向辽军进攻,元昊故意后退三十里以避其锐,辽军穷追不舍,元昊连退三次近百里地,"每退必赭其地,契丹马无食,因许和"①。元昊又拖延数日,乘辽军马饥士疲之时,突然猛攻,最终辽军惨败,蹂践而死者不可胜计。接着元昊又乘胜攻打得胜寺南壁的辽军大本营,兴宗"单骑突出,几不得脱"②。河曲之役,夏军共俘辽朝近臣数十人,获辎重器物如山。河曲之战后,元昊不失时机地遣使赴辽朝议和,辽兴宗也因损失惨重,无力再进行战争,于是双方议和。

第二阶段战争从 1049 年开始,辽朝乘谅祚新立,母后专政之际,再次发兵攻夏,战争相持五年之久,终以西夏力屈,被迫向辽朝进表请降。河曲之战后,双方虽然达成和约,但元昊常以兵掠辽朝边境,而辽兴宗则秣马厉兵,"通报丁口,简募甲兵,日夜教阅,思雪前耻"③。战争仍在孕育之中。辽重熙十五年(夏天授礼法延祚九年,1046 年),辽朝又对西夏发动大规模的进攻,"以兵两千据河桥,聚巨舰数十艘",用铁钩联在一起,又"布舟于河,绵亘三十余里"④。第二年辽朝再次攻西夏,纵兵深入夏境,大掠而还。辽重熙十八年(夏延嗣宁国元年,1049 年)七月,辽兴宗乘元昊新死,下诏三路进军,以萧惠为南路行军都统,赵王萧孝友、汉王贴不为副都统;以敌鲁古为北路行军都统,兴宗自己亲率中路军。八月,中路军先遣部队打败夏军拦截,渡河袭据西夏东部要塞唐隆镇。南路军自恃强大,被夏军击败。北路军经凉州,

①《西夏书事》卷 17,第 81 页。
②《辽史》卷 109《罗衣轻传》,第 1479 页。
③《西夏书事》卷 18,第 83 页。
④《辽史》卷 87《肖蒲奴传》,第 1335 页。

挥军直趋贺兰山,俘元昊妻没移氏和夏臣僚家属数十人。因南路军战败,辽军三路相继撤回。

夏天祐垂圣元年(1050年)二月,夏没藏讹庞遣军围辽金肃城,被击败。三月,又遣兵屯河南三角川(今内蒙古达拉特旗南),再次被辽军击败,丧失辎重器械无数。夏军屡败,辽军攻势益猛。五月,辽兴宗再次攻夏,包围兴庆府,纵兵四掠,没藏氏不敢出城应战,闭城坚守,六月,辽军攻破贺兰山西北的摊粮城(今内蒙古巴音浩特北),"尽发廪积而还"①。

夏天祐垂圣元年(1050年)十月,在辽军不断打击下,西夏被迫遣使议和,请依旧例称藩。后在没藏氏多次请求与友好表示下,辽兴宗在1053年初降诏书许西夏求和,谅祚正式进降表。辽兴宗虽许和,但对西夏持有戒心。为了密切两国之间的关系,没藏氏遣使至辽求婚,但辽兴宗"以没藏氏反覆",未允和亲。西夏又遣使上誓表,请辽朝颁誓诏。辽兴宗接受誓表,"赐以车服,而不许誓诏"②,没有答应结盟的要求。辽清宁元年(夏福圣承道三年,1055年),辽兴宗卒,道宗耶律洪基即位,夏辽关系维持着表面的平静,但相互间并没有放弃进图对方。秉常即位后,夏辽宋三国对峙形势发生变化,夏辽关系也进入一个新的发展阶段。

三、夏辽复盟

从1067夏毅宗谅祚卒、惠宗秉常即位到1125年辽朝灭亡,这五十八年间,是夏辽结盟、关系友好发展时期。

西夏惠宗秉常在位时期,正是宋朝熙丰变法之时,宋神宗改革内

①《西夏书事》卷19,第86页。

②《西夏书事》卷19,第87页。

政,富国强兵,积极对外用兵,对西夏右厢地区建立起一道可攻可守的防线,又发起规模空前的五路进攻。在宋朝的攻讨下,西夏将军事、政治斗争的中心转移到宋朝,从而使辽朝不再担心西夏对其发动进攻,但同时辽朝也不希望西夏这一盟友被宋朝消灭。在这种情况下,夏辽之间恢复了盟好关系,从秉常即位时起,两国之间再没有相互攻掠,而且辽朝还不时声援西夏,或遣使赴宋讲和。西夏与北宋的交涉中,也常以辽朝为幌子。夏大安八年(宋元丰五年,1082),夏西南都统昂星嵬名济给宋边将刘昌祚的约和信中说:"夏国提封一万里,带甲数十万,南有于阗作我欢邻,北有大燕为我强援,若乘间伺便,角力竞斗,虽十年岂得休哉。"①

但此时由于宋朝对西夏在军事上并没有形成绝对优势,辽朝对西夏梁氏临朝、外戚专权的不满,夏辽之间也有一些矛盾发生。夏乾道元年(辽咸雍四年,1068)十月,辽遣使册秉常为夏国王,梁氏遣使向辽道宗求赐印绶,"辽主不与"。在对待西夏求援上,辽朝也常不认真对待。夏天赐礼盛国庆二年(宋熙宁四年,1071),夏宋争夺罗兀地区,西夏失利后,向辽求援。"辽主许发腹里兵三十万助之,于是国中气复振"②。但这仅是辽朝口头许诺,实际上并没有出兵援助。

乾顺年幼即位,母昭简文穆太后梁氏听政,西夏再次陷入母后临朝、外戚专权的局面。自恃一门出二后的梁乙逋对辽朝态度怠慢,秉常卒后,迟迟不向辽朝报哀,"辽主怒,不行吊祭,命乾顺先知国事"③,而不行颁册。梁乙逋也"以辽不颁封册,遂不遣贺正使人"④。直至辽朝

---

①《宋史》卷486《夏国传下》,第14013页。
②《西夏书事》卷23,第97页。
③《西夏书事》卷27,第111页。
④《西夏书事》卷28,第112页。

遣使来诘,梁乙逋才遣使入贡,辽道宗正式册封乾顺为夏国王。夏天
祐民安三年(辽大安八年,1092 年)三月,梁乙逋集兵韦州(治今宁
夏同心县东北韦州镇),谋取环庆,被宋军打败,"乾顺母梁氏愤韦州
之败,将图大举,复使乞兵于辽,辽主不许"①。十月,梁氏亲率大军攻
宋环州,七日不克,又中宋军埋伏,再次大败,梁氏又遣使向辽朝求
援。辽道宗因梁氏、梁乙逋穷兵黩武,不得人心,遂放弃遣使赴宋诘问
调解。

梁乙逋被诛杀后,梁氏独掌军政大权,但此时的夏辽关系仍不融
洽。宋朝拓边,西夏疆土日被侵削,夏天祐民安七年(辽寿昌二年,
1096 年)五月,梁氏遣使至辽朝,请辽朝出面令宋军归还所侵疆土,但
辽朝拖延不管,至八月,梁氏见无动静,再次遣使向辽朝乞援,辽道宗
还是不理。《西夏书事》卷三十载:"乾顺屡次乞援,辽主但牒雄州,令
还夏国疆土,不肯发兵。梁氏乃自为表请之,多怨望语。辽主不悦,声
言点集人马应援夏国,仍次境上不出。"

梁氏摄政时期,夏辽关系一直不和谐的重要原因,就是梁乙逋
"潜谋篡夺,刑赏自专,梁氏亦为所制"②。这使以宗主国自居的辽朝极
不乐意,致使对西夏乞援不热心。梁乙逋被杀后,"梁氏专恣不许主国
事,辽主素恶之,故请援辄不应"③。乾顺亲政后,夏辽关系才真正恢复
盟好,关系融洽。

辽杀夏国母梁氏后,归政于乾顺,乾顺"幸母之死以为利",加速
了夏辽盟好关系的发展,从此,西夏完全依附于辽朝。夏永安二年(辽
寿昌五年,1099 年)二月,西夏遣使至宋报哀及修贡,宋朝不接受,乾

---

①《西夏书事》卷 29,第 116 页。
②《西夏书事》卷 29,第 117 页。
③《西夏书事》卷 31,第 121 页。

顺请辽朝出面说情。辽道宗遣使携国书赴宋汴京为夏解和说："北朝皇帝告南朝皇帝,西夏事早与休得,即甚好。"①并在其国书中指出："事贵解和,盖辽之于宋,情重祖孙;夏之于辽,义隆甥舅,必欲两全于保合,岂知一失于绥城?"②在辽朝的调解下,宋同意与夏约和。

夏宋虽约和,但相互争战未止。徽宗即位后,继续推行蚕食西夏领土的开边政策,为此,乾顺于夏永安三年(辽寿昌六年,1100年)、夏贞观二年(辽乾统二年,1102年)、贞观三年(辽乾统三年,1103年)连续三次遣使辽朝,乞求联姻。辽朝天祚帝终许婚,于辽乾统五年(夏贞观五年,1105年)三月,以族女南仙封成安公主,下嫁夏国王李乾顺,完成了夏辽的第三次和亲。夏辽和亲后,每当西夏对宋作战失利或边界纠纷向辽朝求援,辽朝总是有求必应。辽乾统六年(夏贞观六年,1106年)正月,乾顺遣使至辽请援,且乞伐宋,天祚帝即"出兵千余屯塞上,遣枢密直学士高端礼入贡,以姻娅为言,请罢伐夏兵"③。同年十二月,乾顺又遣使乞援于辽,辽朝遣枢密使肖艮赴宋交涉,对宋徽宗说:"今大辽以帝妹嫁夏国主,请早退兵,还所侵地。"④在辽朝坚持不懈的努力下,宋朝有折扣地归还了部分夏地。夏与辽朝关系密切,唇亡齿寒,夏国愈衰,辽朝愈加扶持。

金朝崛起后,对辽朝发起猛攻,辽军节节败退。此时的乾顺对于陷入困境中的辽朝鼎力相助,多次出兵救援,从此两国关系进入西夏援辽抗金阶段。夏元德二年(辽天庆十年,1120年),宋朝为收复燕云十六州,与金朝订立"海上之盟","乾顺闻之,遣使如辽,约先举兵入

①《续资治通鉴长编》卷507,元符二年三月丙辰,第12075页。
②《西夏书事》卷31,第121页。
③《西夏书事》卷32,第124页。
④《西夏书事》卷32,第125页。

寇,辽主不许"①。夏元德四年(辽保大二年,1122 年)五月,辽山西境内城邑尽失,乾顺闻悉天祚帝逃往阴山,遣大将李良辅领兵三万前去救援,在野谷被金军打败。天祚帝逃难时,处境极为艰难,乾顺又派大臣曹价问候起居,并馈赠粮饷。夏元德五年(辽保大三年,1123 年)正月,乾顺再次出兵救辽,又被金所阻。天祚帝逃往云内,乾顺再次遣使请他至西夏避难。天祚帝为表示感谢,六月派人持册封乾顺为夏国皇帝,这是西夏自元昊称帝建国以来第一次得到大国的承认。与此同时,金朝也遣人诱乾顺附金。在权衡利害得失之后,乾顺决定对金奉表称臣,请以事辽之礼事金。随着天祚帝的被俘,辽国灭亡,夏辽关系得以终结。

(原刊于《辽宁大学学报》2005 年第 2 期)

---

①《西夏书事》卷 33,第 129 页。

略论西夏与金朝的关系

立国于西北边陲，与辽、宋、金三国抗衡的西夏，在北宋、辽灭亡后，与金朝关系密切，相互交往频繁，这对夏、金双方政治、经济、文化等方面均产生了重大影响。本文拟从夏金初期的争斗、夏金友好、使臣交聘、夏金关系破裂等方面，对夏金之间长达百余年的交往过程进行较全面的考察。

一、夏金初期的争斗

夏国是辽国的盟友、姻亲，关系极为笃厚，由于辽国的阻隔，与女真族却素无往来。公元 1115 年，金国以其强大的军事实力向辽政权进行毁灭性的打击，陷黄龙府，克上京，辽军接连惨败，辽天祚帝也被迫逃入天德（治今内蒙古乌拉特前旗西南）、云内（治今内蒙古托克县东北古城乡）一带的夹山地区。此时的西夏，一方面，笃守对辽国的情义，"不渝终始，危难相救"①，另一方面，为了将自己的疆域扩展到黄河以东，竟派李良辅将兵三万来救辽，与金军在天德军境内野谷一战，三万夏军"败之几尽"，主帅李良辅被擒。野谷之败，使"不渝终始"的西夏认识到金国军事力量的强大，金灭辽势在必行。于是改变原来的对外政策，弃辽附金，维护自己的生存。金在全力灭辽的同时，主动

---

① （元）脱脱等：《金史》卷 134《西夏传》，中华书局，1975 年，第 2865 页。

遣使赴夏国议和,以坏辽夏之盟而结夏金之好。夏元德四年(金天会元年,1123 年)十一月,太祖阿骨打第二子宗望亲自到阴山与夏国议和,许以割地。要求西夏"若能如事辽之日以效职贡,当听其来,毋致疑贰。若辽主致彼,可令执送"①。夏元德五年(金天会二年,1124 年),夏国接受金的议和条件,获得了"下寨以北、阴山以南、乙室耶刮部吐禄泺之西"②的金朝割赐地。从此,夏金两国正式建立了以君臣相称的政治关系。

夏金交好的初期,即从夏元德四年(金天会元年,1123 年)至大庆元年(金天眷三年,1140 年)的十八年中,夏金双方的关系极为复杂微妙。从表面上看,双方以君臣相称,节庆聘使互有往来,实际上,却是双方互不信任,存有戒心。金对西夏的不信任,一方面是由于辽夏旧情始终不能让金彻底放心。这从金给宋帝的回书中可以看出,"夏国素号狡猾,唯务诈诞,与昏主实甥舅唇齿之国"③。而率部西迁的耶律大石此时正军势日盛,锐气日倍,多次声称"欲借力诸蕃,翦我仇敌,复我疆域"④。因此,金恐西辽与西夏合谋犯边。另一方面,则是西夏不仅与辽旧情不忘,而且还与宋联系不断。夏元德五年(金天会二年,1124 年),夏遣使入贡于宋,次年,宋钦宗即位,夏又遣使表贺,而且宋夏之间国书不断,据吴玠奏:"夏国数通书,有不忘本朝意。"⑤这充分表明西夏周旋于宋、金之间,绝无一意附金。同样,西夏对金也不

①《金史》卷 134《西夏传》,第 2866 页。

②《金史》卷 134《西夏传》,第 2866 页。

③(金)佚名:《大金吊伐录》卷 1《白札子》,文渊阁《四库全书》影印本,第 408 册,第 836 页。

④(元)脱脱等:《辽史》卷 30《天祚帝纪四》,中华书局,1974 年,第 356 页。

⑤(元)脱脱等:《宋史》卷 486《夏国传下》,中华书局,1977 年,第 14023 页。

信任。西夏向金称臣是迫于金的武力,并非心悦诚服,正如吴广成所言:"乃始惧兵威,继贪土地,渐易初心,顿忘旧好。"①

由于夏金双方的不信任,它们初期的交往实质上是明争与暗斗,于是在一系列事件中矛盾逐渐激化。金夏结盟之后,金约夏从银、夏等地出兵,夺取宋关中之地。西夏却趁宋金激战之时,派军收复了原被宋占领的陕西沿边地。夏元德七年(金天会四年,1126 年)三月,又由金肃(今内蒙古准格尔旗北)、河清(今内蒙古东胜北)渡河夺取了天德(今内蒙古乌拉特前旗西南)、云内(治今内蒙古托克县东北古城乡)、武州(治今山西神池县西)河东八馆之地。夏国的这一举动令金人十分恼怒,立即派大将兀室率数万骑,"阳为出猎,掩至天德,逼逐夏人"②,对夏军发动突然袭击,一举夺取河东之地,夏人心怀怨愤,但"惧不敢违"③。

麟(治今陕西神木县西南)、府(治今陕西府谷县)二州系西夏东部边境的军事要地,北宋时,以折氏世守其地"以抗夏人",至折可求时,以麟、府州地降金。金则利用折氏与西夏为仇,"欲因折氏以并夏境"④。于是双方对麟、府二州地进行激烈的争夺,夏人多次攻破麟、府二州,并进而夹围晋山军。金被迫"移折氏守青州"⑤,而将麟、府划归西夏。

金屡令不得纳契丹降人,而西夏却阳奉阴违。伪齐同州知州李世

---

①(清)吴广成著,李蔚整理:《西夏书事》卷 33,泰山出版社,2000 年,第 129 页。

②《宋史》卷 486《夏国传下》,第 14021 页。

③(宋)熊克:《中兴小记》卷 4,文渊阁《四库全书》影印本,第 313 册,第 829 页。

④《中兴小记》卷 4,文渊阁《四库全书》影印本,第 313 册,第 829 页。

⑤《金史》卷 128《张奕传》,第 2761 页。

辅谋杀金帅撒里曷不克,投奔西夏,夏立即接纳。金熙河路经略使慕洧叛金失败,逃入夏国,夏主不仅接纳,还授为山讹首领。夏正德六年(金天会十年,1132年)十二月,辽河东八馆五百户、山金司乙室王府、南北王府、四部族衙诸契丹相温酋首率众蜂起,亡入夏国,乾顺将他们安置在"北鄙",并"别立监军司统之"①。

金帅粘罕灭辽后,尝欲假道夏国,以攻川、陕,两次遣使至西夏征兵,均被乾顺拒绝。金遂生灭夏之意,佯言"欲马万匹",如被拒绝,则以此为由向西夏出兵。夏假意允许,先以所练精兵,每一马以二人御之,并给言金人曰:"万马虽有,然本国乏人牵拢,今以五千人押送,请遣人交之"②。当金来取马时,夏人群起将金人团团包围,一举歼灭,大挫金人锐气。

夏正德元年(1127年)三月,金单方面与夏、楚划定边界,楚废齐立后,又单方面给夏、齐划界。夏国对金之划界规定并不承认,正德六年(1132年),夏向金请环、庆二州;正德七年(1133年),夏攻金怀德城;夏大德二年(金天会十四年,1136年)七月,夏攻取乐州、西宁州;大德三年(1137年)九月,又向金乞河外诸州。当时金"四太子方在东京,虑腹背受敌,几于失措,大急,先发割界文字前往陕西,方解其事。"③为了缓和夏金之间日益尖锐的矛盾,金不得不多次割地予夏。

正是这一系列事件导致了一连串的武装冲突,给新建立的夏金关系蒙上了浓厚的阴影。

---

①《西夏书事》卷34,第133页。

②(宋)王明清:《挥麈后录》卷4,文渊阁《四库全书》影印本,第1038册,第463页。

③(宋)李心传:《建炎以来系年要录》卷125绍兴九年春正月丙申,文渊阁《四库全书》影印本,第326册,第710页。

二、夏金关系的改善

夏金之间的真正友好关系,主要是在西夏仁孝与纯祐统治时期,也就是金熙宗、海陵王完颜亮、金世宗、金章宗在位之时。

这种友好关系的出现,与当时整个中国形势的变化以及夏金双方国内政治、经济发展的需要密切相关。此时,辽早已灭亡,率部西迁的耶律大石已在中亚建立政权,对西方进行开拓经营,无意东返,金朝的西顾之忧已基本解除。金宋双方力量的对比也发生了新的变化,金不可能灭南宋,而南宋也不可能灭金,金与南宋都无力统一全国。

立国不久的金朝,经过与西夏的一系列武装冲突,亟须稳定和巩固自己的政权,以适应对新占领的汉族地区的统治。因此,从熙宗朝起,金统治者始将太祖、太宗时期对外扩张政策迅速、全面地转变为对内的改革与整顿,加强皇权,消除割据势力,发展封建经济。而减少和停止对外战争,争取和平安定的环境,是其发展的根本前提。至章宗时,"承世宗治平日久,宇内小康"①,继续进行改革,"正礼乐,修刑法,定官制,典章文物粲然成一代治规"②,使金朝的政治、经济均达到极盛。伴随着封建国家的繁荣,统治集团也日益腐朽,特别是女真贵族转化为封建地主后,逐渐失去了原"勇鸷"的习性,沉溺于嬉戏之中,早已失去了斗志,这就决定了他们在邦交上必须努力谋求和平。夏金友好关系的发展就出现在金朝熙宗、海陵炀王、世宗、章宗这四代特定的历史背景之下。

与此同时,西夏也经历了几十年的战争灾难。夏崇宗乾顺三岁继立后,由梁太后、梁乙逋总擅全国大权,统治集团内皇族与外戚之间

①《金史》卷12《章宗纪四》,第285页。
②《金史》卷12《章宗纪四》,第285页。

的矛盾斗争日益激化。为了转移矛盾，梁氏统治集团凭借手中的权力，对宋沿边诸州发动了一系列的战争，使西夏人民又饱受战争灾难，国家也处于动荡不安之中，人民怨恨战争，国家需要稳定。夏仁宗仁孝即位之初，国内阶级矛盾尖锐，人民处于水深火热之中，而饥荒、地震更加剧了人民的贫困与苦难，内乱频生，番部起义，夏国政权处于危急之中。为了巩固和加强统治，争取较长的和平时期以休养生息，并在政治和经济上获得金的信赖与支持，在对金关系上，夏国君主积极主动与金修好，贯彻与金结好的政策。

正因为双方统治者都具有和平安定、改革与发展的愿望，夏金关系才有所改善，开始了真正的友好交往。

三、夏金交聘活动

夏金双方的交聘是其关系友好的突出反映。自金太宗天会元年（1123 年），金遣"宗望至阴山，以便宜与夏议和"[1]，至夏末帝宝义元年（金正大四年，1227 年），"夏遣精义㕔使王立之聘于金"[2]，在西夏中后期的 104 年间，夏共遣使 238 次[3]，其中乾顺朝 36 次，仁孝朝 141 次，纯祐朝 36 次，夏金之间的交聘活动以西夏为主动，遣使频繁，人数众多。

（一）夏国赴金聘使活动

见于文献记载的西夏聘使类型主要有奉表使、上誓表使、贺正旦使、贺生辰使、贺尊安使、谢横赐使、谢誓诏使、谢封使、谢恩使、报谢使、告哀使、慰奠使、陈慰使、奏告使、押进使、进奉使等等。其聘使名

---

①《金史》卷 60《交聘表上》，第 1390 页。
②《西夏书事》卷 42，第 159 页。
③据《金史》卷 60、61、62《交聘表》统计，第 1386—1490 页。

称与活动内容相关。

奉表、上誓表是夏臣属于金的聘使活动。夏元德五年（金天会二年，1124年），夏金和议订立后，乾顺遣御史中丞把里公亮奉表金主，请以事辽之礼事金，因受赐地。这是夏国臣金的开始。乾顺得金赐地后，复遣把里公亮赴金献方物，并上誓表。表示自今以后，凡于岁时朝贺，贡进表章，使人往复等事，一切永依事辽国旧例。完颜亮即位后，西夏也遣使"奉表如金"①。

贺正旦是西夏聘使赴金的主要活动之一。夏乾顺元德六年（金天会三年，1125年）正月，"夏使贺正旦"②，这是西夏贺金正旦之始，从此，开启了西夏每年赴金贺正旦活动。仁孝、纯祐即位后，均遣使赴金贺正旦。即使在夏国内部政权发生嬗变，贺正旦也照常进行。夏应天元年（金泰和六年，1206年）正月，镇夷郡王李安全废纯祐自立，是为夏襄宗，第二年正月，即遣"武节大夫隈敏修、宣德郎邓昌福贺正旦"③。夏襄宗安全被废后，李遵顼即位，夏光定二年（金崇庆元年，1212年）正月，遣使贺金正旦。自此后，夏金关系破裂，双方使臣十余年不相往来。夏金重新议和后，夏乾定四年（金正大三年，1226年）正月，又遣使贺正旦。西夏赴金贺正旦活动，一般情况下，年年岁岁，从不间断。

西夏还遣使赴金贺金天清节、万寿节、万春节、天寿节等金主诞辰的庆典。天清节是金主完颜晟诞辰日，贺天清节在每年的十月进行。夏金和议的当年十月，夏国主乾顺就遣使贺金太宗天清节，这是西夏赴金贺节的开始。万寿节乃金熙宗诞辰日，熙宗即位后，贺万寿节则在每年的正月举行。夏大德二年（金天会十五年，1145年）正月，

---

①《西夏书事》卷36，第138页。
②《金史》卷60〈交聘表上〉，第1391页。
③《金史》卷62《交聘表下》，第1478页。

夏遣使贺万寿节。金熙宗在位期间,夏遣使贺万寿节持续不断。万春节是金世宗在位期间,西夏聘使的主要活动,在每年的三月进行。夏天盛十三年(金大定元年,1161年)十月,金世宗即位,第二年四月,夏国主仁孝就遣使贺金世宗即位并贺万春节。此后贺万春节均在每年的三月举行。夏天盛十七年(金大定五年,1165年)三月,夏遣使贺万春节时,正值南宋与金订立"隆兴和议"之后,夏使与宋使一同入见。世宗一朝,西夏聘使赴金贺万春节无从间断。天寿节是金章宗在位期间庆祝生辰的活动,金"令于九月一日称贺"①。于是夏国主仁孝于当年八月,就遣使人嵬名彦、刘文庆赴金贺,章宗"以世宗丧"②而不受朝。从夏乾祐二十三年(金明昌三年,1192年)九月始,夏每年遣使庆贺。

纯祐即位后,仍一如既往,于即位第二年(1194年)九月,就遗使人赴金祝贺。李安全为夏国主后,仍照常遣使。夏应天三年(金泰和八年,1208年),此时金与南宋交战,将天寿节从九月移到十月十五日,于是李安全遣武节大夫李世昌、宣德郎米元杰赴金贺。此后由于战争,西夏赴金贺天寿节被迫中断。贺生辰是金炀王完颜亮在位时,西夏聘使赴金的活动。夏国主仁孝接受了完颜亮执政的现实,并从夏天盛三年(金天德三年,1151年)正月起,开始一年一度的遣使贺生辰活动。

另外还有奏告、告丧、奠慰、陈慰、谢誓诏、谢横赐、谢封、谢赐生日、谢恩以及附带有谢赙赠、请上尊号、贺受尊号、贺迁都、请市书等内容的聘使活动。

①《西夏书事》卷38,第146页。
②《西夏书事》卷38,第146页。

（二）金国赴夏聘使活动

夏金初和，即通使节，然而金之通使，在熙宗至章宗的六十余年间交聘较多。其中太宗朝2次，熙宗朝2次，海陵炀王朝12次，世宗朝37次，章宗朝4次，卫绍王朝1次，哀宗朝3次，金国共遣使61次①。

见于文献记载的金国聘使类型主要有议和、赐誓诏、报成、生日、封册、贺正、报哀、敕祭慰问、吊奠、横赐等使，其聘使名称与西夏相比较少，活动也较单一。

议和、赐誓诏是金国聘使的重大活动。夏金曾订立过两次和议，第一次是夏元德四年（金太祖天会元年，1123年），宗望至阴山，以便于与夏议和。第二次则是在金末即夏乾定三年（金哀宗正大二年，1225年）十月，"遣聂天骥、张天纲使夏讲和事"②。在第一次夏金和议订立、夏遣使上誓表后，夏元德五年（金天会元年，1124年）闰三月，金太祖即遣王阿海、杨天吉赴夏赐誓诏。报成即报聘，是对夏使的回聘。第二次夏金和议订立后，夏使朝辞，国书报聘称"兄大金皇帝致书于弟大夏皇帝阙下"，"遣礼部尚书奥敦良弼、大理卿裴满钦甫、侍御史乌古孙弘毅充报成使"③。

贺生日是金聘使赴西夏的一项重要交聘活动。完颜亮杀熙宗自立为帝后，即开始遣使贺夏国主仁孝生日。以后又曾五次遣使赴夏国贺生日。金世宗即位后，继续遣使贺夏国主生日。从金大定二年（1162年）九月始，至金大定二十九年（1189年），其中除大定二十五、二十九这两年未遣使外，其他每年均遣生日使赴夏，世宗朝共遣

①据《金史》60、61、62《交聘表》统计，第1386—1489页。
②《金史》卷62《交聘表下》，1975年，第1487页。
③《金史》卷62《交聘表》下，第1488页，1975年。

生日使 27 次①。封册使是在金夏关系中,金对夏国的重要政治活动,体现了金夏之间的君臣关系。金明昌五年(1194 年),金章宗命"中宪大夫国子祭酒刘玑、尚书右司郎中乌古论庆裔等充夏国主李纯祐封册起复使"②。金泰和六年(1206 年),李安全废纯祐自立后,遣使奏求封册,金主始遣朝议大夫温迪罕思敏为封册使,册李安全为夏王。金崇庆元年(1212 年),李遵顼即立后,金仍遣使赐封册,册为夏国王。贺正旦是金聘使赴夏国的活动,第二次夏金和议后,金正大三年(1226 年)十一月,哀宗遣人使夏贺正旦。

横赐使始于金熙宗朝。金太宗时,聘使王阿海、杨天吉赴夏赐誓诏,夏国主乾顺欲依旧礼,"辽使至国,以臣礼见",王阿海不肯受"夏主坐受使者之礼"③,于是发生争执。从此后,金不再遣使夏国。金皇统五年(1145 年)四月,熙宗以右卫将军撒海、兵部郎中耶律福为横赐夏国使,金使横赐自此始。金正隆二年(1157 年)四月,完颜亮也遣宿直将军温敦斡喝为横赐夏国使。金世宗即位后,在金大定三年(1163 年)五月,遣宿直将军阿勒根和衍赴夏横赐,以后又六次遣横赐使赴夏。金章宗即位后,于当年五月遣鹰坊使移剌宁赴夏横赐④,以后又曾五次遣使横赐。另外还有报哀、祭慰、吊祭等金聘使赴夏的活动。

总之,金之通使,盛行于海陵、世宗两朝。金太宗时没有遣使回聘,自熙宗以后金使的回聘也逐渐增多,这正是金朝国内进行改革,发展经济,社会稳定的反映。

---

①据《金史》卷 61《交聘表中》统计,第 1417—1450 页。

②《金史》卷 62《交聘表下》,第 1461—1462 页。

③《西夏书事》卷 33,第 130 页。

④《西夏书事》卷 38,第 146 页。

四、夏金关系的破裂

《金史·西夏传》谓："自天会议和，八十余年与夏人未尝有兵革之事。"实际上并非如此。从金太宗到章宗这八十余年间，夏金之间不仅爆发过多次武装冲突，而且还出现过二次短暂的分裂，再加上卫绍王至金宣宗时长达十余年夏金分裂，就形成了夏金关系史上的三次破裂。

第一次夏金分裂，发生在海陵王完颜亮正隆末年。当时由金熙宗开始的夏金关系已趋于正常，因此，当海陵王弑熙宗自立后，遣使至夏国告哀并谕废立之事时，夏国主仁孝拒绝接纳金国告哀使。在金复遣使来谕后，遂接受了金国使臣，终于承认了这一现实，并遣使赴金表贺即位。此时的夏金关系尚未破裂，然而完颜亮仗恃金朝强盛，扩军备战，发动了对宋的战争，同时，还企图兵定夏国。据《南渡录》所载，在正隆二年（1157 年），夏金之间就发生了大规模的武装冲突。"正隆二年、三年，金兵大败夏人于河朔，因先二年夏人败金师，亮至是遣大将军郭相公破之，即有云奴也。兵至灵州，尽复前后所侵故地"。夏天盛十一年（金正隆四年，1159 年），归宋官李宗闰上书高宗言："夏国副使屈移，尝两使南朝，以为衣冠礼乐非他国比。怨金人叛盟，夺其所予地"[①]。"金人叛盟，夺其所予地"与《南渡录》中所载正隆二年及三年，金"大败夏人，兵至灵州，尽复前后所侵故地"正相吻合。《西夏书事》卷三十六载，正隆四年三月，"金人遣兵部尚书肖恭经画边界，颇占夏国分地"。金夏边界早已划定，再次经画，必是解决正隆二年夏金之战后的遗留问题。夏虽兵败求和，但对金完颜亮占其分地极为不满。夏天盛十三年（金正隆六年，1161 年），当宋将吴璘遣使檄夏国要

①《宋史》卷 486《夏国传下》，第 14025 页。

求合兵攻金时,夏一反原来"终不报"的态度,而是积极回书响应。在回吴璘的书中言:"尔众士既造于南土,我小国当应于西偏……誓将灭其众而犁其庭,相与寝其皮而食其肉。"①从这封夏国文书中,我们可以看出西夏对金之怨恨,要与宋联合,以实际行动投入对金的战争。正如《金史·西夏传》中所载:"正隆末伐宋,宋人入秦陇,夏亦乘隙攻取荡羌、通峡、九羊、会川等城寨。"金世宗即位后,与夏修好,夏人将侵占的城寨还于金,金又同意开放对夏的互市,夏金关系逐渐正常。

夏金关系的第二次破裂,发生在金章宗明昌元年(1190年)。据《西夏书事》卷三十八载:金主章宗即立后,"以夏国臣属久,凡横赐、生日使礼意颇倨。仁孝怒,以兵侵岚、石等州,掠人畜而还"。第二年,夏又接连向金之鄜(治今陕西富县)、坊(治今陕西黄陵县)、保安州(治今陕西志丹县)及镇戎军(治今宁夏固原市)发动了攻击,"大掠而归",并袭杀金将阿鲁带。吴广成将这次夏金关系破裂归咎于金使的态度,实际上,金使"礼意颇倨"只不过是仁孝出兵的借口,西夏叛金有其内在的深刻原因。

第一,关闭榷场,影响了西夏经济的发展。金世宗时,夏金贸易发展迅速,并形式多样,西夏通过这些贸易获利甚多。但榷场的全面开放却给金带来边患,"夏国与陕西边民私相越境,盗窃财畜,奸人托名榷场贸易,得以往来"②,于是关闭了绥德榷场,止存东胜、环州榷场。原来西夏使臣赴金,金允许使臣自带货物至市场交易,由于使臣"辄市禁物",于是金又命令使臣"听留都亭贸易"③,夏国获利渐少。金章

①《西夏书事》卷36,第140页。
②《金史》卷134《西夏传》,第2870页。
③《金史》卷134《西夏传》,第2870页。

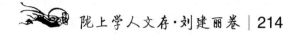

宗即位之初，又下诏停止夏使馆内贸易。部分榷场的关闭及使臣贸易被限制与停止，给正在发展中的西夏经济造成严重威胁。

第二，边界领土纠纷依然存在。金世宗时，夏金之间已有近三十年的友好往来，虽"情谊笃厚"，但有关边界领土的纠纷等旧有的矛盾并没有彻底解决。太宗时，金从西夏手中夺取天德、云内二军及武州八馆之地，一直没有归还，后来答应金定陕西后，将陕西北鄙之地割让夏国。然而，最终还是没有兑现。海陵王时，金乘兵胜之威重新"经画边界，颇占夏国分地"①。夏人对此耿耿于怀，怨恨之心并不因盟好而泯灭，只要时机成熟，必然给以报复。

第三，金朝国势渐显衰弱。金世宗死后，章宗新立，人心未定，国势混乱，加之章宗"娱情声色，荒于政事"②，国势已渐趋由强盛走向衰弱。此时夏国主仁孝认为这是向金报复的天赐良机，以金使态度"颇倨"为由，向金发动了一系列的军事进攻，企图收复被金侵占的夏国领土。

金朝对西夏的这一系列的军事进攻采取理智、忍让的态度，除要求西夏严惩肇事者外，并没有采取军事报复行动。因此，在夏仁宗仁孝死后，纯祐即位，夏金关系又重新和好。

夏金关系的第三次破裂是在金大安元年（1209 年），此时正是金卫绍王完颜永济即位。金大安元年二月，蒙古军再次攻入西夏，克兀剌海城（今内蒙古乌特拉后旗西南狼山隘口），破克夷门（今内蒙古乌海市西南），进而围逼夏都中兴府，夏主安全遣使至金求援。当时，金国大臣均认为"西夏若亡，蒙古必来加我，不如与西夏首尾夹攻，可以

---

① 《西夏书事》卷 36，第 139 页。
② 《西夏书事》卷 38，第 146 页。

进取而退守。"①然而,此时昏庸的卫绍王却认识不到这一点,居然还说"敌人相攻,吾国之福,何患焉?"②拒绝出兵援助而隔岸观火。就这样,使本已积怨的夏金矛盾白炽化,终于爆发了一场长达十余年的自相残杀。

在这期间,夏对金进行了疯狂的报复,正如吴广成所言:"夏自安全衔失援之憾,构怨于金,遵顼继之。平凉、巩、会间无岁不扰。"③从夏皇建元年(1210年)至夏光定十二年(1223年),夏对金的军事进攻一直未停,金陕西边境的州军城寨无一不遭夏军的攻掠。蒙古从1205年开始进攻西夏,对于蒙古的强大及对外扩张,西夏统治者应该是十分清楚的,然而,西夏却采取的是附蒙攻金的策略。当蒙古军南下攻掠金国时,西夏每次都出兵配合作战,统治者没有意识到附蒙攻金的危险,他们以为过去附金攻宋得到不少好处,现在乘蒙金交战也可以继续获得利益。交战之初,金多以防御为主,"夏人连陷边州"④。金贞祐四年(1216年),金宣宗下令主动出击,分兵直取夏国盐(治今陕西定边县)、宥(治今内蒙古鄂克托前旗东南)、灵(治今宁夏灵武县西南)、夏(治今陕西靖边县西北白城子)等州。西夏附蒙攻金不成,又转而遣使南宋,"因思假宋兵威以逞其忿"⑤。金兴定四年(1220年),宋夏联合攻金,在金军的顽强抵抗下,宋夏军队均被击败,夏联宋攻金也没有成功。

第三次夏金关系的破裂与第二次夏金破裂有不同之处,那就是

①《西夏书事》卷40,第150页。
②《西夏书事》卷40,第150页。
③《西夏书事》卷40,第152页。
④(金)刘祁:《归潜志》卷5,中华书局,1983年,第48页。
⑤《西夏书事》卷40,第152页。

金对这次破裂应承担一定的责任。夏金是唇齿相依的邻国,又是结盟数十年的友邦,夏遭蒙古军队围攻时,从道义上讲,金援夏应是义不容辞的责任。从自身利益来看,援夏抗蒙对金应是当务之急,西夏削弱,蒙古则强,于金则愈为不利。然而,昏庸的卫绍王却视以敌国相争而幸灾乐祸,不给夏国以援助,而夏国统治者也失去了在与宋、辽、金早期斗争中的明智,逞一时之愤,对金发动了一系列的军事进攻,以为"金人亦为鞑靼所扰,势益衰"①,可以乘机夺取金之领土,扩大自己的地盘。夏金统治者在处理两国关系时都犯了极大错误,其结果,造成了两败俱伤,而蒙古大军乘两国"精锐皆尽"之机,终将这两个政权吞灭,建立起又一个统一的新王朝。

（原刊于《宁夏社会科学》2005 年第 3 期）

---

①(宋)李心传:《建炎以来朝野杂记》乙集卷 20《西夏扣关》,文渊阁《四库全书》影印本,第 608 册,第 933 页。

北宋对西北吐蕃的文化措施

　　两宋时期（10—13 世纪），在今青海、甘肃等地散居着许多吐蕃部族，他们"族种分散，大者数千家，小者百十家，无复统一"[①]。这些吐蕃部族与青藏高原的吐蕃人有久远的渊源关系，而与当地汉族或其他民族又呈现错居杂处的状态。北宋初期，对这一地区的吐蕃部族只是采取"置于度外，存而勿论"的政策，对吐蕃"抚宁部落，务令安集"[②]，当以"绥怀为务"。后来由于宋夏矛盾激化，宋朝君臣意识到西北吐蕃在宋夏对峙中的重要作用，于是北宋政府对吐蕃的策略也随之变化，结其欢心，"羁縻属羌以为藩篱"[③]，采取笼络联合的策略，结好吐蕃以攻西夏。北宋中、后期，为了经略河湟，兼制西夏，展开了对西北吐蕃地区的开拓经营，发动了"熙河之役""河湟之役"等武力征服战争。不论对吐蕃的策略如何变化，但其主旨与核心是采用传统的"以夏变夷"政策。以"佛事羁縻"吐蕃，用"汉法"治理蕃部。这诸多所为，即北宋王朝对吐蕃实施的民族文化措施。

---

　　①（元）脱脱等：《宋史》卷 492《吐蕃传》，中华书局，1977 年，第 14151 页。

　　②《宋史》卷 492《吐蕃传》，第 14152 页。

　　③（宋）李焘：《续资治通鉴长编》卷 123，宝元二年六月丙子，中华书局，1985 年，第 2912 页。

一、以佛事羁縻怀柔

唐末五代宋朝时期,散居在河西、陇右、河湟地区的吐蕃,虽然已远离西藏本土,往昔吐蕃王朝鼎盛时期的辉煌已悄然隐去,但他们对佛教的信仰仍极为虔诚。这种崇佛的民族文化被宋朝统治者所看重,用"佛事羁縻"作为宋朝政府对吐蕃的重要文化措施。

(一)蕃俗尚佛

吐蕃人笃信佛教,尊释氏,宋代吐蕃佛教深受藏传佛教与汉地佛教的双重影响而独具特色。宋岷州《广仁禅院碑》记载了吐蕃人尊佛之俗:"西羌之俗,自知佛教,每计其部人之多寡,推择其可奉佛者使为之。"①说明佛教在此地流传甚久,尊佛已成习俗,而这正是吐蕃文化的反映。吐蕃"人好诵经"②,其诵经与坐禅方式也很独特。"其诵贝叶傍行之书,虽侏离鴃舌之不可辨,其音琅然如千丈之水赴壑而不知止。"③而秋冬之间,则"聚粮不出,安坐于庐室之中,曰坐禅"。此时,宋代吐蕃佛教正处于吐蕃佛教后弘期,正逢密宗戒行废弛之时,于是吐蕃人信佛而不持戒律,"虽然其人多知佛而不知戒,故妻子具而淫杀不止,口腹纵而荤醝不厌"④。吐蕃僧人生活腐化,公开娶妻生子,酗酒耽食,淫荡自姿,身为唃厮啰论辅的宗哥僧李立遵曾"娶蕃部十八女为妻"⑤。吐

---

①(民国)张维:《陇右金石录》卷3宋上《广仁禅院碑》,民国三十二年甘肃省文献征集委员会校印,第16074页。

②(宋)孔平仲:《谈苑》卷1,文渊阁《四库全书》影印本,第1037册,第127页。

③《陇右金石录》卷3宋上《广仁禅院碑》,第38页。

④《陇右金石录》卷3宋上《广仁禅院碑》,第38页。

⑤《续资治通鉴长编》卷87,大中祥符九年甲子,第1992页。

蕃人崇尚佛教,"惟以瓦屋处佛"①。据《青唐录》所载,过仪门北二百余步为大殿,"北楹柱绘黄,朝基高八尺,去坐丈余矣,碧琉璃砖环之,羌呼禁围。凡首领升殿白事,立琉璃砖外,犯者杀之。旁设金冶佛像,高数十尺,饰以真珠,覆以羽盖,国相听事处其西,国王亲属听事处其东"②。将佛像安放在殿廷里,为突出统治者的"佛子"身份。

吐蕃人信重喇嘛。"蕃族重僧"③,据《西藏记》卷下所载,"一家之中子女多者,必有一二为僧,女为尼者"。《松潘县志》载:"番俗,兄弟三人必有一人为僧,四人则以二人为僧。"吐蕃人的出家制度则为"推择其可奉佛者使为之"④。出家为僧者享有特权,遇死,"蕃俗为僧尼者例不杀"⑤。僧侣在吐蕃社会生活中起着重要作用,占据崇高的地位。凉州吐蕃政权在厮铎督时期,僧人往往参与政治活动,佛教势力甚至发展到左右政权决策的地步,出现了由僧人统治的蕃部。"羌人以自计构相君臣,谓之立文法"⑥,此即有"施设号令,统众之意"⑦。《宋史·曹玮传》也谓:"西羌将举事,必先立约束,号为立文法。"显然蕃僧参与立文法、建立政权等活动。唃厮啰建立政权的过程中,许多蕃僧参与,甚至吐蕃僧人所持有可以拥立为王的特权。吐蕃僧人还常充当贡使、信使,成为联结吐蕃与中原王朝的中介人。还有吐蕃僧侣出谋划

---

①《谈苑》卷1,文渊阁《四库全书》影印本,第1037册,第127页。

②(明)陶宗仪等:《说郛三种》卷35李远《青唐录》,上海古籍出版社,2012年,第602页。

③《宋史》卷462《僧智缘传》,第13524页。

④《陇右金石录》卷3宋上《广仁禅院碑》,第38页。

⑤《续资治通鉴长编》卷514,元祐二年八月戊子,第12222页。

⑥《谈苑》卷1,文渊阁《四库全书》影印本,第1037册,第127页。

⑦(宋)张方平:《乐全集》卷22《秦州奏唃厮啰事》,文渊阁《四库全书》影印本,第1104册,第216页。

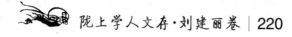
策,甚至直接上阵,参与战斗。"尊佛"必然"重僧",佛与僧成为吐蕃文化中密不可分的有机组成部分,构成吐蕃文化的核心。

由于蕃俗尚佛,因此宋王朝统治者以"佛事怀柔之",借助宗教这一精神武器来征服笃信佛教的吐蕃人民。

(二)广建寺院

寺院作为佛教重地,既能凝聚吐蕃人信仰,又可展现吐蕃文化,于是广建寺院就成为宋王朝羁縻笼络吐蕃的重要措施。凡是吐蕃部族为修建佛寺所要求的物品,宋王朝一概赐予,竭力满足他们修建寺院的要求。当时西凉府(治今甘肃武威市凉州区)有洪元寺、大云寺两座寺院,都需要修饰。潘罗支在继承喻龙波政权后的第三年,即景德元年(1004年)正月,为了修缮洪元寺,"乞给工匠及购金碧绢彩修缮之"①,要求宋朝遣派工匠以及赐予金碧绢彩。而当时宋王朝以远为由拒绝派遣工匠,而仅赐予物品。洪元寺的修缮在潘罗支时代并未完成,而后由其弟厮铎督继续完成。景德二年(1005年)二月,厮铎督"又贡马求金彩修洪元寺",宋王朝"诏如所求赐之,还其马值"②。潘罗支在修缮洪元寺的同时,请宋朝出资修缮大云寺。大云寺是一座延续至今的名寺,西夏感应塔碑即在此寺。《铁桥金石跋》卷四西夏《皆庆寺感应塔碑》有"石碑在凉州大云寺,西夏崇宗天祐民安五年立"的记载。《五凉考治六德集全志》载"大云寺,东北隅有塔,晋张天锡建"。上述可知,大云寺是唐以前的一座寺院,更是充分反映了西凉府吐蕃对佛教的尊崇。天圣三年(1025年)十月,秦州蕃官军主策拉等人,"请于

①(清)徐松:《宋会要辑稿》第195册《方域》21之19,中华书局影印本,1957年,第7670页。

②《宋会要辑稿》第195册《方域》21之21,第7671页。

来远寨置佛寺"①,宋王朝立即允应。熙河开边后,特别是在吐蕃部族聚集的熙河洮岷地区,更是拨专款兴建寺院,并"赐秦凤路缘边安抚司钱一万缗,与镇洮军建僧寺"②。气概非凡的寺院的建成,说明宋朝统治者意在以"塔庙威严"变革民风,改变之前西北吐蕃反抗宋王朝的叛离之心。

在帮助修建禅院的同时,吐蕃人的文化心态与文化观念也被朝廷充分尊重。元符二年(1099年)闰九月十四日,御史中丞安淳上言:"欲应陕西沿边收复故地,并纳降疆界内,有羌人坟垄及灵祠、寺、观等,不得辄行发掘毁拆。"③宋朝廷采纳这一建议,并支持吐蕃大兴佛事,译写经文。吐蕃首领鬼章"送马十三匹,乞买写经纸",宋政府下诏:"纸可就赐之,而还其马。"④

(三)重用僧侣

因蕃僧的身份及其特殊作用,宋王朝也利用吐蕃"信重喇嘛"的习俗,借助蕃僧为其效劳。乾兴元年(1022年)十一月,宗哥唃厮啰、李立遵遣蕃部灼蒙曹失卑陵到泾原路部署司欲求内附,宋朝持有戒心,于是"遣蕃僧一人及先捕得谍者抹啰,与来使同入宗哥"⑤,刺探虚实,以预边备。一些吐蕃僧侣也因此受到宋朝奖赐。秦州永宁寨(今甘肃甘谷县西40里铺附近)蕃僧策凌班珠尔、伊朗颇斡,因"屡经指使"⑥,助宋有功,受到宋王朝奖赐。熙宁中,王韶谋取青唐(今青海西

---

①《续资治通鉴长编》卷103,天圣三年冬十月庚申,第2390页。
②《续资治通鉴长编》卷239,熙宁五年冬十月甲申,第5809页。
③《宋会要辑稿》第165册《刑法》2之42,第6516页。
④《宋会要辑稿》第199册《蕃夷》6之18,第7827页。
⑤《续资治通鉴长编》卷99,乾兴元年十一月甲戌,第2302页。
⑥《续资治通鉴长编》卷93,天禧三年春正月丁卯,第2135页。

宁市),"韶以董毡、木正多与僧亲善"①,而蕃僧结吴叱腊主部帐甚多,于是不远千里,请京都相国寺汉僧智缘随同王韶至边。智缘"径入蕃中",游说"吐蕃结吴叱腊归化"②。而吐蕃俞龙珂、禹藏纳令支等部族也随之归服。智缘在熙河开边中立有大功,《宋史》为其立传。另一不见史载的佛僧海渊也为宋王朝羁縻"怀柔"中吐蕃功绩卓著。海渊为岷州长道县人,居汉源之骨谷,"其道信于一方,远近归慕者众"。宋王朝便迎海渊到岷州(治今甘肃岷县)主持修建广仁禅院。陕府西路转运使王钦臣给予海渊很高评价,谓其"既能信其众,又能必其成,复能知其终,必以示后皆非苟且者"③。海渊与智缘等人使汉族僧侣的宗教权威,最大限度地获得吐蕃部族的尊崇与信仰。

(四)赐紫师号

对僧侣赐紫衣、师号,最初是为了表彰僧侣的功德,属于佛门的奖赏,后来逐渐为统治者所利用,成为一种服务于军事、政治目的的笼络手段。

宋王朝也尽量满足吐蕃僧侣对声名的欲望与要求,赐予紫衣、师号、法名等,体现了宋朝统治者以佛事对吐蕃的羁縻笼络。宋王朝曾用以奖励过汉僧。渭州(治今甘肃平凉市崆峒区)崆峒山慧明院主法淳率领佛门弟子在反抗西夏党项的骚扰中,因能护守御书院及"保蕃汉老幼孳畜数以万计"④,故"赐紫僧法淳号志护大师,法焕、法深、法汾并赐紫衣,行者云来等悉度为僧"⑤。

①《续资治通鉴长编》卷226,熙宁四年八月辛酉,第5501、5502页。

②《宋史》卷462《僧智缘传》,第13524页。

③《陇右金石录》卷3宋上《岷州广仁禅院碑》,第16074页。

④《续资治通鉴长编》卷138,庆历二年十二月乙巳,第3328页。

⑤《续资治通鉴长编》卷138,庆历二年十二月乙巳,第3328页。

宋王朝对吐蕃僧侣的赏赐也不例外,更是多于其他民族。据不完全统计,《续资治通鉴长编》《宋会要辑稿》等史籍文献中甘州回鹘、瓜沙州、龟兹、西南夷等其他地方政权赐予紫衣记载很少,只不过各有二三次而已,但对河西、陇右、河湟地区吐蕃僧侣却有十三次。如大中祥符四年(1011年)七月,西凉府六谷部都首领厮铎督遣僧蔺毡单来贡,宋朝"赐紫方袍"①。秦州永宁寨(今甘肃甘谷县西40里铺附近)蕃僧策凌班珠尔、伊朗颇斡,因受曹玮屡次指使,二人皆赐紫衣。故秦州蕃僧努卜诺尔弟子莽布玛喇干,因"本州钤辖言其干事"②缘由,获赐紫衣。"泾原界掌事蕃僧哩硕琳布齐等四人乞赐紫方袍、师号"③,宋王朝下诏满足他们的要求。对已故蕃僧子弟也以承袭紫衣作为奖励与笼络。对吐蕃进奉僧侣的赏赐更是优厚。皇祐五年(1053年)十二月,吐蕃首领磨毡角部进奉首领遵兰毡结逋、沈遵、党遵叱腊青均赏赐为紫衣僧,"各赐紫衣三件,银器五两,衣着十匹"④。宝元二年(1039年)四月,宋王朝又"赐唃厮啰前妻紫衣师号及法名"⑤。唃厮啰前妻是李立遵之女,瞎毡、磨毡角之母,出家为尼。宋王朝赐唃厮啰前妻紫衣、师号及法名,是为了使唃厮啰与其二子和解,重振牵制西夏的力量。这恰恰表明宋朝利用吐蕃部族的佛教信仰进行羁縻笼络。

赐紫衣、师号不仅仅是一种名誉,也是一种具体地位的象征。这种赐紫衣、师号的羁縻笼络的做法一直延续下来。至北宋后期,宋王

①《续资治通鉴长编》卷76,大中祥符四年十月己巳,第1739页,
②《续资治通鉴长编》卷96,天禧四年十二月己丑,第2229页。
③《续资治通鉴长编》卷84,大中祥符八年壬戌,第1917、1918页。
④《宋会要辑稿》第199册《蕃夷》6之4,第7820页。
⑤(宋)司马光:《涑水记闻》卷12,文渊阁《四库全书》影印本,第1036册,第423页。

朝开拓河湟,发动了河湟之役后,在元符二年(1099年)闰九月,"熙河奏乞降空名宣札各一百五十,紫衣师号牒一百,以待新羌"①。宋王朝也允许了这一请求。由此可知,直到北宋后期,在武力征服吐蕃的同时,仍不忘实施赐紫衣、师号等措施。

公元11世纪是藏族佛教史上的后弘期,佛教由原来被排斥的位置逐渐占据统治地位,不仅在上层统治者中站稳脚跟,也在广大吐蕃人民中深深扎下了根,寺院与僧侣成为权力与神圣的象征。宋王朝正是抓住吐蕃人民"最重佛法"②的文化心理而成功施以"佛事羁縻"的文化措施。

二、办蕃学编纂资料

北宋统治者不仅以佛事怀柔吐蕃,还在西北地区官办蕃学,培养人才,在中央设置馆阁等机构进行民族资料的整理与收集。这皆是北宋政府对西北吐蕃施行的文化措施。

(一)兴办蕃学

学校是培养人才的地方,兴学也是移风易俗的有效途径。北宋初期,承唐末五代干戈扰攘之余,学校制度尚不完备。到宋仁宗以后,各级学校才逐渐发展起来。特别是宋神宗即位后,他"笃意经学,深悯贡举之弊,且以西北人才多不在选,遂议更法"③,重视在西北地区兴办学校。

北宋时期,我国西北地区民族关系出现了新的变化,河陇地区几乎尽属回鹘、吐蕃、党项居地,而尤以吐蕃部族众多,因此宋王朝将招

<hr>

① 《续资治通鉴长编》卷516,元符二年闰九月庚辰,第12275页。
② 《谈苑》卷1,文渊阁《四库全书》影印本,第1037册,第127页。
③ 《宋史》卷155《选举志》一,第3616页。

抚吐蕃部落作为"抚宁安边"策略的重点。而建立蕃学,对吐蕃子弟进行文化教育,既招抚了吐蕃部族,又加速了民族融合,进一步促进了蕃汉之间的文化交流。

官办蕃学始于北宋神宗熙宁年间(1068—1077 年)。当时年轻有为的宋神宗赵顼即位,起用王安石,并支持他进行变法,随着政治、经济方面改革的逐步实施,展开对西北地区的开拓经营。经略河湟,兼制西夏,就成为革新派的一项重要战略目标,其中兴办教育则是一项具有深远意义的文化措施。在吐蕃部族聚集的缘边州军地区设立学校,称为"蕃学",招收蕃族子弟入校学习文化。熙宁五年(1072 年)五月,秦凤路缘边安抚司建议"通远军宜建学"①,得到政府的允许。而王安石也向宋神宗称赞"种世衡在环州建学,令蕃官子弟入学"②,目的是以此为例,鼓动宋神宗批准在沿边州军广设蕃学。熙宁六年(1073年)十二月,在熙州西罗城设置蕃学,"晓谕蕃官子弟入学"③。熙宁八年(1075 年)三月,知河州鲜于师中"乞置蕃学,教蕃酋子弟"④,宋政府同意在河州置蕃学。熙宁七年(1074)年,岷州"许建州学"⑤。岷州历来为吐蕃的重要聚居区之一,吐蕃部族众多,而"州学"设立后,入学者也主要是吐蕃酋首子弟。

蕃学由政府拨专款兴办,蕃族子弟入校学习费用也由政府予以资助。例如河州蕃学,宋政府"赐田十顷,岁给钱千缗,增解进士二人"⑥。学校每年所需经费,由国家拨给钱一千缗,再划拨十顷公田的租赋收

---

①《续资治通鉴长编》卷 233,熙宁五年五月丙申,第 5662 页。
②《续资治通鉴长编》卷 233,熙宁五年五月丙申,第 5662 页。
③《续资治通鉴长编》卷 248,熙宁六年十二月壬午,第 6059 页。
④《宋史》卷 15《神宗本纪》二,第 287 页。
⑤《续资治通鉴长编》卷 256,熙宁七年九月戊戌,第 6248 页。
⑥《宋史》卷 15《神宗本纪》二,第 287 页。

入归学校使用。熙宁八年,宋神宗颁布诏书:"熙河路兵食、吏俸日告阙乏,而蕃学之设冗费为甚,无补边计,可令罢之,其教授令赴阙,蕃部弟子放逐便。"①这份诏书虽是罢废蕃学,但从侧面说明蕃学确曾普遍设立,其费用确由国家拨款。由于蕃学数量之多,开支之大,不堪重负的政府只好下令停办。

蕃族士子可以参加各级科举考试,宋王朝为了照顾其仕途,特别修定了蕃区考试章程,实行汉蕃有别的录取方案,对吐蕃地区的应试举人也放宽条件。宋代科举考试录取划分为二类:一类正奏名,即礼部贡院合格奏名举人,那些寒门庶族出身的考生,要通过各级考试的严格筛选,优分录取;另一类"特奏名"即恩科,宋代贡举名目之一,规定举人年高而屡经省试或殿试落第者,遇殿试时,许由礼部贡院另立名册奏上,参加附试,称"特奏名",显然这是一种优惠政策。那些建有特殊功勋,并由州县推荐的所谓"特奏名"人,可在贡院考试中低分录取。宋王朝在选拔蕃族士子中,考生可享受"特奏名"低分录取的特殊照顾。熙宁六年(1073年)下诏熙河路举人不以户贯年限听取,并增加应试名额,"应熙州为五人,河洮岷州各以三人为解额"②。而且蕃族士子参加贡院考试不中格者,宜依特奏名人例就试,对那些招抚蕃部有功的汉族士子也可施行这种政策。熙宁六年(1073)三月,下诏"秦凤路效用进士窦长裕、窦解招纳蕃部有劳,贡院试不中格,宜依特奏名人例就试"③。显然秦凤路的窦长裕、窦解这二位效用进士,因"招纳蕃部有劳"也获此优惠。

宋王朝兴办蕃学,对蕃族子弟施行优惠政策,这为吐蕃民族吸收

①《续资治通鉴长编》卷270,熙宁八年十一月乙未,第6619页。
②《续资治通鉴长编》卷248,熙宁六年十二月戊寅,第6055页。
③《续资治通鉴长编》卷243,熙宁六年三月甲辰,第5911页。

汉文化创造了有利条件。

（二）编纂资料

北宋王朝在兴办蕃学的同时，在中央设立编纂少数民族资料图籍的馆阁等机构。由于蕃学的设立，在汉蕃上层人物中兴起一股研究民族文化的热潮，这股热潮恰好与开拓经营民族地区相辅相成。在研究民族文化的热潮中，涉及的学科面广，有人物志、民俗、绘画、族谱、历史、官职、地图、城邑、山川、矿产等。中央的主客司是礼部三属之一，而主客郎中、员外郎，"掌以宾礼待四夷之朝贡"，即专门接待各国朝贡使臣。宋政府规定，凡是诸蕃国朝贡，"至则图其衣冠，书其山川风俗"①，"凡四夷朝贡至京，委馆伴官询其风俗，别为图录"②。政和二年（1112 年），宋朝廷诏令尚书省将客省、引进、四方馆、东西上阁门等机构，"将自来所掌职务厘正条具"③，规定"诸蕃夷朝贡，关馆押伴所询问风俗、国邑等"④。除主管机构的官员询问、图录诸蕃国朝贡使提供的山川、风俗、城邑、物产等边疆史地民族资料外，宋朝边官与使臣还进行实地考察，辑录成文献、地图，呈送朝廷收藏，为制定政策、起草文书提供参考资料。宋朝官员盛度曾"奉使陕西，因览疆域，参质汉唐故地，绘为《西域图》以献"⑤，后又"复绘山川、道路、壁垒、区聚，为《河西陇右图》，愿备上览"⑥。许多吐蕃首领与蕃官也热衷于书写本民族的文化，他们大都略通文义，尚慕华风。蕃官高永年"略知文义"，元符、崇宁年间（1098—1106 年），曾随同王厚出兵湟（治今青海乐都

①《宋史》卷 163《职官志三》，第 3854 页。
②《宋会要辑稿》第 73 册《职官》25 之 1，第 2914 页。
③《宋会要辑稿》第 77 册《职官》35 之 6，第 3063 页。
④《宋会要辑稿》第 77 册《职官》35 之 8，第 3064 页。
⑤《宋史》卷 292《盛度传》，第 9759 页。
⑥《宋史》卷 292《盛度传》，第 9759 页。

县)、鄯(治今青海西宁市),将其见闻著为书,宋边臣范纯仁很赏识高永年的著书,并令其进献朝廷。高永年所作《元符陇右录》,"不以弃湟、鄯为是,故蔡京用之,虽成功,然竟以此死"①。

宋代编纂的有关西北方面的民族文化资料很多,重要的成果有刘焕《西行记》一卷,李远《青唐录》一卷,汪藻《青唐录》三卷,李华《湟川开峡志》五卷,陈冠《熙河六州图记》一卷,章颖《文州古今记》十二卷,杜孝严《文州续记》四卷,张士佺《西和州志》十九卷,赵瞻《西山别录》一卷,曾致尧《西陲要纪》十卷,以及政府官方编订的《诸蕃进贡令式》十六卷②等。其中《诸蕃进贡令式》从董毡、鬼章起至俞庐和地止,总数为十六卷,西北吐蕃董毡、鬼章为第一卷,还有不署作者的"唃厮啰传一卷"。

陈振孙《直斋书录解题》卷七《传记类》载有"刘氏西行录一卷",陈氏按语谓:"康定二年,朝廷议遣使通河西唃氏,焕以屯田员外郎知晋州请行,以十月十九日出界,庆历元年三月十日回秦州,此其行记也。唃氏自此与中国通,而元昊始病于牵制矣。焕后擢刺史,历典数州至留后,以工部尚书致仕。"《青唐录》是记载北宋中期,今青海湟水流域生态环境、自然地理、民族情况的宝贵资料。宋哲宗元符年间与宋徽宗崇宁年间,宋王朝曾出兵攻取收复这一地区。一卷本《青唐录》的作者李远,《宋史》中无任何记载,关于其生卒无考,陈振孙《直斋书录解题》卷七在此书下记:"右班殿直李远撰。元符中取邈川、青唐,已而皆弃之。远,绍圣武举人,官镇洮,奉檄军前,记其经历见闻之实,灿然可观。"③三卷本的《青唐录》则为汪藻撰。孙觌《鸿庆居士集》卷三十四

---

①《宋史》卷453《高永年传》,第13316页。

②《宋史》卷204《艺文志三》,第5136页。

③(宋)陈振孙:《直斋书录解题》,文渊阁《四库全书》影印本,第674册,第662页。

《宋故显谟阁学士左中大夫汪公墓志铭》中载有"青唐录三卷"①。晁公武《郡斋读书志》则载:"《青唐录》二卷,皇朝汪藻撰。青唐,吐蕃遗种也,崇宁中命童贯取湟、廓、西宁州,擒赵怀德,上为之御楼受降。"②有学者推断,"李远原有《青唐录》一卷,主要记哲宗朝以前攻取青唐之事。以后汪藻又加以删修,增录了元符到崇宁即徽宗朝收复青唐之事,而成为《青唐录》三卷"③。

这诸多有关西北史地的资料,充分反映出宋王朝开拓西北、重视经营民族地区,研究民族文化与施用武力征服,成为宋王朝统治的文武两手策略。

三、定律令汉法治理

北宋王朝为了"以夏变夷",除了律令法规的制定,兼以儒家思想教化蕃部。

(一)制定律令

宋代西北吐蕃以部落形式聚族而居,部落有大小强弱之别,"虽各有鞍甲,无魁首统摄,并皆散漫居山川,居常不以为患"④,而部落内部有较强的凝聚力。吐蕃部族内有一种约定俗成的法规,用以处理各种矛盾纠纷,这种本俗法就是"蕃法"或"羌法"。这种吐蕃族内的"本俗法",成为解决吐蕃内部纠纷的重要依据。文州(治今甘肃文

---

①(宋)孙觌:《鸿庆居士集》卷34《宋故显谟阁学士左中大夫汪公墓志铭》,文渊阁《四库全书》影印本,第1135册,第363页。

②(宋)晁公武:《郡斋读书志》卷21下,文渊阁《四库全书》影印本,第874册,第206页。

③孙菊园:《青唐录辑稿》,《西藏研究》1982年第2期。

④《宋史》卷264《宋琪传》,第9129页。

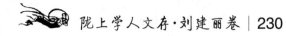

县)蕃族有复仇者,"当以蕃法论"①。"蕃法"规定"黠羌杀人,辄以羊马自赎"②,甚至蕃部与边民发生纠纷,也往往依"蕃法"处置。沿边州军及总管司每逢"蕃部有罪,旧例输羊钱入官,每日五百文,后来不以罪犯轻重,只令输其羊"③。

这种吐蕃内部的法规虽约定俗成,但也不可避免地夹杂有许多丑风陋习,如"边塞之俗,以不报仇恶为耻"④,吐蕃人"重于复仇,计其思报之心,未尝一日忘"⑤。北宋地方官员为了避免生事,往往采用"蕃法"治理蕃部,甚至蕃部与边民发生矛盾纠纷,也往往依"蕃法"处置。据《临川文集》卷九十记载"旧羌杀中国人,得以羊马赎死,如羌法"。沿边州军及总管司每逢"蕃部有罪,旧例输羊钱入官,每口五百文,后来不以罪犯轻重,只令输其羊"⑥。

宋政府为了用汉法治理蕃部,改革"蕃法",采取"立条约,定律令"的措施,天圣三年(1025年)九月,下令今后依旧纳钱及量罪重轻,依约汉法定罚。曹玮在秦州时,以为"羌杀边民,入羊马,赎其死"的处置办法,"如此非所以尊中国而爱吾人,奏请不许其赎"⑦。并规定"羌

①(宋)吕陶:《净德集》卷21,文渊阁《四库全书》影印本,第1098册,第175页。

②(宋)宋庠:《元宪集》卷34《曹公墓志铭》,文渊阁《四库全书》影印本,第1087册,第665页。

③(宋)王安石:《临川文集》卷90《彰武军节度使侍中曹穆公行状》,文渊阁《四库全书》影印本,第1105册,第746页。

④(宋)韩维:《南阳集》卷26《论息兵弃地札子》,文渊阁《四库全书》影印本,第1101册,第725页。

⑤(宋)苏辙:《栾城集》卷41《论西事状》,文渊阁《四库全书》影印本,第1112册,第467页。

⑥《宋会要辑稿》第185册《兵》27之22,第7257页。

⑦《临川文集》卷九○《彰武军节度使侍中曹穆公行状》,文渊阁《四库全书》影印本,第1105册,第747页。

自相犯,从其俗;既犯边民,论如律"①。范仲淹知庆州时,为了改变蕃部思报复仇的习俗,对蕃部订立条约,严格规定"若仇已和断,辄私报之及伤人者,罚羊百马二,已杀者斩,负债争讼,听告官为理。辄质缚平人者,罚羊五十,马一"②。

宋朝统治者"立条约","定律令",对吐蕃部族进行有效的治理,沿边地区社会秩序渐渐趋于稳定,吐蕃部族受到律令管束,自是无敢犯。

(二)汉法治理

北宋时期,一种新的儒学形态——理学在中原地区兴起并盛行一时。西北吐蕃部族随着与宋朝政治、经济、文化的相互往来,也受到儒学思想潜移默化的影响。

北宋统治者以"以夏变夷"的治理思路,其重要内容就是用"汉法"治理蕃部。熙宁六年(1073 年)十月,宋神宗与王安石的对话就表明了这种欲用汉文化来同化吐蕃、使为己用的意图。王安石言:"羌夷之性虽不可猝化,若抚劝得术,其用之也,犹可胜中国之人。"③神宗则认为"昔商之顽民,本居中国,又以毕公主之,《尚书》'既历三纪,世变风移',况蕃夷乎?但日渐月摩,庶几有就耳。"④显然君臣看法一致。此时的宋朝统治者已改变了初期对吐蕃等少数民族"置于度外,存而勿论"无意疆理的政策,"不以羁縻恍忽之道待其人",而要"全以中国法

---

①(宋)王称:《东都事略》卷 27《曹玮传》,文渊阁《四库全书》影印本,第 382 册,第 187 页。

②(宋)范仲淹:《范文正公集补编》卷 2,文渊阁《四库全书》影印本,第 1089 册,第 818 页。

③《续资治通鉴长编》卷 247,熙宁六年十月辛卯,第 6029 页。

④《续资治通鉴长编》卷 247,熙宁六年十月辛卯,第 6029 页。

教驭之"①。王安石在《次韵元厚之庆捷》诗中写道:"投戈再讲诸儒艺"②。表明运用武力征服吐蕃的同时,更要施用儒家思想文化,使吐蕃"世变风移",使陇右河湟"数十万众强梗之生羌,涵濡膏泽。一新辫发之俗,举为右衽之民。包载干戈,敉宁华夏,自此始矣,可谓盛哉!"③使吐蕃逐渐接受汉族封建文化,缩小吐蕃等少数民族与汉族之间的差距。

"文法调驭"蕃部并非易事,要使其"思繁庶之理""求变革之道"④,就是要讲求"儒艺",用诗书礼乐等儒家经典进行教化。这种教化就是通过蕃学中的教学内容而逐渐实施的。宋王朝对设在吐蕃地区的蕃学赐书籍,蕃学中使用的课本及教学内容,就是采用国子监规定的书籍。

国子监是宋朝的最高学府,其名称多次变化。国子监设五经、律、书、算等学科,"掌以经术教授诸生"⑤。蕃学中的教师则由熟悉吐蕃历史文化、语言文字和社会风俗的人担任。熙宁七年(1074年),岷州蕃学曾"乞赐国子监书"⑥。宋朝采用儒家经典作为蕃学教育的主要内容,就是用"文法调驭"的具体实施,产生了良好的效果。

由于宋王朝施以儒家思想的影响,吐蕃也渐习汉法,渐变风俗,渐有华风。吐蕃青唐主唃厮啰"冠紫罗毡冠,服金线花袍,黄金带、丝履"⑦,衣履冠带犹如汉家天子。吐蕃人服饰既有"毡裘毳服",也有"锦

①《陇右金石录》卷 3 宋上《岷州广仁禅院碑》,第 16074 页。

②(宋)王安石撰,李壁注:《王荆公诗注》卷 28《次韵元厚之庆捷》,文渊阁《四库全书》影印本,第 1106 册,第 197 页。

③《续资治通鉴长编》卷 516,元符二年闰九月壬申,第 12266 页。

④《陇右金石录》卷 3 宋上《岷州广仁禅院碑》,第 16074 页。

⑤《宋史》卷 156《职官志》,第 3909 页。

⑥《续资治通鉴长编》卷 256,熙宁七年九月戊戌,第 6248 页。

⑦《宋史》卷 492《吐蕃传》,第 14162 页

袍彩服"，"胡装"与"汉服"并行。南宋时，吐蕃首领益麻党征"虽起边羌，世陶中国冠带礼义"，深受儒家君臣道义的影响，面对金朝的诱降，自谓"世受南朝厚恩，义不负宋"，在金兀术以兵胁而追击时，泣曰："我不负国，死此命乎！"不惜性命，跃马赴壑。其"不从伪命，备见忠节"[1]的高风亮节备受称赞。

四、赐姓名蕃汉融合

历史上少数民族政权在其封建化的进程中，由于自身发展的需要，往往采用汉化政策，改用汉族姓氏，以示倾慕华风。此举成为民族融合的重要方式。

鲜卑拓跋部统一了北方后，北魏政府实施一系列改革措施，其中"改姓氏"就是孝文帝崇尚汉族文化，易鲜卑习俗的具体表现。鲜卑人多是复音姓氏，如拓跋、独孤、步六孤等，姓氏与汉人不同，标志着民族的差异。孝文帝在迁都后，立即着手改姓氏，下令将鲜卑复音姓氏改为音近的单音汉姓，将拓跋改为元，独孤改为刘，步六孤改为陆，丘穆陵改为穆，贺楼改为楼，贺赖改为贺，勿忸于改为于，纥奚改为嵇，尉迟改为尉，并且定鲜卑门第，确认门阀制度。拓跋改姓元，因是皇室，门望最高，其余"勋著当世"的八家：穆、陆、贺、刘、楼、于、嵇、尉为鲜卑族姓之首，与汉族头等族姓崔、卢、李、郑四大门第相当。北魏统治者改姓氏、定族等，在客观上缩小了民族差异，加速了民族融合。

"古者赐姓名氏，皆朝廷所以酬功德、别忠勤。"[2]这成为"以夏变

---

① (宋)李石：《方舟集》卷16《赵郡王墓志铭》，文渊阁《四库全书》影印本，第1149册，第721页。

② (宋)赵汝愚：《宋朝诸臣奏议》卷125《上哲宗乞不许蕃官自改汉姓》，上海古籍出版社，1999年，第1381页。

夷"的一种传统统治策略,历代汉族统治者为了羁縻笼络少数民族首领,也采取赐姓名以示恩宠。

唐朝后期,发生了黄巢大起义,广明二年(881年),党项宥州(治今内蒙古鄂托克前旗东南)首领拓跋思恭率领党项平夏部,参加了唐朝对农民起义军的镇压。唐僖宗嘉奖思恭"战功",赐姓李,封为定难军节度使、夏国公,自此思恭后裔皆袭李姓。北宋建立后,赵宋统治者为了拉拢党项贵族,也采用赐姓名的做法。党项首领李继迁公开反抗宋朝,宋政府为了"以夷制夷",封李继迁的族兄李继捧为定难军节度使,"赐姓赵氏,更名保忠"①。

北宋王朝对吐蕃首领也施以同样的方法,对"蕃官往日因归顺或立功,朝廷特赐姓名,以示旌宠"②,如鬼名山为赵怀顺,朱令凌为朱保忠。吐蕃部族首领要求"赐改汉姓名"已成风气,以致后来竟蕃官无故自陈要求改姓名,各级机构也听之任之,于是"遂改作汉姓,如乙格为白守忠,兀乞为罗信"③,甚至不曾陈乞,私自"擅改作汉姓,如卢凌之子为周明"。于是范纯粹上书哲宗《乞蕃官不许自改汉姓》,认为蕃部"无故自易姓氏,混杂华人,若年岁稍远,则本源汩乱,无由考究,汉蕃弗辨,非所以尊中国而别异类也。"④这反映蕃官改汉姓现象曾很普遍,但范纯粹等北宋官员对少数民族仍存在一定程度的民族歧视。

宋朝廷赐姓名的措施,在吐蕃部族中产生了很大影响。蕃部俞龙珂在青唐"族大难制",与其兄瞎约皆为青唐主唃厮啰孙木征的心腹。熙宁年间开拓熙河时,宋将王韶率数骑"抵其帐,谕其成败"⑤。随即俞

---

①《宋史》卷485《夏国传上》,第13984页。
②《宋会要辑稿》第180册《兵》17之4,第7039页。
③《宋朝诸臣奏议》卷125,第1381页,
④《宋朝诸臣奏议》卷125,第1381页,
⑤《宋史》卷328《王韶传》,第10579页。

龙珂率属十二万口内附,因久闻宋名臣包拯大名,仰慕其人品,要求赐姓包,于是宋朝廷赐姓名为"包顺",又赐河州首领瞎约为"包约"。"包诚"也为青唐吐蕃首领,对于他的归顺,宋代文献均无记载,疑为包顺之弟,其姓名可能也因赏赐而得。包氏兄弟归顺后,宋王朝将他们安置在岷州居住,成为当地豪酋。包氏家族在南宋、金时期,仍在洮、岷一带活动。《金史》载乌古论长寿"本姓包氏,袭父永本族都管"①,其弟为包世显,贞祐三年(1215),"赐今姓"②。

宋时,青唐吐蕃大首领唃厮啰的后裔被赐赵姓,并将所赐姓名赋予儒家忠孝仁义封建文化的色彩。赐唃厮啰孙(瞎毡之子)木征为赵思忠,董古为继忠,结篯延正为济忠,母弟瞎吴叱为绍忠,巴毡角为醇忠,巴毡抹为存忠,陇拶为怀德,木征长子邦辟勿丁瓦为怀义,次子盖瓦为秉义,木征母亲成结赐姓李③。又赐吐蕃首领"巴鄂多尔济名忠,巴勒索诺木名毅"④。巴毡角(赵醇忠)之子皆赐姓名赵永寿、永顺、永吉、永福、永保,永寿之子阿陵"承袭官爵,赐名世长"⑤。宋王朝对吐蕃首领所赐的姓名使其内含"忠君""顺长"之意,以期他们永保忠心,永怀德义,永远为宋政府效力。

通过长期儒家思想文化的濡染,这一批归附宋朝的吐蕃酋豪,均变为世代效忠宋廷的官员,具有了共同的文化心理与价值取向。被赐姓赵氏的唃厮啰后裔、包氏兄弟以及他们的后代,有的为宋开拓疆土屡建功勋,如包顺自熙河开拓之初,率众来归,"秉心忠义,前后战功

①《金史》卷103《乌古论长寿传》,第2271页。

②《金史》卷103《乌古论长寿传》,第2272页。

③参阅《宋史》卷492《吐蕃传》《续资治通鉴长编》卷254熙宁七年六月丁亥、《宋会要辑稿》第199册《蕃夷》6之10。

④《续资治通鉴长编》卷258熙宁七年十二月丁卯,第6295页。

⑤《宋会要辑稿》第199册《蕃夷》6之31,第7834页。

为一路属羌之最"①,赵永寿、包诚"累立战功";有的则战死沙场,陷没西夏,如庆州柔远寨(今甘肃华池县)大顺城(今甘肃华池县西北白马乡)蕃官赵明"有力量,为夏国所畏",其子赵余庆、赵余德"兄弟屡有战功",以后则"相继死"。"赐姓名氏"作为快速缩小民族差异的具体措施,在客观上起了促进民族融合的作用。

宋王朝对散居在河陇湟鄯地区吐蕃部族,不同时期采取不同的策略,但诸多民族文化政策却是宋王朝对吐蕃总体策略的有机组成部分,它贯穿于宋王朝与吐蕃关系始终,是宋朝对吐蕃施以汉文化的影响。其文化措施实施的结果,客观上有利于吐蕃与中原王朝双方经济文化的交流,有利于不同民族间相互学习与发展。宋代的蕃汉融合,为继之而来的元朝统一局面,奠定了在西北地区的民族基础。

（原刊于《中原文化研究》2018 年第 6 期）

---

①《宋会要辑稿》第 57 册《仪制》10 之 17,第 2012 页。

论儒学对西夏社会的影响

与中原王朝北宋、南宋、辽、金鼎足而立的西夏,是以党项族为主体建立的少数民族政权,由于与中原王朝的频繁接触,相互往来,儒学对西夏党项产生了巨大的影响。植根于农业社会土壤中的儒家思想文化具有稳定、和谐、整体化的发展模式和强烈的辐射渗透力,对于由单纯牧业经济向农业经济过渡的党项族具有强烈的吸引力,从而使儒学在西夏党项族中得到广泛的传播与发展,并产生了巨大的影响。

一

公元 1038 年,党项贵族元昊建立政权,国号"大夏",用党项语称其为"邦泥定国",即汉语"白高国"的西夏音译。自称"兀卒",即党项语"皇帝",有"青天子"之意。其地东据黄河,西至玉门,南临萧关,北抵大漠,境土"方二万余里"①。宋仁宗宝元二年(1039 年),元昊给宋朝奉表,期求宋朝"许以西郊之地,册为南面之君"②。从元昊称帝立国的形式来看,明显地表现出对儒家文化的认同和接续道统之意,而且国名、帝名均渗透着儒家文化的色彩。

元昊所建立的"大夏",从表面看似乎是因袭匈奴后裔赫连勃勃

---

① (元)脱脱等:《宋史》卷 486《夏国传下》,中华书局,1977 年,第 14028 页。
②《宋史》卷 485《夏国传上》,第 13996 页。

的"夏",这从两国的地域范围、民族成份来看,有一定的联系,但从更深层的含义来看,不得不使人想到"大夏"之名是从中国最古老的王朝——"夏"演变而来的。"夏"字训义为"大",孔颖达疏解谓:"中国有礼义之大,故称夏。"《说文·夊部》曰:"夏,中国之人也。"党项羌人历代的迁徙,正说明他们不满足于活动在西鄙之地,而向华夏内地的靠近,也就是向中原地区儒家文化的逐渐靠拢。可见取国名"大夏"确实含有以中国为正统,自命为夏之传人之意,这是受儒家文化影响,向儒家文化的认同。而元昊自称"始文本武兴法建礼仁孝皇帝",改元"天授礼法延祚",更是仿效中原王朝的模式。礼法来自"天授",以此可延续帝祚、国祚,使年号蒙上一层天命的神秘色彩。

党项贵族元昊既然已在年号的命名上赋予"天授"之意,那么自称为"天子"也就势在必然,而称为"青天子"就具有与众不同的特点。"兀卒"又作"吾祖""乌珠",是党项语译音。据《续资治通鉴长编》卷122宝元元年九月己酉条载:"兀卒者,华言青天子也,谓中国为黄天子。"青色代表天空之青色,黄色代表土色,体现土德,党项民族把尊天习俗与传统儒家"五德终始"论和谐地融为一体,使这一称号蕴有丰富的文化内涵。

二

西夏党项自兴起后,就不断接受传统儒家思想文化,开始其封建化的进程。"拓跋自得灵、夏以西,其间所生豪英,皆为其用。得中国土地,役中国人力,称中国位号,仿中国官属,任中国贤才,读中国书籍,用中国车服,行中国法令。"[①]在西夏社会发展演变的进程中,中原地

---

①(宋)李焘:《续资治通鉴长编》卷150,庆历四年六月戊午,中华书局,1985年,第3641页。

区的儒家思想文化对其产生了重大影响。

等级制度是儒家思想文化的核心，早在孔孟的思想中就已经形成"君君、臣臣、父父、子子"，"君贵臣卑"等"正名"观念，尊卑贵贱均有严格定序，不能打乱，重视身份地位，并在一切日常生活礼节上表现出等级的区别，甚至服饰衣着也有明显的差异，"衣分五色，人分九等"。元昊对西夏文武官员及平民百姓的冠服作了严格的规定："文资则幞头、靴笏、紫衣、绯衣；武职则冠金帖起云镂冠、银帖间金镂冠、黑漆冠，衣紫旋襕，金涂银束带，垂蹀躞，佩解结锥、短刀、弓矢韣，马乘鲵皮鞍，垂红缨，打跨钑拂。便服则紫皂地绣盘球子花旋襕，束带。民庶青绿，以别贵贱。"①从冠服的不同，可以辨识等级，分别贵贱尊卑。

在政治上，西夏更是盛行封建等级制度，据现在保存下来的西夏文刊本《西夏官阶、封号表》记载，其中所列封号名称分为七个等级，并列有皇后、公主、嫔妃和诸王、国师、大臣、统军等封号。此表大约完成于夏仁宗统治时期，为西夏政治上所实行的封建等级制度作出了准确的说明，显示出西夏后期封建等级制度已经十分完备。

西夏统治者早已"潜设中官，全异羌夷之体"②，采用汉族封建统治方式，接受封建的典章制度。宋仁宗明道二年（1033 年），元昊便模仿宋朝建立了一整套官制，官分文武两班，设立了中书、枢密二司，及御史台、开封府、翊卫司、官计司、受纳司、农田司、群牧司、飞龙苑、磨勘司、文思院等机构③，并且又设立了汉学与蕃学。天授礼法延祚二年（1039 年），即元昊建立西夏国的第二年，再度改革官制，仿照宋朝增

①《宋史》卷 485《夏国传上》，第 13993 页。

②《续资治通鉴长编》卷 50，咸平四年十二月丁卯，第 1099 页。

③（清）吴广成著，李蔚整理：《西夏书事》卷 11，泰山出版社，2000 年，第 62 页。

设了"总理庶务"的尚书令,"又改宋二十四司为十六司,分理六曹"①。根据骨勒茂才编辑的《番汉合时掌中珠》一书所载,十六司为:经略司、正统司、统军司、殿前司、皇城司、三司、内宿司、巡检司、陈告司、磨勘司、审刑司、农田司、阊门司、群牧司、受纳司、承旨司②等。官职的设立及不断的改革,正说明西夏统治者不断接受汉族传统儒家思想文化的影响,在封建化的道路上不断前进。

西夏从仁宗时开始接受中原科举制度,设进士科,策举人,各科考试均以儒学经义为主要内容。夏仁宗人庆四年(1147年),西夏立唱名取士法,复立童子科。于是西夏儒学教育与科举取士相表里,"学校列于郡邑,设进士科以取士",进一步确立了儒学在国家政治生活中的主导地位。人庆五年(1148年),又建内学,亲自选名儒主持。天盛十二年(1160年),又设立翰林学士院,儒学在西夏后期进入昌盛阶段。

西夏立国之初,元昊所实行的某些政策从表面上看似乎出现了复旧,元昊曾对其父德明说;"英雄之生,当王霸耳,何锦绮为?"③主张"衣皮毛",下秃发令,公开申明:"制小蕃文字,改大汉衣冠"④,改行与汉族传统有别的礼仪制度,提倡党项贵族尚武精神。从表面上看,这些措施似乎与儒家文化相悖,但其深层却蕴含着元昊的一片苦心,即维护党项民族精神,保留党项民族特色,提高党项民族意识,使党项民族成为西夏国内的主体民族,从而摆脱宋王朝的控制,成就元昊的"王霸之业"。事实上,西夏文字之制,衣冠之改,都是以儒家思想文化

①《西夏书事》卷13,第67页。
②(西夏)骨勒茂才:《番汉合时掌中珠·人事下》,宁夏人民出版社,1989年,第56、57页。
③《宋史》卷485《夏国传上》,第13993页。
④《宋史》卷485《夏国传上》,第13995页。

为依傍的,尽管外在形式上与儒家文化传统有很大区别,但内在精神却息息相通。

元昊的这两种做法,貌似相忤,实际上是以儒家思想文化为主的政治统治措施占主导地位,是党项民族精神与儒家思想文化的结合,并和谐地统一在儒家政治统治的原则之下,是"外蕃内汉"的文化模式。西夏在典章制度上的"汉化",正是对传统儒家思想文化的吸纳,这为西夏封建化提供了政策以及制度上的保障。

三

西夏自立国之初,在创制"胡礼蕃书"、建立蕃学的同时,并不排斥中原地区的儒家思想文化,"尊尚儒术,尊孔子以帝号"[①],加强了对儒家文化的吸取。用西夏文字大量翻译《孝经》《尔雅》《四言杂字》等儒家经典和启蒙课本。《孝经》是一部封建伦理性强、影响大的儒学著作,宣扬"亲亲为大"的孝道以及封建宗法思想,历代封建统治者都把《孝经》视为统治的法宝,强调孝为"天之经,地之义,民之行"[②],企图以"孝"治天下。党项贵族、西夏皇帝元昊立国伊始,就把《孝经》当作重要的经典进行翻译,正说明《孝经》中的封建伦理纲常说教,已被西夏党项统治者所接受,传统的儒家思想文化已被党项统治者所吸取并加以利用。儒家最基本的经典《论语》《孟子》也传到西夏,并译成西夏文,而且还对《论语》阐发别意,有所发明。西夏还把渗透着儒家思想的君臣道义与治国之旨的《贞观政要》也译成西夏文,名为《贞观要文》。西夏党项统治者倾慕汉文化,为了获得更多的汉文典籍,多次向

---

①(元)脱脱等:《金史》卷134《西夏传》,中华书局,1975年,第2877页。

②(汉)孔安国:《古文孝经孔氏传·古文孝经》,文渊阁《四库全书》影印本,第182册,第19页。

宋王朝请求给予经史等各类书籍,例如"九经"《唐书》《册府元龟》等著作及国子监所印各书。南宋时,夏宋关系紧张,西夏遣使赴金"市儒、释书"①。汉文典籍在西夏社会的广泛流传,是西夏党项统治者为了利用书中宣扬的儒家思想和封建统治经验,加强封建统治,施行专制君权的需要。

元昊立国之初,曾创建蕃学,"国中由蕃学进者,诸州多至数百人"。在惠宗母梁氏专权时,"汉学日坏",致使"士皆尚气矜,鲜廉耻,甘罹文网。"②。梁氏死后,崇宗乾顺亲政,汉学重新得到提倡。夏崇宗贞观元年(1102 年),御史中丞薛元礼上疏,列举了古代北方少数民族政权尊行儒学的先例,建议于蕃学之外,设立"国学",以教授儒家之道。疏中称:"士人之行,莫大乎孝廉;经国之模,莫重于儒学。"③夏崇宗乾顺采纳了这一建议,于是在蕃学之外特建"国学"。所谓"国学"实际上就是以传授儒学为主的最高学府。聘请教授,选弟子员三百人入学,并且设"养贤务",负责国学的廪食。由于乾顺养贤重贤,使儒学在西夏的地位日益提高。夏仁宗仁孝执政的五十多年中,更是竭力推广儒家文化,"为世教振颓风,以圣学维国本",把儒学提到更高的地位,是儒学发展的高峰。夏仁宗人庆元年(1144 年),他下令在全国各州、县建立学校,子弟员增至三千人,是崇宗乾顺建立国学时弟子员的十倍。为了培养党项贵族宗室子弟,同年又在皇宫中设立小学,宗室中凡是七至十五岁的子弟都可以入学,请教授讲课。人庆二年(1145年),西夏又创立大汉太学,仁宗亲临太学祭奠先圣先师。又建立"内学",挑选名儒主持讲授。在短短的二年内,西夏国内普设学校,宫中

---

①《金史》卷 60《交聘表上》,第 1408 页。
②《西夏书事》卷 31,第 123 页。
③《西夏书事》卷 31,第 123 页。

设置小学,又建立内学,京城建立最高学府,充分显示出儒学在西夏的迅速发展。

崇儒也必然尊奉儒学宗师孔子。我国中原王朝自唐追谥儒学宗师孔子为文宣王,至宋、元、明、清诸朝代代都有封谥,然而均未有以"帝"字封谥的。西夏以帝号尊崇儒学先师孔子,"尊孔子为文宣帝"①,"令州郡悉立庙祀",下令各州郡修建孔庙,使孔庙"殿庭宏敞,并如帝制"。这就首先打破了历代汉族统治者对孔子的封谥规格,抬高了孔子的儒学地位,充分说明了西夏对儒学的尊崇。

博大精深的传统儒家思想文化,熏陶濡染了西夏党项世代皇亲宗室,使他们爱好汉族文明,崇儒尚文。自命"成大事""立大业"的李继迁以灵州为都,是爱"其人习华风,尚礼好学"②。元昊父德明"晓佛书,通法律,尝观《大乙金鉴诀》《野战歌》,制蕃书十二卷,又制字若符篆"③。并且又大兴宫室,礼仪中节,"渐有华风",而巡游时,又"大辇方舆,卤簿仪卫,一如中国帝制"④,俨然一副中原汉族帝王的气派。景宗元昊通蕃汉文,其即位后,虽然实行了诸如"秃发令"等提高民族意识、突出党项族的一些法令,但这仅是维护统治、巩固政权的策略与手段。从实质上看,在典章制度方面,元昊是采用汉族封建制度,接受汉族封建文化。毅宗谅祚向往汉族文明,经常"收纳中国人,与之出入,起居亲厚,多致中国物以娱其意"⑤。他曾上书宋朝,"今国人皆不用蕃礼",改从汉仪,又表示夏人"慕汉衣冠",今国人皆不用蕃礼,以

---

①《西夏书事》卷36,第138页。

②(民国)戴锡章:《西夏纪》卷3,泰山出版社,2000年,第179页。

③(元)脱脱等:《辽史》卷115《西夏传》,中华书局,1974年,第1523页。

④《西夏书事》卷9,第56页。

⑤《续资治通鉴长编》卷235,熙宁五年七月壬午,第5699页。

后欲以汉仪迎待朝廷使人。并上表求宋太宗的诗文作品及典籍,还请求与宋皇室通婚。惠宗秉常也特别爱好中原文化,常从俘虏的汉人处询问宋朝的文物制度,下令以汉礼代替蕃仪。崇宗乾顺更是崇尚儒家文化。仁宗仁孝在其五十四年的统治时期中,重视文化教育,设立学校,亲行"释奠礼",尊孔崇儒,策举人,始立唱名法。

不仅皇帝世代崇儒尚文,后妃、宗室、大臣等也深受儒家思想文化熏陶,都有较高的文化素养。夏仁宗皇后罔氏为党项大族,"聪惠知书,爱行汉礼"。崇宗乾顺妃曹氏,"性温柔贞静,动以礼法"①。皇后任氏"庄重寡言""门第才德"无人相比。身为濮王的宗室子仁忠、舒王仁礼,"俱通蕃汉字,有才思,善歌咏"②。创立西夏文字的野利仁荣"多学识,谙典故",对汉族儒家经典有高深的造诣。西夏儒士中最著名的是斡道冲,五岁以《尚书》中童子举,精"四书",通"五经",博学广识,曾为蕃汉教授、中书令、国相,他译《论语注》并阐发别义,著《论语小义》二十卷,以西夏字行于国中。其死后,仁宗下令画其像祭祀学宫,还令郡县都这样做。到元朝,其后代在凉州临摹了他的画像,请元代著名文人虞集作《画像赞》,颂其业绩:"乃有儒臣,早究典谟,通经同文,教其国都。遂相其君,作服施采,顾瞻学宫,遗像斯在。"③

西夏皇帝、宗室大臣崇儒尚文成为一种文化思潮,成为一种强有力的文化趋势,这种来自上层统治者的权势,保证了儒家文化接受的连续性,必然会对国家的统治政策、典章制度产生作用,促进西夏封建化。

---

①《西夏纪》卷22,第285页。

②《西夏纪》卷22,第285页。

③(元)虞集:《道园学古录》卷4《西夏相乌公画像赞》,文渊阁《四库全书》影印本,第1207册,第65页。

伴随着西夏封建化进程,儒学融入西夏文化之中,成为西夏思想统治的一大精神支柱,对党项人的观念及民风习俗均产生了影响。

隋唐之际,党项族刚刚进入原始社会末期,在婚姻习俗上仍保持收继婚制,"妻其庶母及伯叔母、嫂、子弟之妇,淫秽烝亵,诸夷中为最甚,然不婚同姓"①。这种"烝母报嫂"的原始婚俗是氏族社会群婚制的一种残余。在党项传统婚俗中,保留有性爱自由的纯朴民风。青年男女为追求自由性爱而殉情,得到双方家长的赞许,可见这种原始自由性爱风俗,在党项人心中影响深远。随着党项社会的不断进步,尤其是西夏建国后,随着与中原汉族的广泛接触,儒学的传播与发展,其婚姻家庭关系也发生了巨大的变化。党项人除继承原始自由性爱的婚俗传统外,更多的则是接受了汉族"明媒正娶"的封建婚俗。《番汉合时掌中珠》中记载:"男女长大,遣将媒人,诸处为婚,索与妻眷。室女长大,嫁与他人,送与沉房。亲家翁、亲家母,并诸亲戚,皆尽聚集,儿女了毕,方得心定。"甘肃武威出土的西夏文《杂字》,记叙孩子长大成人,亲友们为他们操办婚事,婚后男女结合,怀孕生子。由于儒家婚姻观念的影响,西夏也继承了中原封建婚姻制度,同时也继承了其买卖关系。《文海·婚价》载:"结婚娶女价,向亲戚、叔叔、舅舅等授物之谓。"不仅要向女方送彩礼,而且还要给亲戚、亲属送礼物。由于封建婚姻的买卖性,一夫多妻在西夏王室贵族之中已成为普遍现象,德明"娶三姓",元昊"凡五娶",晋王察哥"年已七十,犹姬妾充下陈"。甚至平民百姓也有纳妾的。元初,马可·波罗游历西夏故地甘州时,记载了当地的婚俗:"其地之人娶妻致有三十。否则视其资力,娶妻之数唯意所欲。"可见西夏在婚姻习俗的演变中,儒家思想文化自始至终起着不可忽视的影响与作用。

---

① (后晋)刘昫:《旧唐书》卷 198《党项传》,中华书局,1975 年,第 5291 页。

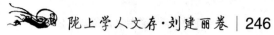

儒学对西夏党项社会的影响是全方位的，渗透到各个领域，促进了西夏党项与各个兄弟民族的融合及其封建化。一个汲取先进文明养分的民族必然是一个蓬勃发展、有生命力的民族，这也是西夏立国久远的一个重要的文化因素。

（原刊于《西北师大学报》2000 年第 3 期）

西夏党项民族音乐及其演变

公元 1038 年,在僻远的西北地区建立政权的西夏国,是以党项民族为主体的一个地方政权。西夏音乐在其发展进程中,既深受党项民族政治、经济、文化等因素的影响,也受音乐自身发展进程中乐学、律学、乐器及音乐形式、结构、表现手法、技巧、美学审美等内在因素的制约,形成了不同阶段、不同特点、各有区别的演变过程。其音乐成为党项民族的一种精神元素,融入党项族的战争、民俗、宗教等生活的诸多方面,成为表达思想、抒发感情、统一意志的重要工具。

一、西夏音乐的发展、演变

西夏音乐深受汉族传统思想文化的影响,使其蕴含了浓厚的文化积淀,在其发展、演变中,经历了不同阶段,形成了独具特色的西夏党项民族音乐。

早在唐太宗贞观九年(635 年),党项族首领拓跋赤辞臣属唐朝后,他们的音乐"尚以琵琶、击缶为节"①。此时乐器单一,只有琵琶和缶,他们寄情于这两种乐器之声,其审美情趣只能是草原和戎马生活的联想,保留着党项族淳朴的民族风格,是传统民族音乐阶段。

唐僖宗时,曾赐党项首领拓跋思恭"鼓吹全部,部有三驾:大驾用一千五百三十人,法驾七百八十一人,小驾八百一十六人,俱以金钲、

---

① (唐)魏徵等:《隋书》卷 83《党项传》,中华书局,1973 年,第 1845 页。

节鼓、㧉鼓、大鼓、小鼓、铙鼓、羽葆鼓、中鸣、大横吹、小横吹、筚篥、桃皮、筚、笛为器"①。从此党项族的乐器开始多样化，有了汉族普遍采用的吹奏乐和打击乐，唐代封建音乐文化与汉族乐器在党项族中得以传播。"历五代入宋，年隔百余，而其音节悠扬、音容清厉，犹有唐代遗风。"②李德明归附宋朝后，其礼文仪节、律度声音，皆遵依宋制。自唐僖宗至李德明在位的 150 余年中，唐、宋文化以及高度发展的宋乐，都对党项民族的文化和音乐产生了影响。伴随着乐器的增多以及乐器的多种组合，使音乐成为党项贵族政治礼仪的一部分，同时也丰富了党项贵族的精神生活。显然，此时系党项族吸收、遵依唐宋律度阶段。

元昊立国前，为了在政治、文化、习俗以及感情上弘扬党项的民族精神与民族传统，主张"王者制礼作乐，道在宜民。蕃俗以忠实为先，战斗为务"③。认为唐、宋礼乐过于繁缛，"不足法"，于是在西夏大庆二年（1037 年）七月，下令"更定礼乐"，于是"裁礼之九拜为三拜，革乐之五音为一音"④。西夏礼制乐律自此开始，西夏天授礼法延祚二年（1039 年）五月，元昊又制定了西夏宫廷朝贺仪式，规定："百官以次序列朝谒，舞蹈，行三拜礼。"⑤元昊制定的朝贺音乐和舞蹈，既吸取了唐宋的先进文明，又以党项族"忠实为先，战斗为务"⑥的民族精神为原则，保留了党项民族朴素的民族风格，此时，处于杂用阶段。至乾顺时，由于推行弛兵政、重文学的政策，社会稳定，封建文化发展，此时，西夏音乐在"杂用"的基础上达到一定的高度，系更唐宋乐，定西夏律

---

①（清）吴广成：《西夏书事》卷 12，泰山出版社，2000 年，第 65 页。

②《西夏书事》卷 12，第 65 页。

③《西夏书事》卷 12，第 66 页。

④《西夏书事》卷 12，第 66 页。

⑤《西夏书事》卷 13，第 67 页。

⑥《西夏书事》卷 12，第 66 页。

阶段。

西夏音乐经元昊更张,至西夏国主李仁孝执政时,有了更大的发展、演变,已脱离了唐宋"遗音"而形成了西夏民族音乐。为了西夏民族音乐的发展,从理论上加以系统的总结和提高,西夏人庆二年(1145 年),仁孝对西夏音乐进行了重大的改革,乐官李元儒奉命进行音乐改革,历三年始成,赐名《新律》。《新律》内容包括两方面,一是"采中国乐书"①,即借鉴唐、宋音乐理论及接受中国乐器;二是"参本国制度"②,即参照党项民族传统乐器、传统律制及本民族音乐理论,在这两方面结合的基础上制定出"新律",这就使西夏民族音乐发展到一个新的高度。

总之,西夏音乐经历了从拓跋赤辞归顺唐朝,保留淳朴的民族音乐;吸收、遵依唐、宋律度;"革乐之五音为一音",更唐、宋乐,定西夏律度;采中国乐书,定本国制度,制定西夏"新律"这四个阶段③。西夏民族音乐发展与西夏封建化历程同步共进。

二、西夏民俗乐与宫廷乐

文献中有关于西夏音乐的资料。《番汉合时掌中珠》中就有"取乐饮酒""教动乐""乐人打诨"④等记载,西夏文字书《杂字》中有"吹笛击鼓"等词。这都说明建立西夏国的党项族是一个能歌善舞的民族,音乐融会在党项族的战争、民俗、宗教等生活的诸多方面,成为表达思

①《西夏书事》卷 36,第 138 页。
②《西夏书事》卷 36,第 138 页。
③孙星群:《西辽、夏、金音乐史稿》,中国青年出版社,1998 年,第 160 页。
④(西夏)骨勒茂才:《番汉合时掌中珠》,宁夏人民出版社,1989 年,第 65、67 页。

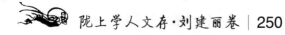

想、抒发感情、统一意志的重要工具。

西夏音乐有民俗与宫廷之分。

(一)民俗音乐

西夏立国前，党项民族音乐是纯朴、粗犷、强劲的民俗音乐，有用于战斗、礼仪、祝寿、欢庆、祭祀、娱乐、爱情以及诉苦等诸多种类，其作用功能也各不相同。

战斗乐。党项人尚武，以战死为荣，"衽金革而不厌，劲气犹生；闻鼓鼙而兴思，遗忠可录"①。充分显示出党项民族勇悍善战，拼搏疆场的雄壮气概。这种尚武的民风习俗对党项族音乐有重大的影响，是党项族民俗音乐产生的源泉，而雄壮的战斗乐具有鼓舞士气的作用与功能。与战斗中的雄烈、悲壮相映，党项音乐富有鼓吹乐豪壮、雄烈的风格。《金史·西夏外传》载："夏国声乐清厉顿挫，犹有鼓吹之遗音。"《宋史·夏国传》载李元昊"常携《野战歌》"。由于岁月的流逝与资料的湮没，《野战歌》的具体形式、内容已无从知晓，但能受到提倡以"战斗为务"，以"忠实为先"音乐美学观的元昊的赞赏，充分说明这是一首雄壮的战歌。

礼仪乐。西夏元昊立国后，在礼仪方面"正朔朝贺杂用唐、宋典式"②。据《礼大传》"疏"对"正朔"的解释为："正谓年始，朔为月初。言王者得政，示从我始，改故用新，随寅、丑、子所损也。"这是新帝王所颁布的新历法，始自夏禹，后为历代帝王沿用。据《宋史·礼志》载："太祖建隆二年正月朔，始受朝贺于崇元殿，服衮冕，设宫县、仗卫如仪。

①(元)程文海：《雪楼集》卷2《故父资德大夫云南等处行中书省右丞赠银青荣禄大夫平章政事，谥毅敏，阿鲁加赠秉忠执义威远功臣开府仪同三司太师上柱国，追封魏国公，改谥忠节制》，文渊阁《四库全书》影印本，第1202册，第17页。

②《西夏书事》卷13，第67页。

退仗，群臣诣皇太后宫门奉贺。帝常服，御广德殿，群臣上寿，用教坊乐。"①乾德三年冬至，"受朝贺于文明殿，四年于朝元殿，贺毕，常服御大明殿，群臣上寿，始用雅乐登歌、二舞，群臣酒五行罢"②。

元昊的朝贺礼仪"杂用唐、宋典式"，即在每年的元旦、五月初一和冬至的朝贺礼仪中，"行大朝会礼，群臣上寿，设宫县、万舞"③。"宫县"即"宫悬"，《周礼·春官小胥》谓："正乐县之位，王宫县。"此皆天子之礼。"宫县"，四面县也，就是帝王悬挂的钟磬等乐器要四面，象征宫室的四面墙壁，故称为"宫悬"。显然西夏自元昊开始，在每年的元旦、五月初一、冬至的朝贺礼仪中，均使用"教坊乐"和"雅乐登歌、二舞"。

祝寿、欢庆乐。《东都事略》卷一二七记载了西夏祝寿时的"大合乐"，"曩霄奉卮酒为寿，大合乐"④。余阙《青阳集》卷二《送归彦温赴河西廉使序》中也记载党项民族"献寿拜舞，上下之情，怡然相欢"的情景。但所用乐曲、乐器、乐队及拜舞形式均未详述。用于祝寿的民俗音乐，唱奏是必不可缺的。《道圆类稿》卷二五《重建高文忠公祠记》记述了西夏党项人民庆祝、欢乐的鼙鼓声，西夏灭亡后，忽必烈灭宋，西夏境内"鼙鼓之声未绝于城邑"。党项人欢庆时高歌狂舞，正是其民族性的流露。

祭礼、悲情乐。宋景德四年（1007年），党项首领李德明之母罔氏死，德明以乐迎至枢前。马可·波罗在沙州看到居民火葬时的情景，"枢行时，鸣一切乐器"。党项青年男女殉情安葬时"击鼓饮酒"。显然

---

①《宋史》卷116《礼志十九》，第2743、2744页。

②《宋史》卷116《礼志十九》，第2744页。

③《西夏书事》卷13，第67页。

④（宋）王称：《东都事略》卷127《附录五·西夏》，文渊阁《四库全书》影印本，第382册，第826页。

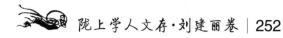

这些乐器以及击鼓与乐,均是为祭祀而用。

(二)宫廷音乐

元昊立国后,西夏在封建化的进程中,其音乐已比较完善,建立了乐舞机构教坊,乐舞的形式、种类、乐器以及音乐理论均有所发展与进步。

"教坊"就是西夏的乐舞机构。"教坊"始于唐代,是唐朝掌管女乐的官署名。自唐武德以来,置署于禁门之内。开元后,人员增多,"凡祭祀、大朝会则用太常雅乐,岁时宴享则用教坊诸部乐。"①宋沿唐制,规模与唐大致相同。西夏建立后,也设置了音乐机构"教坊",即戴锡章《西夏纪》卷一三中所说的"蕃汉乐人院",它是一个专司诗歌、音乐、歌唱、舞蹈,甚至杂剧、戏耍、傀儡等艺术门类的政权机构,并有专业乐人、艺人、舞人为西夏统治者服务。在每年正月初一,西夏朝廷"群臣上寿用教坊乐",用西夏教坊奏唱唐宋教坊乐,说明自元昊立国后,这个机构始终存在。

西夏宫廷乐舞有八佾舞、柘枝舞等多种形式。西夏汉文本《杂字》"音乐部第九"有"八佾""柘枝"等词。"八佾"是乐舞之数。佾,行列,即古时乐舞的行列。《论语·八佾》:"孔子谓季氏八佾舞于庭,是可忍也,孰不可忍也!""八佾"系古代天子专用的乐舞,排列成行,纵横皆为八人,共六十四人。《穀梁传·隐公五年》载:"舞夏,天子八佾,诸公六佾,诸侯四佾。"《左传·隐公五年》谓:"天子用八,诸侯用六,大夫四,士二。"据《后汉书·祭祀志中》所载:"立春之日,迎春于东郊,祭青帝句芒。车骑服饰皆青。歌《青阳》,八佾舞《云翘》之舞。"②"立夏之日,迎夏于南郊,祭赤帝祝融。车骑服饰皆赤。歌朱明,八佾舞《云翘》之舞。

①《宋史》卷242《乐十七》,第3347页。

②(晋)司马彪:《后汉书》志第八《祭祀中》,中华书局,1965年,第3181页。

先立秋十八日,迎黄灵于中兆,祭黄帝后土。车骑服饰皆黄,歌《朱明》,八佾舞《云翘》《育命》之舞。立秋之日,迎秋于西郊,祭白帝蓐收。歌《西皓》,八佾舞《育命》之舞。"①"立冬之日,迎冬于北郊,祭黑帝玄冥。车骑服饰皆黑。歌《玄冥》,八佾舞《育命》之舞。"②显然天子所专用的八佾舞是立春、立夏、先立秋、立秋、立冬之日,用于"迎时气,五郊之兆"③时,祀天所用,与歌并列,另有歌曲如《青阳》《朱明》《西皓》《玄冥》等伴唱,八佾也是舞蹈形式,有《云翘》《育命》等舞。

西夏壁画还展示了西夏乐队的编队形式,莫高窟第 164 窟的壁画中,乐队的排列为一字形,拍板、舞伎、拍板。莫高窟 400 窟北壁壁画中,乐队形为并列二排,乐队前排是横笛、拍板、腰鼓、笙;后排是琵琶、笙、筝、竖笛。南壁壁画乐队形是八字形,"童子伎乐舞"中八个童子排成"八"字形,分别演奏拍板、笙、横笛、竖笛、筚篥、筝、琵琶等乐器,边奏边跳。总之,西夏乐队比唐宋乐队规模小,队形变化少,但注意对称与平衡。

柘枝是舞蹈名称,又名"莲花舞",二女子藏莲花中,花折而后见,对舞相顾。据《乐府诗集·舞曲歌辞》载:"《乐府杂录》曰:'健舞曲有柘枝,软舞曲有屈枝'。"唐代许多诗人在其诗作中描写了柘枝舞的舞姿、舞步、出场、入场、伴奏的鼓点及服饰等。白居易《柘枝妓》诗载:"平铺一合锦筵开,连击三声画鼓催。"④描述柘枝舞者出场前,连击三声鼓,然后一合锦筵开。张祜《观杭州柘枝》诗曰:"梁州唱罢鼓殷雷,软骨仙娥起暂回。"⑤描述舞结束后,舞者的谢幕布情景。柘枝舞由单

---

① 《后汉书》志第八《祭祀中》,第 3182 页。
② 《后汉书》志第八《祭祀中》,第 3182 页。
③ 《后汉书》志第八《祭祀中》,第 3181 页。
④ 朱金城:《白居易集笺校》卷 23,上海古籍出版社,1988 年,第 1557 页。
⑤ 尹占华:《张祜诗集校注》卷 8,甘肃文化出版社,1997 年,第 203 页。

人舞发展为双人舞,至宋代,又发展为多人舞,官乐有柘枝乐,充分说明其流传广,深受人们喜爱。《宋史》卷一四二《乐志》载:"柘枝队,衣五色绣罗宽袍,戴胡帽,系银带。"专门从事柘枝舞蹈的艺人称为柘枝妓。宋代梅尧臣《和永叔柘枝歌》诗咏:"始知事简乐民和,不厌来观柘枝舞。"①柘枝舞不仅百姓喜爱,也深受宋代官员的欢迎,沈括《梦溪笔谈·乐律一》记述北宋真宗时宰相寇准"好柘枝舞,会客必舞柘枝,每舞必尽日,时谓之'柘枝颠'"。当时柘枝旧曲,如羯鼓录,所谓浑脱解劝之类遍数极多。凤翔有一老尼,犹是莱公(寇准)时柘枝妓,当时柘枝舞曲"尚有数十遍",至沈括时"所舞柘枝比当时十不得二三"②,舞曲大部散佚,只是柘枝舞仍流行。

西域的柘枝舞传入中原,并在唐、宋王朝兴盛,西夏地处传统的丝绸之路要道上,必定是柘枝舞的一个重要流传地区,《杂字》中载有"柘枝"词语,说明兴盛于唐宋王朝的柘枝舞也在西夏流行,得到西夏人民的喜爱。西夏壁画中显示的舞蹈优美、生动。莫高窟第164窟北壁经变画中就有两身舞伎,都是两手在身前舞动长绸,挥洒自如。右脚着地,左脚腾起于右脚后,斜向而下,身姿略呈"S"形,轻盈优美。榆林窟第3窟《乐舞图》中两个舞伎,双手在背后舞动长带,左边舞者吸右腿,右边舞者吸左腿,相对而舞,身体略呈"S"形。舞姿刚劲有力,俱有游牧民族的风格。东千佛洞第2窟两个舞伎裸体披"S"形长带,一手弯曲上举,一手斜直下垂,一腿着地,一腿微曲,造型奇特优美。

"曲破"也出现在《杂字》中。曲破是唐、宋乐舞名,大曲的第三段

①(宋)梅尧臣:《宛陵集》卷2《和永叔柘枝歌》,文渊阁《四库全书》影印本,第1099册,第17页。

②(宋)沈括:《元刊梦溪笔谈》卷5《乐律》,文物出版社,1975年,第18、19页。

称"破",单独演唱此段称曲破。宋代宫廷在宴会时经常奏、唱、舞曲破,《宋史》卷142《乐志》载:"太宗洞晓音律,前后亲制大小曲及因旧曲并增新声者,总三百九十。凡制大曲十八……曲破二十九。……琵琶独奏曲破十五。"西夏是单独演唱,故称曲破。元代陶宗仪《南村辍耕录》中记载了一首西夏大曲《也葛倘兀》,据学者研究,"也葛"是蒙古语"大"之意,"倘兀"是蒙古语"西夏",合称为"大西夏"①,这就是说《也葛倘兀》是西夏的大曲。据《元史·礼乐志二》载:元代于"太祖初年,以河西高智耀言,征用西夏旧乐"。显然,《也葛倘兀》大曲为元朝所征用,并流传至民间,为元代陶宗仪记录下来,从而为我们留下了极为宝贵的西夏大曲曲目之名。明朝徐一夔的《明集礼》中将"也葛倘兀"记为"也可唐兀"②,它无歌词,只记六律吕名,并附工尺谱,这就为《也葛倘兀》提供了音高,明代所记的应是西夏《也葛倘兀》的原曲,它是西夏宫廷乐曲之一。

三、西夏乐器

西夏党项族在长期的生产、战争、婚丧寿诞及各种人际交往的社会与民俗活动中,创制出各式各样的乐器,除了本民族的传统乐器之外,还吸取了大量的中原乐器及吐蕃、回鹘、天竺的乐器,种类众多。莫高窟、榆林窟的西夏时期的洞窟中,有13个洞窟绘有19幅伎乐图,这是珍贵的西夏乐舞资料。石窟壁画中出现的西夏乐器有铜钹、拍板、曲颈四弦琵琶、五弦琵琶、凤首箜篌、筝、笙、横笛、筚篥、排箫、羯鼓、腰鼓、方响、钟、嵇琴(奚琴、胡琴)、金刚铃、鼗鼓、阮、锣、扁鼓、

---

①乌兰杰:《元代达达乐考》,《音乐研究》1997年第1期,第76页。
②(明)徐一夔:《明集礼》卷53上《俗乐》,文渊阁《四库全书》第650册,影印本,第492页。

角、弯颈琴，还有一种不知名的乐器，琴杆长且向外弯曲。

党项族的传统乐器主要有琵琶、横吹、缶。据文献所载："党项羌有琵琶、横吹、击缶为节。"①据《旧唐书·音乐志》载："琵琶，四弦，汉乐也。初，秦长城之役，有弦鼗而鼓之者。及汉武帝嫁宗女于乌孙，乃裁筝、筑为马上乐，以慰其乡国之思。推而远之曰琵，引而近之曰琶，言其便于事也。"②今清乐奏琵琶俗称为"秦汉子"，圆体修颈而小。这种自汉魏以来，中国所创的长颈圆体四弦十二柱的弹弦乐器统称为琵琶。西夏文《杂字》在西夏字"琵琶"下加注："汉名琵琶。"这说明西夏文与汉文的"琵琶"一词，其称谓相同，形制可能也一样。莫高窟第61窟甬道女子斜抱弹奏曲颈四弦琵琶，无相无品无两仪（月牙），弹拨处画莲花，这与中原琵琶不同。据研究，唐贞观年间，裴洛儿始创新的弹拨琵琶法，不用木拨而用手拨，称为"掐琵琶"。这幅乐伎图正是用变革后的手法弹拨琵琶。莫高窟第327窟中的西夏壁画，是中原式的琵琶和用木弹拨的。

榆林窟第10窟壁画中所画的坐式飞天所拉的嵇琴，又称为奚琴，据记载原系辽国的乐器，可能是二胡的雏形。榆林窟的嵇琴与陈旸《乐书》中的奚琴图相似，但琴的头、杆、码、千金、弓的造型有所改进，充分证明契丹文化、奚族文化传入西夏。榆林窟第3窟的凤首箜篌和扁鼓别处罕见，更为珍贵。

横吹即横笛，又名短箫，是党项羌传统乐器之一。据文献记载，党项羌系三苗之后，其有"琵琶、横吹"③。唐朝王维《送宇文三赴河西充

①《隋书》卷83《西域传》，第1845页。另有《北史》卷84、《太平御览》卷795、《册府元龟》卷961、《西夏书事》卷12，均载。

②（后晋）刘昫：《旧唐书》卷29《音乐志二》，中华书局，1975年，第1076页。

③（宋）王钦若：《册府元龟》卷961《外臣部·土风第三》，中华书局，1960年，第11303页。

行军司马》诗曰:"横吹杂繁笳,边风卷塞沙。"①横笛和笳均为西北少数民族固有的传统乐器。

缶又名古缶,瓦器,小口大腹,形如覆盆,可以汲水盛酒浆。《诗·陈风·宛丘》谓:"坎其击缶,宛丘之道。"《通典》也载:"缶,《说文》曰瓦器也,所以盛酒浆,秦人鼓之以节歌。《尔雅》云盆也,坎其击缶。渑池会,秦王为赵王击缶是也。李斯云击瓮扣缶者,秦之声。"②显然这是一种瓦质的打击乐器,这种瓦器可以叩击而发声,可以节乐,是古西戎之乐,秦俗应而用之。《汉书·杨恽传》载:"酒后耳热,仰天拊缶,而呼乌乌。"西北地区的秦人"击瓮叩缶弹筝搏髀,而歌呼呜呜快耳(目)者,真秦之声也"③。

显然,在党项族传统的乐器中,已有旋律乐器即丝弦奏乐器琵琶、管乐吹奏乐器横吹和击节乐器缶,这就形成了合奏形式,充分说明党项族传统音乐思维已达到一定的水平。

党项羌还有鼓吹乐器。这均为唐僖宗时,赐党项首领拓跋思恭"鼓吹全部",有金钲、节鼓、抈鼓、大鼓、小鼓、铙鼓、羽葆鼓、中鸣、大横吹、小横吹、筚篥、桃皮、笳、笛等乐器。

金钲似有柄扁钟,柄内空心贯通,可悬击,也可手执敲击。《诗·小雅·采芑》谓:"钲人伐鼓。"钲以静,鼓以动,钲在军中起号令作用,凡军中进退皆以鼓动钲止。唐宋乐中皆有金钲,甚至深受汉文化影响的

---

①(清)赵殿成:《王右丞集笺注》卷8《送宇文三赴河西充行军司马》,文渊阁《四库全书》影印本,第1071册,第110页。

②(唐)杜佑:《通典》卷144《乐四·十三》,文渊阁《四库全书》》影印本,第605册,第41、42页。

③(汉)司马迁:《史记》卷87《李斯列传》,中华书局,1959年,第2543、2544页。

契丹辽国、女真金国乐中也皆有"金钲十二"①。

鼓的种类较多,除大鼓、小鼓、铙鼓、羽葆鼓外,还有节鼓。节鼓的形状与结构,在《通典》中有记述,状"如博局,中开圆孔,适容其鼓。击之以节乐也"②。就是在状如棋盘的小木板方架上,开一个能放下鼓的圆孔,放置节鼓。

中鸣、长鸣皆为号筒,明代方以智《通雅》卷三〇《乐器》条称:"长鸣,今时之号通也。口圆而长如竹筒。一尺五寸,又有小柄空管,从筒中抽出吹之。晋即有鸣笳,笳即箛……或谓其始,似笳管,后以铜作。"中鸣、长鸣的区别在于乐曲,"长鸣一曲三声:一龙吟声,二彪吼声,三河声。中鸣谢一曲三声:一荡声,二牙声,三送声"③。宋、辽、金鼓乐中皆用中鸣、长鸣。西夏党项羌人用长鸣、中鸣,与其民族性相适应,是其审美观与征战的需要。

筚篥即觱篥,一名必栗、悲篥,又称作笳管,本龟兹国乐也,后传入中国,以竹为管,以芦为首,以芦茎为簧,状如胡笳而九窍,所发角音,其声悲栗。《全唐诗》卷一三三唐朝诗人李颀《听安万善吹觱篥歌》诗曰:"南山截竹为觱篥,此乐本自龟兹出。"④唐朝时,筚篥编入卤簿部,称为笳管,用之雅乐部,以为雅管。唐朝十部乐中的"西凉乐"用大筚篥、小筚篥。凉州(治今甘肃武威市凉州区)又称作西凉府,唐时被吐蕃占领,后被党项奄有,成为西夏的疆土。由于地域原因,筚篥在党项族中流传,成为西夏乐器的一种。

桃皮筚篥又名桃皮筚。马端临《文献通考》卷一三九《乐考十二》

---

①(元)脱脱等:《辽史》卷54《乐志》,中华书局,1974年,第894页。

②《通典》卷144《革四》,文渊阁《四库全书》影印本,第605册,第43页。

③(宋)欧阳修、宋祁:《新唐书》卷23《仪卫志上》,中华书局,1975年,第509页。

④中华书局编辑部:《全唐诗》卷133,中华书局,1960年,第1354页。

载:"桃皮管,桃皮觱篥,桃皮卷而吹之,古谓之管木,亦谓之桃皮觱篥,其声应箫、笳横吹之,南蛮高丽之乐也,今鼓吹部其器亦存。"《说郛》卷一〇〇载段成式《觱篥格》谓:"又有剥杨树皮卷成觱篥,以竹为管而吹之,亦有用桃皮者。"诸多文献如《旧唐书·音乐志二》《隋书·音乐志下》《通典》卷一四四《乐四》等均有所记载。其制作是卷杨皮或桃皮为管而吹之,声如箫笳,故称为桃皮觱篥,系高丽乐器,用在唐代十部乐中的高丽乐中。西夏桃皮觱篥原是唐僖宗所赐,成为西夏党项乐器之一。

《番汉合时掌中珠》中记载的乐器23种,除了琵琶、大鼓、觱篥、笛、箫外,还有笙、管、琴、瑟、筝、箜篌、三弦、六弦、法鼓、铜鼓、丈鼓、拍鼓、铃、铙鼓、铙钹、七星、磬、钟等①。西夏《杂字》"音乐部第九"列乐器22种,有龙笛、凤管、秦、筝、琵琶、弦管、双韵、嵇琴、觱篥、云箫、箜篌、七星、丈鼓、水盏、相搏、竹簧、雅奏、拍板、三弦、六弦、笛子、勒波。西夏汉文本《杂字》"音乐部第九"载西夏有"杂剧",西夏杂剧所用乐器有羯鼓、襄鼓、铙、幢箫、阮咸、筑、虎、龠、笙、竽、箫等。西夏汉文《杂字》载西夏有"散唱",而散乐的伴奏乐器除了横笛、拍板、两杖鼓之外,还使用了腰鼓。而《西凉乐》所用的乐器还有编钟、编磬、弹筝、搊筝、卧箜篌、竖箜篌、五弦、齐鼓、担鼓、铙钹、贝等等。

西夏党项音乐经历了不同阶段的发展、演变,其音乐形式多样,乐器种类繁多,具有鲜明的党项民族特色,在西夏社会生活中具有重要地位,发挥着重要作用。西夏党项民族音乐是中华民族绚丽多彩的音乐文化的重要组成部分。

(原刊于《宁夏大学学报》2004年第5期)

---

①(西夏)骨勒茂才:《番汉合时掌中珠》,宁夏人民出版社,1989年,第43、65、66页。

张载"取洮西之地"辨析

张载是北宋著名哲学家,理学奠基人之一,他创立关学,其"为天地立心,为生民立命,为往圣继绝学,为万世开太平"①的关学宗旨,以及"民胞物与""仇必和解"等思想,成为中华民族乃至全人类的宝贵精神财富。对张载的研究中,必然涉及其生平经历。在哲学史界,诸多学者依据北宋陕西沿边形势,皆认为"取洮西之地",即为收复"被西夏占领的洮西之地"②,致使这一误解流行。本文从"有关文献记载与洮西之地""洮西位置与战略地位""张载对西界的认识"等三方面,对此问题略作辨析。

一、文献记载与洮西之地

张载"取洮西之地"的相关记载,主要有以下几种:

《宋史》卷 427《道学·张载传》:"少喜谈兵,至欲结客取洮西之地。"

《宋元学案》卷 17《横渠学案》(上):"先生少孤自立,志气不群,喜谈兵,因与邠人焦寅游。当康定用兵时,年十八,慨然以功名自许,欲

---

①（宋）张载:《张子全书》卷 14《近思录拾遗》,文渊阁《四库全书》》影印本,第697 册,第 313 页。

②侯外庐、邱汉生、张岂之主编:《宋明理学史》上卷,人民出版社,1984 年,第86 页。

结客取洮西之地,上书谒范文正公。"

《东都事略》卷114《儒学·张载传》:张载"少时喜谈兵,年十八,以书谒范仲淹。"

《张子全书》卷15《行状》:"少孤自立,无所不学,与邻人焦寅游。寅喜谈兵,先生说其言。年十八,慨然以功名自许,上书谒范文正公。"

上述文献中,元人所著《宋史·张载传》中有"取洮西之地"的记载,而清人黄宗羲、全祖望著《宋元学案·横渠学案》中沿袭《宋史》说法,载有"取洮西之地"。宋人王称《东都事略·张载传》与张载门人吕大临撰写《横渠先生行状》中,皆没有"取洮西之地"。显然"取洮西地"源于成书于宋以后的文献。

对洮西之地有两种理解,一即洮地之西,另一则为洮水之西。

历史上洮地有三,一是春秋时曹邑(今山东鄄城县西南)。据《春秋》载:僖公八年(前652年),"春王正月,公会王人、齐侯、宋公、许男、曹伯、陈世子款,盟于洮"。杜注:"洮,曹地也。"《左传》载:僖公三十一年(前629年),"分曹地,自洮以南,东傅于济,尽曹地也"。二是桃,即春秋时鲁邑(今山东汶上县东北40里南陶)。《春秋》载:襄公十七年(前556年),"齐侯伐我北鄙,围桃"。《公羊传》则作"洮"。三是春秋鲁邑(今山东泗水县东南桃墟)。《春秋》载:庄公二十七年(前667年),"公会杞伯姬于洮",此"洮"即"桃"。

历史上洮水有四:一是桃水,即今山西阳泉市及平定县境内的洮河。据《读史方舆纪要》载:"洮水,在城东。其上源即寿阳县之芹泉也,经州西九十里谓之洮水,下流注于泽发水。"①二是在今山西绛县南。

①(清)顾祖禹:《读史方舆纪要》卷40《山西二》"平定州"条,中华书局,2005年,第1842页。

源出横岭山,西北流入涑水河。涑水出河东闻喜县东山委葭谷,"涑水所出,俗谓之华谷,至周阳与洮水合,水源东出清野山,世人以谓清襄山。其水东径大岭下,西流出谓之唅口,又西合涑水"[1]。《左传》载:昭公元年(前541年),"台骀能业其官,宣汾、洮"。因洮水出闻喜县,"故王莽以县为洮亭"[2]。三是注于湘水的洮河,在今广西全州县北50里。《水经·湘水注》:"洮水出(洮阳)县西南大山,东北径其县南,即洮水以立称矣。……其水东流注入湘水。"四是黄河上游支流的洮水。《舆地记》载:"西倾之北,洮水所出,北流入河。"

上述"洮"地,至北宋时,地名已变,春秋时的曹邑洮地,在京东西路所辖濮州鄄城(今山东鄄城)县境;鲁邑洮地,在京东西路郓州中都(今山东汶上)县境;另一春秋鲁邑洮地,则在京东西路兖州泗水(今山东泗水)县境。其"洮"地之西,也均属北宋京东西路辖区。桃水流经北宋河东路平定军(治今山西平定县)境内,源于清襄山的洮水则在河东路绛州绛县(治今山西绛县)境,而流入湘水的洮水则在北宋荆湖南路全州(治今广西全县)境,这些洮水以西地区,也均在北宋河东路、荆湖南路辖区内。上述洮地、洮水之西地区,显然不是张载所欲"取洮西之地"。

宋时,"洮西"一词屡被提及。据《宋会要辑稿·食货二》载,熙宁九年正月十九日,熙河路经略安抚使言:"奉诏相度本路弓箭手田土,令提举营田司将洮西弓箭手单丁耕种不及空闲田土即具逐州军权差厢军耕种,官置牛具农器。"显然此"洮西"是北宋政府屯田、营田的地区之一。黄庭坚为张大中所作《墓志铭》中谓"昔在元丰,王师即戎,屡奏

---

①(后魏)郦道元:《水经注》卷6"涑水",文渊阁《四库全书》影印本,第573册,第111页。

②《水经注》卷3"涑水",文渊阁《四库全书》影印本,第573册,第111页。

肤公,河洮西东,弃矢如蓬,将军小校,崇级分功⋯⋯"①。王应麟在《熙河兰会路经略使复洮州禽鬼章青宜结给崇政殿献俘》中也谓"姚兕部洮西,捣讲朱城,遣人走间道,焚河桥,绝西援;种谊部洮东,以岷州蕃将包顺为前锋⋯⋯"②。另有苏东坡著《闻洮西捷报》诗,也有述及。总之,黄河支流洮河流经的洮、岷、熙、河州地区,即北宋的熙河路辖区,才是张载欲取的洮西所在地。

二、地理优势与战略地位

黄河支流的洮水,在今甘肃西南部,源出甘、青两省边境的西顷山东麓。西倾山"在洮州临潭县西南,后名西强山,在吐谷浑界"③。洮水东流经洮州(治今甘肃临潭县)、岷州(治今甘肃岷县),然后折向北,经熙州(治今甘肃临洮县),至今甘肃永靖县城附近汇入黄河。《汉书》卷28《地理志下》"陇西郡"载,临洮县"洮水出西羌中,北至枹罕东入河"。"枹罕"即北宋时的"河州"。洮西之地与河湟地区毗邻。

黄河自发源地蜿蜒东流,绕过积石山后,屈曲西北流,在今青海省兴海县境内逐渐弯向东流,入积石军(治今青海贵德县西10里黄河南岸),经廓州(治今青海化隆县西60里黄河北岸)、河州(治今甘肃临夏市东北)境,出今青海省境流入今甘肃永靖县,再经兰州城北而入夏境。湟水系黄河上游支流,源出今青海海晏县西北包呼图山,自大通山南麓牛堆心曲折向东流,经鄯(治今青海西宁市)、湟(治

①(宋)黄庭坚:《山谷集》卷23《张大中墓志铭》,文渊阁《四库全书》影印本,第1113册,第237页。

②(宋)王应麟:《玉海》卷193上《兵捷》,文渊阁《四库全书》影印本,第948册,第113页。

③(宋)王应麟:《通鉴地理通释》卷5《十道山川考》,新文丰出版公司《丛书集成新编》,第91册,第259页。

今青海乐都市)二州后,汇入黄河,黄河与湟水流经的地区称为河湟地区。

地处黄河九曲之地的河湟一带,是宋代西北吐蕃的最大聚集地,也是宋代吐蕃唃厮啰政权政治、经济、文化的中心区,唃厮啰政权奄有"汉陇西、南安、金城三郡之地,东西二千余里"①,其辖地范围是以河湟为中心,东至秦州(治今甘肃天水市秦州区),北临西夏,西逾青海,南界蛮夷。河湟地区的廓、鄯、湟三州,"东南至熙、河、兰、岷州,接连阶、成州界"②,与洮西之地毗邻。

宋时,与河湟地区毗邻的洮西之地,亦泛指黄河上游以南地区,其地域包括洮(治今甘肃临潭县)、岷(治今甘肃岷县)、叠(治今甘肃迭部县)、宕(治今甘肃舟曲县西北白龙江北岸)、熙(治今甘肃临洮县)、河州、阶(治今甘肃陇南市武都区)州及积石军等地。这一地区地理位置优越,战略地位重要。熙州"襟带河、湟,控御边裔,为西陲之襟要"③。河州控扼番、戎,山川盘郁,"自昔西陲多衅,枹罕尝为战地,盖犄角河西,肘腋陇右,州亦中外之要防矣。"④洮州系唐临洮郡,"西控番戎,东蔽湟、陇,据高临深,控扼要害"。其城本名洮阳城,前临洮水,异常险固,即吐谷浑故城。洮西之地是宋代吐蕃的重要分布区,文献记载说"洮、岷蕃族繁盛"⑤,古叠州"有四十三族、十四城、三十

①(宋)沈括:《元刊梦溪笔谈》卷25《杂志二》,文物出版社,1975年,第32页。

②(清)黄以周:《续资治通鉴长编拾补》卷23,崇宁三年四月庚午,中华书局,2004年,第806页。

③《读史方域纪要》卷60《陕西九》"临洮府",第2863页。

④《读史方域纪要》卷60《陕西九》"河州",第2880页。

⑤(宋)李焘:《续资治通鉴长编》卷247,熙宁六年十月辛卯,中华书局,1985年,第6029页。

余万户"①,吐蕃部落众多。这里"西通蕃落,北界河、湟,得其地足以给军储,得其人足以资战斗"②。

西夏奄有河西走廊地区后,位于西夏右厢西南侧的河湟地区就成为西夏与北宋之间的要冲,而洮西地区成为宋朝进入河湟地区的重要通道之一,当地众多吐蕃部族,成为宋夏双方争夺的一股重要力量。北宋中期熙宁年间(1068—1077年),着力开拓西部边疆,经略河湟,兼制西夏,从西夏西南侧面出击,开辟西线战场,此时洮西地区的重要性开始凸显。

总之,自唐末五代以来,与河湟地区毗邻的洮西之地,具有得天独厚的地理与环境优势,由于在政治、军事和中西交通方面的重要性,使它具有重要的战略地位,在宋夏对峙时期,势必成为宋夏双方竭力争夺的目标。

三、对陕西沿边及西界的认识

公元1038年,元昊建立西夏国,其疆域"东尽黄河,西界玉门,南接萧关,北控大漠,地方万余里"③。元昊"既悉有夏、绥、宥、静、灵、盐、会、胜、甘、凉、瓜、沙、肃"④等州,又新升部分重要的堡镇为洪(原洪门镇,治今陕西靖边县西南)、定(原定远镇,治今宁夏平罗县南姚伏镇)、威(一作韦州,原韦州堡,治今宁夏同心县东北韦州镇)、龙(原石堡镇,治今陕西靖边县东南)州,以兴庆府(治今宁夏

---

① (元)脱脱等:《金史》卷98《完颜纲传》,中华书局,第2175页。

②《读史方域纪要》卷60《陕西九》"临洮府",第2864页。

③ (清)吴广成著、李蔚整理:《西夏书事》卷12,泰山出版社,2000年,第65页。

④ (元)脱脱等:《宋史》卷485《夏国传上》,中华书局,1977年,第13995页。

银川市)为首都。元昊嗣位后,整顿西夏军事,将全国兵力分为左右两厢,以黄河为界,河东为左厢,河西为右厢,左厢六个监军司针对北宋、契丹,右厢六个监军司主要针对的是吐蕃、回鹘等周边少数民族政权。

西夏立国后,元昊对宋朝发动大规模的进攻,陕西沿边成为西夏攻击的主要目标。今陕西北部横山山脉为宋夏界山,自东北向西南方向延伸。在东到麟(治今陕西神木县西南杨家城)、府州(治今陕西府谷县),西至原(治今甘肃镇原县)、渭州(治今甘肃平凉市崆峒区)二千余里的边境线上,形成了一条宋夏分界线,称为"山界",横山以西为夏境,称为西界。宋夏双方都利用这一地形扼守险要。夏国建立后,以横山为跳板,南侵宋朝,横山地区自然成为宋朝防御西夏的前沿。从西夏开运元年(1034年)到天授礼法延祚二年(1039年),元昊多次进攻府、环、庆、泾、原等州,但均被宋军击退。经过以上试探性的进攻后,元昊摸清了宋朝沿边各地的防御情况,从西夏天授礼法延祚三年(宋仁宗康定元年,1040年)至天授礼法延祚五年(宋仁宗庆历二年,1042年),连续发动了三川口(今陕西延安市西北)、好水川(今宁夏隆德县境之渝河)、定川砦(今宁夏固原西北地区)之战,三次大战,宋军均以惨败而告终,使宋朝积贫积弱之势更进一步深化。

自少喜读兵书的张载,密切关注陕西沿边局势的发展,对沿边及西界有明确的认识。

庆历三年(1043年),范仲淹知庆州时,曾在柔远寨(今甘肃华池县城)东北40里的大顺川建城,城毕工后,"赐号大顺,因名其川"。张载"谨次其事为之文,以记其功"①。文中谓"皇皇范侯开府于庆,北方

---

① 《张子全书》卷13《庆州大顺城记》,文渊阁《四库全书》影印本,第697册,第298页。

之师坐立以听。公曰：'彼羌地武兵劲，我士未练，宜勿与竞，当避其强，徐以计胜。'"①从张载所撰写的《大顺城记》，可以看出张载对庆州及羌地位置是清楚的。庆州位于张载居地陕西眉县横渠镇之北，文中所谓"彼羌地武兵劲"，显然是指西夏，其在庆州之北。

《张子全书》卷13《贺蔡密学第四》中载："顷庆卒内向惶骇，全陕府郡昼闭，莫知所为。士民失措，室家相吊。继闻为渭帅所败，溃遁而东。"从该文中也可知张载对陕西地域及渭州、庆州的方位是明确的。在《边议第六》中，张载提出"选吏行边""募善守之人""计民以守""择帅之重""谨防于外、修实于内""警败者"等诸多建议，认为"今之急，急在治兵矢，举斗射"。谓"种世衡守环州，吏士有罪，能射则释之；胥徒请告，能射则给之；僧道饮酒犯禁，能射则置之；百姓轻系者，能射则纵之；租税逋负者，能射则缓之。当是时，环之士民，人人乐射，一州之地，可不烦一卒而守"②。正因为种世衡所守的环州，是宋朝御夏的前沿，张载极力主张"宜推世衡之术于四方"③。

张载不仅对陕西沿边地域有清晰的认识，而且对西夏地界即所谓"西界"也有明确认识。张载言："近日传闻谅祚身死，已有朝旨，令接引告哀人使过界。"并要求"降朝旨，令馆伴臣僚分明说与西界人使"，建议开纳横山人户。并将"种谔等所以专擅修筑绥州，安存嵬名

---

①《张子全书》卷13《庆州大顺城记》，文渊阁《四库全书》影印本，第 697 册，第 298 页。

②《张子全书》卷13《庆州大顺城记》，文渊阁《四库全书》影印本，第 697 册，第 301 页。

③《张子全书》卷13《庆州大顺城记》，文渊阁《四库全书》影印本，第 697 册，第 302 页。

山等投来人口"①的原因"说与西人"。并宣示"陕西一路及沿边蕃汉军民，令自今后更不得乱出一人一骑妄生事节"②。种谔修筑的绥州（治今陕西绥德县东南 50 里）城之北即西夏地界。

陕西沿边与西夏地界相接的还有保安军（治今陕西志丹县）。据《张子全书》卷 13《泾原路经略司论边事状第八》载："西界已议遣人诣保安军进奉及界首斩戮诱杀杨知军贼人纳誓表请和。"西夏派遣使臣赴保安军请和。张载指出"陕西一路射入之饶，商市之富，自来亦赖戎夷博易之便。"张载文中多次提到"西界""西人"，如"西界点集压境""西人乐闻此言""西界愿欲通行博买之意"等，张载所说西界、西人即指西夏。

张载对陕西沿边一带不同部族有明确的认识。其在《泾原路经略司论边事状》中言："窃见古渭州一带，生熟蕃户据地数百里，兵数十万，土壤肥沃，本汉唐名郡，自来以头项不一，无所统属。厌苦西贼侵凌，乐闻内附。"③古渭州旧称古渭寨（今甘肃陇西县），熙宁五年（1072）改为通远军，原属秦州，后割通远军属熙河路，崇宁三年升为巩州。"故渭州陇西郡，汉阳有坂，名曰陇坻，今州城处西，故曰陇西，领夷道等十一县。风俗尚武，力习战射，西汉六部良善。广德中，西戎犯边，洮、兰、秦、渭尽为外域。"④显然张载深知此地部民是"蕃"而非

---

① 《张子全书》卷 13《边议第六》，文渊阁《四库全书》影印本，第 697 册，第 303 页。

② 《张子全书》卷 13《与蔡帅边事画一》，文渊阁《四库全书》影印本，第 697 册，第 304 页。

③ 《张子全书》卷 13《泾原路经略司论边事状第八》，文渊阁《四库全书》影印本，第 697 册，第 305 页。

④ （宋）曾公亮：《武经总要前集》卷 18 下《西蕃地界》，文渊阁《四库全书》影印本，第 726 册，第 548 页。

"羌",并不是西夏的同属,因而不甘受西夏的役使。由于不同居一地,相距遥远,西夏又怕宋朝"延、庆、泾、原之乘其虚"而攻,所以西夏"不能举兵跨有"①。

综上所述,北宋时的洮西之地,与河湟地区毗邻,位于西夏的西南侧,是北宋从西南侧面夹击西夏的西线战场。居于陕西眉县的张载,熟悉陕西沿边形势、地理,对西夏所处方位有明确认识,张载不可能将属于熙河路辖区的"洮西之地"误以为是西夏地,而是今人理解有误。

（原刊于《宁夏社会科学》2009 年第 1 期）

---

①《张子全书》卷 13《泾原路经略司论边事状第八》,文渊阁《四库全书》影印本,第 697 册,第 305 页。

清代道光年间国人对川藏地区的认识
——兼论《康輶纪行》的史料价值

清朝道光二十四至二十六年(1844—1846年),姚莹两次从成都入藏,依据自己的亲身跋涉,详细记载了入藏山川、道里、行程;并编绘边徼形势地图与图说,对地形、方位、四至、里程详细叙述,传递了民族、风俗、语言、饮食等诸多文化信息。沿途藏区佛教文化兴盛,寺院多,僧侣众,信奉佛教,虔诚礼佛,僧侣服饰、哈达、诵经方式等皆别具特色。藏区风土人情、衣食住行及丧葬、节日等习俗,既显示了藏文化的丰富多彩与原生态的鲜明特点,又深受汉文化影响,汉藏文化交融互渗。清政府对藏区实施的民族政策与管辖措施,实质上是施以汉文化的影响。

一、入藏道路里程

道路是文化传承的载体,演绎着不同时期的历史变迁,传播着各自特色鲜明、内涵丰富的文化,而诸多史地著作是文化传承的文字记载。

清朝道光时期,有关西藏史地的著作,主要有和泰庵的《西藏赋》、七椿园的《西域闻见录》、齐召南的《水道提纲》、徐松的《西域水道记》,以及《清一统志》《四川通志》等。仅《小方壶斋舆地丛钞》第三帙所载,就有盛绳祖《卫藏图识》,姚鼐《前后藏考》,曹树翘《乌斯藏考》,王我师《藏炉总记》《藏炉述异记》《墨竹工卡记》《得庆记》,魏源

《抚绥西藏记》，阙名《宁藏七十九族番民考》等等。《西藏赋》既述及山川形势，又记述了民风习俗，惜详西藏而略西康。《西域闻见录》则是对新疆地区的记载，分为"新疆纪略""外藩纪略""西陲纪事本末""回疆风土记""军台道里表"等部分。《藏炉总记》与《卫藏图识》较详细地记载了从四川、青海进藏的山川道里塘站，但对沿途风俗民情较少述及。《西域水道记》详于西域河流水源，则少对民风习俗述及，而《四川通志》与《水道提纲》，大多选用《大清一统志》中的资料。

姚莹任台湾道时，抵御英兵进犯，因鸡笼（今台湾基隆市，以港处有小岛形似鸡笼而得名）、大安之捷，以功升加二品衔，总督怡良心生不平，竟以莹妄杀敌俘被劾，姚莹入狱六日。宣宗心知姚莹捍卫台湾有功，于道光二十四年（1844 年），特旨将莹以同知直隶州知州发往四川效用。时逢藏属乍雅（一作"乍丫"，即察雅，今西藏察雅县东）地区，有两呼图克图相争，而"蜀中旧例，有大不违者，则罚以藏差"①，于是四川总督宝兴即命姚莹前往平息纠纷。姚莹《康輶纪行》所载皆为自己耳闻目睹，阐述了不为当时人们熟悉的康藏地理，详细记述入藏山川、道里、行程、村名、物产、气候等，并绘制成地图，所记山川道里皆为自己亲身跋涉，为诸书所不及，具有很高的可信度。

姚莹一行奉使第一次入藏，时为道光二十四年（1844 年）十月一日。姚莹从成都启程后，便开始"逐日杂记"沿途所经行程、道里远近。其所行路线为成都（治今成都市）、双流（今四川双流区）、新津（治今四川新津县）、邛州（治今四川邛崃市）、百丈（今四川名山区东北 40 里百丈镇）、名山（治今四川名山区）、雅州府（治今四川雅安市）、荥经（今四川荥经县）、安乐坝、清溪（今四川青川县青溪镇）、飞越岭、化林

①（清）姚莹：《东溟文后集》卷八《复光律原书》，《中复堂全集》第 5 册，同治六年安福县署刻本，第 12 页。

坪(今四川泸定县东南兴隆镇东北化林村)、冷碛、安乐村、泸定桥(今四川泸定县)、大烹坝、瓦斯沟,过头道水(今四川康定县东30里,系一小溪水),至打箭炉(今四川康定市)。在其地休整后,继续进发,越折多山,路经提茹、阿娘坝、阿松多、东俄落(即俄落司,在今四川雅江县八角楼乡东)、高日寺、卧龙石(今四川雅江县八角楼乡东)、八角楼(今四川雅江县东60里八角楼乡),过中渡河,途经麻盖(即麻格宗)、西俄落(今四川雅江县西)、崇喜司(今四川雅江县西俄落西)、火竹卡,终至里塘(今四川里塘县),于同年十一月二十五日东还,十二月二十二日至成都,行程二月余。

道光二十五年(1845年)二月十一日,蓬州知州姚莹随同宁远府知府宣瑛、候补通判丁淦往乍雅查办两呼图克图之事,并且奉令至察木多(今西藏昌都市),即第二次入藏。二月二十五日,姚莹一行从成都出发,经双流、新津、邛州、名山、雅州、青溪、黎头驿、化林坪、泸定桥、大烹坝、头道水至打箭炉,经休整后,出打箭炉南关,过折多山、雪山、东俄落、卧龙石、八角楼至中渡河口,过河后,至里塘地界,渡雅隆江后,经麻盖、曲济嘉木参辖区,至里塘。又从里塘西行,经头塘、剌麻堆、竹登三坝(今四川理塘县西)、松林口、大所塘(一作大朔塘)、小巴冲山、巴塘(今四川巴塘县)、竹巴笼(藏语即为渡口,今四川巴塘县西南竹巴龙乡)、空子顶、过邦木宁静山至南墩,经古树坡、普拉、江卡、山根子、黎头驿、阿拉塘、石板沟,过雪山至阿足,这是乍雅前站。然后又自阿足东北行,过阿足河,至洛加宗,过大木桥即俄伦多山,至乍雅。后又经噶咯尖至王卡(今西藏察雅县北),经热水塘、三道桥,至巴贡(今西藏察雅县北)等地,越巴贡、苦弄等山。巴贡山,土名火焰山,石峰陡峭,高下林立,"色赭如火焰"。而"蕃人语风曰弄,山高大而多风,行人苦之,故名苦弄。又山多石穴,望之如窟,俗遂讹为窟窿山"①。越此二山后,便进入乍雅(今西藏察雅县东)、察木多(今西藏昌都市)交界地区。过苦弄山又行四十里,乃至包墩。同年六月初二日,从包墩启程后,至猛卜,初三日,越猛虎山,至恩达寨(今西藏类乌齐县东南恩达),最终至察木多(今西藏昌都市)。

察木多,一作"叉木",在乍雅西北,即古康地,古称前藏,一名喀木,界通川、滇。"西至类伍齐二百二十里,南至结党,北至隆庆,昔属阐教胡图克图掌管"②。其地则"层峦叠嶂,怪岫奇峰,西藏门户"③,古所云康、云喀木者即此,合前后卫为三藏,俗名昌都。是西藏门户,乃"川、滇、西藏三界之中,最为重地。两河环抱,左右有大木桥,东走四川,南达云南,西通西藏,北通青海"④的扼要之区。

由四川进藏的道路并非一条,由诸多地区均可入藏。以往入藏之道,自石板沟分路,由左贡(即左贡宗,在今西藏左贡县西北,原西藏地方政府设左贡宗,藏语意为犏牛岗)行十一站,可至瓦合寨,不由乍雅、察木多一路,即道光二十一年(1841)达赖喇嘛入贡之路。据《乍雅图》⑤所示地形,此路线是在二呼图克图辖地之西南。自石板沟至瓦合寨大道,由乍雅、察木多行,凡十四站,此路线是在二呼图克图辖地之东北。显然,左贡一路可少三站,且路途平坦,亦不过溜筒之险,易于通行。

---

①(清)姚莹撰,刘建丽校笺:《康輶纪行校笺》卷6《火焰、苦弄二山》,上海古籍出版社,2017年,第228页。

②(清)和宁:《西藏赋》,西北师范大学图书馆藏清光绪壬午元尚居刊本。

③(清)常明、杨芳灿等:(嘉庆)《四川通志》卷191《西域·察木多》,巴蜀书社,1984年,第5544页。

④撰人不详,吴丰培整理:《西藏志·山川》,西藏人民出版社,1982年,第11页。

⑤《康輶纪行校笺》卷16《乍雅图》,第808页。

从察木多西去，要"宿二十八站，至拉里，曰俄洛桥，曰拉贡，曰恩达寨，曰牛粪沟，曰瓦合寨，曰麻利，曰嘉裕桥，曰鼻奔山根，曰洛隆宗，曰曲齿，曰硕般多，曰中义沟，曰巴里郎，曰索马郎，曰拉子，曰边坝，曰丹达，曰察罗松多，曰郎吉宗，曰大窝，曰阿兰多，曰破寨子，曰甲贡，曰大板桥，曰多洞，曰擦竹卡，曰拉里，凡一千五百里。"①拉里而西，需"尖宿十六站至前藏，曰阿咱，曰山湾，曰常多，曰宁多，曰拉松多，曰江达，曰顺达，曰鹿马岭，曰推达，曰乌苏江，曰仁近里，曰墨竹工卡，曰拉木，曰德庆，曰蔡里，曰西藏喇萨，凡一千一十里"②。

这些尖宿之地，皆为边徼遐荒之区，其信息不易知悉。姚莹皆汲取清马少云、盛梅溪采编所得，"亦各因人栖止之所而记之"③。应是另一条可行的入藏通道。

自康熙五十八年（1719 年），"安设塘站，以炉为始，而里塘、巴塘、乍雅、昌都、洛隆宗、说（硕）板多、拉里，以抵前藏官兵塘汛地，计八十七站。"④若从炉城右出，自霍尔之甘孜、垒尔格，至纳夺，抵昌都，"尽属草地"，再由恩达（即恩达寨，今西藏类乌齐县东南恩达）至类伍齐（又作类乌齐，今西藏类乌齐县西北类乌齐镇），过江达桥，"由桐顶至墨竹工卡"⑤，亦为进藏大道。类乌齐，藏语为大山，在察木多西北，系由草地进藏之径道。

---

① 《康輏纪行校笺》卷 7《拉里西十六站》，第 242 页。

② 《康輏纪行校笺》卷 7《拉里西十六站》，第 242、243 页；沈云龙主编：《近代中国史料丛刊》第 57 辑，台湾文海出版社，第 115—122 页。

③ （清）马少云、盛梅溪：《卫藏图识图考》卷上《拉里至前藏道里程站》，沈云龙主编：《近代中国史料丛刊》第 57 辑，台湾文海出版社，第 122 页。

④ 《康輏纪行校笺》卷 3《诸路进藏道里》，第 116 页。

⑤ （清）王我师：《藏炉总记》，《小方壶斋舆地丛钞》第三帙，杭州古籍书店著易堂印行，1985 年，第 3 册，第 26 页。

西宁进藏之路,则由青海项里麻、白燕哈利,左折入郎嗟玉树,过河,由毕利当阿至宁塘南成,可抵察木多。若由白燕哈利过拉布其图河、木鲁乌苏河,由尽属黑帐房草地,至党木热贡、八个塔、羊八井抵藏。松潘(治今四川松潘县)自黄胜关(清置,属松潘厅,今四川松潘县西北70里)出口,"由郭罗克阿树杂竹卡至竹浪,过河,亦会琐里麻,与西宁路同"①。云南进藏者,由塔城关(即古雪山门关,在今云南维西傈傈族自治县东北其宗东南5里)过溜通江,逾大小雪山,直至察木多(今西藏昌都市)。"至于后藏之辽阔,由札什伦布过阿里、白布、布鲁克巴,即与生蕃喇丹接准噶尔界。再过初步寺、刚吉拉,愈荒渺矣。"②

姚莹声称"汇考山经,不能琐记,细别河流,亦难穷源,惟取其要隘之区,桥梁之险者,以定控扼之防"③。对进藏途中所经城关、要隘、桥梁、集市等予以记载。

从四川入藏,南墩为"川、藏适中之所",(嘉庆)《四川通志》卷一九一《西域》载"滴多塘即南墩"。达赖喇嘛在江卡(今西藏芒康县西)设台吉,南墩是其边界,系入藏第一站。这里有蕃民百余户,有一行馆、一汉人寺。每年秋间,"巴塘、察木多两地客民云集贸易于此"④,繁盛"如内地庙会"。昌都即察木多二水名,两河环绕,双桥高架,其南河有云南桥,北河有四川桥,即是西藏的门户,也是滇蜀两省入藏要道。由瓦合寨西南行四十余里至麻利,有碉房柴草。十里过山,山势高耸,下山绕河而行,偏桥垒见。过山三十里至嘉裕桥。嘉裕,又作嘉玉,蕃名三坝桥,有碉房柴草,两山环抱,一水中流,系洛隆宗辖地。仅姚莹

---

①《康輶纪行校笺》卷3《诸路进藏道里》,第119页。
②《康輶纪行校笺》卷3《诸路进藏道里》,第110页。
③《康輶纪行校笺》卷3《诸路进藏道里》,第121页。
④《康輶纪行校笺》卷5《南墩三条》,第186页。

记载的有浪水上的铁索桥、类伍齐姜党桥、搭章桥、唐家姑苏铁索桥、蓬多铁索桥、鲁衣铁索桥、鄂纳铁索桥、楚乌里铁索铁、济咙外之热索桥、聂拉木外札木地方铁索桥等桥梁，其中"嘉裕一桥，最为紧要"①。而浪水上的铁索桥，系康熙四十年建，东西长三十一丈一尺，宽九尺，"施铁索九条，覆木板于上"②。拉里玉树，系其咽喉，工布长江，堪为堡障。这些皆为要隘关津之地，皆须设防。

上述记载，为由蜀入藏的川藏通道，提供了诸多详尽行程资料。

二、边徼地图与图说

身处 19 世纪初期的姚莹，任职台湾时，抵抗西方列强骚扰与侵犯的经历，使他具有了未雨绸缪的危机意识，较早地意识到夷患。他明确指出，"自嘉庆中，每闻外夷桀骜，窃深忧愤，颇留心兹事，尝考其大略，著论于《识小录》矣。然仅详西北陆路，其西南海外，有未详也"③。而对俄罗斯距英地远近，不能明了，深为遗憾。姚莹欣然奉使乍雅，既得闻所未闻，并对英人近我西藏之地与五印度、俄罗斯详情，益有考征。故"外夷山川形势"是姚莹论述的六项内容之一。他用大量篇幅介绍了我国西藏与印度、廓尔喀的地理、交通、历史等详细情况，藏边危机已引起姚莹的高度重视。他首先向人们介绍了藏边外诸国相争及英国吞并孟加拉国等国的历史，向人们敲响了防英、防俄的警钟，指出英国"窥藏之心久矣"，揭露英国的侵略本质。并且指出"不知俄罗

①《康輶纪行》卷 3《诸路进藏道里》，《丛书集成三编》第 83 册，新文丰出版公司，1997 年，第 242 页。

②《康輶纪行校笺》卷 1《泸定桥》，第 20 页。

③（清）姚莹：《康輶纪行·自叙》，新文丰出版公司《丛书集成三编》第 83 册，第 215 页。

斯人要到何地方肯住手？"①告诫国人"我等切不可闭目不理。俄罗斯人曾以兵威自黄海攻至黑海，以广其国境，所以今日必要提防。"②

姚莹主张睁眼看世界，与林则徐、魏源相呼应，从而促进了近代初期进步思潮的形成与发展。他尽其所能地对世界地理知识进行了研究与介绍，其书末所附《中外四海地图》，是对现存各图予以研究的成果。收录了明朝末年西方来华传教士艾儒略绘制的《万国全图》，传教士汤若望绘制的《地球图》，清初西方传教士南怀仁绘制的《坤舆图》，清朝广东南澳镇总兵陈伦炯绘制的《四海总图》、广东商人李明彻绘制的《地球图》，姚莹在台湾俘获的英国军官颠林绘制的地图等。这些地图的收录，不仅是地理知识的传播，更是沉睡后的觉醒与封闭状况下的开放。

在重视世界地图的同时，姚莹尤为关注周边国家地图研究，对上述六图加以综合比照，发现诸图方位大致相同，但国名、地名互有异同，或此有彼无。姚莹根据魏源的《海国图志》，以今时地名参互考订，亲自绘制了《今订中外四海舆地总图》，大体标明了欧、亚、美、非洲众多国家和地区的方位。检阅此图，四海万国具在目中，足以破数千年茫昧，有助于了解世界，经略中外。

姚莹依据自己亲身跋涉经历，绘制并编写《乍雅图》与《乍雅地形图说》，对乍雅地形、方位、四至以及管辖，予以阐述。乍雅东西不足五百里，南北不足四百里，系两呼图克图所辖之地，乍雅东、南界外，为唐古忒之江卡（今西藏芒康县西）台吉所管。西南界外，为唐古忒之左贡大营官所管。西北界外，为察木多呼图之地。正北、东北界外，为德尔格特土司之地。东南界外，则是三岩野蕃之地。这些地区皆为驻藏

①《康輶纪行校笺》卷3《英、俄二夷构兵》，第95页。
②《康輶纪行校笺》卷3《英、俄二夷构兵》，第95页。

大臣所管辖。姚莹针对此势,指出"乍雅形势,不过弹丸",但须驰檄界外诸蕃,四面蹙之,塞其走越,即无能为。"况两呼图内讧,人心叛散,兵威遥振,彼必惶惧听命",主张"乃抚其顺驯,讨其顽梗,何所施而不可哉!"①只要"乍雅一定,则全藏皆安矣"。

姚莹重视西北边疆地区形势与安危,编撰与绘制了《新疆南北两路形势图说》《新疆南北两路形势图》《西边外蕃诸国图说》《西边外蕃诸国图》《西藏外各国地形图说》《西藏外各国地形图》等。这些边徼《地图》与《图说》不仅对地形、方位、四至、里程详细叙述,而且还传递了民族、风俗、语言、饮食等诸多文化信息。

《新疆南北两路形势图》与《新疆南北两路形势图说》,清晰地表明"新疆之地,南北两路,皆以伊犁为总汇重地"②。自京师入疆至哈密(今新疆哈密市),有北行之路、南行之路。哈密以西诸城,皆以防兵镇守,设参赞、办事、领队大臣,是为镇城,本回城之大者,皆以重兵守之。自哈密而北行,经巴里坤(今新疆巴里坤哈萨克自治县),可至乌鲁木齐(今新疆乌鲁木齐市),又西至伊犁(治今新疆伊宁市)。自伊犁而西可至喀什噶尔(今新疆喀什)及阿克苏(今新疆阿克苏市)一带。故东以哈密为通衢,西则阿克苏为间道。在新疆南北两路地区,有许多民族生息繁衍,"天山北路,本准部厄鲁特之种。南路自哈密以西,皆回部也"③。北边口外,自盛京、吉林、黑龙江不记外,以八旗蒙古为首,且有内外旗之别。

《皇朝一统舆地全图》不载边蕃外国,而七椿园作《西域闻见录》,虽涉及外藩,但不能详其所在,只有徐松《西域水道记》能实言近边诸

---

①《康𬨎纪行校笺》卷16《乍雅地形图说》,第807页。

②《康𬨎纪行校笺》卷16《新疆南北两路形势图说》,第792页。

③《康𬨎纪行校笺》卷16《新疆南北两路形势图说》,第792页。

国方位远近。姚莹以《西域水道记》为基础,并吸取《新疆识略》中的相关记载,以补《西域水道记》之不足,编绘出《西边外蕃诸国图》与《西边外蕃诸国图说》,不仅路程记载翔实,而且传递出民族、文化、经济等信息。如克什米尔"地出砑蜡纸","痕都斯坦,善缕玉"①,乾竺特"岁贡金一两五钱",巴勒特"曾贡剑、斧、匕首"②。自黑斯图济至塔尔罕,皆噶勒察种。自塞勒库勒北行,经滚、斡罕、差特拉勒,分二道,北经罗善,西经克什南、达尔瓦斯等,这里的民族"亦噶勒察种"。哈萨克分左右三部,其右二部曰齐齐玉斯,曰乌拉玉斯,亦称中部、西部。左部在准噶尔西北,曰鄂尔图玉斯,"地苦寒,其汗惟盛夏居之,余时逐水草、游牧,广莫蕃茂,谷量、牛马、风俗、物产、文字,略同准部"③。布鲁特分东、西部,东部五,西部十五。东部在天山北、准部西,其西部则在天山南回部喀什噶尔城西北三百里。"其部落每部所辖或二百余户,或七百余户,或千有三百余户。乾隆中,共二十余万口,今殆倍之矣。皆以额德纳部长之,逐水草游牧,衣冠风俗同东部"④。爱乌罕、大回国,在巴达克山之西,其国"胜兵十有五万,惟火铳、刀、矛,无弓矢。重农桑,鲜物采,商旅罕至。"⑤克什米尔,在巴达克山之南,其人深目、高鼻、黄睛、多须,衣圆领、窄袖,无发辫,饮食尤多禁忌,礼拜尤虔。语言强半可通。称其君曰汗,所属回众近百万户。布哈尔,一作布噶尔,在敖罕之西,痕都斯坦之北。有"部落数百处,城池巨丽,人民殷庶,居室宽敞整洁。人家院落中,各立一木竿,向之礼拜。冬夏和平,风俗坦白,尚宴

---

①《康輶纪行校笺》卷16《西边外蕃诸国图说》,第796页。
②《康輶纪行校笺》卷16《西边外蕃诸国图说》,第796页。
③《康輶纪行校笺》卷16《西边外蕃诸国图说》,第799页。
④《康輶纪行校笺》卷16《西边外蕃诸国图说》,第799页。
⑤《康輶纪行校笺》卷16《西边外蕃诸国图说》,第801页。

会,喜歌舞。以猪肉为上馔,野牲为常食。人多力善射,发必命中。佩标枪五支,长四五尺,取物于百步之外,与敖罕称劲敌"①。

诸多地图与图说,不仅蕴含有丰富的地理、文化等信息与史料价值,也反映姚莹的满腔爱国热忱,对西部边疆形势的高度重视,体现了一位爱国者对祖国命运的深切关注。

三、佛教文化的兴盛

藏族人民尊崇、信奉佛教,佛教文化浸渗于百姓的日常生活中,成为其精神支柱与心灵慰藉。姚莹赴藏途中,耳闻目睹藏区佛教信仰及其文化的兴盛与传播。

蕃地寺院多,蕃僧众,仅"弹丸之地"的乍雅地区,就有大寺院二座,一在乍雅,即正(大)呼图克图驻坐之处,即二辈喇嘛四朗隆珠所修不果寺,又名"噶德学朱青科尔寺",此寺院宏大,可容千人。一在烟袋塘,即副(二)呼图克图驻坐之处卡撒顶,又名麻贡,在乍雅之西,马行二日可至。另有小寺院二座,八日寺,乃是大呼图克图初次出避的小寺院,察野寺则是二呼图克图初次出避的小寺。川藏边界的巴塘(今四川巴塘县),藏语意为绵羊声坝,含吉祥之意,旧属拉藏罕,巴塘以西即藏界,这里就有大喇嘛寺一座,达赖喇嘛委堪布一名掌理。康熙五十八年(1719 年),"巴塘蕃民六千九百户,喇嘛二千一百人",至雍正四年(1726 年),仅七年,蕃民增至"二万八千一百五十户,喇嘛九千四百八十人"②,僧人竟占民户三分之一强。里塘(今四川理塘县)有

---

①(清)七椿园:《西域闻见录》卷 3《外藩纪略》,西北师范大学图书馆藏乾隆四十二年手抄本。

②《康輶纪行校笺》卷 4《巴塘规制》,第 154 页。

"大小剌麻寺四十五座,剌麻三千二百七十余名"①。察木多(今西藏昌都市)一地,就有大小寺院五十座,"喇嘛四千五百名,蕃民七千六百余户"②。察木多习俗崇信浮图,"生子半为喇嘛",故为喇嘛者所占比重大,不到二户竟有一人为僧。巴塘旧有蛮城隍庙,神像戎装,近建汉城隍庙与关帝庙。川藏边界南墩有一汉人寺,立寺时间、缘由,虽已无从探究,我以为必与交通发达、集市贸易兴盛以及众多汉民入藏贸易有关。显然这是藏汉文化交流的体现。正如王我师《南墩诗》所言"忽惊刁斗将军垒,更得庄严古佛心"③。

自打箭炉(今四川康定市)外,以至阿里西境,五千余里,"无处非僧,不独前后藏矣"④。在打箭炉所见喇嘛极多,"街市皆满,衣败红布衣,袒其背,外加偏单"⑤。这里喇嘛众多,有数千人,入册给偏单银者千余人,由粮台每年供给。此地喇嘛不诵经,"终日在街市嬉游,男妇杂沓無忌"⑥。蕃人重僧,崇信喇嘛,认为能给人带来祸福。午雅呼图克图住里塘数年,蕃人见之,数十步外,即五体投地,匍匐蛇行而前。倘呼图克图手摩其顶,则大喜,以为佛降福也,或病有忧者得之,则以为消灾减病矣。或不验,亦惟自咎罪孽深重而已。他们认为"呼图克图修行数世,元阳不泄,并其溲溺,亦宝重之,曰得其一滴,服之可以延年治病"⑦。因蕃僧皆居楼上,竟有男女持器终夜守其下者,蕃僧也自珍

---

①《康辅纪行校笺》卷 1《里塘形势》,第 42 页。

②(清)和泰庵《西藏赋》"察木多"自注,西北师范大学图书馆藏光绪壬午元尚居刊本。

③(嘉庆)《四川通志》卷 191《西域·涌多塘》,第 5541 页。

④《康辅纪行校笺》卷 3《吐蕃始末》,第 113 页。

⑤《康辅纪行校笺》卷 1《蕃人服制》,第 26 页。

⑥《康辅纪行校笺》卷 1《蕃人服制》,第 27 页。

⑦《康辅纪行校笺》卷 4《蕃俗信呼克图余溺》,第 130 页。

贵,"以瓶藏盛贮而蜡封其口,非虔诚备礼求之,不轻予"①。

僧人服饰是佛教文化的外在表现形式,所谓"偏单",即以红布丈许缠身,左右搭肩上,西域皆然,内地僧人的袈裟,盖即仿此。佛经言律部沙门比丘,"服坏色衣及粪扫衣,即今缁衣也。升坐乃衣僧伽梨,即今之红袈裟"②。自打箭炉(今四川康定市)以西,所见喇嘛皆为衣败红者。"近日中国僧衣常服,亦分宗、教、律三种,律门缁衣,宗门淡黄色衣,教门棕色衣,以此为别。唯升坐及礼佛,则均红袈裟,犹古制欤?"③

哈达是藏族最珍贵的礼品,据说在藏传佛教格鲁派教祖师宗喀巴时代,已在青藏高原形成互赠哈达、表示敬意的习俗。哈达是一种有较高工艺水平的纺织品,颜色有红、黄、蓝、白四种,上面织有莲宝盖等宗教的八宝纹饰。姚莹书中所记载的打箭炉(今四川康定市)地区哈达,是用素绫织成。每方约二尺,中织有佛头,六方为一连。凡蕃头目及喇嘛见贵客,不用名束,奉献哈达为礼。"大喇嘛则奉素绫一长幅,或无佛头,即古人束帛相见之意"。客受而亦以哈达还之。"寻常小蕃所用哈达,则绢制作,而无佛头。每方一尺五寸,十方为一连,皆织自成都或西宁。"④

藏中参礼戒,必熬茶供大小僧众,大小诏喇嘛就有二三万,皆遍及之,如同中原内地的放斋者。而达赖喇嘛坐床,朝廷亦遣派章嘉呼图克图至藏照料熬茶,著为例。"名秩尊卑,森然不紊,使殊方万里桀骜强狠之人,知所群奉为活佛者,咸听命焉。"⑤正如《周礼注疏·王制》

①《康輶纪行校笺》卷4《蕃俗信呼克图余溺》,第130页。
②《康輶纪行校笺》卷4《蕃僧服败红衣》,第129页。
③《康輶纪行校笺》卷4《蕃僧服败红衣》,第129页。
④《康輶纪行校笺》卷1《赏蕃茶物》,第27页。
⑤《康輶纪行校笺》卷3《宗喀巴与释迦本教不同》,第109页。

曰："五方之民,言语不通,耆欲不同,达其志,通其欲。"①给佛教赋予政治使命,使其成为统治与管理的工具。

姚莹等人在察木多所居的大士阁为戍兵众建,无居僧,平日只有一卒守香火,鸽子在殿中筑巢,羽毛、遗粪,纷落座席。即便如此,而蕃女上酥油灯者,竟然朝夕不绝。菊花盛时,献者尤众。万寿一种,以为上品,深紫、浅红及白者最多,或栽数本于阶下。姚莹深为蕃人虔诚礼佛而触景生情,作《即事》诗一首:"扫地焚香不见僧,尚怜老卒发鬅鬙。空王绀殿秋巢鸽,蕃女馤群夜上灯。金菊玲珑栽万寿,宝华园灿悟三乘。昆仑即此通西极,欲借骅骝试一登。"②

北宋时期,西北地区吐蕃人"好诵经",其诵经与坐禅方式就很独特,"其诵贝叶傍行之书,虽侏离赽舌之不可辨,其音琅然如千丈之水赴壑而不知止"③。而秋冬之间,则"聚粮不出,安坐于庐室之中,曰坐禅"④。禅宗入藏是在 8 世纪以后,北宋时,河湟地区的吐蕃僧侣这种独特的诵经与坐禅方式,显然是受汉地禅宗北宗的影响。禅宗南宗不持戒,不坐禅,而重义学,北宗则重禅学即坐禅。时至清朝晚期,这种诵经方式仍在沿袭。姚莹入藏路途中,所见喇嘛寺众多,其诵经"喃喃皆在喉间,并无音节,亦无钟磬,惟钲鼓喧振,杂以铃钹而已"⑤。见此情景,姚莹赋诗云:"闻道西来寻梵呗,喃喃不辨鼓还钲。经过三

---

①(汉)郑玄注,(唐)陆德明音义:《周礼注疏》卷 37,文渊阁《四库全书》影印本,第 90 册,第 679 页。

②(清)姚莹《后湘续集》卷 4《即事》,同治六年安福县署刻本《中复堂全集》第 11 册。

③吴景山:《安多藏族地区金石录》十《岷州新修广仁禅院记碑》,甘肃文化出版社,2015 年,第 25 页。

④吴景山:《安多藏族地区金石录》十《岷州新修广仁禅院记碑》,第 25 页。

⑤《康輶纪行校笺》卷 4《蕃人礼佛》,第 127 页。

百八十寺,何处一闻清磬声?"①正是蕃人诵经的真实写照。

据《陇右金石录·岷州广仁禅院碑》记载,蕃人出家制度,则为"推择其可奉佛者使为之"。《松潘县志》卷四《土司》载"番俗,兄弟三人必有一人为僧,四人必以二人为僧"。这种尊佛重僧习俗一直承袭下来,至清时依然如此。据《西藏记》卷下所载,"一家之中子女多者,必有一二为僧,女为尼者"。蕃人从幼年起便深受熏陶,自小为僧,但可居家修行。在空子顶见"一蕃官子,年十二,已为沙弥数载"②。其父钟爱此子,在家中设净室,供诸佛像,延僧教习经典,击鼓鸣鱼,诵声清朗可听。途经阿娘,进入蕃寨,垒石三层,入门,拾级而上,四周约数十间中,一楼最高,有金顶,为供佛之堂。廊下环十数小牛皮筒,中贯以柱,蕃民男女皆拽而转之,谓"筒内皆皮纸,写各部佛经"③。蕃人聪俊者,诵经于佛堂,不能,则日夕转此经筒,以当课诵。蕃人事佛虔诚,南墩有一老堪布,已逾九十岁,闭关习静四十余年,蕃人崇信之。"货价高下,行事吉凶,皆取决焉"④。在老龙沟数里,有"佛楼小院,颇修整,一喇嘛于石壁上砌小屋,方仅丈,于中习静,无梯亦无门,惟一小窦,十日一次,人以竿悬饮食进之,老死乃开而火之"⑤。自此至藏,人谓多有之,藏内尤众,甚至有"趺坐岩树下经数年者,月或一食"⑥。亦有勤苦喇嘛,习静坐树下,经月不食者。虔诚信仰,使蕃民心灵得以净化,精神得以慰藉。

---

①《后湘续集》卷4,同治六年安福县署刻本《中复堂全集》第11册。

②《后湘续集》卷4,同治六年安福县署刻本《中复堂全集》第11册。

③《康輶纪行校笺》卷1《提茹、阿娘》,第31页。

④《康輶纪行校笺》卷5《南墩三条》,第186页。

⑤《康輶纪行校笺》卷6《老龙沟》,第224页。

⑥《康輶纪行校笺》卷6《老龙沟》,第224页。

察木多山上,大诏跳神,有数百喇嘛,在地上分行列坐诵经。庙外设场,喇嘛二十四人,执五色旗,分立四方,二十四人各执鼓一面,分立东西而击,上坐喇嘛三人,皆鸣大钹。场中设铜炉二,热檀香。喇嘛四人,二人持贮茶水的大瓶,二人持盛有青稞面的盘。下立喇嘛十五人,戴面具,或如神鬼,或如羊鹿,头角诡异,身穿彩画洋布裙,手持器械。其外层又七喇嘛十五人,无面具,戴高冠,顶上刻一小鬼头,半身,两手上托,状如擎物。身着青绸大袍,阔其袖,肩披彩绘,前后缀四个长彩穗,手执拂尘,地画各人所立方位。听鼓钹之声,则面具者举器械,鬼头冠者扬袖举拂,应节回旋而舞,但不歌唱。这就是藏中喇嘛为蕃戏,"以悦神人之意"。这是另一类礼佛,既弘扬了佛教,显示全民对佛教的虔诚与尊崇,喇嘛饰演蕃戏,又彰显了佛教文化的绚丽多彩。

四、风土人情习俗

姚莹两次奉使,进入乍雅(今四川察雅县东)、察木多(今西藏昌都市)地区,虽未深入至西藏内地,但此地区亦系三藏之一康区(喀木),位于西藏东部,与四川邻近。由于地缘因素,其风土人情、衣食住行及丧葬、节日等习俗,既显示了藏文化的丰富多彩与原生态的鲜明特点,又深受汉文化影响,汉藏二种文化交融互渗。

姚莹入藏后至打箭炉(今四川康定市),见识并领略了藏区的饮食习俗。蕃人饮食具有历史渊源,受地域与自然环境的影响,形成了独特的饮食文化。藏地寒瘠,不宜五谷,青稞、荞麦、大麦等是主要作物,"无米及诸蔬菜"[1],唯赖青稞。关外数千里,皆食糌粑。"糌粑"是蕃人所特有的一种饮食,历史久远。据《新唐书·吐蕃传》记载"凝籹为盌,实羹酪并食之"。而《旧唐书·吐蕃传》亦载"捻籹为椀,实以羹酪,

---

[1]《康輶纪行校笺》卷1《糌粑乌拉》,第26页。

并而食之"。这种食材及其饮食方式,正是糌粑的历史记述。《宋史·吐蕃传》载蕃人"惟茶为最要,次青稞、炒面、酥油、牛羊乳、牛羊肉等,食米面者颇少"。青稞收获后,"打毕舂之,炒熟磨粉贮之。男妇行皆以二三升自随。复携酥油成块,及茶叶少许,佩一木盋,饥则熬茶,取青稞粉以酥油茶调拌,手搓而食之,谓之糌粑"①。显然这是一种利于出行的方便食品。达赖喇嘛"惟食牛乳、酥、糌粑或糖煎大米饭。自余喇嘛多肉食,非如内地僧人皆素食"②。姚莹赴藏后,品尝糌粑,谓亦喜食,"惟和以糖,不用酥油,颇适口"③。姚莹改造后的去酥油加糖的糌粑,融合了汉藏特色,显示了汉藏两种饮食文化习俗的相互影响。高寒藏区的"糌粑"加工制作与其烹食方式,延续千年,成为独特的饮食文化。

蕃人"嗜酒及茶"。顾亭林说"茶之为物,西戎、吐蕃古今皆仰之"④。藏地民众喜食肉类生物,"以其腥肉之食,非茶不消,青稞之热,非茶不解,故不能不赖于此"⑤。所以吐蕃人不论贵贱,饮食皆以茶为主。他们最重之需唯茶,蕃食糌粑、牛羊,性皆热,一日无茶皆病,故尤以为贵。早在唐朝时期,茶叶已输往吐蕃地区。李肇《唐国史补》下卷记载了西藏吐蕃赞普帐中已有许多内地名茶。到了宋代,茶叶生产有更大发展,茶叶已普遍饮用,蕃人日饮酥酪,恃茶为生,茶叶已成为藏地百姓日不可缺的饮食必需品。藏中参礼戒必熬茶,而达赖喇嘛坐床也需

---

①《康輶纪行校笺》卷2《糌粑乌拉》,第26页。

②《康輶纪行校笺》卷2《钟公言藏事》,第51、52页。

③《康輶纪行校笺》卷2《糌粑乌拉》,第26页。

④(清)顾炎武《天下郡国利病书》第23册《四川备录·王廷相严茶议》,商务印书馆《四部丛刊三编》,1936年,第104页。

⑤《天下郡国利病书》第23册《四川备录·王廷相严茶议》,第104页。

照料熬茶,饮食糌粑、酥酪内多加茶,亦有净用熬茶者。内地官员入藏赏需物品中,亦以茶为主,然后杂以他物。这种饮茶习俗延续至清,成为一种民族文化特色。

"嗜酒"是藏区蕃民另一项重要的生活习俗,酒也是其生活必需品。生活需要必然促进酒的酿制,青稞酒是这里的主要酒品种。《新唐书·吐蕃传》谓吐蕃人"实羹酪并食之,手捧酒浆以饮"。《宋史·吐蕃传》则谓吐蕃人"嗜酒及茶"。原先生活在青海地区与吐蕃为邻的党项人,"虽不知稼穑",却能"求大麦于他界,酝以为酒"①。吐蕃人嗜酒与酿酒也流传至今。蜀地产酒,多"以大麹为上,清酒也,去西北高粱远甚。打箭炉以西,大麹也不可得,蕃酒以青稞为之,甫酿微酸即云成熟,蕃名之曰'冲',酷嗜之,多饮也能醉人"②。据《西藏志·饮食》载:"男女老少皆日饮蛮酒,乃青稞所酿,淡而微酸,名曰'穷'。亦有青稞烧酒。"而姚莹居察木多时,令造酒者三酿之后,稍可饮。姚莹奉使返归时,也买蕃酒一瓶,并赋诗曰:"蕃儿忽讶归装富,更买新醪醉入关。"③察木多卖酒之家有数十户,皆有蕃女,名之曰"冲房"。蕃人饮酒后,男女相携,沿街笑唱为乐。戍兵、喇嘛杂沓其中,歌饮为乐。酒需求量大,必然促进酿酒业的发展,察木多"日酿青稞酒四五百桶"。

藏民服饰、发饰也颇有特点。藏区民众衣服冠裳多用毛毼、氆氇,富者亦穿绸缎、布匹。打箭炉外,汉民娶蕃妇,家于其地者,亦多从其俗。男犹汉服,女则俨然蕃妇。蕃民无冬夏皆衣氉褐,谓之毡子。或加羊皮,腰系博带,横刀衣前,后撮起带上,"饮食器具皆贮其中"。蕃妇

---

① (后晋)刘昫等:《旧唐书》卷198《党项传》,中华书局,1975年,第5291页。

② (清)姚莹:《后湘续集》卷4,《中复堂全集》第11册,同治六年安福县署刻本。

③ 《康輶纪行校笺》卷15《载蕃酒诗》,第756页。

"衣亦毡子，下系以围，及足如裙"①。肩加羊皮如荷盖而委垂，"其后直缀银饼十数，或下垂璎珞，皆系长裙曳地而不裤，前加长幅"②。衣毡子如短袍，谓之褚巴。"足著履，连袜如靴，以毡子或皮为之，其名曰康"③。在巴塘(今四川巴塘县)土司所属的邦木，其麻本(营官名)之弟昂朗年十七，剪发覆额，头戴红呢大帽，身穿圆领窄袖绿袍，佩刀，束金带。在斗木坪遇赴打箭炉(今四川康定市)买茶的三位蕃商，其穿戴皆衣红绿氆氇，长袍束带，上嵌白金，四周晃耀。戴黄羊卷毛沿高胎大帽，踏五色皮靴，佩鸟枪二，腰悬利刃。

"辫发之俗"是吐蕃妇女生活中的重要习俗。唐代吐蕃"以赭涂面为好，妇人辫发而萦之"④。吐蕃妇女辫发之俗一直延续下来，成为民族特色。时至清代，据《西藏记》所载，吐蕃妇女发细辫，头发从头分两旁，搅如绳交脑后，稍以绳束之，且已婚与未嫁女子发式有别。姚莹于道光(1844—1846年)后期赴藏时，仍见蕃妇"结发成绠盘额上，或为数十细绠垂之，顶插小银盘为饰，大者如杯，亦有如饼，凿花其上者"⑤。蕃人男皆披发，蓄发"长则截留数寸披之"。

《旧唐书·吐蕃传》中有关于吐蕃风俗的记载，谓"其人或随畜牧而不常厥居，然颇有城郭。其国都城号为逻些城。屋皆平顶，高者至数十尺。贵人处于大毡帐，名为拂庐。寝处汗秽，绝不栉沐。接手饮酒，以毡为盘，捻粆为椀，实以羹酪，并而食之"⑥。姚莹则根据自己的所见

---

①《康輶纪行校笺》卷1《蕃人服饰》，第27页。
②《康輶纪行校笺》卷2《蕃妇衣饰》，第77页。
③《康輶纪行校笺》卷1《蕃人服饰》，第27页。
④(宋)欧阳修、宋祁：《新唐书》卷216《吐蕃传》上，中华书局，1975年，第6072页。
⑤《康輶纪行校笺》卷2《蕃妇衣饰》，第77页。
⑥《旧唐书》卷196《吐蕃传上》，第5220页。

所闻,且以进化的观念解释与补充,谓"唐时至今千余年,俗亦不尽尔矣。今蕃人皆室庐碉寨,惟穷蕃有随畜牧者,以黑帐房为居处耳。贵人居室颇壮丽,行以毡帐自随。饮食亦有木盘、盌,贵人、喇嘛多用铜器,有以金为饮食器者。捻面,即今糌粑也。昔以羹酪,今则酥酪内多加以茶,亦有净用熬茶者。惟贱者无男女,皆不知栉沐。《图识》谓其'性不好洁',殆信然也。"①

蕃民所居房屋皆为平顶砌石而成,上覆以土石,名曰碉房,也称碉楼,有二三层至六七层者。在东俄落(今四川雅江县卧龙石东),处处是碉楼蛮寨。因蕃地寒瘠,气候寒冷,不宜五谷,唯种青稞。青稞熟时刈归,以屋上击取果实,如同中原内地的场上打麦。因"以无地可场,而屋皆平顶,故以为场"②。姚莹亲眼看到蕃寨中小蕃女四五人,在屋顶上打青稞,群歌相合,与相杵无异。八角楼(今四川雅江县东 60 里八角楼乡)一带,也是蕃寨三五相望,杂居汉人。在竹巴笼住宿时,所住蕃楼面山,俯临大河。达隆宗西北的拉里(喇里),大寺建在山腰,"设大喇嘛一人掌之,众喇嘛皆在山上。蕃民住土房者十余户,居黑帐房者百余户"③。自打箭炉外,蕃人所居蛮寨,皆垒石为墙,架木为楼二三层,人居其上,牲畜在下。王卡(今西藏察雅县北)南北,迂回数十里,沿山碉楼蛮寨,约有数百户。

由川入藏,交通不便,翻山越岭,路途艰险,藏人出行及其交通工具,因地制宜,颇有特点。中渡河系蜀藏咽喉,控扼要津,河上设有浮桥,当夏天水大涨,则去浮桥,蕃人以皮船渡河。姚莹一行从巴塘启程至巴楚河边,见有小木舟、皮船,声称"皮船之制闻之久矣,过中渡河

①《康輶纪行校笺》卷9《唐书吐蕃传二条》,第 343 页。
②《康輶纪行校笺》卷2《青稞糌粑》,第 79 页。
③《康輶纪行校笺》卷7《类伍齐、洛隆宗诸部》,第 246 页。

见之,岸上未观其用"。时河流湍急,下且多石,"蕃人以皮船上下并舟而行",于是作《皮船行》诗,谓"皮船形制如方鞋,木口籐腹五尺裁。受人三四一短楫,并舟绳贯行能偕。……"①松潘、茂州之地,因江水险急,既不可行舟,亦难架桥,于是在两岸凿石鼻以索绲其中,往南者北绳稍高,往北者南绳稍高,手足循索处,皆有木筒,缘之护手以达。不但渡空人,且缚行李于背而过者。"今江卡至藏间道上亦有之,谓之溜筒,人马货物皆缚于筒而悬渡"②。唯有十月后结坚冰,人可由冰上行走,而马与重物则仍需悬渡过河。

蕃人负物劳作也颇有特点。纤曳官舆及负载官物,皆男妇充役,谓之背子。薪水之役,皆专以女为之,木桶取水,背荷而归。藏人皆以竹罗负物,竹罗侈口,底尖,贮物而背之,名为背子。"取水则以木背子,而无担荷,多蕃妇为之,重者则以牛马。"③

藏地年节习俗蕴有厚重的佛教文化内涵,也有汉文化的影响。西藏行岁,亦以建寅、孟春为岁首,节令多与内地不同。如十二月大建,则以元日为年节,小建则以初二日为年节。每逢年节,商民停市三日,各以茶酒果食物相馈为礼。这一日,达赖喇嘛在布达拉上设宴,延请汉蕃官会饮。有跳钺斧、观飞神、打牛魔王等活动。上元日,在大昭寺内悬灯,叠木架数层,安放大灯万余盏,用五色油面制作人物龙蛇鸟兽,极精巧美。二月初二日,达赖喇嘛上山,仲春下旬或暮春之初,大诏寺中,宝器珍玩,陈设殆备,谓之亮宝。翌日,布达拉悬大佛像,其像五色锦缎堆成,自第五层楼垂至山麓,约长三十丈。又有喇嘛装束神

①(清)姚莹《后湘续集》卷4《皮船行》,《中复堂全集》第11册,同治六年安福县署刻本。

②《康𬨎纪行校笺》卷15《筶桥》,第737页。

③《康𬨎纪行校笺》卷1《蕃人服制》,第27页。

鬼及诸蕃人物虎豹犀象等兽,绕诏三匝,至大佛前拜舞歌唱。如此一月始散。四月十五日,寺门洞开,亦燃灯达旦,任蕃人游玩。六月三十日,别蚌、色拉两寺,亦悬大佛像,有垂仲降神,蕃民男妇皆华服艳妆,歌唱、翻杆、相扑诸戏皆备,亦二寺之大会。七月十五日,任碟巴一人,以司农事,其地之蕃,自随从游,佩弓挟矢,旗幡前导,遍历郊坼,观田禾射饮,庆祝丰年。然后土民刈获,亦所以重农事。七八月间,临河遍设凉棚帐房,男女同在河中沐浴,即上巳祓禊之意。十月十五日,唐公主诞辰,蕃民盛服,至大诏顶礼。二十五日,相传宗喀巴成圣日,或云即燃灯佛,举国皆在墙壁间燃灯相映,灿列若星。亦以灯卜岁。除夕,木鹿寺跳神逐鬼,有方相氏司傩遗意,男女盛饰,群聚歌饮,带醉而归,以度岁节。

五、汉文化的传播与影响

在中国古代文献中,有《尔雅》一书。《尔雅》是辞书之祖,是中国古代第一部按意类编排的综合性字书,收集了比较丰富的古代汉语词汇,也是中国古代典籍"十三经"的一种,是中国传统文化的核心组成部分。中国历代有编纂字书的传统,宋代时,西夏学者骨勒茂才编著《番汉合时掌中珠》,这是一部西夏文与汉文的对音字典,是为了适应西夏与汉族人民彼此学习对方语言文字的需要。姚莹根据《一切经音义》《佛尔雅》《卫藏图识》等书,特别是《卫藏图识》载有《蛮语》一卷,颇近梵语,有可通释者,编纂《蕃尔雅》十九篇,"以资考证,备方言"[1],作为阅读梵文、藏文文献的工具书。这十九篇即释天、地、时、名、体、宫、器、食、服、色、佛、文、方、卉、禽、货、药、数、人等,用汉字标

---

① 《康𬨎纪行校笺》卷5《蕃尔雅》,第193页。

出藏语读音。例如:浪,天也。大瓦,一曰达哇,月也。尼嘛浪所,日落也。达哇贡儿,月出也。风,弄也。萨,地也。甲亢,天下也。吉卡,春也。约卡,夏也。段卡,秋也。棍卡,冬也。甲本,汉官也。折,米也。脉儿,酥油也。札,一曰甲大,茶也。沙,肉也。脉约,清酒也。诏,如来也。沙加兔巴,释迦也。别岔,书也。奴谷,笔也。这种采用汉字标注藏语读音的方式,有助于藏汉人民相互学习语言文字,使汉藏文化得到交流、传播与发展。

自邹衍于战国时期倡导"五德终始"或"五德相胜"的阴阳五行学说后,秦汉以来,便广泛流行,以五行和五方、五色、五音、五味等相比类配套,成为系统的宗教信仰和社会风俗,这种信仰与风俗,汉族周围的兄弟民族显然也深受影响。藏地历法纪年就是打上了汉族阴阳五行学说的印记,流传很久,使用甚广。北宋时,刘涣奉命出使青唐(今青海西宁市)吐蕃政权时,见唃厮啰"道旧事则数十二辰属,曰兔年如此,马年如此"[1]。吐蕃历法是采用藏历阴阳历纪年法。"西藏不识天干,惟以地支属相。纪年亦以十二个月为一岁。以寅为正月,仍有闰月"[2]。纪日"惟以金、木、水、火、土五行配,与宪书无异。推日月之蚀,亦纤毫不爽"[3]。这种推算、占验,皆为唐朝公主入藏而得以流传。清道光年间,察木多(今西藏昌都市)、乍雅(今四川察雅县东)皆用藏历,"今见藏中纪法,如甲子年,则云木鼠;乙丑年,则云木牛;丙寅,火虎;丁卯,火兔;戊辰,土龙;己巳,土蛇;庚午,铁马;辛未,铁羊;壬申,水猴;癸酉,水鸡,以此推之,亦六十甲子,仍用天干"[4]。藏历每六十年为

①《宋史》卷492《吐蕃传》,第14162页。

②吴丰培:《西藏志·纪年》,西藏人民出版社,1982年,第22页。

③吴丰培:《西藏志·纪年》,第22页。

④《康輶纪行校笺》卷15《西藏闰日》,第755页。

一个"饶琼"。

蕃存古礼,符合古者有以下数事,一为女衣裳前著幅;二为蕃僧见人必献哈达,即古之束帛;三为蕃见长官,必偻背旁行,即古"一命而伛,再命而偻,三命循墙而走"①之义;四为官长有问,必"掩口而对",即《礼记集说》卷四所载"长者与之提携,则两手奉长者之手。负剑辟咡","诏之则掩口而对"。称赞蕃民见官长,亦知下马垂手,立道旁候过,颇恭顺。这就是汉族古代礼仪对蕃民的影响。对蕃民的一些所谓陋习,如姚莹对张司马所言"昔在松潘,蕃女短衣及膝,不裤"的习俗,他从汉文化角度予以解释,谓"三代以前,皆未有裤,故古人未有衣裳,先惟有芾,后制衣裳犹加芾,示不忘初也。今之蕃妇乃古遗制耳,不足为异,松潘则稍殊矣"②。

察木多大呼图克图,蕃人相传"为明建文帝转世"③,虽是一种传说,"足见当时天下怜建文,异域亦久而不忘"④。显现出汉蕃共同人性中的怜悯之情,即同情弱者、同情可怜人,这是一种文化心态中的人性之善。

西藏戍守兵士,享有特权,"许雇蕃妇服役"⑤。这是一种抚绥政策,目的是抚慰远戍者之心。针对"戍兵奸生子,日渐蕃衍,将渐成其种类,严禁革除"的建议,姚莹认为"戍兵生子,皆内地种人,如果繁衍,是变蕃人为我族类,我之利也,何谓成彼种类乎?"况且"新疆满、

---

①(宋)胡瑗《周易口义》卷6《下经·大壮利贞》,文渊阁《四库全书》影印本,第8册,第327页。

②《康輶纪行校笺》卷2《蕃妇不裤》,第78页。

③《康輶纪行校笺》卷6《建文帝为呼图克图》,第236页。

④《康輶纪行校笺》卷6《建文帝为呼图克图》,第236页。

⑤《康輶纪行校笺》卷5《西藏戍兵》,第189页。

蒙、汉兵既众,复令携眷以往,而召垦屯田,亦皆用眷户,是固欲其蕃衍矣。更以流遣应役,故回城有事,皆得其用。夫罪人以我同类,尚得其用,况戍兵之子乎?"①虽为封建时代官员,但他还是较为开明,拥有开阔的胸襟,深邃的目光,少了一些对少数民族的歧视,多了一些理解与宽容。

清朝道光时期,独特的川藏地区政治、军事、经济,以及对藏区实施的民族政策及管辖措施,正是施以汉文化影响的另一种方式。

清政府仍继续实行"金瓶掣签"制度外,并将中央集权这一传统汉族政治文化也在藏区实施。雍正元年(1723),清政府撤西藏兵,派遣康济鼐总理藏区,仍以大臣驻藏镇守。后西藏噶隆阿尔布巴叛,康济鼐被杀后,清政府遣大军入藏进剿。乾隆十六年(1751年)时,以藏地均归达赖喇嘛,其辅国公三人,一等台吉一人,噶布伦四人,皆给敕谕。戴绷五人,碟巴三人,堪布一人,均给理藩院执照,分司藏务,一切赋税,奉献达赖喇嘛。显然,乾隆中,"西藏贡赋、僧侣官除授,皆达赖喇嘛掌管,驻藏大臣督官兵镇压而已。达赖喇嘛尊贵,大臣进见,皆行参谒礼"②。乾隆五十七年(1792年),大学士福文襄公至藏后,奏请改制,于是清廷对藏政府政策有所变化,加强对西藏的管理,藏中事务统归驻藏大臣管理,驻藏大臣除上山赡礼外,其督办藏事,与达赖喇嘛及班禅额尔德尼平等。噶布伦以下,蕃目管事喇嘛,事无大小,均禀命大臣而行。札什伦布公事,亦令戴琫、堪布禀之驻藏大臣,事权归一。

藏兵原设"五千一百六十五名,毫无纪律"③,请定其实额后,前后藏各设蕃兵一千,定日(今西藏定日县西140里,为藏南重地)、江孜

①《康辅纪行校笺》卷5《西藏戍兵》,第190页。
②《康辅纪行校笺》卷3《前后藏事始末》,第105页。
③《康辅纪行校笺》卷3《前后藏事始末》,第105页。

（一名季阳则城、佳勒则宗，又作江卡尔孜，即今西藏江孜县）各蕃兵
五百。原设戴琫三人，请以二人驻后藏，一驻定日，添设戴琫一人，驻
江孜。戴琫之外，又设如琫十二人，甲琫二十四人，定琫一百二十人，
皆由驻藏大臣会同达赖喇嘛以次检补，不得超越等级。对于达赖、班
禅与外蕃通信，应告知驻藏大臣酌商。外蕃部落差人来藏，由边界营
官查报，验放进入。对于卫藏僧俗人众的往来，以往常由达赖喇嘛发
放路票，现进行改革，"令达赖喇嘛查造大小庙喇嘛名数清册，抽管地
方及诸呼图克图的所属寨落人户，一体造册，存驻藏大臣衙及达赖喇
嘛处，以备稽察。其蒙古王公遣人赴藏，延请喇嘛诵经，亦由驻藏大臣
给照"①。

姚莹等至察木多后，传曲济嘉木参至，"谕以汉法，地方乃掌印官
专责"②。明确蕃区地方官的责任，以人民"安乐"与"困苦"作为地方官
赏罚标准。"政教宽平，人民安乐，则有庆赏。政事苛急，人民困苦，则
有诛罚。"③即便众人怨叛，不能教化，地方官也有应得之咎，也应承
担相应责任。将汉地官员权、责有机结合的吏治举措引入蕃地，试图
改变蕃地官场政治生态环境，也是清朝政治文化对蕃人为官理念的
重建。

在清朝的有效管辖下，藏区经济也有所发展。藏区蕃寨租赋，有
以银钱折交物件者，商上收购不公，苦累蕃兵。于是"令商上铸纯净银
钱，用汉字、唐古忒字，在面背分铸乾隆宝藏字"④。每纹银一两，换新
铸银钱六圆，换商上旧银钱及巴勒布钱八圆，仍令驻藏大臣稽察，不

---

①《康𫓧纪行校笺》卷3《前后藏事始末》，第106页。
②《康𫓧纪行校笺》卷8《三讯曲济嘉木参》，第332页。
③《康𫓧纪行校笺》卷8《三讯曲济嘉木参》，第332页。
④《康𫓧纪行校笺》卷3《前后藏事始末》，第106页。

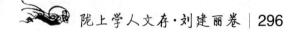

得轻出重入。

因天气严寒,地气瘠薄,千山雪压,六月霜飞,石多田少,以糌粑与牛羊酥酪供食,"一日无茶则病"①,故蕃区尤需茶的供给。这里茶分为三品,"上品曰竹档,斤值银二钱;次曰荣县,斤值银六分;又次曰绒马,斤值银五分"②。此即打箭炉地区茶叶贸易价。蕃区制茶也很独特,皆以甑蒸而捣之成饼,每饼七斤或六斤为一甑,用纸裹,"惟竹档茶贴金并加图记,表示贵重,其余则无。凡茶四甑,编以竹片而总包之,外加牛皮,始可行远,每牛一驮服四包"③。故茶贸易兴盛,茶商聚集在打箭炉,蕃界往来交易,遂为通衢。乾隆年间,西藏与内地的交易,二年一次入贡,贡道由西宁入,互市在打箭炉。姚莹一行途中所经南墩,为川藏适中之所,每年秋间,巴塘、察木多两地客民,云集在此贸易。

因地理、生态等自然环境的局限,藏区农业生产与内地差距很大,藏区不同地域,农业经济亦有不同程度的发展。自古树至江卡(今西藏芒康县),川原平沃,开垦可得田万顷,足以供养数万人。只可惜"蕃户人稀,所垦仅足终岁之食"④。巴塘土地肥沃,四面皆山,中间周约三十余里,开垦土地,种植青稞、小麦,唯无稻米,绿野平畴,弥望葱秀。到达巴塘后,则有青菘、萝白、莴苣,可日充庖馔,而猪肉可间日市买。察木多河里有鱼,一条有一二斤重,味极佳,但当地喇嘛、蕃、汉民皆食糌粑、牛羊肉,不解鲜食,故买鱼者少。"尺鱼一尾,约银二分"⑤,而姚莹等人常买钓鱼入馔。于是姚莹作一绝赠渔童:"两三土屋傍河

①《康輶纪行校笺》卷1《撘粑、乌拉》,第26页。
②《康輶纪行校笺》卷1《赏蕃茶物》,第27页。
③《康輶纪行校笺》卷1《赏蕃茶物》,第28页。
④《康輶纪行校笺》卷5《江卡》,第188页。
⑤《康輶纪行校笺》卷12《昌都河鱼》,第499页。

干,十五儿童解钓竿。卖去素鳞欢阿母。糌粑几日足朝餐。"①而察木多有种菜园丁四户,日市菘、韭、莴苣供馔,致使姚莹喜而赋诗云:"菜根百岁腐儒餐,千里西来入馔难。佛地伊蒲甘露好,满园香馥胜芃兰。"②

西藏自产药材甚多,有发达的藏医药。蕃人习俗虽有病诵经驱鬼,但也知求医问药。西藏医名厄木气,其药与中国异,产自藏地,或购自西洋,不炮制,间用丸散,遇病亦诊视而后用药。其诊脉很独特,"以左手执病者之右手,右手执病者之左手,一时并诊,疾重使然"③。若小疾,以酥油遍涂全身,曝日中,阴晦则用绒单覆体,烧柏叶熏。

青溪是西由打箭炉赴藏、南由建昌赴云南的两路交会之处,以往"四川南路,多种罂粟花为鸦片烟"④,而近时英国烟土,由哲孟雄经后藏入云南省而至宁远,"水路自嘉定沿江下,旱路则由青溪而至成都,故邛州大邑及雅安匪民,所在邀截,贩烟奸民亦聚众行以御之,亦蜀中大患也"⑤。

还有诸多记载,也蕴含蕃区物产、生活、习俗、经济等诸多信息。姚莹等人在里塘居住二十余日,"食无蔬菜,间有为豆腐者,四方三寸,值银三分,或易以黄烟一包"⑥。巴塘所属空子顶出售木耳,"甚肥而脆,较内地白耳、黄耳尤美"⑦,每斤值银一钱五分。里塘、巴塘有汤

①(清)姚莹《后湘续集》卷4《赠渔童》,《中复堂全集》第11册,同治六年安福县署刻本。

②《康輶纪行校笺》卷8《察木多园蔬》,第335页。

③(嘉庆)《四川通志》卷196《西域六》,第5641页。

④《康輶纪行校笺》卷1《大相岭》,第16页。

⑤《康輶纪行校笺》卷1《大相岭》,第16页。

⑥《康輶纪行校笺》卷5《巴、里二塘食物》,第171页。

⑦《康輶纪行校笺》卷5《巴、里二塘食物》,第171页。

泉，"皆地产硫磺"①。《卫藏图识·图考》谓"折多过山，山虽长，不甚峻，产大黄，药气熏蒸，过者多气喘"。察木多西北博窝野蕃，因与青海邻近，位于博谟集大山下，"多出名马"。此马善行，马四灶有肉块，"行愈远，则肉块愈大"。从打箭炉至藏地，区域不同，物产各异。矿藏丰富，农、畜产品众多，药材更有特色，乍雅之昂地，出雪里莲花，有红白二色，可治血症。虽为寒瘠之地，但察木多、工布江达与西藏某些地区也产粳稻。藏香有紫黄二种，"真者焚时，烟凌霄汉，盖似珍宝屑成之"。还有黑白香，白香亦名"吉吉香"，黑香亦名"唵叭香"。最有特色的是藏纸，"捣柘皮为之，长径尺，宽约三尺，质坚色白"②。姚莹赴藏途中见过此纸，乍雅两呼图克图皆用此纸具禀上奏。这种藏纸与英吉利纸相同，但"不及高丽之细致光洁"。

　　清朝道光甲辰（二十四年）、乙巳（二十五年）、丙午（二十六年），即 1844—1846 年间，姚莹两次奉使乍雅、察木多，从成都入藏，记其沿途见闻，撰写而成《康𫐄纪行》。是书所载内容丰富，蕴涵天文、地理、文学、哲学、宗教、历史、民族等诸多学科方面的资料，具有珍贵的史料价值，也是清朝晚期川藏之路汉藏民族文化密切交流的印证。

　　（原刊于《丝路文明》第三辑，上海古籍出版社，2018 年）

---

　　①《康𫐄纪行校笺》卷 4《里塘气喘不关药气》，第 153 页。

　　②《康𫐄纪行校笺》卷 15《西域物产》，第 744 页。

宋代西北少数民族百年研究综述

两宋时期,回鹘、契丹、吐蕃等民族活动在西北和中亚地区,并建立了甘州回鹘、西州回鹘、喀喇汗王朝、西辽、凉州吐蕃六谷联盟和青唐唃厮啰等地方民族政权,他们均对两宋时期的历史产生重要影响。本文主要对 20 世纪,有关西北吐蕃、回鹘、喀喇汗朝、西辽等研究状况略作综述。

一、回鹘史研究状况

回鹘史研究主要是在新中国成立以后, 经历了初创与发展繁荣两个发展阶段,特别在 80 年代以后,回鹘史研究进入发展繁荣时期,其研究领域扩展,成果层出不穷。

(一)回鹘史研究的发展历程

早在新中国成立初期,就有冯加昇、程溯洛等老一辈学者从事回鹘史的研究,并出版和发表了诸多有重要学术价值的研究成果,但这时回鹘史的研究尚处于初创阶段, 搜集和整理各种文字的维吾尔族史料是最迫切的任务。冯加昇、程溯洛先生等搜集了大量有关维吾尔文、突厥文、回鹘文、汉文和外文的维吾尔族史料,在此基础上进行细致编写,出版了《维吾尔族史料简编》上、下册,这部书在国内外学术界有重大的影响。中华人民共和国成立前,程溯洛先生在北平研究院史学研究所从事宋、辽、金史研究,新中国成立初,即与冯加昇一起从事维吾尔族史的研究。1978 年以后,受国家民委五套丛书办公室的委托,负责主编《维吾尔族简史》的古代部分,经过十余年的努力,这部书已于 1991 年出版。程溯洛曾经撰写过 30 余篇关于维吾尔族史的论文,并翻译了俄国语言学家拉德洛夫著《回鹘文文献纪念集》中的宋元时期回鹘文契约文书。程溯洛先生的研究成果现已结集为《唐宋回鹘史论集》,1993 年人民出版社出版。

(二)研究领域扩展

20 世纪 80 年代以后,对回鹘的研究已从甘州回鹘与西州回鹘研究的局限中突破出来,并扩展到其他回鹘部族的研究领域,出版和发表了大量具有学术价值的研究成果。

西州回鹘与甘州回鹘仍是这一时期的研究重点,有众多专著、论文出版和发表。有关西州回鹘的论文,主要有程溯洛《高昌回鹘王国政治、经济、文化史略》《高昌回鹘王国史中的一些基本问题论证》《回鹘民族历史文献略论》,苏北海《回鹘族在辽代的历史活动》《回鹘在辽代的贡献》《从车师族到高昌回鹘》①,王宗维《高昌回鹘亦都护家族及其迁居永昌始末》,杨富学《高昌回鹘王国的西部疆域问题》《从一份摩尼教文献谈高昌回鹘的几个问题》,田卫疆《高昌回鹘史研究》《高昌回鹘封号"牧首"考》。有关甘州回鹘的论文,主要有高自厚《甘州回鹘渊源考》,陈炳应《亦谈甘州回鹘》,孙修身《五代时期甘州回鹘世系考》,苏北海等《甘州回鹘世系考辨》,荣新江《甘州回鹘成立史论》,黄盛璋《敦煌于阗文书与汉文书中关于甘州回鹘史实异同及回鹘进占甘州的年代》②等。

除了甘州回鹘、高昌回鹘的研究,对龟兹、于阗、沙州、黄头回鹘

---

①苏北海:《从车师族到高昌回鹘》,《西北史地》1983 年第 1 期。

②黄盛璋:《敦煌于阗文书与汉文书中关于甘州回鹘史实异同及回鹘进占甘州的年代》,《西北史地》1989 年第 1 期。

等研究也有众多新成果。关于龟兹回鹘的论文,主要有钱伯泉的《龟兹回鹘国与裕固族族源问题研究》《龟兹回鹘国始末》,程溯洛《〈宋史·龟兹传〉补正——兼论高昌回鹘中的双王制》等文。关于于阗的论文,主要有荣新江的《九至十世纪于阗族属考辨》[①],李吟屏《古代于阗国都再研究》,黄盛璋《于阗文〈使河西记〉的历史地理研究》,楚生《谈元丰八年的于阗贡马》,高永久《丝绸之路上的于阗国》等。对沙州回鹘、黄头回鹘的研究,主要有钱伯泉的《沙州回鹘研究》,顾吉辰《〈宋史·沙州传〉补正》《也谈"黄头回纥""草头鞑靼"及其"九姓鞑靼"》,高自厚《宋代回鹘社会的分裂割据——再谈"黄头回纥"的由来和含义》等。研究领域的扩展,使回鹘研究进入一个新的发展阶段。

(三)研究系统深入

自清末以来,凡是研究甘州回鹘历史均涉及甘州回鹘世系问题,关于甘州回鹘可汗世系历来有诸种不同的观点。如王日蔚《唐后回鹘考》,冯加昇、程溯洛、穆广文《维吾尔族史料简编》(上)第三章第二节,段连勤《河西回鹘政权的建立与瓦解》,吴天墀《西夏史稿》第一章第三节,林幹《河西回鹘略论》[②]等,都用不同的方式排列了甘州回鹘世系表。高自厚先生在前人研究的基础上,参考各种其他史料,对甘州回鹘进行了深入系统研究,发表了《甘州回鹘渊源考》《甘州回鹘与中亚贸易》《甘州回鹘与西州回鹘辩》《甘州回鹘与西夏》《甘州回鹘世纪系考》《敦煌文献中的河西回鹘——兼论甘州回鹘与沙州回鹘的关系》等论文,对甘州回鹘的一系列重要问题进行研究,对甘州回鹘世系从姓名、年代、世次方面予以考订论证,认为"甘州回鹘世系就只有

①荣新江:《九至十世纪于阗族属考辨》,《新疆社会科学》1987 年第 4 期。
②林幹:《河西回鹘略论》,《甘肃社会科学》1981 年第 3 期。

九世,而不是十世",并"重新排一个甘州回鹘世系表"①。程溯洛先生《甘州回鹘可汗谱系考》也对甘州回鹘谱系做了深入细致的研究,认为"庞特勤不可能成为甘州回鹘的始祖",甘州回鹘的"一世毋母主(汉名仁美)可能就是始祖"②。程溯洛在《高昌回鹘亦都护谱系考——西域时代回鹘史札记》一文中,认为"高昌回鹘从唐末开始建立,历五代、北宋、西辽、元,其王室的谱系可分为前后两大段,从唐末到北宋、西辽为第一段,从元初到元末为第二段",并论证高昌回鹘亦都护的系谱共十八世,列出世系表③。并对《宋史》中的一系列回鹘史料进行补正、纠误,发表了《〈宋史·回鹘传〉补正》《〈宋史·高昌传〉笺证》《〈宋史·龟兹传〉补证》《〈宋史·于阗传〉中几个问题补证》等系列论文。钱伯泉《甘州回鹘国史探讨》的四篇系列论文,对高昌回鹘首领仆固俊、甘州回鹘渊源及其建国初期的史实、张淮深对甘州回鹘国的颠覆活动、甘州回鹘国的"国际"关系及其在丝绸之路历史地位等问题进行了系统、深入的探讨。

这些论文使回鹘史的研究更加细致、深入、系统,从而使回鹘史研究进入繁荣兴盛的发展时期。

(四)商榷讨论,促进学术发展

80年代,学者们对回鹘史中的一些重要问题,展开了热烈的讨论与商榷,促进了学术发展。

研究裕固族族源的关键在于"黄头回纥",裕固族源于撒里畏吾儿,撒里畏吾儿即黄头回纥,这在史学界似无争议,然而"黄头回纥"是西迁的甘州回鹘,还是西州回鹘或龟兹回鹘,或是单独一支,这些

---

①高自厚:《甘州回鹘世系表》,《西北史地》1983年第3期。

②程溯洛:《唐宋回鹘史论集》,第140页,人民出版社,1993年。

③程溯洛:《高昌回鹘亦都护谱系考》,《西北史地》1983年第4期。

问题均是探讨的要害所在，以往的学者大多认为黄头回纥源于甘州回鹘。汤开建《解开"黄头回纥"与"草头鞑靼"之谜——兼谈宋代的"青海路"》一文中，提出了不同的观点，认为黄头回纥与甘州回鹘无关，而应是西州回鹘①。钱伯泉先生在《龟兹回鹘国与裕固族族源问题研究》一文中，从另一角度进一步否认了"黄头回鹘源于甘州回鹘源说"，同时对汤开建的"西州回鹘说"提出了不同看法，认为"裕固族既非渊源于甘州回鹘，也不是以黄姓突骑施为主体的西州回鹘发展起来的，裕固族族源是龟兹回鹘"②。汤开建在《关于〈龟兹回鹘国与裕固族族源问题研究〉一文的几点看法》一文中，引用北宋人王安中撰写的《定功继伐碑》中关于黄头回纥的新材料对钱伯泉观点进行补证，认为黄头回鹘是龟兹回鹘的另称。并进一步论证"西州回鹘与龟兹回鹘是一个政权"，但"西州回鹘与龟兹回鹘又存在一个由合到分的过程"，到 11 世纪后期，由于伊斯兰教的进逼，一部分龟兹人开始东迁，散处在于阗边境到青海湖边这一地区的龟兹回鹘人，就是文献中所称的"黄头回纥"，元代又称作撒里畏吾儿，即今天的裕固人③。顾吉辰《也谈"黄头回鹘""草头鞑靼"及其"九姓鞑靼"》④一文中，也论述了自己对黄头回鹘、草头鞑靼、九姓鞑靼的看法。

正是通过反复争论，不断学习，对问题的认识不断深入、不断提

---

①汤开建：《解开"黄头回纥"与"草头鞑靼"之谜——兼谈宋代的"青海路"》，《青海社会科学》1984 年第 4 期。

②钱伯泉：《龟兹回鹘国与裕固族族源问题研究》，《甘肃民族研究》1985 年第 2 期。

③汤开建：《关于〈龟兹回鹘国与裕固族族源问题研究〉一文的几点看法，《甘肃民族研究》1985 年第 3—4 期。

④顾吉辰：《也谈"黄头回鹘""草头鞑靼"及其"九姓鞑靼"》，《社会科学辑刊》1987 第 4 期。

高,从而促进了回鹘史学术研究的进步与发展。

二、喀喇汗王朝研究状况

喀喇汗王朝的建立时间,至今仍然不明确,大约是在9世纪中期。840年至1212年,在原唐朝的北庭和安西都护府所辖广大地区,西迁回鹘建立起喀喇汗王朝,其存在时间长达327年,是我国维吾尔族在历史上建立的第二个王朝。喀喇汗王朝在发展中西贸易、传播中西文化方面都起了重要作用,因而喀喇汗王朝的历史日益引起研究者们的重视。但是喀喇汗王朝的研究发展缓慢,自20世纪80年代以来,对喀喇汗朝的研究才有了深入发展。

(一)喀喇汗王朝研究的发展阶段

喀喇汗王朝的研究,从18世纪中期以来,经历了缓慢的发展历程,大体上分为三个发展阶段。

第一个阶段,是把喀喇汗王朝纳入历史的研究范畴。1756年,法国学者约瑟夫·德吉涅夫发表关于中亚历史的著作,在近代历史著作中首次提到喀喇汗王朝。此后引起许多学者的关注。1874年,俄国东方学家格里戈里耶夫发表关于喀喇汗王朝史的论文,在西方近代历史著作中第一次正式使用"喀喇汗王朝"这一名称,从而使这一王朝称谓混乱的状况得以改善。

第二阶段,是对喀喇汗朝的历史轮廓做出粗线条的勾勒。这方面做出重大贡献的是巴尔托尔德。在他的学位论文《蒙古入侵时期的突厥斯坦》一书中,对当时已发现的喀喇汗王朝的阿拉伯、波斯等史料,作了详尽的收集和初步的考证,对一些诸如分封制的确立、迪杭制的消失、中亚居民的突厥化等重要问题,均提出自己的见解。但由于语言上的限制和对古钱资料以及对中国的汉文资料掌握的不足,致使有些结论不正确。1930年,德国学者法斯梅尔(R.Vasmer)对喀喇汗王早期称号和等级制度做了探讨。

第三个阶段,是对喀喇汗王朝的历史进行全面研究时期。由于考古资料和古钱资料的发现,使喀喇汗王朝的历史研究进入一个新的阶段。德国学者普里查克在吸收前人成果的基础上,充分利用阿拉伯、波斯文等史料和古钱币资料以及汉文史料,从 1950 年起接连发表了《喀喇汗王朝若干问题》和总结性论著《喀喇汗王朝》。普里查克里的文章系统地探讨了喀喇汗王朝的政治史,但在王朝起源和东西喀喇汗王朝世系年代方面,存在严重的问题。苏联学者达维道维奇关于喀喇汗王朝最重要的论文是《关于中亚喀喇汗王朝的年表和世系的古钱资料》和《关于两个喀喇汗国》,批评了普里查克在世系和年表方面的错误。苏联东方学家亚库包夫斯基在《中亚中世纪(六至十五世纪)的历史分期问题》《物资文化史研究所报告和野外考察简报》《乌兹别克斯坦各民族史》等文中,对于喀喇汗王朝的社会经济制度与社会历史分期问题进行了探讨。瓦利托娃的《关于喀喇汗王朝国家的阶级性质》和《玉素甫·巴拉沙衮及其〈福乐智慧〉》均侧重于论述喀喇汗王朝东部的社会经济生活,并探讨了王朝与定居人民的关系。日本学者安部健夫的《西维吾尔国史研究》(京都,1955 年)和中国学者刘义棠的《维吾尔研究》(台北,1975 年),亦均对喀喇汗王朝史进行了有益的探讨。

(二)综合研究与专题研究

20 世纪 80 年代,国内关于喀喇汗王朝的重要综合研究成果及其代表作,首推魏良弢《喀喇汗王朝史稿》一书。是书主要根据前人的研究成果,并发掘和利用了汉文史料,对喀喇汗王朝的历史做了一个系统、全面的综合性研究。全书分为八章,第一章简介史料、文献和研究情况;第二章着重探讨喀喇汗王朝的起源,对回鹘起源说做了详细的论证;第三章探讨了王朝的疆域和民族;第四章简述王朝的政治史,探讨了王朝发展原因;第五章叙述喀喇汗朝与宋、辽、高昌回鹘及西夏的关系;第六章社会经济,着重探讨了土地所有制和伊克塔制度,阐述并论证了喀喇汗朝时期社会经济的普遍高涨;第七章科学文化;第八章王朝世系、在位年表、大事年表,另附有插图和地图。

这一时期的专题研究,主要有魏良弢的《关于喀喇汗王朝的史料、文献及研究情况》《关于喀喇汗王朝起源及其名称》《喀喇汗王朝政治史述略》《喀喇汗王朝经济的几个问题》等系列论文,对喀喇汗王朝的有关文献资料、起源、名称、政治、经济等一系列重要问题进行了系统研究。

(三)对喀喇汗王朝起源的研究

关于喀喇汗王朝的起源,是研究中亚历史的一个不可回避的问题,把它作为专题研究则始自德国历史学家普里查克(Omeljam Pritsak)的《从葛逻禄到喀喇汗王朝》。普里查克从20世纪40年代起开始研究喀喇汗王朝,在20世纪50年代发表了一系列论文,在1953年发表的《喀喇汗王朝》[①]一文中,将喀喇汗王朝起源的各种说法归纳为七种,即维吾尔说、土库曼说、样磨说、葛逻禄说、葛逻禄—样磨说、处月说、突厥说,但都没有提出"不可动摇的论据"。近年来,国内外学者还提出样磨和处月说;突厥、回鹘说;葛逻禄、回鹘说;葛逻禄、样磨、九姓乌古斯说。

在国内,喀喇汗王朝起源于回鹘说是主流,但也时而见到样磨说。魏良弢在《关于喀喇汗王朝的起源及其名称》一文中,通过对史料的引用、分析,对喀喇汗王朝起源于回鹘说做了一些详细的论证,并得出结论:"公元840年,曾左右中亚和东亚局势近百年的回鹘汗国在内乱屡起、天灾频仍的情况下,因黠戛斯的突袭而溃散。其中最大

①Omeljam Pritsak:*Die Karachaniden*,*Der Islam*,Bd.31/1,Berlin,1953。

的一支在庞特勤的率领下西奔葛逻禄(七河地区)。他们到达后夺取政权,建立起喀喇汗王朝。庞特勤自称可汗,建牙帐于巴拉沙衮附近的喀喇斡耳朵,并迅速把领域扩大到唐朝的安西和北庭两都护府所辖的大部地区。"①魏良弢又在《喀喇汗王朝起源回鹘说补正》一文中,对喀喇汗王朝起源回鹘作了进一步补证,通过引用《宋会要辑稿·蕃夷四·拂林国》《金史·粘割韩奴传》《世界疆域》的"样磨"条、敦煌写本《西天路竟》《突厥语词典》等相关资料的记载,为回鹘起源说提供了有力的论据。

(四)深入细致的探索

这一时期的考古发掘成果,如新疆阿图什县喀喇汗王朝窖藏钱币的出土,以及莎车发现的喀喇汗王朝文献,新疆和田市发现的喀喇汗朝窖藏铜器等,均为喀喇汗朝的深入研究提供了丰富的实物资料,出现了诸多相关的研究成果,如蒋其祥《新疆阿图什县喀喇汗王朝钱币窖藏清理简报》②,牛汝极《莎车出土的喀喇汗朝阿拉伯语法律文书与〈福乐智慧〉研究》③,李吟屏《新疆和田市发现的喀喇汗朝窖藏铜器》④等。

还有许多论文对喀喇汗王朝的一些重要问题进行了探讨,邓浩《从突厥语词典看喀喇汗王朝的物质文化》一文,即以《突厥语词典》为依据,对喀喇汗王朝物质文化的主要方面做了概略的探索。钱伯泉

①魏良弢:《关于喀喇汗王朝的起源及其名称》,《历史研究》1982年第2期。

②蒋其祥:《新疆阿图什县喀喇汗王朝钱币窖藏清理简报》,《文物》1985年第12期。

③牛汝极:《莎车出土的喀喇汗朝阿拉伯语法律文书与〈福乐智慧〉研究》,《西域研究》1999年第3期。

④李吟屏:《新疆和田市发现的喀喇汗朝窖藏铜器》,《考古与文物》1991年第5期。

《大石、黑衣大石、喀喇汗王朝考实》一文，依据历史记载和敦煌遗书对大石、黑衣大石、喀喇汗王朝进行探索，认为"大石国即是大食国，黑衣大石国就是黑衣大食国"，由于"大石"和"大食"一词的渊源和意义相同，"大石""大食"指喀喇汗王朝①。另有汤开建《关于于阗政权与喀喇汗王朝关系探讨》，蒋其祥《试论"桃花石"一词在喀喇汗朝时期使用的特点和意义》，尤努斯江·艾力《喀喇汗王朝古都巴拉沙衮考》，冯继钦《哈剌契丹人建立的起儿漫王朝》②等，这些论文均从不同角度、不同方面，对喀喇汗王朝进行了深入细致的研究，从而使研究进入一个新阶段。

三、西辽史研究发展状况

从18世纪以来，西辽史研究经历了缓慢的发展历程，几代中外学者对西辽历史相继进行了探索，逐渐使人们对西辽的始末有了较为清楚的认识。特别是20世纪80年代以来，西辽史的研究有了新进展，研究领域有所扩展，新成果不断涌现。

（一）国外学者对西辽史的探索

瑞典学者多桑（C.d'Osson）是西方史学界首先研究西辽史，并将西辽作为专著中一个重要部分。他在《蒙古史》第一卷第五章中用一半篇幅论述了西辽（哈剌契丹）的历史。马尔夸尔特（J.Marquart）则根据汉文史料和波斯、阿拉伯等史料，对西辽纪年做了详细考证，他与钱大昕提出、汪远孙加以充实的《西辽纪年表》几乎完全相同，使西辽各帝在位年代基本确定下来。

对西辽史做出重大贡献的是俄国东方学家巴尔托尔德，其一系

①钱伯泉：《大石、黑衣大食、喀喇汗王朝考实》，《民族研究》1995年第1期。
②冯继钦：《哈剌契丹人建立的起儿漫王朝》，《新疆大学学报》1989年第2期。

列论文都涉及西辽的历史,其中最重要的是他的学位论文《蒙古入侵时期的突厥斯坦》,这部书分为原始材料和论文两部分,以后论文部分以题名为《以蒙古入侵为下限的突厥斯坦》作为《吉布丛书》新辑中第五种在伦敦出版。有关西辽历史的论述主要在该书题为"哈剌契丹和花拉子模"的第三章中。另外在其《七河地区历史概要》《突厥斯坦史》《伊斯兰百科全书》"哈剌契丹"条中,均有关于西辽史的论述。

但是,真正使西辽史建立起来的,则是俄国学者布莱特施奈德尔(E.Bretschneider),他运用汉文文献并比照阿拉伯、波斯、回鹘等文献,第一次对西辽历史作出系统的叙述,他在《中世纪研究》中,首先将西辽史的核心材料即《辽史》卷三十《耶律大石传》以及《金史》中的有关材料译成英文,同时还介绍了《北使记》《长春真人西游记》《西游录》等重要行记,开阔了西方学者的眼界,使他们对西辽史的研究建立在可靠的基础上。

进入 20 世纪以后,日本学者开始关注西辽史,羽田亨《西辽建国始末及其纪年》[①]对一些地名和史实做了考证。松井等《契丹可敦城考》[②],对耶律大石北行路线作了细致的考证。箭内亘在《蒙古历史研究》一书中,也对西辽史地做了考释,并有自己独到的见解。

在西辽史研究中作出总结性贡献的是魏特夫(K.A.Wittfogel),1946 年,他与冯加昇先生合作撰写出《中国社会史——辽》,书中附录的"哈剌契丹",是一部总结中外研究成果、全面探讨西辽社会历史的重要著作。从那以后,对西辽史的研究基本处于停滞状态。

---

①(日)羽田亨:《西辽建国始末及其纪年》,《史林》1916 年第 1 卷第 2 期。

②(日)松井等:《契丹可敦城考》,《满鲜地理历史研究报告》第 1 册;冯加昇译,《禹贡半月刊》1937 年第 6 卷第 11 期。

（二）国内学者的西辽史研究

由于西辽史的汉文资料相对较多，所以我国学者对西辽予以关注、研究较早，但进展较为缓慢。

首先是在乾嘉考据学风的影响下，厉鹗、杨复吉瘁心殚力辑补辽代史料，厉鹗《辽史拾遗》和杨复吉《辽史拾遗补》是两部汇集辽史资料的书，开启了汇集有关西辽史料的先河。继之，清代学者钱大昕（1728—1804 年）在《廿二史考异》"天祚帝纪"条中对《辽史》卷三十《天祚帝纪四》所附耶律大石事的年代提出质疑。以后，他又在《十驾斋养新录》卷八"西辽纪年"条中，对这一问题继续进行探讨，纠正了明人商辂《续资治通鉴纲目》、薛应旂《宋元资治通鉴》、王宗沐《续通鉴》和清代史学家万斯同《纪元汇考》中关于西辽纪年的错误。钱大昕的"西辽纪年"被以后发现的阿拉伯、波斯、回鹘文献史料证明是正确的。

钱大昕之后的一百余年，对西辽史的研究进展缓慢。清末至民初，地理学家丁谦（1843—1919 年）撰写了一系列关于西辽史地的考证文章：《西辽立国本末考》《西辽疆域考》《西辽都城考》等，收入浙江图书馆刊印的《蓬莱轩地理学丛书》中，以后又收入邓实编辑的《古学汇刊》第一集。王国维（1877—1927 年）对西辽史地也做了许多有价值的考订工作，在《长春真人西游记校注》《圣武亲征录校注》和《古行记校注》等书中，对西辽史也多有所发现、补充与订正。1936 年，唐长孺先生在《国学论衡》第 1 卷第 6 期上，发表了《箭内亘〈可敦城考〉驳议》，又在第 7、8 两期上连续发表了《耶律大石年谱》，收集了许多有关史料并进行考证。近代学者梁国东先生在 20 世纪 30 年代，把布莱特施奈德尔的《中世纪研究》一书中，有关西辽的部分摘译成汉文，梁氏所附加的注释字数，多出正文几倍，使用的史料超出了前人的范围，对原文多所订正，提出许多新见解，考证了几个重要问题，补充了布莱特施奈德尔的不足。后题名为《西辽史》，由商务印书馆作为"史地小丛书"出版，1955 年中华书局重印。岑仲勉 1935 年在《金陵学报》第 4 卷第 2 期上发表了《读西辽史书所见》，对梁国东译注的《西辽史》作了补正。邰英在 1941 年《西北衡》第 9 卷第 8 期发表了《读"西辽史"札记》。冯家昇与魏特夫合著的《中国社会——辽》"附录五"《哈剌契丹》的大事年表中，在前人的基础上，又增补了许多新史料。

老一代学者研究西辽的成果，为我们今天研究西辽历史提供了极大的方便，具有较高的学术价值。

（三）西辽史研究领域的扩展

新中国成立以后，我国对西辽史的研究仍很薄弱，但在 20 世纪 80 年代，西辽史研究有了新进展。

韩儒林在《关于西辽的几个地名》一文中，对《世界征服者史》中的谦谦州、巴儿昔罕、牙芬奇做了考释，对这些地名的方位和汉译名称得出令人信服的回答。邓锐龄《西辽疆域浅释》，根据大量的中外史料和研究文献，对西辽的疆域作了更深入的探讨①。周良霄《关于西辽史的几个问题》一文，依据充分的史料，对耶律大石的北走、驻地以及西征年代等重要问题进行了探讨②，且见解新颖。陈得芝《耶律大石北行史地杂考》一文，考据缜密，与周良霄先生文章相互印证，基本上解决了耶律大石北行路线问题③。赵俪生《西辽史新证》④以及吴志根《关于西辽的几个问题——兼与赵俪生同志商榷》两文，对西辽史的一些问题进行了学术讨论。

---

① 邓锐龄：《西辽疆域浅释》，《民族研究》1980 年第 2 期。
② 周良霄：《关于西辽史的几个问题》，《中华文史论丛》1981 年第 3 辑。
③ 陈得芝：《耶律大石北行史地杂考》，《历史地理》1982 年第 2 期。
④ 赵俪生：《西辽史新证》，《社会科学战线》1978 年第 4 期。

　　魏良弢《西辽史研究》①是一部对西辽历史全面、系统研究的综合性专著，全书分为七章，书后附有大事年表、西辽王朝略图。是书不仅对于西辽兴亡始末论证详尽，而且对西辽的阶级构成、民族成份、社会经济、文化宗教等予以足够的重视，将西辽史的研究推进到一个新阶段。纪宗安《西辽史论》②则对耶律大石等进行了专题研究。

　　耶律大石兴亡、迁徙是西辽史研究的一个重要内容，主要有纪宗安的《试论耶律大石西迁原因》《耶律大石西行纪略》，张惠民《耶律大石的万里西征和西辽的兴亡》等论文，对耶律大石西迁原因、兴亡及北行、西行做了深入细致的探讨。西辽的政治、经济、文化也是西辽史研究中的重要课题，魏良弢《西辽政治史稿》《关于西辽纪年问题》《西辽时期的文化对中亚的影响》，苏北海《西辽王朝时期哈萨克草原经济文化的发展》，丁克家《西辽王朝伊斯兰经济文化》，纪宗安《西辽帝国的经济与文化》，杨锡厚《论西辽的政治制度》③等，均是对西辽政治、经济、文化的研究与探讨。贾丛江《西辽契丹人生活方式考辨》则是对西辽人生活方式的探索，指出"由于史料的分散、缺乏，学界至今对西辽契丹人生活方式的认识仍有模糊和不妥之处"，依据史料论证"终西辽一世，契丹人始终保持着草原游牧生活方式，并无部分契丹部民转入定居农业的情况发生。这不仅是传统习惯使然，更是西辽政府大力提倡所致"④。另有冯继钦《西辽帝国的三大附属民族》，洪涛《略谈西辽王朝疆域》⑤等论文，则对西辽国的民族和疆域进行详细论

①魏良弢：《西辽史研究》，宁夏人民出版社，1987 年。

②纪宗安：《西辽史论》，新疆人民出版社，1996 年。

③杨锡厚：《论西辽的政治制度》，《中国社会科学院研究生院学报》1989 年第 4 期。

④贾丛江：《西辽契丹人生活方式考辨》，《西域研究》1997 年第 4 期。

⑤洪涛：《略谈西辽王朝疆域》，《伊犁师范学院学报》1993 年第 3 期。

述。这些论文拓宽了西辽的学术范畴,使西辽学术研究呈现出多层次、立体化的研究特色。

四、西北吐蕃研究状况

两宋时期,在今青海、甘肃建立过政权,散居的西北吐蕃部族,是西夏、宋朝双方争夺的一种重要势力。国内对宋代西北吐蕃的研究与探讨,在 20 世纪 80 年代以后出现热潮,发表和出版了许多论文、专著、史料集等。

(一)关于吐蕃政权的综合研究

这一时期,有诸多论文和著作对河湟吐蕃唃厮啰政权进行了综合性研究与探讨。祝启源《唃厮啰——宋代藏族政权》①,分为八章,对唃厮啰政权做了系统、深入的研究。刘建丽《宋代西北吐蕃研究》②对宋代西北吐蕃部族、政权以及宋朝御边政策、宋朝对吐蕃经制、西北吐蕃的社会经济、文化等作了较全面系统的论述。另有祝启源《关于唃厮啰政权的几点考订》《唃厮啰政权形成初探》,黎宗华《论唃厮啰政权》,芈一之《八至十世纪甘青藏区社会述论》③等,论述了唃厮啰政权的形成及社会状况。李蔚等《唃厮啰政权兴起的原因及其历史作用》④,论述了兴起原因,并对唃厮啰政权的重要作用作了概括。唐嘉宏《一个宋代墓志铭的研究——关于唃厮啰的历史》,则根据考古发

---

①祝启源:《唃厮啰——宋代藏族政权》,青海人民出版社,1988 年。

②刘建丽:《宋代西北吐蕃研究》,甘肃文化出版,1998 年。

③芈一之:《八至十世纪甘青藏区社会述论》,《青海民族学院学报》1986 年第 2 期。

④李蔚等:《唃厮啰政权兴起的原因及其历史作用》,《中央民族学院学报》1983 年第 1 期。

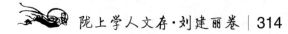

掘的一个宋代墓志铭,将唃厮啰历史研究与考古发掘结合起来①。

对西凉府吐蕃六谷联盟的研究,主要有日本学者岩崎力《西凉府政权的灭亡与宗哥族的发展》②,钱伯泉《凉州六谷蕃部的兴衰》,汤开建《关于公元861—1015年凉州地方政权的历史考察》等文,对唐末、五代、宋初的凉州吐蕃政权予以历史性考察。

(二)吐蕃部族、家族世系、首领事迹及生卒年等问题的探讨

宋代西北沿边分布有众多吐蕃部族,许多论文涉及这方面的内容。顾吉辰《五代北宋时期西凉府族帐考》,秦永章《唃厮啰及其族属考述》,对五代北宋时期的西凉府吐蕃族帐和唃厮啰属下部族进行了考订与阐述。刘建丽《北宋的秦州蕃部与堡寨》《宋夏战争中的秦州吐蕃》,论述了秦州地区的吐蕃部族及其在宋夏战争的作用。

对唃厮啰家族世系的论述,主要有汤开建《唃厮啰家族世系考述》《再谈唃厮啰家族世系的几个问题——答顾吉辰同志》以及顾吉辰《就唃厮啰家族世系的一些问题与汤开建同志商榷》等,对唃厮啰家族世系问题,展开了学术讨论。顾吉辰《唃厮啰编年事迹》《邈川首领董毡编年事迹》,从编年角度将唃厮啰、董毡事迹进行列举叙述,而其《邈川首领董毡生卒年考》等,对吐蕃首领董毡生卒年进行考订。

(三)政治、经济、民族关系及其宗教、文化方面的研究

对吐蕃政治制度的论述,主要有秦永章的《唃厮啰政权中的政教合一制统治》,认为河湟唃厮啰政权实行政治与佛教合而为一的统治,这是其政治特色。

①唐嘉宏:《一个宋代墓志铭的研究——关于唃厮啰的历史》,《青海社会科学》1983年第2期。

②(日)岩崎力著,李大龙译:《西凉府政权的灭亡与宗哥族的发展》,《西北史地》1991年第2期。

对于吐蕃经济研究发表的论文较多，汤开建《关于公元十至十三世纪安多藏族部落社会经济考察》《宋代甘青藏族地区人口的发展及其原因》以及白自东、任树民《宋代藏族人口蠡测》，刘建丽《宋代西北吐蕃的手工业》《宋代吐蕃的商业贸易》，李峰《唃厮啰交换交易及保静镇货币形态》，任树民《北宋缘边吐蕃部族保卫盐井及反盐税斗争》，贾大泉《宋代四川同吐蕃等族的茶马贸易》①等，均对甘青吐蕃地区的社会经济进行考察，研究与探讨了这一时期吐蕃人口发展及其原因，并对宋代西北吐蕃的手工业、商业贸易、货币形态、盐井开发等经济活动等也做了专门的论述。

吐蕃与周边民族关系是宋代吐蕃研究的一个重要内容，论文数量较多，顾吉辰《北宋时期吐蕃政权与周邻关系》《宋与唃厮啰政权交往考述》，孟楠《略论唃厮啰政权与周边民族的联姻》②，孙尔康《北宋王朝与西北吐蕃之关系——兼评熙河之役》，李华瑞《北宋与河湟吐蕃的关系》，刘建丽《略论西北吐蕃与北宋的关系》③，赵学东《略论西凉府六谷联盟与北宋之关系》《凉州六谷部的兴起及其与北宋的关系》，张云《论吐蕃与党项的民族融合》④，祝启源《宋代西北地区吐蕃与西夏关系略述》，杨作山《北宋时期西蕃与西夏关系述评》等论文，均从不同角度论述了河湟吐蕃、西凉府六谷吐蕃与北宋、西夏以及吐蕃部族之间的关系。岩琦力《宋代河西藏族与佛教》，祝启源《试论唃厮啰时期的文化与宗教》，刘建丽《宋对吐蕃的文化政策》《宋代吐蕃

---

①贾大泉：《宋代四川同吐蕃等族的茶马贸易》，《西藏研究》1982年第1期。

②孟楠：《略论唃厮啰政权与周边民族的联姻》，《青海社会科学》1998年第4期。

③刘建丽：《略论西北吐蕃与北宋的关系》，《兰州大学学报》2002年第6期。

④张云：《论吐蕃与党项的民族融合》，《甘肃民族研究》1988年第3期。

风俗述略》①等，则对宋朝对吐蕃的文化政策以及宋代吐蕃的佛教信仰、民风习俗等予以探讨。

（四）吐蕃史料的辑录与辨误

近年来，我国史学界和出版界在整理出版各种藏族史料文献工作中做了许多工作，成绩显著。但关于两宋时期藏族历史，在藏学研究中还是一个薄弱环节，其根本原因是资料的贫乏。由于迄今尚未发现藏族史学家用本民族文字撰写的有关唃厮啰的编年史及其他有关的政治、经济、文化、宗教等方面的史料记载，因而对其研究只能利用汉文史料。汤开建、刘建丽辑录《宋代吐蕃史料集》（一）、刘建丽、汤开建辑录《宋代吐蕃史料集》（二），由四川民族出版社于1987年、1989年出版，为研究两宋时期的藏族历史提供了必要的史料。

另有一些论文是对吐蕃史料的辨析，顾吉辰《〈宋史·吐蕃传〉纪事辨误》和《从〈夷坚志〉一条史料考辨唃厮啰之兄的后裔》，对《宋史·吐蕃传》中有关吐蕃纪事中的错误进行考证辨析，并根据《夷坚志》中的一条史料对唃厮啰之兄后裔进行考辨。孙菊园《青唐录辑稿》②，汤开建《李远、汪藻及〈青唐录〉》，则是从史料学的角度对记载河湟吐蕃的文献资料《青唐录》的研究与探讨。

总之，两宋时期的回鹘、吐蕃、契丹等西北少数民族及其政权的研究，是宋史研究的重要组成部分，拓宽了宋史研究领域，丰富了研究内容，使宋史研究具有民族特色与西北地域特点。

（原刊于《甘肃社会科学》2004年第5期）

---

①刘建丽：《宋代吐蕃风俗述略》，《西北民族研究》1988年第2期。

②孙菊园：《青唐录辑稿》，《西藏研究》1982年第1期。

20 世纪国内外西夏学研究综述

西夏学是 20 世纪初兴起的一门新兴学科,其涵盖面广泛,涉及古代党项与西夏国历史、地理、语言、文字、宗教、文化等诸多领域。自20 世纪初,由于外国探险家在黑城遗址发掘出大量西夏遗书,从而使西夏学研究不仅在中国得到迅速发展,也成为国际化的学科。

一、中国西夏学研究的历史回顾

西夏学研究走过了百年发展道路,经历了西夏学研究开端、初创和繁荣兴盛的不同发展阶段。

（一）西夏学研究的开端

1038 年,西夏建立后,与辽、宋、金鼎足而立,必然与周边政权相互交流、相互影响。1227 年,西夏被蒙古灭亡,其文物典籍遭受严重破坏,元朝修辽宋金史,独不及西夏,使有关文献史籍散亡。历经元、明两代,党项这一民族共同体及其所建立的王朝逐渐隐没,被后世淡忘。

早在宋朝时,宋人洪遵作《钱志》,著录一枚所谓"梵字钱",考订者认为此钱就是西夏文的"大安宝钱"[1]。19 世纪初,清代的一些学者认识到西夏王朝在中国历史上的重要地位,于是搜集、整理、编纂了一些西夏史籍,重要的有周春《西夏书》15 卷、张鉴《西夏纪事本末》36

---

[1]贾敬颜:《西夏学研究的回顾与展望——兼评〈文海研究〉》,《历史研究》1986 年第 1 期。

卷、吴广成《西夏书事》42卷。仅有存目而未见传本的则有洪亮吉《西夏国志》16卷，秦恩复《西夏书》20卷，王云《西夏书》4册，徐松《西夏书》《西夏地理考》，陈昆《西夏事略》16卷及无名氏《西夏志略》等。清代学者对西夏史料的编纂，不是简单的辑录，而是在体例上有所创新，对历史事实的考证与分析，均独具见解，这也是另一种形式的西夏历史研究成果。嘉庆十五年（1810）秋某日，在甘肃武威城内东北隅清应寺封闭已久的碑亭中，武威学者张澍开掘出西夏崇宗李乾顺于天祐民安五年（1094年）所立的《凉州重修护国寺感应塔碑》，断定碑阴书体为西夏国书，张澍成为第一个识别出西夏文字的学者。另一位清代学者鹤龄则首次释读了《妙法莲花经》的西夏文经名与卷数名。19世纪初，中国学者对西夏历史的研究以及西夏文字的重新发现，开创了西夏学研究的先河。

（二）西夏学研究的初创时期

西夏学研究的初创阶段，始于黑水城西夏遗书的发现至中华人民共和国成立前这一时期。最早介绍和研究西夏文字的中国学者是罗氏父子，即罗振玉、罗福成、罗福苌三人。1914年，罗福成发表了《西夏译莲花经考释》，同年，其弟福苌著《西夏国书略说》，就《番汉合时掌中珠》所载西夏文字考证出23个部首，首次对西夏文的文字构成、文法及相关资料目录，做了比较全面的论述与分析，并且提出了"偏傍说"，对以后的研究者影响很大。1918年和1924年，罗振玉、罗福成先后两次刊印黑水城发现的西夏文、汉文合璧的双解辞典《番汉合时掌中珠》，1927年，罗振玉刊出《西夏官印集存》，据实物以考究历史，纠正了西夏纪年中的失误。1935年，罗福成将西夏文字书《同音》影写石印。其后罗福苌与罗福颐相继共同完成了《宋史夏国传集注》。除了罗氏父子之外，1917年，戴锡章以前人的编年史书为基础，撰成《西夏纪》28卷。甘肃临夏人邓隆（1884—1938年），对西夏文感兴趣,是一位西夏文研究者,在 1929 年以前,著有《西夏译妙法莲花经考释补》《西夏译华严经入法界品考释》《西夏译华严经普贤行愿品考证》《书武威县西夏感通塔碑后》等①。继罗氏父子之后,从 1930 年至 1933 年,王静如先生先后发表了《西夏研究》1 至 3 辑,其主要部分是佛经的对译考释,并涉及党项与西夏的历史、语言、国名、佛经雕版、官印等诸多领域,此书因荣获法国儒莲奖金而著名于世。1929 年秋,北京图书馆购得宁夏发现的西夏文佛经百卷,刊出《西夏文专号》以资纪念,其中收录国内外西夏学者撰写的西夏历史、语言文字、文物考古、文献目录、佛经等论著资料约 40 种。

黑城西夏遗书被劫持国外后,大量资料秘而不宣,加之汉文西夏史料的缺乏,这一时期,中国的西夏学研究暂时处于相对的沉寂状态,报刊上只有零星的关于西夏历史文化的简短介绍②。

(三)西夏学研究的发展、繁荣时期

中华人民共和国成立后,由于民族平等政策的贯彻执行,一些历史学家开始注意研究少数民族的历史文化,出版了有关西夏的专著,并发表了一些有关西夏历史的重要文章,如唐嘉弘《关于西夏拓跋氏的族属问题》③,杨志玖《西夏是不是羌族?》④,金宝祥《西夏的建国和封建化》⑤,胡昭曦《论汉晋的氐羌和隋唐以后的羌族》⑥等,引起了学

①贾敬颜:《西夏学研究的回顾与展望——兼评〈文海研究〉》,《历史研究》1986 年第 1 期。

②顾斗南:《介绍王静如撰之西夏研究》,《边疆半月刊》1937 年第 2 卷 7 期。

③唐嘉弘:《关于西夏拓跋氏的族属问题》,《四川大学学报》1955 年第 2 期。

④杨志玖:《西夏是不是羌族?》,《历史教学》1956 年第 4 期。

⑤金宝祥:《西夏的建国和封建化》,甘肃师范大学《历史教学与研究》1955 年第 5 期。

⑥胡昭曦:《论汉晋的氐羌和隋唐以后的羌族》,《历史研究》1963 年第 2 期。

术界对西夏历史的关注。20世纪60年代初,有关的学术机构开始重视发展自己的西夏学研究,老一辈西夏学者王静如先生又重新进行西夏文史的研究,开始培养新一代西夏学研究人才。1964年秋,中国社会科学院民族研究所、敦煌文物研究所联合组成敦煌西夏资料工作组,对敦煌莫高窟、安西榆林窟诸窟群的西夏时期的历史文物遗存,进行了全面的考察,确定了近百座属于西夏时期修凿和装銮的佛教石窟,发现了百余条西夏时期存留的汉文和西夏文题款。从此,举世闻名的敦煌石窟也成为西夏文物与艺术珍品的宝库。

1976年以后,特别是党的十一届三中全会以来,中国的西夏学进入持续稳步、深入发展、繁荣兴盛的时期,出现了西夏学的研究热潮,使西夏学成为继敦煌学之后的又一门"显学",其研究领域不断拓宽,新成果不断涌现,与国际合作关系也进入一个新的阶段。1993年3月,中国社会科学院民族研究所、上海古籍出版社与俄罗斯科学院东方研究所彼得堡分所三方达成正式协议,共同编辑出版圣彼得堡东方研究所所藏的全部西夏文、汉文和部分其他文字的黑水城出土文献①,出版后必将会对西夏学研究产生重大的影响。由于大批研究者投身于西夏研究的队伍中,逐步形成了北京、宁夏、四川、甘肃等研究中心,我国台湾与香港也有专门从事西夏文史研究的学者,西夏学研究已步入繁荣兴盛时期。

二、国外的西夏学研究

（一）俄国与苏联的西夏学研究

1883年,俄国的汉学家伊·比丘林(И·Вичулин)在圣彼得堡出版

---

① 史金波:《整理拍摄俄国所藏黑水城文献记》,《中国典籍与文化》1996年第1期。

了《公元前 2232—公元 1227 年西藏和青海的历史》一书,该书与意大利人马可·波罗的《游记》、波斯人拉施德的《史集》及《多桑蒙古史》等著作,皆有关于对西夏故地、成吉思汗征服西夏的记载。

俄国十月革命以前,俄国研究西夏文献的学者主要有伊凤阁和鄂登堡。俄国圣彼得堡大学的伊凤阁从科兹洛夫所得黑水城西夏文献中,发现了《番汉合时掌中珠》残页,并著文介绍,引起法国学者沙畹(E.Chavannes)的注意,撰文《伊凤阁西夏史论评述》,介绍了其工作成绩。以后伊凤阁不断进行研究,出版和发表了《观弥勒菩萨上生兜率天经》《西夏文文献》[1],1921 年,法国伯希和(P.Pelliot)将该文译成法文并加注,发表在《亚洲杂志》(JA)8 第 552 号上。由于俄国学者伊凤阁的工作,使黑水城的西夏文献逐步为世人所知。

20 世纪 20 年代以后,研究这批西夏文献的有龙果夫、聂斯克(聂历山)、弗鲁格、祖柏尔、科切托娃等人,成绩卓著者为聂斯克,发表和出版了《西夏学历史概述》《西夏文字及其文献》《西夏语研究小史》《关于西夏国名》等一系列具有学术价值的论文。20 世纪 60 年代以后,西夏学在苏联又得到发展,出现了戈尔芭切娃、克恰诺夫、索夫洛诺夫(苏敏)、格列克、卡津、孟列夫、克平、捷伦捷也夫–卡坦斯基、科洛科罗夫、鲁勃、列斯尼钦科夫等一批专家学者,并且研究重点也从语言文字转向对西夏历史、文化、政治、军事、经济、地理、宗教、风俗、服饰等多领域、全方位的研究,其中克恰洛夫成绩最为突出。早在1959 年,克恰洛夫就已发表《西夏国家机构》《中国史料中关于唐古特人的民族学资料》等论文,来北京大学学习后,又完成了《西夏国史纲》一书,对党项的起源、发展、西夏国家的建立及其制度,西夏的经济、文化、民族等均有论述,但由于对西夏文文献与汉文典籍理解的

---

①伊凤阁:《西夏文文献》,《俄国科学院院报》第 8 号,1918 年。

艰难,致使出现诸多误译与误解之处,影响到作者论断的正确性①。近年来,他对西夏法典、诗歌、谚语、格言、佛经等进行译著,出版了《天盛改旧鼎新律令》《俄藏西夏文佛经总目提要》等一批专著。孟列夫是专门从事西夏黑水城出土汉文文献研究的学者,从 1957 年开始,孟列夫参加整理汉文文献,并撰写出《黑水城发现的早期出版物》②等论文。又在前人编目的基础上,对这批黑水城汉文遗书进行了系统的整理、分类、编目以及叙录,著有《黑城出土汉文遗书叙录》③一书。其中包括佛、道、儒学典籍、文学、历史著作、文书、历书、医书、占卜等书,这些均为研究西夏政治、军事、经济、宗教、法律、文化、艺术、科技以及民族关系的宝贵资料。爱米塔什博物馆的萨玛秀克长期从事西夏绘画艺术研究,撰写出《黑水城的发现》《西夏王国的艺术历史风格上的诠释》④等论文。

(二)英、法、德、美等国的西夏学研究

19 世纪后半期,外国学者对北京居庸关六体石刻文中的一种民族文字展开了讨论,这种文字五百余年无人辨识,1870 年,英国的学者伟烈亚力(A.wylia)考证为"女真小字"⑤。1882 年,法国学者德维利

---

①黄振华:《评苏联近三十年的西夏学研究》,《西夏史论文集》,宁夏人民出版社,1984 年,第 629 页。

②孟列夫:《黑水城发现的早期出版物》,《亚洲民族研究所简报》第 7 册《勒里希纪念集》,1961 年,第 143—149 页。

③孟列夫:《黑城出土汉文遗书叙录》俄文本,莫斯科:科学出版社东方文献编辑部,1984 年;王克孝译(汉文本),宁夏人民出版社,1994 年。

④萨玛秀克:《西夏王国的艺术历史风格上的诠释》,载《丝路消失的王国——西夏黑水城佛教艺术》,1996 年。

⑤A.wylia:*On an Anxcient bnddhist Inscrption at Keu-Yung-Kwan*,JRAS,N.S. Vol,V,1870.14—14。

亚(Mr.Devieria)根据开封发现的女真文《宴台碑》上的文字与之不同，提出反驳。1895 年，法国学者蓬拿帕特(P.R.Bonaparte)所编的《蒙古金石图录》里收录了居庸关六体石刻文，但是对其中的西夏文仍然不识①。直至 1898 年，德维利亚看到《凉州护国寺感应塔碑》后，才发表了《唐古特或西夏王国的文字》一文，确定居庸关六体文中的"女真小字"实为西夏文字。1904 年，法国驻华使馆毛利瑟氏(M.G.Morisse)在中国学者鹤龄译注的基础上进行研究，发表了《西夏语言和文字的解读》②。

由于第二次世界大战的影响，欧洲的西夏学研究直至 20 世纪 40 年代末，才逐渐引起人们的关注。1948 年，第 21 届国际东方学会上，法兰西学院石泰安(P.A.Stein)发表了《弥药与西夏》的论文演讲，1955 年又在《法国远东学院通报》(BEFEO) 第 4 卷上发表了《弥药与西夏——历史地理与祖先传说》，从藏文、西夏文、汉文、英、法文等文献中的有关西夏的资料，进行旁征博引，探讨弥药与西夏的关系，从而对党项族源做了深入细致的分析研究。1961 年出版了《汉(川、甘、青)藏走廊古代部族》③一书，对弥药族源问题又多有涉及。1966 年发表了《有关木雅与西夏的新资料》④一文，结合藏文资料对聂斯克选译的《夏圣根赞歌》进行了探讨。

1914 年，英国的斯坦因率探险队进入黑水城，发掘获得部分西夏

---

①P.R.Bonaparte:*Documents del Epoque mongole*，Paris，1895。

②M.G.Morisse:*Contribution preliminairel l etude de l ecriture et de la langue Si-hia*，*laid*，1904。

③耿昇译，王尧校：《汉(川、甘、青)藏走廊古代部族》，四川民族出版社，1992 年。

④原文收录在巴黎出版的《献给戴密微先生的汉学杂文》一书中。方竣川译，陈宗祥校：《夏圣要用赞歌》，《宁夏社会科学》1981 年创刊号。

文献,由于支离残缺,未及时进行整理,直至20世纪60年代初,语言学家埃里克·格林斯坦德(E.D.Grinstead)在大英博物馆费时11年,才将4000种黑水城文献进行编目,而且他利用苏联方面的研究成果撰写出《西夏文字分析》,提出了西夏文字的计算机编码方案,为西夏文字的计算机处理打下了基础,并将西夏人用草书写成的《吕惠卿孝经传》识出80%左右。还于1973年编辑整理出九卷《西夏文大藏经》。

1916年,美籍德国人劳弗尔(B.Laufer)根据伊凤阁对西夏语言文字研究后公布的西夏文资料,利用自己深厚的语言学知识,对西夏语进行了研究,发表了《西夏语言印度支那语文学研究》[1]一文。此文深得聂斯克高度评价,在其《西夏语研究小史》一文中,认为他提出的西夏语属SI(西)—LO(俫)—MO(么)语支,是研究西夏语的指南[2]。

1969年,华盛顿大学的保罗·弗里德兰撰写的博士论文《早期党项史》[3],使他成为美国第一位研究西夏历史的学者。1974年,美国印第安纳大学鲁光东(LucKwanten)在美国《东方社会》杂志上发表了《西夏学札记:论西夏文的创造》;1978年,在《亚洲历史》杂志上发表了《李继迁与西夏王国的建立》;1982年,在该校学报第142卷上发表了他对《番汉合时掌中珠》的研究报告。

近年来,美国在研究西夏史方面,成绩显著的是俄勒冈州立大学的邓如萍女士,1983年,撰写的《党项和党项人的西夏国》论文,使她获得普林斯顿大学博士学位;1984年,在《亚洲研究》第8期上发表了《谁是党项人?党项人种与种族研究》;1988年,为日本西田龙雄教授

---

①李范文主编:《西夏语比较研究》之《附录》,宁夏人民出版社,1999年。

②《国立北平图书馆刊》1932年第4卷第3号《西夏文专号》。

③Friedland,paul:*A reconstruction of early Tangut history*.Ph.d.diss,University of Wanshington,1969。

60 华诞纪念文集撰写了对《凉州感应塔碑》的考释论文,其第三部分则是中外学者对感应塔的研究①。1994 年承担了费正清、崔瑞德主编的大型多卷本《剑桥中国史》第 6 卷第二章《西夏》的撰写工作。1996 年,美国夏威夷大学出版社出版了她的《白高大夏国,十一世纪夏国的佛教和政体》②,将西夏政权与佛教的关系置于突出的地位,认为佛教的兴衰是政治风云的集中体现。

德国慕尼黑大学傅海波教授与苏联克恰诺夫教授合作研究了西夏军事法典《贞观玉镜》,于 1990 年撰写出《11—13 世纪的西夏文与汉文军事法典》一书,发表在《巴亚尔科学院哲学历史论文集》第 104 卷上。他还参加了《剑桥中国史》第 6 卷《辽西夏金元史》③的主编工作。

另外匈牙利的玛利娅·范凌曾两次来西夏故地宁夏考察,并撰写了《中国史学所见西夏国家构成》等论文。

(三)日本、韩国及港台地区的西夏学研究

日本西夏史的研究大体上可分为两个阶段:

第一阶段,19 世纪末至 20 世纪 40 年代是日本西夏史研究兴起和发展时期。早期的西夏史研究主要是对西夏文字的研究。1898 年,著名的汉学家白鸟库吉发表了《契丹、女真、西夏文字考》④。1920—1922 年,石滨纯太郎发表了《西夏学小记》⑤,后又与聂斯克合著《西

---

①Dunnell,RuthW:*The 1094 Sino-Tangut Gangtong Stupa Stele Inscription of Wuwei.* Introduction,Translation Chinese Text,and source Study。

②Dunnell,RuthW:*The Great of White and High,Buddhism and State Formationin Eleventh Century Xia*,278p.Honolulu:Unversity of Hawaii,press,1996。

③(德)傅海波主编:《剑桥中国辽西夏金元史》(907—1368 年),中国社会科学出版社,1998 年。

④《史学动态》第九编,第 11—12 号。

⑤《中国学》1920 年 1—3;1922 年 2—3。

夏地藏菩萨本愿经》《西夏国名考补正》《西夏语译大藏经考》①等论文,1956 年,又对西夏草书深入研究,撰写出《西夏语译吕惠卿孝经考》。20 世纪 30 年代,日本中岛敏发表了《西夏》《西夏对西羌的战争》《关于西夏铜钱的制造》《关于西夏铸钱问题》《西夏政局的变迁与文化的推进》②等一系列论文,对西夏的政治、经济、战争、货币均进行了较深入的研究。长部和雄的《西夏纪年考》、宫崎市定的《西夏兴起与青白盐问题》、小林照道的《关于西夏佛教研究》等,对西夏纪年、贸易、佛教也均有所注意。

第二阶段,从 20 世纪 50 年代至今,是日本西夏史研究较大发展时期,涌现出一批从事西夏研究的学者。山本澄子在 20 世纪 40 年代研究的基础上,又发表了《五代宋初党项族及其西夏建国之关系》③,藤枝晃的《李继迁之兴起与东西交通》④,松田政一的《关于西夏黑水城的调查》⑤等论文。前田正名非常重视西夏的河西地区,撰写了《河西史的基础构造》《吐蕃与河西九曲》《西夏时代避离河西的交通路线》《关于五代宋初的六谷地区构造论考》⑥等一系列论文,并撰写出专著《河西历史地理学研究》⑦。冈崎精郎早在 1947 年就已发表了《唐

---

①《龙谷大学学报》1930 年;又见周一良译,《国立北平图书馆馆刊》1932 年第 4 卷第 3 号。

②上述论文分别载于:《历史大系》6,1934 年;《历史学研究》1—6,1934 年;东京《东方学报》第 7 册,1935 年;《史学杂导》47—6,1936 年;《史林》18 卷,3—4 号,1933 年。

③《东洋学报》33∶1,1950 年。

④《羽田博士颂寿东洋史论丛》,1950 年。

⑤《东方学》第 19 册,1950 年。

⑥以上论文分别载于:《东洋史论集》第 1 集,1953 年 4 月;《东洋史论集》第 2 集,1954 年;《史林》第 42 卷,第 1 号;1959 年《东洋学报》第 41 卷,第 4 号,1959 年。

⑦(日)前田正名:《河西历史地理学研究》,东京吉川弘文馆,1964 年。

代党项的发展》等关于党项西夏的文章,20 世纪 50 年代开始发表《西夏建国过程之研究》《关于西夏法典》《关于西夏原始信仰》《五代时期夏州政权的发展》《西夏之李元昊与秃发令》《关于西夏民族信仰》《宋初的二三禁令问题到李继迁之兴起》等一系列论文①,其代表作是 20 世纪 70 年代完成的《唐古忒古代史研究》,前田正名为其作序,高度评价了这一研究成果。

与西夏史学密切相关的是西夏语文学,在这方面研究卓有建树的是日本京都大学的西田龙雄与东京外国语大学国立亚非语言文化研究所的桥本万太郎。西田龙雄的代表作是《西夏语之研究》②上下两卷,上卷论述西夏语研究状况及西夏语再构成的方法,并有附录(一)对《凉州感应塔碑文》的解读,附录(二)对《番汉合时掌中珠》的解读;下卷论述西夏文分析,西夏语文法、西夏经典系统,并有附录:西夏文字小字典,对《同音》已识字进行音义注解和字形分析。桥本万太郎从 20 世纪 60 年代开始从事西夏语言文字学的研究,他发表的《〈掌中珠〉中的夏汉对音研究之方法》《关于西夏语之韵的组织》《西夏国书〈同音〉字典的同居韵》《关于〈文海〉之韵的音韵组织》等论文③,颇多新意和独到见解。

近年来日本学者野村博(松泽博)对西夏文献进行研究,从 20 世纪 60 年代至 90 年代,先后发表十余篇关于西夏佛经、文书、档案的

①以上论文分别载于:《各项研究辑成研究报告录昭和二十七年度》1953 年;《历史学家》1953 年;《史学杂志》63:12,1954 年;《东方学》19,1959 年;《古代学》5:1,1956 年;《东洋史研究》18:1,1959 年。

②(日)西田龙雄:《西夏语之研究》,东京:座右宝刊行会,1964—1966 年。

③上述论文分别载于:《中国语学》109,1961 年;《东方学》25,1964 年;《语言研究》43,1963 年;《东方学》30,1965 年。

研究论文,其中《敦煌出土的西夏语佛典研究序说——关于天理图书馆所藏的西夏语佛典》《关于西夏仁宗的译经》《西夏文谷物借贷文书之我见》等论文①,对西夏史的研究有一定的参考价值。

韩国学者在研究辽、金史时,才涉及对西夏的研究。20世纪60年代,申采湜发表了《北宋仁宗时对西夏的政策》和《宋西夏贸易考》等论文②。20世纪80年代至90年代,金渭显发表了《契丹对西夏的政策》《西夏与宋契丹之关系(986—1048年)》等论文③。另外还有林志君的《北宋对外经济关系与华夷观——对辽、西夏关系为中心》④,安俊光的《对于宋夏战争》和《对于宋夏七年战争》等论文⑤。

三、我国大陆及港台地区西夏学研究的主要成果

我国大陆地区西夏学研究硕果累累,成绩显著,发表的相关论文更是层出不尽,研究领域广泛,由于篇幅所限,本文对西夏研究的相关论文不作综述。除论文之外,西夏学研究成果可分为文献资料的搜集、整理与研究、综合性西夏著作与西夏论文集、西夏专题研究等。

---

①日本学者野村博的上述论文分别载于:《东洋史苑》第36号,1990年9月30日,第1—97页;《东洋史苑》第26—27号合刊,1986年3月25日,第1—31页;《东洋史苑》第38号,平咸四年(1992年),第7—36页。

②(韩)申采湜:《北宋仁宗时对西夏的政策》,《历史教育》1964年第8期;(韩)申采湜:《宋西夏贸易考》,《历史教育》1967年第10期。

③韩国学者金渭显上述论文分别载于:《白山学报》32—33,1985—1986年;《明知史论》5,1993年。

④(韩)林志君:《北宋对外经济关系与华夷观——对辽、西夏关系为中心》,《黎花史学研究》1990年第19期。

⑤上述论文分别载于:《陆军士官学校论文集》39,1994年;《陆军士官学校论文集》44,1997年。

（一）西夏文文献资料的搜集、整理与研究

由于汉文史籍文献中对西夏史事记载的贫乏，西夏文文献的重新发现引起学者的异常关注。据 1963 年，苏联出版的《西夏文写本和刊本目录》，俄藏黑水城文献中已考定的西夏文世俗文献共 60 种，西夏文佛经共 345 种，其中世俗文书有汉文古籍的西夏文译本《孝经》《论语》《孟子》《孙子兵法》《六韬》《黄石公三略》《贞观要文》《类林》《十二国》等 12 种；西夏文字典、辞书《番汉合时掌中珠》《文海》《文海杂类》《同音》《字杂》《要集》《五音切韵》《三才杂字》《义同一类》等 12 种；西夏文学作品《新集金碎掌直文》《新集慈孝记》《圣立义海》《贤智集》《新集锦合辞》《德行记》等 15 种；各种历书、官职表、乐器图等 7 种；咒语和医书 8 种；西夏法律文书《天盛改旧新定律令》《新法》《猪年新法》《贞观玉镜统》等 6 种①。国内的西夏学者利用他们已出版著作中的西夏文原件，重新译释与整理，进行深入系统的研究，并取得了丰硕的成果，出版了众多著作。

《文海》是西夏人编纂的一部字典，仿汉文《广韵》的体例，以声韵为经纬归纳了所有的西夏字，并对每一个西夏字的形、音、义均予以解释。1969 年，苏联学者柯平和克恰诺夫等著《文海》一书，始将西夏文原件影印刊布。史金波、白滨、黄振华著《文海研究》，对《文海》原件进行翻译、校勘、订讹、补阙，共计订正讹误 26 处，填补空缺 58 处，纠正《文海》俄译本的错误 253 处②，从西夏文字、历史、语音学等三方面进行了较全面系统的研究，并编制成详尽的西夏文检字索引，由中国

①白滨：《中国西夏学的发展》，《辽金西夏史研究》，天津古籍出版社，1997年，第 191—197 页。

②贾敬颜：《西夏学研究的回顾与展望——兼评〈文海研究〉》，《历史研究》1986 年第 1 期。

社会科学出版社 1983 年出版。

《同音》一作《音同》，是一部重要的西夏文字典，按九品音分类，收录 6000 多个西夏字，每字注有字义，并按语音相同的原则加以排列，是研究西夏字音义，探讨西夏语音的重要资料。李范文著《同音研究》，对原书的九类声系进行系统的测拟，并对每一西夏字的形、声、调、义等作了注解，并对西夏语音系列出诸家音值，提出自己的见解，同时对罗抄本进行了勘误，探讨了《音同》的学术价值。宁夏人民出版社 1986 年出版。

《番汉合时掌中珠》系西夏学者骨勒茂才于西夏乾祐二十一年(1190)编纂的西夏—汉文对照词语集，是西夏人编纂的唯一有汉字标音释义的辞书，由此可知千余个西夏字的字义与字音。黄振华、聂鸿音、史金波等以原件影本为依据，参照几十年来国内外学者对《掌中珠》的研究成果，进行整理、校补，并编制西夏文、汉文索引。宁夏人民出版社 1989 年出版。

《西夏谚语·新集锦成对谚语》，陈炳应著。此书一般译为《新集锦合辞》，系西夏学者梁德养和王仁持主持编纂的西夏文谚语集，共收集谚语 364 条，于西夏乾祐十八年(1187)雕版印刷。是书依据克恰诺夫所著书后附的影印件，译为汉文，加以注释，书后附克恰诺夫对谚语研究的有关论著译文。山西人民出版社 1993 年版。

《类林》是唐代于立政编纂的一部类书，西夏文译本原为 10 卷，现存残本。史金波、黄振华、聂鸿音著《类林研究》，即在国内外学者研究的基础上，把西夏文本全译成汉文，并参照有关历史文献，复原唐代《类林》古本。还对源流、版本、复原方法、西夏文本的特点及其对语言研究的价值做了有益的探讨。宁夏人民出版社 1993 年出版。

李范文著《宋代西北方音——〈番汉合时掌中珠〉对音研究》，是一部利用西夏文字典《番汉合时掌中珠》的语音材料，研究宋代西北方音的著作。包括《掌中珠》的版本、注音、西夏字声韵系统，宋代西北方音声韵系统等内容，书后附西夏字与汉字检字索引。中国社会科学出版社 1994 年版。

《西夏天盛律令》，史金波、聂鸿音、白滨译注。西夏天盛律令全称《天盛年新定律令》，是西夏仁宗李仁孝天盛年间（1149—1169 年），用西夏文颁行的一部法典，共 20 卷，雕版印刷，有不同版本。1932 年，聂历山首次在《国立北平图书馆馆刊·西夏文专号》上披露法典的消息。克恰诺夫出版其所著四卷本《天盛改旧新定律令》，分类刊布俄译本和全部影印件。这是一部集刑法、诉讼法、军事法于一体的综合法典，为研究西夏政治、经济、军事、文化、民族、宗教、社会生活、风俗习惯等提供了重要资料。是书收入《中国珍稀法律典籍集成》甲编第五册，科学出版社 1994 年版。

《圣立义海研究》，克恰诺夫、李范文、罗矛昆著。全书共 5 集，15 卷 142 类，约 6 万余字。编撰者与出版时间不详。这是西夏人撰修的一部百科性典籍，语言多为四体，通俗易懂，富有韵味，便于朗诵记忆。是书由克恰诺夫《关于西夏文献圣立义海研究的几个问题》，李范文《关于圣立义海的几个问题》，罗矛昆《圣立义海译注》三部分组成，进行了较深入的探讨，提供了研究西夏天文地理、伦理道德、历史文化、语言文字、社会经济等方面的原始资料。宁夏人民出版社 1995 年出版。

此外，我国学者还对俄藏黑水城西夏文献进行整理、译释研究，其成果有西夏文译本《论语》《孟子》《孝经》《孙子兵法》《贞观政要》等，西夏崇宗贞观年间的军事法规《贞观玉镜统》，记事诗《夏圣根赞歌》《新修太学歌》，童蒙读物《新集金碎掌置文》《三才杂字》等。由中国社会科学院民族研究所、上海古籍出版社和俄罗斯圣彼得堡东方学研究所共同合作整理、编辑的大型珍贵文献图书《俄藏黑水城文献》已开始陆续出版。汉文文献共6册,依俄藏编号顺序编印,其内容包括我国中古时期宋、西夏、金、元的珍贵典籍、文书以及佛教经典。西夏文世俗文献共5册,参考传统的分类方法按内容依次分为语言文字、历史法律、社会文学、古籍译文五类。现出版的是第一、二、三册(汉文部分)和第七册(西夏文第一册),全部出齐将有30册左右。这部书的出版,不仅为西夏历史文化的研究提供了大量有价值的新资料,有力地推动了国内外西夏研究工作深入展开,促进国际上西夏学的发展,而且对相关学科,如中国中古时期的民族史、文化史、法制史、佛教史、印刷史、语言学、文字学、文献学的研究工作,都会起到促进作用①。

(二)汉文西夏文献资料的整理、辑录、考订

我国学者近十多年来在浩如烟海的汉文史籍中,披沙淘金,为搜集和考订西夏史料做了大量的工作,成绩显著,这方面的重要著作,主要有韩荫晟编著的《党项与西夏资料汇编》(简称《汇编》),通计500余万字,分为9册,上卷1、2,宁夏人民出版社1983年10月出版,此后,中卷6册,下卷1册,补遗1册,陆续脱稿,终于在世纪之交,由宁夏人民出版社全编出齐。此汇编所收限于汉文资料,始于隋初,终于元末,以"二十四史"中有关资料为主,旁及当代史学著作、野史、文集、笔记、碑铭中的党项西夏史料,分为传记、人物传志与散见资料编年辑录三个部分,考其源流,辨其异同,是我国第一部较翔实的党项西夏史料汇集。

在古籍整理方面,新发现的有明末学者撰修的明刊《宋西事案》已进行整理、考订。清末民初学者戴锡章广为采集史料,并详加考订、

①木子:《西夏文献整理研究的新成果——大型珍贵文献〈俄藏黑水城文献〉陆续出版》,《民族研究》1997年第4期。

编撰的《西夏纪》一书,已由罗矛昆校点,宁夏人民出版社于 1988 年重排印出版。清吴广成撰写的《西夏书事》是清代补西夏史诸书中比较详备的一部上乘之作,内容丰富,书事严谨,但其缺憾是征引不注出处,于旧史记载亦有误引。为了弥补《西夏书事》之缺欠,龚世俊等对《西夏书事》的整理工作主要是考证史文的出处,在此基础上并加以校勘订误,使其更具有学术价值,撰成《西夏书事校证》①一书。另有李蔚整理的《西夏书事》《西夏纪》,收入《中华野史·辽夏金元卷》,由泰山出版社于 2000 年出版。

(三)综合性西夏著作与西夏论文集

在通史著作中以较多篇幅及设专章、节叙述西夏史者,主要有蔡美彪等《中国通史》第 6 册,设"西夏的兴亡"一章(第四章),这是通史著作中最早以较多篇幅(约 5 万字)、较完整地叙述了西夏历史;《中国史稿》编写组《中国史稿》第 5 册第三章设"西夏政权的兴起和发展"一节(第三节);白寿彝等《中国通史》第 7 卷设"西夏"一章(第十三章),论述了西夏的兴亡及与宋、辽、金的关系。邓广铭等《中国大百科全书·中国历史》中《辽宋西夏金史》一书,专门设立"西夏",从"西夏建国前的历史""元昊建国及历朝概况""夏国的制度""经济状况""宗教与文化"等方面,概括地叙述了西夏的历史。

关于西夏的历史著作主要有吴天墀《西夏史稿》,是吴天墀先生几乎穷尽了汉文史籍中有关的西夏资料,在 1955 年撰写的一部学术专著,在搁置 25 年之后,1980 年 12 月由四川人民出版社初版,1982 年增订。这是一部拓荒性的西夏史专著,是清代以来第一次用新体例、新观点编纂的西夏通史。全书分为"西夏王国的形成""与北宋辽鼎立的前期西夏王国""与金、南宋鼎立的后期西夏王国""西夏的社

---

① 龚世俊:《西夏书事校证》,甘肃文化出版社,1995 年。

会形态"等四章，书后并附世系表、州名表、大事年表和文献目录。本书正文之后附有大量的资料性与考订性的注释共 280 条，约近 9 万字①，不少注释援引了大量的史料原文，并作了鉴别与考证，"史料充实，引据可信"②，是西夏史研究中的一部重要著作。另有林旅芝《西夏史》，仲侃、李范文、吴云峰《西夏简史》及李蔚《简明西夏史》等。

许多学者对西夏历史进行了深入、系统的研究，并将论文结集成书，这方面的主要成果有李范文著《西夏研究论文集》③，收录《试论西夏党项族的来源与变迁》《试论西夏社会性质》等 14 篇文章，书后并附有"西夏学文献目录"。李蔚著《西夏史研究》和《西夏史若干问题探索》二书④，共收录诸如《试论西夏的历史特点》《西夏统治下的河西》等有关西夏的论文 31 篇。白滨编辑的《西夏史论文集》⑤，收录发表于国内各种报刊的论文 43 篇，并将中华人民共和国成立前发表的有关西夏史的 5 篇文章——王静如《西夏国名考》，韩儒林《关于西夏民族名称及其王号》，邓少琴《西康木雅乡西吴王考》，朱希祖《西夏史籍考》，向达《斯坦因黑水城考古纪略》等附载于后。宋德金等《辽金西夏史研究》⑥，载有李蔚《宋神宗五路伐夏论》，刘建丽《论汉文化对西夏的影响》，白滨《中国西夏学的发展》，聂鸿音《西夏黑水城出土韵书残页》，史金波、白滨、聂鸿音《西夏后裔考论》等五篇西夏论文。《国家图书馆学刊》2002 年"西夏研究专号"收录王民信等国内外学者研究西

---

①蔡美彪：《〈西夏史稿〉读后》，《历史研究》1982 年第 4 期。

②徐中舒：《西夏史稿·序》，《西夏史稿》，四川人民出版，1980 年。

③李范文：《西夏研究论文集》，宁夏人民出版社，1983 年。

④李蔚：《西夏史研究》，宁夏人民出版社，1989 年；李蔚：《西夏史若干问题探索》，甘肃文化出版社，2002 年。

⑤白滨主编：《西夏史论文集》，宁夏人民出版社，1984 年。

⑥宋德金主编：《辽金西夏史研究》，天津古籍出版社，1997 年。

夏的论文 23 篇。

1981 年、1995 年召开的西夏学术会议,也出版了论文集,收录了诸多西夏研究的科研成果。

(四)西夏专题研究著作

在 20 世纪 80 年代,西夏专题研究方面,出版了众多研究专著。

在文物考古方面,罗福颐辑、李范文释文的《西夏官印汇考》①,是继罗振玉《西夏官印集存》之后的又一部研究西夏官印的专著,共收录西夏官印 97 方。李范文《西夏陵墓出土残碑粹编》②,从西夏陵墓 1972—1977 年出土的 3272 块夏、汉文残碑中,选出 324 块进行考释。陈炳应《西夏文物研究》③,是一部对西夏出土文物及古迹进行分类研究与考证的著作。史金波、吴峰云合编的《西夏文物》④,是一部按西夏文物种类与质地分类的大型图录,并有对西夏陵园、文献、金石、石窟的综合性研究论文。马文宽的《宁夏灵武窑》⑤,对出土的西夏与元代瓷器的特点、装饰技术、烧制工艺、窑址年代以及历史背景均做了考证。

史金波的《西夏佛教史略》⑥,通过对佛经、题记、碑文等原始材料的译释与对比研究,阐述了佛教在西夏的传播与发展的进程。另外还有白滨的《党项史研究》(吉林教育出版社,1989),史金波的《西夏文化》《元昊传》(吉林教育出版社,1989、1988 年)等。

20 世纪 90 年代,西夏史研究进入一个新的研究阶段,研究领域更加深入广泛,专著数量众多。

---

①罗福颐辑,李范文释:《西夏官印汇考》,宁夏人民出版社,1983 年。
②李范文:《西夏陵墓出土残碑粹编》,文物出版社,1983 年。
③陈炳应:《西夏文物研究》,宁夏人民出版社,1985 年。
④史金波、吴峰云:《西夏文物》,文物出版社,1988 年。
⑤马文宽:《宁夏灵武窑》,紫禁城出版社,1988 年。
⑥史金波:《西夏佛教史略》,宁夏人民出版社,1989 年。

漆侠、乔幼梅合著的《辽、夏、金经济史》①,其中第二编《党项夏国经济史》,专门对党项夏国的经济做了深入系统的论述,并提出了自己独特的见解。杜建录的《西夏经济史》,史料繁富,立论严谨,对西夏的经济做了深入、细致的分析、论述。李华瑞《宋夏关系史》②,从宋人著作中搜集到丰富的资料,对宋夏关系作了全面、系统、深入的论述,且多有独到的见解。王天顺主编的《西夏战史》(宁夏人民出版社,1993年),从881年夏州政权建立至1227西夏灭亡,对这一历史时期的战争进行了系统的分析与论述,史料翔实,颇多新意。史金波、黄艾榕《西夏用兵史话》(四川人民出版社,1997年),用生动活泼的语言,将西夏用兵的战略战术论述的十分深刻。朱瑞熙、王曾瑜、张邦炜等学者的《辽宋西夏金社会生活史》(中国社会科学出版社,1998年),对西夏的饮食、服饰、居室、婚姻、丧葬、鬼神、医药、巫卜等进行研究。孙星群的《西夏辽金音乐史稿》(中国青年出版社,1998年),以丰富的史料为基础,并参照西夏的乐学、律学、音乐语言、音乐表现手法、乐器等诸因素,对西夏民族的音乐文化进行整体的梳理与研究。韩小忙、孙昌盛、陈悦新合著的《西夏美术史》(文物出版社,2001年),利用国内外的考古资料,对西夏壁画、石刻、雕塑、工艺品及与书法有关的碑刻、文书等现存的美术品,进行分析、归纳,并进行了描绘总结。白滨《寻找被遗忘的王朝》(山东画报出版社,1997年),是以学术随笔的形式,回顾和描述了他在研究西夏史中,几度赴敦煌、黑水城、宁夏等地考察探险的经历。

宁夏大学西夏研究所成立后,由甘肃文化出版社在1995年、1998年、2002年,出版了西夏研究丛书共三辑16册,即《西夏文化概

---

① 漆侠、乔幼梅:《辽、夏、金经济史》,河北大学出版社,1994年。
② 李华瑞:《宋夏关系史》,河北人民出版社,1998年。

论》《西夏与周边民族关系史》《西夏学概论》《西夏书事校证》《西夏王陵》《西夏天盛律令研究》《西夏经济史研究》《西夏志略校证》《西夏纪事本末》《西夏道教初探》《西夏文德行集研究》《西夏史若干问题探索》《西夏地理研究》《汉文西夏文献丛考》《西夏战事诗研究》《西夏文学数字化方法及其应用》，这些系列著作均从不同领域对西夏有关问题进行了研究与探讨。

从 20 世纪 50 年代以来，我国港台地区也有一些学者从事西夏学研究。1975 年香港林旅芝教授自费出版了《西夏史》①，全书分为 17 章，1—12 章，论述西夏兴亡；13—16 章，论述西夏的政治制度、经济、文化、地理、兵制、宗教等；17 章为结论，书后附录了张澍的《西夏姓氏录》。是书在 20 世纪 80 年代中期以后，才为内地学者所见。还有林瑞翰的《西夏史》②的论文，罗球庆的《宋夏战争中的蕃部与堡寨》③，阙镐曾《宋夏关系之研究》④，廖隆威《北宋与西夏的贸易关系》《宋夏关系中的青白盐问题》等论文⑤。从 20 世纪 80 年代开始，王民信发表了《西夏孙子兵法》《西夏官名杂考》《宋夏金钱外交》《范仲淹与李元昊》《王安石与西夏》《宋与西夏的关系》等一系列关于西夏的论文⑥，并且

---

①林旅芝：《西夏史》，香港大同印务有限公司，1975 年。

②林瑞翰：《西夏史》，《边疆文化论集》，台北：中华文化出版事业委员会，1954 年。

③罗球庆：《宋夏战争中的蕃部与堡寨》，《崇基学报》1967 第 2 期。

④阙镐曾：《宋夏关系之研究》，《"国立"政治大学学报》1969 第 9 号。

⑤上述论文分别载于：《"国立" 师范大学历史研究所》1973 年；《食货》卷 5，1976 第 10 期。

⑥上述论文分别载于：《书目季刊》第 15 卷第 2 期，1981 年；《"国立"政治大学边政研究所年报》第 17 期，1986 年；《历史月刊》1992 年第 56 期；《范仲淹一千年诞辰国际学术讨论会论文集》下册，1990 年；《首届西夏学国际学术会议论文集》，宁夏人民出版社 1998 年；《历史文物》(台湾)1994 年第 7 期。

还发表了评价大陆研究西夏文字专著的文章等。

始于20世纪70年代末,龚煌城教授在西夏语言文字研究方面发表了一系列有创见、有深度的论文。1979年,在法国巴黎召开的第12届国际汉藏语及语言学术讨论会上,他发表了《西夏语的浊塞音与浊塞擦音》一文,成为一家之言,以后又陆续发表了诸如《西夏语中的汉语借词》《西夏语韵母系统的拟测》等许多有关西夏语言文字的论文,这些论文大都发表在《历史语言研究所集刊》上,2002年6月,结集出版了其专著《西夏语文研究论文集》。

林英津博士除发表了一些研究西夏语言文字的论文外,还出版了两卷本《夏译〈孙子兵法〉研究》①。1996年,台湾历史博物馆举办了俄藏黑水城出土文物展,还翻译出版了《丝路消失的王国——西夏黑水城佛教艺术》大型图录。

20世纪特别是20世纪中后期以来,由于西夏文献资料与考古文物的不断公布、发掘,对西夏学研究起了极大的推动作用,西夏学研究取得显著成绩,研究领域扩展,视野开阔,角度新颖,研究成果超过以往任何时期,西夏学研究已成为国际"显学",中国的西夏学研究已占据重要地位,中国已成为国际西夏学研究的主力。回顾过去,展望未来,西夏学的明天必将更光辉灿烂。

(原刊于《甘肃社会科学》2005年第1期)

---

①林英津:《夏译孙子兵法研究》,台北:"中央研究院"历史语言研究所单刊之二十八,1994年。

附录

刘建丽主要论著目录

一、著作与获奖

1. 汤开建、刘建丽辑校：《宋代吐蕃史料集》（一），四川人民出版社，1986年。获甘肃省教委1990年社科优秀成果三等奖。

2. 刘建丽、汤开建辑校：《宋代吐蕃史料集》（二），四川人民出版社，1989年。获甘肃省教委1990年社科优秀成果三等奖。

3. 刘建丽：《宋代西北吐蕃研究》，甘肃文化出版社，1998年4月。获甘肃省1998年社会科学第六次"兴隆奖"一等奖。甘肃哲学社会科学规划项目。

4. 刘建丽：《宋代西北民族文献与研究》，甘肃人民出版社，2004年12月。

5. 刘建丽：《中国西北少数民族通史·辽宋夏金卷》，民族出版社，2009年1月。获甘肃省2012年社会科学一等奖。

6. 刘建丽：《甘肃通史·宋夏金元卷》，甘肃人民出版社，2009年8月，获甘肃省2012年社会科学一等奖。

7. 刘建丽：《中华地域文化集成·甘肃文化》，群众出版社，1998年7月。

8.《两唐书辞典》（副主编），山东教育出版社，2004年11月。

9.《中国儒学辞典》（参编），辽宁人民出版社，1988年12月。获1990年中国图书奖。

10.《甘肃大事记》(参编),甘肃人民出版社,1989 年 12 月。

11.《中国儒学史》(参编),中州古籍出版社,1991 年 6 月。

12.《河西开发史研究》(参编),甘肃教育出版社,1993 年 8 月。获 1998 年甘肃省社会科学第六次"兴隆奖"三等奖。

13.《凤鸣陇山——甘肃民族文化》(参编),甘肃教育出版社,1999 年 7 月。

14.《儒家文化辞典》(主编),中州古籍出版社,2000 年 10 月。

15.《中国历代少数民族英才传》(参编),甘肃人民出版社,2000 年 9 月。

16.《中国古代开发西北人物志》(参编),兰州大学出版社,2001 年 4 月。

17.《西北少数民族史研究》(参编),民族出版社,2003 年 12 月。

18. 承担《宋代西北民族研究》项目,获 2006 年度甘肃省高等院校社科成果二等奖。

19.《中华大典·工业典·食品工业分典》(主编),上海古籍出版社,2015 年 12 月。

20. (清)姚莹撰,刘建丽校笺:《康輶纪行校笺》(上下),上海古籍出版社,2017 年 7 月。2009 年度全国高校古籍整理研究委员会直接资助项目(编号 0919)。

21. 刘建丽:《西夏民族关系研究》,甘肃文化出版社,2021 年。"十三五"国家重点出版物出版规划项目《西夏学文库》第二辑。

22. 刘建丽:《宋代西北吐蕃研究》(修订版),甘肃文化出版社,2023 年 10 月。

二、译著

1. (美)宽登著,刘建丽译:《北宋的吐蕃盟友——唃厮罗》,《西北史地》1981 年第 2 期。

2.（澳）罗亦果著,刘建丽译:《脱列哥那 1240 年懿旨考述》,《西北史地》1984 年第 4 期。

3.（美）宽登著,刘建丽译:《西夏文字的创立者——唐古特杂记之一》,《西北民族文丛》1985 年第 2 期。

4.（俄）E·N·克恰诺夫著,刘建丽译:《西夏国的吐蕃人与吐蕃文化》,《宁夏社会科学通讯》1985 年第 8 期。

三、论文

1. 刘建丽:《元昊》,《历史教学与研究》1983 年第 2 期。

2. 刘建丽:《"夜落纥"与"夜落隔"》,《敦煌学辑刊》第 3 辑。

3. 刘建丽:《也谈骨勒茂才》,《宁夏大学学报》1983 年第 1 期。

4. 刘建丽:《中国史稿十六国兴亡表订误》,《历史教学》1984 年第 4 期。

5. 刘建丽:《夏金关系述评》(合著),《西北师院学报》1986 年第 2 期。

6. 刘建丽:《宋岷州广仁禅院碑述评》,《西北师院学报》1988 年增刊。

7. 刘建丽:《宋代吐蕃风俗述略》,《西北民族研究》1988 年第 2 期。

8. 刘建丽:《败人败国的两宋党争》,《历史与现实》,三秦出版社,1989 年 7 月出版。

9. 刘建丽:《宋代吐蕃踏歌》,《民族艺林》1990 年第 1 期。

10. 刘建丽:《北宋对吐蕃的文化政策》,《甘肃社会科学》1990 年第 3 期。

11. 刘建丽:《北宋对西北自然资源的开发与利用》,《开发研究》

1991 年第 1 期。

12. 刘建丽：《北宋对秦陇以西地区的开拓经营》，《西北师大学报》1991 年第 3 期。

13. 刘建丽：《北宋对吐蕃居地的土地开发》，《甘肃社会科学》1991 年第 4 期。

14. 刘建丽：《甘州回鹘、凉州吐蕃对河西走廊的经营》，《西北师大学报》1991 年增刊。

15. 刘建丽：《西夏对河西走廊的开拓与经营》，《祁连学刊》1992 年第 1 期。

16. 刘建丽：《西夏时期佛教在河西走廊的传播与发展》，《宁夏大学学报》1992 年第 3 期。《新华文摘》1993 年第 1 期辑目。

17. 刘建丽：《略论西夏时期河西社会经济的发展及其局限》，《史学论丛》，兰州大学出版社，1992 年 9 月。

18. 刘建丽：《元代重农政策在河西走廊的贯彻》，《历史教学与研究》，兰州大学出版社，1993 年 11 月。

19. 刘建丽：《北宋的秦州蕃部与堡寨》，《西北史地》1995 年第 1 期。

20. 刘建丽：《西夏封建化与儒家文化》，《史学论丛》第 5 集，兰州大学出版社，1995 年 6 月。

21. 刘建丽：《宋夏战争中的秦州吐蕃》，《宁夏社会科学》1996 年第 4 期。

22. 刘建丽：《试论吐蕃向吐谷浑地区的扩张》，《西北师大学报》1996 年历史学专辑。

23. 刘建丽：《元昊雄才大略述论》，《西北史研究》上册，兰州大学出版社，1997 年 3 月。

24. 刘建丽：《凉州会晤与河西崇佛》，《西藏民院学报》1997 年第

1 期。

25. 刘建丽:《西夏碑与岷州碑》,《文史知识》1997 年第 6 期。

26. 刘建丽:《宋代西北吐蕃的手工业》,《西北师大学报》1997 年第 4 期。

27. 刘建丽:《甘肃藏传佛教寺院及其特点》,《史学论丛》第 7 集,兰州大学出版社 1997 年 6 月。

28. 刘建丽:《宋代西北吐蕃的交通》,《史学论丛》第 8 集,兰州大学出版社,1998 年 8 月。

29. 刘建丽:《西北吐蕃对北宋的军事影响》(合著),《西北史地》1998 年第 4 期。

30. 刘建丽:《宋代吐蕃的商业贸易》,《西北师大学报》1999 年第 2 期

31. 刘建丽:《唐代杰出的政治家、军事家李世民》,《甘肃历史名人画传》,甘肃人民出版社,1998 年 9 月。

32. 刘建丽:《北宋御边政策的调整》,《甘肃社会科学》2000 年第 3 期;

33. 刘建丽:《儒家文化对西夏社会的影响》,《西北师大学报》2000 年第 3 期。

34. 刘建丽:《西夏时期的河西走廊》,《甘肃日报》2000 年 10 月 25 日第 6 版。

35. 刘建丽:《夏州雄杰李彝兴》,《中国历代少数民族英才传》,甘肃人民出版社,2000 年。

36. 刘建丽:《党项英才李继迁》,《中国历代少数民族英才传》,甘肃人民出版社,2000 年。

37. 刘建丽:《西夏王朝奠基者李德明》,《中国历代少数民族英才传》,甘肃人民出版社,2000 年。

38. 刘建丽:《西夏开国之君李元昊》,《中国历代少数民族英才传》,甘肃人民出版社,2000 年。

39. 刘建丽:《西夏文士野利仁荣》,《中国历代少数民族英才传》, 甘肃人民出版社,2000 年。

40. 刘建丽:《文治明君李乾顺》,《中国历代少数民族英才传》, 甘肃人民出版社,2000 年。

41. 刘建丽:《中兴之王李仁孝》,《中国历代少数民族英才传》, 甘肃人民出版社,2000 年。

42. 刘建丽:《西夏名儒斡道冲》,《中国历代少数民族英才传》, 甘肃人民出版社,2000 年。

43. 刘建丽:《西夏著名学者骨勒茂才》,《中国历代少数民族英才传》甘肃人民出版社,2000 年。

44. 刘建丽:《唐代吐蕃的民族统治与民族融合》,《甘肃社会科学》2001 年 3 期。

45. 刘建丽:《唐代吐蕃与汉民族的融合》,《西北师大学报》2001 年 4 期。

46. 刘建丽:《西夏河西经济的开发与历史局限》,《宁夏社会科学》2002 年第 4 期。

47. 刘建丽:《夏金使臣交聘述论》,《国家图书馆学刊》2002 年西夏研究专号。

48. 刘建丽:《略论史学研究生科研素质的培养》,西北师范大学《学位与研究生教育发展研究》,甘肃人民出版社 2002 年 10 月

49. 刘建丽:《略论西北吐蕃与北宋的关系》,《兰州大学学报》2002 年第 6 期。

50. 刘建丽:《论欧阳修的茶利观》(合著),《西北师大学报》2003 年第 1 期。

50. 刘建丽:《北宋对河湟地区的开拓论略》(合著),《青海民族研究》2003 年第 3 期。

51. 刘建丽:《20 世纪西夏与周边民族关系述论》,《宁夏社会科学》2004 年第 1 期。

52. 刘建丽:《范仲淹教育思想研究》(合著),《沈阳师范大学学报》2004 年第 1 期。

53. 刘建丽:《略论宋代蕃兵建制》(合著),《西藏研究》2004 年第 2 期。

58. 刘建丽:《西夏民族音乐及其演变》,《宁夏大学学报》2004 年第 5 期。

59. 刘建丽:《略论西辽与金朝及西域民族的关系》,《新疆大学学报》2004 年第 3 期。

60. 刘建丽:《宋代西北少数民族百年研究综述》,《甘肃社会科学》2004 年第 5 期。

61. 刘建丽:《宋代西北吐蕃与周边政权的关系》,《西藏研究》2004 年第 4 期。

62. 刘建丽:《两宋时期的西北吐蕃》,载于《宋代史》,澳亚周刊出版公司,2004 年 7 月。

63. 刘建丽:《略论宋代的蕃兵制度》(合著),《中国边疆史地研究》2004 年第 4 期。

64. 刘建丽:《20 世纪国内外西夏学研究综述》,《甘肃社会科学》2005 年第 1 期。

65. 刘建丽:《西夏与辽朝关系述论》,《辽宁大学学报》2005 年第 2 期。

66. 刘建丽:《略论西夏与金朝的关系》,《宁夏社会科学》2005 年第 3 期。

67. 刘建丽:《〈西藏研究〉藏学研究综述》,《西藏研究》2005 年增刊。

68. 刘建丽:《略论北宋对西北边区蕃民的法律保护》(合著),《内蒙古社会科学》2006 年第 2 期。

69. 刘建丽:《西夏史研究的集大成之作——评〈西夏通史〉》,《宁夏社会科学》2006 年第 4 期。

70. 刘建丽:《宋代甘肃自然资源的开发》,《甘肃联合大学学报》2007 年第 4 期。

71. 刘建丽:《两宋时期西北少数民族政权特色述论》,《西域研究》2007 年第 3 期。

72. 刘建丽:《金朝对陇南吐蕃的招抚》,《西藏研究》2007 年第 4 期。

73. 刘建丽:《略论党项夏国的军事制度》,《宁夏大学学报》2007 年第 6 期。

74. 刘建丽:《张载"取洮西之地"辨析》,《宁夏社会科学》2009 年第 1 期。

75. 刘建丽:《两宋时期西北少数民族科学技术的发展》,《宁夏师范学院学报》2009 年第 2 期。

76. 刘建丽:《西夏研究文献的新探索——评胡玉冰〈传统史籍中汉文西夏文献研究〉》,《宁夏师范学院学报》2009 年第 4 期。

77. 刘建丽:《略论〈康辅纪行〉的史料价值》,《西藏研究》2011 年第 2 期。

78. 刘建丽:《元朝陇南吐蕃的行政机构与社会经济》,《西藏研究》2012 年第 2 期。

79. 刘建丽:《北宋西北沿边的党项部族》,《西夏研究》2012 年第 2 期。

80. 刘建丽:《两宋时期西北少数民族生存的地缘因素》,《横山文史资料》第十二《党项事迹与陕北历史文化学术研讨会论文集》,2016 年。

81. 刘建丽:《清道光年间国人对川藏地区的认识——兼论〈康𫐐纪行〉的史料价值》,刘进宝主编:《丝路文明》(第三辑),上海古籍出版社,2018 年 9 月。

82. 刘建丽:《北宋对西北吐蕃的文化措施》,《中原文化研究》2018 年第6 期。

83. 刘建丽:《南宋吴氏子弟抗金与降金》,《陈守忠纪念文集》,中国社会科学出版社,2021 年。

84. 刘建丽:《西凉府吐蕃六谷联盟探析》,《闽南师范大学学报》2022 年第 1 期。

85. 刘建丽:《宋代西北吐蕃的民风习俗》,《中原文化研究》2023 年第 5 期。

后 记

时光荏苒，岁月悠悠。自1978年春入校读书、毕业留校任教，直至退休，迄今已四十余年。在这漫长的岁月中，任教授课，读书习史，研讨思考，参与课题，伏案撰写……虽不是我生命的唯一，却是我生活的重要、密切组成。在他人眼中枯燥单调、寂寞清冷的史学，却是我心中一座神圣且有独特魅力的园地，蕴藏着无尽的乐趣。

1978年3月，我进入甘肃师范大学历史系（今西北师范大学历史文化学院）学习。历史系素享盛誉，是文化积淀深厚、人才荟萃的名系，执教授课的老师们亦各有专业造诣，学有所长，在史学界皆有名望与影响。那时，历史系设置的课程，是以"中国通史""世界通史"两门课为骨干，并以此为核心，开设了文献导读、秦汉史、宋元史、明清史、古籍文献学、历史教学法、图书馆学等各种专题、讲座以及专业外语课《史记选》（Selections from RECORDS OF THE HISTORIAN）。这些课程的设置，主次分明，相辅相成，虽不如今课程开设的缤彩纷呈，却凸现了历史系重视基础、稳健扎实的传统学风。上课时，任课老师亦各有特色，各显身手，讲述历代王朝的演变更替，社会的沧桑变迁，探析历史规律的作用……一块黑板，一支粉笔，尽显知识的风采，彰显教书育人的本色。历届无数历史专业的学生，皆是这片沃土培育的丰硕成果，他们在各自领域、不同岗位发光发热，承袭"修身齐家治国平天下"的情怀，继续书写历史系的辉煌。

我无比珍惜这改变人生命运、来之不易的读书机遇，在历史系这片肥沃的土壤中，我与同学们似禾苗，沐浴阳光雨露茁壮成长。"如饥似渴"地吮吸着一切知识营养，"无问西东"，只在意自己是否尽力。大二时，马英昌老师讲授"俄国史"时，曾给我提供一本英文版的《俄国史》，并让我将其中关于俄国女皇叶卡捷琳娜的一章译出。这次英文译作，对我有很大的帮助与提高，从此，我便有了能将英语历史资料译成中文的信心与能力。

留校伊始，我曾给陈守忠先生当过助教。陈先生是一位执着、耿直的学者，侧重于宋史研究，对乡土历史文化充满情感与热情。在我初入学术之始，混沌不清之际，先生向我指出了学术研究方向，他是我研究宋代西北史的入门导师。陈先生去敦煌所任所长后，我又师从郭厚安先生，是其助教。郭厚安先生授课条理清晰，治学严谨，曾以一人之力，耗费数年心血，编辑《明实录经济资料选编》(83.5万字，中国社会科学出版社，1989年)。这种认真、严谨、一丝不苟的精神，对我的学术生涯有深刻影响。每每想起老师对我的栽培，总是心存感激，永世难忘。

1979年读大二时，一个偶然的机遇，使我有机会接触到许多国外研究成果，其中美国印第安纳大学鲁光东（亦名宽登，Luc Kwanten)在美国《东方社会》杂志上发表了《西夏学札记：论西夏文的创造》，1978年，在《亚洲历史》杂志上发表了《李继迁与西夏王国的建立》，1982年，在该校学报第142卷上发表了他对《番汉合时掌中珠》的研究报告。其中他撰写的《北宋的吐蕃盟友——唃厮啰》一文，引起我的兴趣，并最终译成汉语，发表在《西北史地》1981年第2期。自此后，我便与西北吐蕃结缘，四十余年来，成为我研究宋代西北民族关系的一个重要内容。此卷中所选论文，皆与西北地区的吐蕃、西夏等少数民族密切相关。

我是幸运的，适逢高考制度的恢复与改革开放、蓬勃发展的好时代。由于科学技术的迅猛发展与网络搜集的运用,极大地改善了史学研究的条件。当今的史学研究者比前辈更为幸运,从执笔、敲键,即便足不出户,也能通过网络与电子版图书查寻、搜集文献资料,为历史学的繁荣兴盛提供了方便快捷的科研条件。在我的学术生涯中,甘肃省社会科学院主编的《甘肃社会科学》与《开发研究》,曾发表了《北宋对吐蕃的文化政策》《北宋对西北自然资源的开发与利用》《北宋对吐蕃居地的土地开发》《北宋御边政策的调整》《唐代吐蕃的民族统治与民族融合》《宋代西北少数民族百年研究综述》《20 世纪国内外西夏学研究综述》等数篇拙作。这次《陇上学人文存》第十一辑又收入我的论文专集,一再助我成长、进步。西北师大历史文化学院的侯丕勋老师,既是史学前辈,也是学兄,数次向《陇上学人文存》编辑委员会推荐我,使我有幸入选。在此向甘肃省社会科学院、向侯丕勋老师一并致以最真诚的感谢!

因篇幅所限,本卷只选用其中的 20 余篇论文,基本涵盖了不同时期研究的课题及旨趣所在,也是代表性的主要成果。2009 年 8 月退休后,撰写并发表的论文,也挑选数篇收入卷内。因本人学识、水平、能力有限,文稿中定有诸多不足与疏误,敬请专家、学者多加指教、斧正。

刘建丽

2023 年 12 月 18 日

《陇上学人文存》已出版书目

第一辑

《马　通卷》马亚萍编选　　《支克坚卷》刘春生编选
《王沂暖卷》张广裕编选　　《刘文英卷》孔　敏编选
《吴文翰卷》杨文德编选　　《段文杰卷》杜琪　赵声良编选
《赵俪生卷》王玉祥编选　　《赵遼夫卷》韩高年编选
《洪毅然卷》李　骅编选　　《颜廷亮卷》巨　虹编选

第二辑

《史苇湘卷》马　德编选　　《齐陈骏卷》买小英编选
《李秉德卷》李瑾瑜编选　　《杨建新卷》杨文炯编选
《金宝祥卷》杨秀清编选　　《郑　文卷》尹占华编选
《黄伯荣卷》马小萍编选　　《郭晋稀卷》赵遼夫编选
《喻博文卷》颜华东编选　　《穆纪光卷》孔　敏编选

第三辑

《刘让言卷》王尚寿编选　　《刘家声卷》何　苑编选
《刘瑞明卷》马步升编选　　《匡　扶卷》张　堡编选
《李鼎文卷》伏俊琏编选　　《林径一卷》颜华东编选
《胡德海卷》张永祥编选　　《彭　铎卷》韩高年编选
《樊锦诗卷》赵声良编选　　《郝苏民卷》马东平编选

· 第四辑 ·

《刘天怡卷》赵　伟编选　　《韩学本卷》孔　敏编选
《吴小美卷》魏韶华编选　　《初世宾卷》李勇锋编选
《张鸿勋卷》伏俊琏编选　　《陈　涌卷》郭国昌编选
《柯　杨卷》马步升编选　　《赵荫棠卷》周玉秀编选
《多识·洛桑图丹琼排卷》杨士宏编选
《才旦夏茸卷》杨士宏编选

· 第五辑 ·

《丁汉儒卷》虎有泽编选　　《王步贵卷》孔　敏编选
《杨子明卷》史玉成编选　　《尤炳圻卷》李晓卫编选
《张文熊卷》李敬国编选　　《李　恭卷》莫　超编选
《郑汝中卷》马　德编选　　《陶景侃卷》颜华东　闫晓勇编选
《张学军卷》李朝东编选　　《刘光华卷》郝树声　侯宗辉编选

· 第六辑 ·

《胡大浚卷》王志鹏编选　　《李国香卷》艾买提编选
《孙克恒卷》孙　强编选　　《范汉森卷》李君才　刘银军编选
《唐　祈卷》郭国昌编选　　《林家英卷》杨许波　庆振轩编选
《霍旭东卷》丁宏武编选　　《张孟伦卷》汪受宽　赵梅春编选
《李定仁卷》李瑾瑜编选　　《赛仓·罗桑华丹卷》丹　曲编选

第七辑

《常书鸿卷》杜　琪编选　　《李焰平卷》杨光祖编选
《华　侃卷》看本加编选　　《刘延寿卷》郝　军编选
《南国农卷》俞树煜编选　　《王尚寿卷》杨小兰编选
《叶　萌卷》李敬国编选　　《侯丕勋卷》黄正林　周　松编选
《周述实卷》常红军编选　　《毕可生卷》沈冯娟　易　林编选

第八辑

《李正宇卷》张先堂编选　　《武文军卷》韩晓东编选
《汪受宽卷》屈直敏编选　　《吴福熙卷》周玉秀编选
《蹇长春卷》李天保编选　　《张崇琛卷》王俊莲编选
《林　立卷》曹陇华编选　　《刘　敏卷》焦若水编选
《白玉岱卷》王光辉编选　　《李清凌卷》何玉红编选

第九辑

《李　蔚卷》姚兆余编选　　《郝慧民卷》戚晓萍编选
《任先行卷》胡　凯编选　　《何士骥卷》刘再聪编选
《王希隆卷》杨代成编选　　《李并成卷》巨　虹编选
《范　鹏卷》成兆文编选　　《包国宪卷》何文盛　王学军编选
《郑炳林卷》赵青山编选　　《马　德卷》买小英编选

第十辑

《王福生卷》孔　敏编选　　《刘进军卷》孙文鹏编选
《辛安亭卷》卫春回编选　　《邵国秀卷》肖学智　岳庆艳编选
《李含琳卷》邓生菊编选　　《李仲立卷》董积生　刘治立编选
《李黑虎卷》郝希亮编选　　《郭厚安卷》田　澍编选
《高新才卷》何　苑编选　　《蔡文浩卷》王思文编选

第十一辑

《伏耀祖卷》王晓芳编选　　《宁希元卷》戚晓萍编选
《施萍婷卷》王惠民编选　　《马曼丽卷》冯　瑞编选
《祝中熹卷》刘光华编选　　《安江林卷》陈润羊编选
《刘建丽卷》强文学编选　　《孙晓文卷》张　帆　马大晋编选
《潘　锋卷》马继民编选　　《陈泽奎卷》韩惠言编选